예수회의 적응주의 선교
—역사와 의미

서강학술총서
039

예수회의 적응주의 선교

역사와 의미

김혜경 지음

서강대학교출판부

서강학술총서 039

예수회의 적응주의 선교

—역사와 의미

초판발행 | 2012년 5월 31일
지 은 이 | 김혜경
발 행 인 | 이종욱
편 집 인 | 우찬제
발 행 처 | 서강대학교 출판부
등록번호 | 1978년 9월 28일 제313-2002-170호

주　소 | 서울특별시 마포구 신수동 1번지
전　화 | (02) 705-8212
팩　스 | (02) 705-8612

ISBN 978-89-7273-203-7　94230
ISBN 978-89-7273-139-9(세트)

값 25,000원

* '서강학술총서'는 SK SUPEX 기금의 후원으로 제작됩니다.

서론

예수회의 설립은 종교개혁의 불길 속에서 개혁과 쇄신을 향한 교회와 세상의 시대적 요청에 따른 것이었다. 교회는 종교개혁으로 인한 일치와 복음의 회복을 통한 선교활동의 혁신을 부르짖었고, 세상은 교육의 혁신을 통한 새로운 리더십을 필요로 하고 있었다. 예수회는 교회의 문제를 트렌토 공의회를 통한 개혁과 쇄신으로, 적응주의 선교를 통한 혁신적인 선교정책으로 부응하고, 세상의 문제를 교육의 보편화, 인문과학을 통한 혁신적인 커리큘럼으로 해결책을 제시하였다. 따라서 예수회의 설립은 당시의 시대적인 상황이 그랬던 것처럼, 이후 교회와 세상의 모습이 당시와 별로 다르지 않은 만큼 언제나 혁신적인 활동들을 요구함으로써 많은 부분에서 파장을 불러일으켰다.

예수회 출신의 20세기 최고의 가톨릭 신학자 중의 한 사람으로 꼽히는 칼 라너(Karl Rahner, 1904~1984)는 제2차 바티칸공의회에 대해 사도시대에 열린 예루살렘 공의회에 비견하면서 그 이전과 이후 사이에는 교회의 결정적인 단절이 존재하는 것으로 이해하였다. 예루살렘 공의회를 통해서 교회가 유대인의 공동체에서 이방인의 공동체로 이행되는 결정적인 변화를 겪었던 것처럼 제2차 바티칸공의회를 통해서도 교회는 결정적인 변화를 경험하게 되었다는 것이다. 즉, 제2차 바티칸공의회를 통한 이러한 변화가 '단절'이라는 용어를 사용함으로써 많은 부분에서 신학적인 깊은 숙고 없이 이루어졌다는 것이다.[1] 여기에 대해 요셉 라칭거(Joseph Ratzinger, 현 베네딕토 16세 교황)는 라너가 제2차 바티칸공의회를 이전과 이후로 이분법적으로 나누는 것에 대해 이견을 제시하면서 교회사에는 어떠한 비약도, 단절도, 연속성의 중단도 있을 수 없음을 강조하였다.[2] 두 사람의 견해는 공의회의 기능이 이후에 교회의 본성인 선교적인 측면에서 어떻게 작용했는지, 교회의 태도가 어떻게 달라졌는지, 그리고 그것이 전체 그리스도교에 어떤 영향을 미쳤는지에 대한 시각을 달리 한데 따른 것으로 판단된다.

예수회의 적응주의 선교는 예루살렘 공의회와 트렌토 공의회, 그리고 제2차 바티칸공의회가 결코 비약이나 단절 없이 연속적인 역사의 흐름 속에서 시대의 방식에 맞게 결정적인 변화를 할 수 있도록 연결고리가 되어주었다는 하나의 단서가 된다. 언급한 세 차례의 세계 공의회는 교회 안팎에서 쇄신과 회복을 표방하며 교회가 세상을 향해 변화된 모습으로 문을 열고자 하였다. 예루살렘 공의회는 사도 바오로에 의해 '만민선교'로, 트렌토 공의회는 예수회의 주도로 '개혁과 쇄신'으로, 제2차 바티칸공의회는 라너의 '익명의 그리스도인' 이론을 토대로 '복음화'의 기틀을 마련했다고 할 수 있다. 그리고 이 공의회들을 관통하는 것이 교회의 '적응주의적' 태도라고 하겠다. 그러나 라너가 비판한 바, 왜 이렇게 여러 차례

1 Rahner Karl, "Toward a Fundamental Theological Intepretation of Vatican II", *Theological Studies*, 40(1979), pp. 716~728.

2 Ratzinger Joseph, 정종휴 역, 『그래도 로마가 중요하다』(*The Ratzinger Report*), 바오로 딸, 1994, 49쪽.

에 걸쳐서 교회의 태도가 변화되어야 했는지, 그 변화와 변화 이전의 관계는 어떠했는지에 대한 논의 역시 결코 간과해서는 안 되는 중요한 문제라고 생각된다. 이 책은 바로 여기에서부터 출발한다고 볼 수 있다. 예수회의 적응주의 선교는 이 점을 여실히 보여주고 있기 때문이다.

예수회의 적응주의 선교는 사비에르에 의해 고안되고, 발리냐노가 정책으로 수립하고, 루지에리에 의해 시도되며, 리치와 데 노빌리에 의해 절정기를 맞이하였다. 이들은 적응주의 선교의 주역들로서 모두 인문학적 소양을 갖추고 아시아의 특수한 상황에 맞는 '맞춤식' 선교를 고안한 인물들이었다. 적응주의 선교는 이전에 다른 대륙에서는 찾아볼 수 없는 혁신적인 선교 방법으로서 문화가 깊고 타 종교를 굳이 필요로 하지 않는 아시아의 상황에 맞게 계획된 '대화'를 통한 선교 방법이었다. 이전의 선교 역사를 통해 보여주었던 "선교사들이여, 돌아가라!"(Missionary, Go home!)는 '선교사 모라토리엄'(Missionary Moratorium)[3]적인 태도가 문화제국주의적 독백(Monologue)의 선교였다면 적응주의 선교는 진정한 대화(Dialogue)의 선교였다고 할 수 있다.

적응주의 선교의 역사는 곧 교회사라고도 할 수 있을 만큼 교회는 역사와 문화 속에서 끊임없이 적응의 몸짓을 해왔다. 그리스도의 육화(肉化)와 사도 바오로의 만민선교에서부터 출발하여 그리스 철학의 예지로 그리스도교의 신앙교리가 해석되고 로마 문화로 인해 그리스도교 전통이 형성되었다. 휴머니즘과 르네상스의 정신은 적응주의의 인간학적인 측면을 철학적 예지로 조명함으로써 신학적 타당성을 재입증하였다. 지리상의

---

3 선교사를 보내는 것을 잠시 중단해달라는 피선교지의 요청으로서 선교활동을 멈추라는 요구라기보다는 진정으로 낮은 자세로 예수 그리스도의 모습처럼 선교를 실천해달라는 요청이었다. 선교의 금지가 아니라 효과적인 선교의 결과를 얻기 위한 성숙한 관계를 형성하자는 의미라고 할 수 있다.

대발견과 종교개혁은 세계를 바라보는 시각의 변화를 가져왔고 토착 문화와 타자로 분류되는 또 다른 인류에 대한 관심을 증폭시켰다.

포스트-르네상스시기에 들어와 예수회가 전 유럽에서 실시한 혁신적인 르네상스식 교육은 신진 학자들과 선교사들을 양성하는 기초가 되었고, 그들을 실천하는 인문학자들로 키워 세계 도처로 파견하였다. 예수회는 시대적인 변화의 흐름 속에서 선교사들을 훈련시켰고, 새로운 선교 방법론에 대해서도 끊임없이 고민하였다. 이렇게 잘 훈련된 선교사들이 직접 선교의 현장에 뛰어들면서 적응주의 선교 방법, 곧 인문학적인 선교 방법이 실천되었고 선교의 새로운 패러다임이 전개되었다. 동시에 동서양 문명의 교류를 통해 인류문명사에도 한 획을 그었다.

그러므로 '적응주의 선교'에 대한 논의를 하기에 앞서 그 안에 내포된 몇 가지 기원에 대해서 살펴볼 필요가 있을 것으로 사료된다.

1. 적응주의 선교의 신학적 기원

적응주의 선교의 신학적 기원은 그리스도의 육화와 사도 바오로의 '만민선교'에서 찾아볼 수가 있다. 육화의 관점은 교회의 존재 이유에 대한 당위성을 복음 선교에 두고 육화로 인한 하늘나라의 구현과 메신저의 복음 대상들과 동일한 조건을 이야기한다. 즉, 그리스도가 예수가 되어 하느님의 선교지인 인간의 역사와 문화 속으로 입장하여 인간이 알고 있는 지식의 눈높이로 메시지를 몸으로서 설파했다는 것이다.

사도 바오로 역시 아테네에서 자신의 선교 방법을 적응주의적 관점에서 잘 드러내 보여주었다. 아테네 사람들이 만들어낸 수많은 신들을 통해 서로 경쟁하고 다투고 그 안에서 드러나는 인간의 탐욕을 보면서 그것을 탓하기보다는 그들에게 내재되어 있는 종교성을 오히려 긍정적으로 바라보고 그것을 통해 그리스도를 전하고자 하였다. 바오로는 에피쿠로스학파와 스토아학파의 철학자들과 날마다 토론을 하면서 무조건 그리스도를 전하는 데 목적을 두기보다는 그들의 욕구를 살피고 그에 합당한 방법으로 응하고자 하였다. 그들은 온갖 신단을 만들어 제사를 드리고 그것도 모자라 심지어 '알지 못하는 신'을 위한 신단까지 만들어서 우상을 숭배했다. 그러나 거기에 대해서도 바오로는 탓하기보다는 오히려 그 알지 못하는 신을 자기가 알려주겠다고 나섰다. 그러면서 그들의 시인이 말했던 '우리도 그분의 자녀'라는 말을 인용하여 '그분의 자녀다운' 생활을 할 것을 독려하였다.

복음 선포에 열정적이었던 바오로의 선교사로서의 기본적인 태도는 그가 코린토인들에게 보낸 서신에서 잘 나타난다.

> 나는 어느 누구에게도 매여 있지 않은 자유인이지만 되도록 많은 사람을 얻으려고 스스로 모든 사람의 종이 되었습니다. 내가 유다인들을 대할 때에는 그들을 얻으려고 유다인처럼 되었고 [……] 실상은 하느님의 율법을 떠난 사람이 아니지만 율법이 없는 사람들을 대할 때에는 그들을 얻으려고 율법이 없는 사람처럼 되었습니다. [……] 믿음이 약한 사람들을 대할 때에는 그들을 얻으려고 약한 사람이 되었습니다. [……] 나는 복음을 전하기 위해서는 무슨 일이라도 하고 있습니다. 그리하여 그들과 다 같이 복음의 축복을 나누려는 것입니다. (1코린 9,19-23)

적응주의 선교는 바로 이런 예수와 바오로를 모델로 하고 있다. 예수와 바오로가 활동한 면면을 자세히 들여다보건대 복음 전파에 있어 타문화를 대하는 것과 관련하여 우리에게 시사하는 바가 적지 않으며 그것이 곧 적응주의 선교의 토대가 되었다.

2. 적응주의 선교의 인문학(인문과학)적 기원

휴머니즘의 대두와 르네상스의 발흥은 고전에 대한 연구에서부터 시작되었다. 인간을 중심으로 한 고전을 고대의 이야기로 남겨둔 채 가끔씩 꺼내어 향수만 느끼는 것이 아니라, 주어진 현실을 적극적으로 해석하고 긍정하며 미래를 위한 설계의 수단으로 활용한 데서 휴머니즘 사상이 대두되고 종국에는 르네상스로 이어졌다.

현재의 '나'와 상관없는 고전을 나와 상관있도록 만드는 노력이 바로 인문학이다. 휴머니스트들과 르네상스인들이 위대한 것은 바로 이런 점에서 이전의 사람들과 달랐기 때문이다. 그들은 과거에 고전을 연구한 사람들이 그랬던 것처럼 '그 시절'을 동경하던 데 그치지 않고, 용기와 결단, 담대한 실천력을 갖추어 때로는 권력에 저항하고, 때로는 시대에 맞서고, 또 때로는 죽음을 감수하면서까지 진리에 봉사하고자 하였다. 자신들이 고전에서 배운 바를 삶의 현실에서 적극적으로 활용하고자 했던 것이다.

고전의 부활과 시대에 맞는 성경의 재해석은 '무조건 그리스도를 믿어라'가 아니라, 이성을 통해 믿음을 선택하고 살도록 하는 데 기여하였다. 그리고 그것은 인간의 존재 양식에 대한 새로운 인식을 기반으로 하였다. 인간이 스스로를 바라보고 인식하는 방식이 달라지면서 중세에 실종되었던 인간의 주체성을 회복하고자 하였다. 부르크하르트는 이것을 '개인의 탄생'이라고 하였다. 휴머니스트들이 가치를 두었던 고전에 대한 관심은 바로 이런 인간을 올바로 바라보고자 하는 염원에서부터 출발하였다. 따라서 휴머니스트들이 가졌던 고전에 대한 관심과 인간에 대한 관심은 같은 선상에 있었다고 할 수 있다.

그러므로 르네상스는 인간을 중심으로 한 고전의 부활이었고, 르네상스를 거친 당시 유럽의 사회적 분위기 속에서 르네상스 휴머니즘으로 교육을 받은 선교사들에 의해 탄생한 적응주의 선교 방식은 동양 선교를 위해 마련된 역사적 필연이었으며, 그 과제를 예수회의 탁월한 선교사들에 의해 구현되었다고 할 수 있다.

3. 적응주의 선교의 사회 · 문화적 기원

자연학에서 '적응'(adaptation)이라고 하면 최대의 자손을 증식하기 위해 자연적으로 선택(natural selection)되는 진화의 기초적인 작용이고, 사회 · 문화학에서는 샌더슨(Stephen K. Sanderson)의 이론을 빌려 말하자면 '경험적 적응주의'(empirical adaptationism), '해석적 적응주의'(explanatory adaptationism), '방법론적인 적응주의'(methodological adaptationism)로 나누기도 한다.[4] 선교신학에서는 자연학에서 의미하는 '적응'에 대한 고유한 의미를 토대로 샌더슨의 적응주의 이론의 세 번째에 해당되는 '방법론적인 적응주의'를 그리스도교의 선교와 연관하여 설명한다. 그렇다고 해서 샌더슨의 경험적이고 해석적인 측면을 모두 무시하는 것은 아니다. 다만 선교신학에서 '적응주의'라고 했을 때는 대개 선교의 방법론적인 문제에 직면하여 논의한다는 의미가 더 크다는 뜻이다.

적응주의 선교가 대두된 데는 유럽의 사회 · 문화적인 토양이 휴머니즘

4 Cfr. Sanderson S. K., "Adaptation, Evolution, and Religion", *Religion* 38(2008), pp. 141~156.

과 르네상스를 거쳤음에도 불구하고 그리스도교를 정치적으로 활용하기 위해서 '통치자의 종교는 곧 인민의 종교'(cuius regio, eius religio)라는 원칙에 대한 지식층들의 반발이 있었다.

이베리아 반도 국가 출신 선교사들의 제국주의적인 태도는 그리스도교를 현지인들에게 강요함으로써 말이 선교활동이지 사실상 저열한 제국주의적 문화정책을 드러내는 데 힘을 보탠 것에 불과하였다. 적응주의 선교는 그들의 백지화(Tabula rasa, 문화말살정책)와 선교가 제국들의 정치적인 수단으로 이용되는 것을 거부한 순수한 의미에서의 선교활동이었다. 이런 점에서 선교사는 진정한 자유인이어야 했다. 선교사가 하는 활동은 개인이 산간벽지에서 한다고 하더라도 그것은 교회의 선교활동을 지속하는 것이기 때문에 어떠한 힘의 논리나 정치적인 헤게모니나 사상적인 이데올로기가 개입되어서는 안 되는 것이었다.

예수회의 총회 문헌에서도 강조하고 있는 바, "'문화'란 한 집단의 사람들이 살고, 생각하고, 느끼며, 자신들을 조직화하고, 생명을 기념하며 나누는 방식을 의미한다. 모든 문화들의 기초에는 가치와 의미와 세계관의 체계가 놓여 있으며, 이러한 것들은 언어, 몸짓, 상징, 의식(ritual), 양식(style) 등을 통해서 가시적으로 표현된다"[5]고 하였다.

적응주의 선교는 선교지의 문화를 통해 그리스도교의 정체성을 되돌아보고 믿음을 더욱 확고히 하며 그것을 발판으로 선교지의 잘못된 문화는 정화하고 올바른 문화는 선교의 수단으로 활용하는 것을 포괄한다. 즉, 복음 전파는 외부에서 주어지는 메시지가 아니라 내부에서 나오는 원칙으로서 "문화에 생명을 불어넣고, 방향을 제시하고 통합하며, 그것을 변화시키고 재형성함으로써 '새로운 창조'를 가져오게 하는 것"[6]이다. 교회

---

5 예수회, 『예수회 제34차 총회 문헌』, 예수회 한국지구, 도서출판 빅벨, 1997, 52쪽.

의 선교활동을 통해 문화가 성장하고, 문화를 통해 "말씀의 씨앗"을 발견하는 것이다. 여기에서 벌린(Isaiah Berlin)이 자유에 관한 에세이에서 자유주의적 신조의 핵심을 "자기 신념의 상대적 타당성을 깨닫는 동시에 자기 신념을 결단코 포기하지 않는 것이야말로 야만인과 구별되는 문명인의 태도이다"[7]라는 말이 설득력을 얻는다.

4. 연구의 주요 내용

적응주의 선교에 대한 이러한 기원들은 예수회의 적응주의 선교에 대한 역사적인 근거와 의미에 대한 논의를 개진하는 하나의 틀이 된다. 이런 틀 위에서 이 책은 모두 다섯 개의 부(部)로 나누어 집필되었다.

제1부에서는 적응주의 선교정책의 수립에 영향을 미친 12~13세기의 이탈리아 휴머니즘의 대두와 14~15세기 르네상스, 16세기 초 · 중기의 종교개혁과 트렌토 공의회를 통해 그 안에서 드러나는 적응주의 선교와 관련된 부분을 살펴본다. 이것은 역사적인 격변기에 가톨릭교회 안에서 일어난 부흥운동과 그 흐름 속에서 탄생한 예수회의 신원과 그 과제에 대해서 살펴봄으로써 적응주의 선교에 대한 유의미한 역사적인 근거를 밝히려는 것이다.

제2부에서는 휴머니즘과 르네상스시대 고전에 대한 탐구의 결과가 예

6 베드로 아루페, "Letter to the Whole Society on Inculturation", *AR* 17(1978), p. 257; 예수회, 『예수회 제34차 총회 문헌』, 같은 책, 40쪽에서 인용.

7 Cfr. Isaiah Berlin, *Two Concepts of Liberty*, Oxford University Press, 1969, pp. 121~131; 조너선 색스, 임재서 역, 『차이의 존중, 문명의 충돌을 넘어서』, 말 · 글 빛냄, 2007, 43~44쪽에서 인용.

수회원들에게 신학과 철학을 넘어서 인문과학으로 지식의 지평을 넓히도록 재촉하였고, 유럽을 지적 · 영적으로 개혁하며, 그 여파를 전 유럽의 교육계로 확장하여 교육혁명을 일으키도록 하였다는 점을 강조한다. 면학규정(Ratio Studiorum)은 르네상스 휴머니즘과 당시 세속의 과학혁명과의 완충지대 역할을 했던 예수회 출신의 과학자들에 의해 탄생한 인문과학을 배경으로 한 유럽의 새로운 표준 커리큘럼이었다. 이것은 예수회의 교육 사도직의 성격을 규정하는 것이기도 하였다. 당시 서양은 라틴어를 아는 사람만이 특권계층으로 군림하여 식자층으로서 사회를 주도하던 것을 휴머니즘의 대두로 각 지역마다 속어가 등장하고 예수회 학교는 속어와 라틴어로 새로운 학문을 전수함으로써 교육의 보편화에 기여하였다. 이 점은 동양에서도 똑같이 '아는 것이 곧 힘이다'라는 말처럼 문자를 아는 것이 곧 권력이었다. 예수회의 교육 사도직은 바로 이런 권력을 '모든 이들'에게 돌려주는 기능을 하였다.

제3부에서 예수회의 적응주의 선교는 휴머니즘과 르네상스, 지리상의 대발견과 종교개혁, 그리고 트렌토 공의회를 거치면서 당시 유럽 사회의 역사적 · 사상적인 흐름을 토대로 하였다는 점과 이를 통해 가톨릭교회의 태도가 변화되기 시작했다는 점을 기술한다. 그리고 그 시기에 나온 예수회의 탁월한 선교사들과 학자들이 적응주의 선교정책을 고안하고 실행한 주인공들이었고, 거기에는 사비에르, 발리냐노, 루지에리 등이 있었음을, 그들에 의한 적응주의 선교 방식이 내용 면에서 참으로 혁신적인 선교 방식이었음을 밝힌다. 그 결과 '적응주의 선교 방식'은 교황청 포교성성(인류복음화성)의 설립과 보편교회의 선교 방식에 영향을 미치게 됨을 살펴본다.

제4부는 바로 이런 시대적인 상황에서 일어나는 적응주의 선교의 성공과 좌절, 그리고 금지와 예수회의 해산에 대한 역사적인 파노라마를 그려

본다. 적응주의 선교 방식에 대한 긍정적인 흐름 속에서 리치와 데 노빌리가 등장하고, 그들이 선교지의 문화 속에서 실행한 적응주의 선교 방식에 대한 특징을 논의한다. 그러나 적응주의 선교의 이러한 발전에도 불구하고 예수회 안에서부터 시작되어 온 교회로 이어진 적응주의 선교에 대한 비난의 목소리는 계몽주의 시대를 달구는 뜨거운 감자로 떠올랐다. 결국 적응주의 선교는 금지되고 그것을 실행한 예수회는 적응주의 선교와는 상관없이 제국들의 정치적인 논리에 끼어 고초를 겪고 종국에는 해산되기에 이르렀다.

제5부는 적응주의 선교의 최대의 의의는 금지되었던 적응주의 선교와 해산되었던 예수회가 역사의 현장에 다시금 입장하였다는 점을 부각시킨다. 부분적인 선교 방식이 아니라 종합적인 문화적응 방법론이라고 할 수 있는 적응주의 선교야말로 서양은 물론 동아시아 근대화의 견인차 역할을 했지만 바로 그 이유 때문에 퇴장할 수밖에 없었다. 그러나 적응주의 선교를 통해 뿌려진 씨앗은 교회의 자기 전달에만 국한된 선교 방법론이 아니었기에, 또 그 방식이 과학과 기술 및 사회 · 문화 분야를 망라하는 인문학의 다양한 분야로 확장하여 전달되었기 때문에 문명의 교류 역할을 할 수가 있었다.

선교의 역사에서 예수회 선교사들이 한 활동은 단순히 그리스도교 신앙을 선교지에 전달하는 것만이 아니었다. 계몽운동, 의료 및 교육사업, 각종 사회사업을 주도하는 동시에 선교지에 관한 방대한 문화적인 정보를 세상에 알리는 기능을 해왔다. 신학을 넘어 도덕과 철학, 사회학과 문화학, 인간학의 관점에서 세계가 글로벌 시스템으로 가동되도록 세계화를 선도해온 주역들이었다고 할 수 있다. 까다로운 대화 상대자를 만난 당시 동아시아 예수회 선교단이 접한 고충과 해결책은 오늘날 기성 종교들이 종파 간의 분쟁, 각종 신흥종교와 신흥영성운동의 활성화, 과격한 선교운동으로 종교가 사회에 평화를 가져오기는커녕 분쟁과 혼란의 불씨를 제공한다는 비난의 소리를 듣고 있는 시점에서 종교와 사회 · 문화 간의 갈등을 극복할 수 있는 하나의 모델이 될 수 있을 것이다.

5. 연구를 위한 기초 자료

이 책의 의미는 이 분야에 관한 학문적인 자료가 불모지인 상황에서 적응주의 선교에 관한 전반적인 역사와 그에 대한 이해를 사료에 근거하여 있는 그대로 기록하는 데 있다고 할 수 있다. 이 연구가 가능했던 것은 2010년 마태오 리치 서거 400주년에 즈음하여 서강대학교 신학대학원 주최로 열린 국제학술대회를 준비하면서 로욜라 도서관에 소장되어 먼지에 쌓여 있던 『리치 원전』(*Fonte Ricciani*)을 발견한 덕분이다. 이 자료는 타키 벤투리 신부(Pietro Tacchi Venturi S. I.)가 리치의 『그리스도교와 예수회의 중국 진출기[傳敎史]』(이하 『중국 선교행전』으로 표기)와 『서간집』을 원문 그대로 1911~1913년에 총 2권으로 엮은 본[8]과 저명한 중국 학자였던 예수회의 델리아 신부(Pasquale M. D'Elia S. I.)가 리치의 『중국 선교행전』만 뽑아서 현대 이탈리아어 문장으로 옮겨 1942~1949년에 전체 3권으로 발간한 본[9]이 있는데 다행히 서강대학교 로욜라 도서관에는 이 두 가지 본이 모두 있었다.

리치의 『중국 선교행전』은 그가 사망하기 얼마 전에 장상인 발리냐노

8 Pietro Tacchi Venturi S. I., *Opere Storiche del P. Matteo Ricci, S. I.*, vol. I~II, Macerata: Comitato per le Onoranze Nazionali, 1911.

9 Pasquale M. D'Elia S. I., *Fonti Ricciane, Storia dell'Introduzione del Cristianesimo in Cina*, vol. I~III, Roma: La Libreria dello Stato-1942-XX.

의 명에 따라 직접 작성한 것이다. 이것은 리치가 먼 이역 땅에서 27년 동안 이룩한 선교활동에 대해 서방에 알려진 것이 거의 없는 상황에서 발리냐노가 서둘러 명령한 덕분에 세상에 나올 수 있었다. 『중국 선교행전』은 리치가 1608년부터 사망하던 1610년까지 자신이 기억하는 이탈리아어로 쓴 것이다. 그것을 타키 벤투리 신부가 리치 서거 300주년을 기해 학계의 독촉으로 그대로 엮어 두 권으로 편찬하였다. 이 책의 제1권(vol. I)은 "마태오 리치의 역사적 과업"이라는 제목에 "리치의 중국 경험과 견해에 대한 해설"이라는 부제가 달린 것으로 보아 리치의 『중국 선교행전』이고, 제2권(vol. II)은 1580년부터 1610년까지 리치가 당시 중국 선교 관련자들과 주고받은 편지들을 모은 『서간집』이다.

제1권에서 리치는 중국에 대한 자세한 조사 내용을 언급하고 있다. 모두 다섯 책(册)으로 되어 있는데, 1책은 이 역사서(기록)를 쓰게 된 동기와 쓰는 방식에 대해서 언급하면서 중국에 대해 조사한 자세한 내용을 밝히고 있다. 중국의 명칭 · 면적 · 상황, 중국에서 생산되는 농산품 · 예술, 중국의 학예와 과학의 수준, 중국 정부, 예절과 예식, 중국인의 외모와 복식과 관습, 미신과 이단 등을 말하고, 2책은 전체 13장에 걸쳐 예수회가 중국 선교를 시작하게 된 정황(1552~1582)과 자오칭(肇慶) 선교센터에서 겪은 결정적인 고비(1588년 말~1589년 8월 중순)에 대해서 언급하고, 3책은 1589년 8~10월에서부터 1597년까지, 4책은 1598년부터 1603년까지, 5책은 1604년부터 1611년까지의 상황을 기록하고 있다. 5책의 마지막 두 장은 괄호로 따로 명기되어 있는 것으로 보아서, 또 제목이 "베이징(北京)에서 거룩하게 숨을 거둔 리치", "베이징에 묻히는 리치"로 적힌 것으로 보아서 리치 사후에 다른 사람에 의해 기록된 것임을 알 수 있다.

타키 벤투리와는 달리 델리아 신부의 자료는 리치의 『중국 선교행전』에만 주력하고 있다. 타키 벤투리 신부가 교황청의 고문서실 먼지 더미 속에서 찾아낸 리치의 『중국 선교행전』 원문과 편지들을 일일이 재검토하여 다시 엮은 편역서라고 할 수 있다. 이 자료는 제목에 기록된 대로 "리치의 자료를 근거로 한 그리스도교의 중국 진출기"이다. 제1권은 1582년부터 1597년까지, 제2권은 1597년에서 1610년과 1611년까지, 제3권은 부록과 목차로 엮어져 있다. 앞의 타키 벤투리의 것보다 해설이 많아 보기가 훨씬 쉽다.

이 자료들 외에도 필자에게 큰 도움이 된 것은 사르피의 『트렌토 공의회사』[10]이다. 이 책은 '마리아의 종 수도회' 수사신부이자 신학자 · 과학자이며 교회개혁자였던 사르피(Paolo Sarpi, 1552~1623)가 트렌토 공의회를 비판적이고 객관적인 관점에서 기록한 것이다. 이 책은 출판과 동시에 쿠란, 탈무드, 단테의 제정론은 물론 라블레스, 폴렌고, 텔레시오, 마키아벨리, 에라스무스 등의 저서들과 함께 1619년 11월 22일 교황청의 금서 목록에 올라 출판 및 보급이 금지되었었다. 금서 목록에 올라 있던 이 도서들은 1965년 12월 7일, 교황청 검사성에 대한 개혁 내용을 담은 교황 바오로 6세의 회칙 『완전한 봉사』(*Integrae servandae*)을 통해서 새로운 전기를 맞이하였다. 『완전한 봉사』에는 검사성을 신앙교리성으로 바꾸고, 그동안의 비밀 운영체제에서 교회법적인 공적 운영체제로 전환하고, 금서목록을 폐지한다는 내용이 담겨 있었다. 이로써 그동안의 모든 금서들이 출판되기에 이르렀다.

필자가 사르피의 관점을 적극 수용하여 이 책의 기초 자료로 삼은 것은 그가 교회 안에 있었던 사람이고, 그 책을 집필함으로써 자신이 교회로부터 어떤 불이익을 당할지를 알면서도 집필했다는 것을 통해 그가 얼마나 트렌토 공의회를 객관적으로 보고자 했는가를 가늠할 수 있기 때문이다.

10 Sarpi Paolo, *Istoria del Concilio Tridentino*, a cura di C. Vivanti, Torino, Einaudi, 1974.

교회 밖에 있던 사람들의 무조건적인 비판이나 교회 안에 있던 사람들의 무조건적인 긍정의 시각보다는 보다 객관적이라고 보기 때문이다.

이런 중요한 기초 자료들 덕분에 큰 틀에서의 연구가 순조롭게 진행될 수가 있었다. 이들 원서들 외에 본문의 성격이 논문이 아니라 책이라는 점을 감안하여 일일이 각주 처리는 하지 않았지만 참고했던 자료들은 모두 참고문헌에 일괄적으로 실었다. 귀 저자들의 너그러운 양해를 바란다.

6. 연구의 한계 및 전망

"예수회의 적응주의 선교"는 사실 특수한 주제에 대한 연구이고, 그러다보니 이 책을 통해 제시할 수 있는 한계도 분명했다. 적응주의 선교의 수립에서 종언 및 부활까지 그 범위를 한정하여 그것을 역사적인 측면에서 사실과 그에 대한 의미만 언급하였을 뿐 개별 상황에 대한 심도 있는 연구로 이어가지는 못했다. 그 부분은 다음 과제로 미루고 여기에서는 지금까지 훌륭한 선배 연구자들에 의해 개진된 바 있는 단편적인 연구들을 역사적인 배경에서 구슬처럼 엮는 데만 주력하였다. 나아가 부분적으로 그것이 차지하는 의미에 대해서 언급함으로써 지난 연구에 대한 이해를 돕고 앞으로의 연구 과제에 대한 전망을 가늠해보고자 하였다.

이 책을 통해 필자도 앞으로 해야 할 많은 과제를 얻었다. 오늘의 나를 딛고 내일의 내가 더 깊은 연구를 할 수 있기를 바라듯이, 이 분야의 연구를 하는 많은 연구자들도 이 책이 그런 역할을 하기를 바란다. 그런 점에서 코헨(Cohen Paul A.)이 『학문의 제국주의』(*Discovering History in China*)에서 페어뱅크(John King Fairbank)의 말을 인용한 구절을 기원의 말로 대신하고자 한다.

이전 시대의 어깨와 머리를 밟고 올라서지 않는다면 인류가 어떻게 진보할 수 있겠는가?(How can mankind move upware by staning on the shoulders and faces of the older generation?)

끝으로 이 책의 집필을 최초로 재촉하고 마지막까지 읽고 조언을 아끼지 않은 서강대학교 신학대학원의 심종혁 교수신부님께 진심어린 감사를 드린다. 심종혁 신부님 덕분에 예수회와 관련한 정보가 보다 정확하게 전달되어 연구의 완성도가 높아질 수 있었다. 고려대학교의 조광 교수님께도 특별한 존경과 감사의 마음을 전한다. 원고를 최종 점검하시면서 꼼꼼하게 지적해주시고 조언해주시는 바람에 새로운 시야를 확보할 수 있었고 앞으로의 과제도 분명해졌다. 서강대학교 신학연구소의 연구교수님이신 김명희 선생님께는 형언할 수 없는 깊은 감사의 마음을 전한다. 선생님은 필자와 동고동락을 하면서 때로는 훌륭한 멘토로 때로는 든든한 버팀목으로 변함없는 우정을 보여주었다. 한양대학교의 기계형 선생님과 숭실대학교의 김태완 선생님은 필자의 능력을 벗어난 텍스트 해독에 도움을 주었다. 서강대학교 신학대학원의 행정팀과 신학연구소의 이규성 소장신부님은 연구에 필요한 모든 편의와 도움을 아끼지 않았고, 지중기 조교 역시 필자의 연구에 직간접적인 많은 도움을 주었다. 모두에게 감사의 마음을 전한다.

무엇보다 필자에게 이렇게 좋은 분들을 만나게 해주시고, 이 책을 집필할 수 있도록 필자의 의지를 지탱해주시며, 한시도 혼자 버려두지 않으신 하느님께 옷깃을 여미고 마음을 굽혀 겸(謙)과 사(謝)를 드린다.

2012년 1월 31일 늦은 밤

서강대학교 신학연구소에서

차례

제1부

15세기 이후 가톨릭교회의 상황

유럽에서는 십자군전쟁(1096~1270년)과 자유상공업이 발달하는 가운데 1158년에 볼로냐 대학을 시작으로 대도시를 중심으로 대학이 본격적으로 확산되기 시작하였다. 12세기 이후 십자군 원정과 상업 교역의 발달로 타문화와 접촉하는 과정에서 사라센 대학이 존재하던 이슬람 문화의 영향은 유럽 대학의 발생에 외적인 자극이 되었고, 그때까지 수도원을 중심으로 수준 높은 학문적 전통이 전해져 내려오던 것을 보편화시키려는 움직임이 있었다. 이러한 학문적인 기초 요인 외에도 대학의 발생에는 또 다른 몇 가지 요인이 더 있었는데, 그것은 크게 의학적 · 경제적 · 정치적 요인을 꼽을 수 있다.

의학적 요인으로는 당시 무서운 전염병이었던 페스트와 함께 십자군전쟁으로 인한 사상자들을 치료하기 위해서 의술을 비롯한 의학적 지식이 요구된 데 따른 것이었다. 전통적인 그리스 의학과 새로 접한 사라센 의학을 심도 있게 연구하기 시작했고, 그것이 점차 대학으로 발전하게 되었다. 그리고 그 중심에는 이탈리아 남부지방 나폴리 인근의 살레르노 시(市)에 세워진 살레르노 대학이 있었다. 9세기부터 13세기까지 살레르노

시는 중세 유럽문화의 중심지라고 할 수 있을 만큼 번창했고, 살레르노 대학은 중세 최초의 의과대학으로 설립되어 이후 유럽 최고의 의과대학으로 성장하였다. 살레르노 의과대학에는 유럽 전역에서는 물론 아시아와 아프리카에서까지 학생들이 모여들었다. 1221년 프리드리히 2세는 수술 경력을 포함하여 8년 과정인 이 대학을 졸업하지 않고는 신성로마제국에서 합법적인 의료 활동을 할 수 없도록 하였다.

경제적인 요인은 상업과 무역의 발달로 인해 시민사회가 성립되고, 그에 따라 복잡한 이해관계가 형성되면서 각종 분쟁의 해결을 위해 전문적이고 법률적인 지식이 필요한 데 따른 것이었다. 이탈리아의 중북부에 있는 볼로냐 대학은 당시 그 지역에서 활발했던 자유상공업의 영향으로 설립되었다. 12~13세기의 볼로냐 대학은 로마법과 교회법 연구의 본산지로 알려져 유럽 전역에서 학생들이 모여들었다. 그러나 유학생들을 위한 전담 기숙사가 없었기 때문에 같은 국가 출신의 학생들끼리 '자유 단체'를 만들었는데, 이것이 '길드'(중세 상인들의 조합) 형태로 발전하였다. 이후 길드는 자유국가의 시민이라면 누구나 주장할 수 있는 권리를 보장받으려는 운동으로 확산되었다. 볼로냐에서 생긴 이 조직은 학생이 주체가 된 일종의 '학생단체'(universitas scholarorum)로서 중세 혹은 파리 대학의 교수들이 주체가 된 '교수단'(universitas magistrorum)과는 그 성격이 전혀 다르다는 점에서 근대 대학의 모델이 되었다고 할 수 있다. 중세 혹은 파리 대학의 경우는 '교수단'이 발전하여 독립된 단체로 성장하면서 교회와 국가의 승인을 얻어 대학으로 발전하였다. 따라서 르네상스 시대에도 중세 스콜라(학교)의 연장선상에 있었던 파리 대학의 경우는 대표적인 정치적인 요인에 의해 설립된 대학이라고 할 수 있다. 당시 대학은 교황이나 국왕의 인가가 있어야 설립이 가능했고, 이런 요건은 대학의 입장에서는 대학으로서의 특권을 얻기 위해서, 교황이나 국왕의 입장에서는 전문적인 지식을 갖춘 인재와 단체들을 자신의 측근에 두고자 하는 욕망이 있었다. 대학의 연구단체와 지배세력의 이해가 결합되어 생긴 결과라고 할 수 있다.

파리 대학은 학생의 대다수가 젊은 성직자들로 구성되어 있었고, 신학과 변증법, 논리학 등 종교적이고 신학적인 문제 해결을 위해 그와 관련한 과목을 중심으로 운영되며, 교회가 대학 운영에 강한 영향력을 행사하고 있었다. 교황의 지원을 받아 알프스 이북 지역에서 그리스도교 신학 교육의 중심지가 되어 있었던 것이다. 그 덕분에 13세기말부터 14세기에 걸쳐 유럽 내 그리스도교 국가에서 가장 유명한 교육의 중심지로 꽃을 피웠다. 이곳에서 강의를 했던 유명한 교수들로는 알렉산더 오브 헤일스, 성 보나벤투라, 알베르투스 마뉴스, 토마스 아퀴나스 등이 있었다. 파리 대학은 정통 로마 가톨릭의 대변자로서, 스콜라 철학의 논리학에 기초한 커리큘럼에 따라 교육이 이루어지고 있었다. 대학의 학과는 지역과 설립 목적에 따라 약간의 차이가 있기는 했지만, 대개 파리 대학의 커리큘럼에 따라 기초 인문과정에는 7자유학과가 있어서 산수 · 기하 · 음악 · 천문학 등의 이과와 문법 · 수사학 · 논리학의 문과가 있었고, 상급(전문) 과정에 신학 · 법학 · 의학 등을 두었다. 파리 대학의 이러한 형태의 커리큘럼은 훗날 예수회 교육의 토대가 되는 '면학 규정'(Ratio Studiorum)을 만드는 데 지대한 영향을 미쳤다.

이렇듯이 각기 독자적인 목적에 따라 설립되어 발달한 대학의 확산은 과거와 같이 교육이 수도원 중심의 교회에 속한 작은 교육기관이 아니라는 점을 시사했다. 중세 말기부터 대두되기 시작한 휴머니즘의 영향으로 교회가 지식을 보유하던 시대는 지났음을 의미하는 것이었다. 중세 말기, 피렌체에서 태동된 휴머니즘의 삼총사, 즉 단테, 보카치오, 페트라르카는

(그리스-로마) 고전에 대한 연구를 새로운 각도에서 시도한 첫 인물들이었다. 그들은 이전의 고전 연구에서 드러나듯이 과거의 노스탤지어에 머무르지 않고 고전에서 드러나는 사상을 현실 세계로 적극 끌어들여 비판하고 재해석하는 휴머니즘 정신의 토대를 구축하였다.

그들은 고전에서 발견한 진리를 통해 교회 밖에도 진리가 있을 수 있다는 의식을 확산시켰고, 그 의식은 대학의 발전과 함께 일반화되면서 교회만이 절대 진리의 보유자라는 의식에서 벗어나는 데 기여하였다. 대학 교육의 영향은 언론과 출판의 자유로운 토대가 마련되고 서양 고전 문화의 진정한 계승자라는 인식이 확산되면서 르네상스(문예부흥)와 종교개혁에도 결정적인 영향을 끼치기에 이르렀다. 교황청의 아비뇽 유수(1309~1376), 대이교(大離教) 현상(1378~1417), 문학에서 시작된 휴머니즘이 14세기 말부터 사회적이고 정치적인 성격으로 발전하기 시작하면서 르네상스로 이어져 유럽인들의 비판적인 의식을 고조시키는 역할을 했던 것이다.

대항해 시대의 개막은 유럽 내 국가들 사이에 도사리고 있던 해결되지 않은 많은 내부적인 문제를 외부 세계로 돌리는 기능을 했고, 구대륙에서 운신의 한계를 느끼고 있던 교회에도 새로운 돌파구가 되어주었다. 이러한 거대한 움직임 속에서 교회의 관심은 점차 구대륙 밖으로 향하고 있었다. 대항해 시대에 에스파냐와 포르투갈이 펼친 식민지 정책과 교황청이 이들 국가에게 준 보호권의 남용은 라틴아메리카와 아프리카 지역에서 교회의 이미지를 실추시켰고, 그것을 통해 교회는 제국들의 식민지 정책과 교회의 선교활동이 분리되어야 한다는 인식을 하기 시작하였다. 이런 상황에서 아시아를 향한 교회의 관심은 여러 가지 면에서 교회에 새로운 전환기가 되어주었다. 아시아를 향한 유럽인들의 관심은 중세 유럽 최대의 베스트셀러 가운데 하나였던 마르코 폴로의 『동방견문록』에서부터 이미 시작되었고, 지리상의 대발견으로 유럽 지성인들의 호기심이 최고조에 달하고 있었던 때였다.

15세기 이후 가톨릭교회의 상황은 중세말의 혼란스러운 시대를 거치면서 그 속에서 일어난 휴머니즘과 르네상스, 신대륙의 발견으로 인해 달라진 새로운 거대한 사상적인 흐름의 영향을 받고 있었다고 할 수 있다. 이러한 사상적인 흐름이 우리가 흔히 '운명'이라고 생각하는 다음 시대를 준비하는 토대가 되었던 것이다.

그러므로 제1부에서는 '예수회의 적응주의 선교'에 영향을 미친 것으로 생각되는 중요한 몇 가지 역사적인 흐름에 대해서 살펴보기로 하겠다. 예수회가 탄생하던 시기를 기점으로 서양 사상의 흐름과 종교개혁과 가톨릭교회의 쇄신 운동의 시발점이 되는 트렌토 공의회를 통해 가톨릭교회의 기조 변화와 예수회의 탄생에 대해서 살펴보려는 것이다.

제1장
르네상스 시대의 서양 사상의 흐름

휴머니즘이 문학의 세계에서 벗어나 본격적인 사상 혹은 운동으로 대두되기 시작한 것은 고대 그리스와 로마의 문학 · 수사학 · 웅변술 · 철학에 대한 연구를 통해 중세를 지나면서 상실했던 자유정신의 재생(renaissance)을 목표로 14세기말 이탈리아에서부터라고 할 수 있다. '부활' 혹은 '재생'을 뜻하는 '르네상스'(Renaissance)는 19세기에 처음 사용된 프랑스어지만[1] 그 역사는 14세기 말부터 16~17세기까지의 유럽문화를 설명하는 것이고, 그들이 의미한 '부활'은, 곧 그리스-로마의 역사와 문화의 부활이고 그리스-로마의 세계관과 가치관의 부활이었다.

르네상스는 최초의 휴머니스트(humanist)로 불리는 페트라르카(Francesco Petrarca)를 비롯해 단테, 보카치오 등과 같은 문인들에 의해 시작된 문학운동이었다. 페트라르카는 소크라테스적 전통을 재건하고 고전

1 14세기 중엽부터 이탈리아의 중부 토스카나 지방 피렌체를 중심으로 고대(그리스-로마) 문화의 부활(rinascità)이라는 학문적인 개념이 생겨나기는 했지만, '르네상스'(Renaissance)라는 용어는 1860년 야코프 부르크하르트의 저서 『이탈리아 르네상스의 문화』(이기숙 역, 한길사, 2003)를 통해서 보편화되었다.

을 연구함으로써 르네상스 운동의 전개를 촉진하였다. 페트라르카의 영향을 받은 피렌체의 인문주의자 보카치오(Giovanni Boccaccio, 1313~1375)와 단테는 이탈리아의 속어문학을 고대의 고전문학의 대열에 올려놓았다. 이들은 당시 사회를 풍자하고 권력과 결탁한 교회를 비판하였지만, 그것이 가톨릭교회를 근본적으로 부정하는 것이라기보다는 오히려 교회로 하여금 본질에 충실하도록 촉구함으로써 교회를 옹호하였다고 할 수 있다. 그리하여 고전에 대한 예찬과 열정에 그리스도교의 경건한 믿음을 결합시키는 데 성공하였다.

르네상스를 향한 이러한 조짐은 15세기에 이르러 문학에만 그치지 않고 사회적이고 정치적인 성격으로 확대되면서 부(富)를 적극적으로 해석하는 것으로 이어졌다. 때마침 자유상공업의 발달로 신흥 부유층들이 등장하여 예술에 투자를 하기 시작했고, 그 결과 르네상스의 흐름은 자연히 지적 · 예술적인 모든 분야로 확산되었다. 이 시기에 활동했던 휴머니스트들은 메디치가(Medici family)를 중심으로 신생 자본의 막강한 힘을 가진 피렌체의 여러 유력 가문들의 적극적인 후원을 받았다. 새로운 상공업의 발달은 몇 개의 도시국가로 부와 권력이 집중되고 봉건사회의 모순이 심화되는 계기가 되었다. 정신문화도 급격한 변화를 통해 사상적인 변화로 이어졌다. 그 결과 16세기에 이르러서는 궁정적이고 군주적인 이상을 추구하는 지적 운동으로까지 확대되면서 근대 정신의 토대가 되었던 것이다.

휴머니스트들은 중세의 내세주의 세계관에서 벗어나 개인의 권리와 존엄성을 옹호하고 사회도덕을 그리스도교의 금욕주의적 교리와 규범으로부터 분리하고자 하였다.[2] 그들은 낡은 중세주의와 부패한 교회의 세속화

2 이러한 사상은 15세기에 접어들어서 이탈리아 르네상스의 전성기를 초래했고, 그 영향으로

및 기타 사회제도의 불합리성에 맞서 있는 그대로의 인간과 자연스러운 인간성을 옹호하고 거기에 기초하여 진리를 탐구하고자 하였다. 14~15세기 이탈리아의 휴머니스트들이야말로 중세의 한계를 벗어나 새로운 시대를 열고 있다고 믿었던 진취적인 정신을 가진 시대의 선구자들이었다고 할 수 있다.

여기에서 말하는 중세의 한계를 벗어난 새로운 시대, 혹은 고대의 부활이 중세를 부정하거나 격하시키는 것을 의미하는 것은 아니다. 중세의 내세주의나 교회의 세속화 및 사회제도의 불합리성에는 맞서지만, 중세의 아퀴나스 신학과 스콜라 철학은 계속해서 중요한 부분을 차지하고 있었다. 르네상스를 통해 일어난 고대의 부활은 중세 속에서 꽃피운 고대의 부활이기에 중세는 어떤 식으로든 르네상스의 모태가 되었다고 할 수 있는 것이다. 르네상스 휴머니스트들에게 있어서 중세는 현실이고 고대는 노스탤지어였기 때문이다. 그들이 선택한 고대는 그리스의 '과거 회귀'로의 노스탤지어에서 시작하지만 로마의 '미래를 향한' 노스탤지어로 귀착됨으로써 로마인들의 후예다운 자긍심을 갖는 계기로 삼았다.[3] 사람은 대

많은 예술가와 사상가들이 배출되었다. 이후 휴머니즘은 르네상스 운동의 확대와 함께 알프스를 넘어서 유럽 각국으로 확산되었다. 이런 추세는 라틴어의 보편적인 사용과 인쇄술의 발달로 더욱 촉진되었다. 네덜란드의 신학자 에라스무스(Desiderius Erasmus, 1466~1536)는 복잡한 중세의 기풍을 멀리하고 개인적이고 세속적인 기풍을 따랐으며 프랑스의 라블레(François Rabelais, 1494~1553)는 익살스럽고 풍자적인 글로 서구 현실주의의 초석을 놓았다. 몽테뉴(Michel Eyquem de Montaigne, 1533~1592)는 『수상록』(*Essay*)을 통해 신 중심 사고를 인간 본위의 사고로 전환시켰다. 15세기 영국의 인문주의는 토머스 모어, 토머스 엘리엇, 로저 애스컴의 등장으로 절정에 달했다. 토머스 모어는 전통적인 사회제도를 날카롭게 풍자하고 공상이 아니라 이성과 자연에 기초를 둔 사회모형(Utopia)을 제시하고 감정의 존귀함을 강조하는 인간성을 탐구했다. http://it.wikipedia.org/wiki/Umanesimo 참조.

3 이것은 휴머니스트들의 고전 연구가 호메로스의 『일리아드』, 『오디세우스』와 같은 그리스 문학에서 출발하지만 그들의 역사이기도 하면서 르네상스의 모델이 되는 아우구스투스 황제 시절에 일어난 '메세나 운동'(이것을 필자는 '고대 르네상스'라고 부르기로 하겠다)과 의식을 같

개 과거를 동경하지 현실과 미래를 동경하지는 않는다. 그러나 중세 휴머니스트들은 고대를 동경하지만 거기에 머무르지 않고 그것에 따라 현실을 올바로 직시하고 비판적인 시각으로 바라보았다. 그들은 고대의 가르침에 조명하여 현실을 풍자하고 당면한 문제를 보다 인간적인 관점에서 바라보고 미래를 여는 토대로 삼았다. 다시 말해서, 르네상스 휴머니스트들은 고대의 노스탤지어를 고대의 것으로 두기보다는 그들의 현실로 가져와 당면한 문제를 적극적으로 해석하고 자신들의 현대사를 위한 새로운 지평을 여는 초석으로 삼았던 것이다.

일부 역사가들이 말하는 '중세－암흑의 시대'라는 표현은 중세를 부정하는 것이라기보다는 '새 시대를 열고 새로운 문화를 창조한다'는 거대한 현실적 야망을 더 강조하기 위해서 나온 것으로 파악된다. 왜냐하면 르네상스의 견인차 역할을 했던 당시 이탈리아의 지식인들에게 있어 '고대의 부활'이란 자신들의 '역사를 바로 본다'는 의미가 더 컸기 때문이다.[4] 이 점에서 이탈리아의 르네상스는 고대 그리스－로마의 정신과 문화를 부활시켜 중세와는 다른 세계를 창조하고자 한 신(新)문화운동이었다. 이탈리아의 휴머니스트들은 중세 1천 년 역사의 문화가 아니라 그리스－로마의

이 하는 베르길리우스의 『아이네이스』를 통해 트로이가 망하던 날 밤, 트로이를 탈출하여 미래를 향한 길, 새로운 나라(로마)를 건설하기 위한 길을 나서는 것으로 귀착된다는 뜻이다. 여기에서 그리스 고전을 '과거를 향한 노스탤지어'라고 한 것은 그리스 문학에 등장하는 주인공들이 대개 고향을 떠나와서 다시 고향으로 돌아가려는 의지를 담고 있기 때문이고, 반면에 로마 문학의 주인공들은 자신이 태어난 고향으로 되돌아가려고 하기보다는 새로운 땅을 향한 개척의 의미로 '미래를 향한 노스탤지어'라고 하였다. 가령 단테의 경우 고향인 피렌체에서 추방되어 두 번 다시 살아서는 되돌아갈 수 없는 상황에서 천국을 향한 새로운 고향을 동경하는 것으로 『신곡』을 썼고, 그것을 베르길리우스의 『아이네이스』의 영향이라고 보는 것이다.

4 Jacob Burckhardt(1818~1897), *Die Kultur der Renaissance in Italien*(1860, 『이탈리아 르네상스의 문화』)에는 "르네상스는 근대를 향한 전혀 새로운 '단절적 출발'이 아니라 고대에서 출발해 중세를 거쳐 현대를 향해 나아가는 일종의 '연속적 기점'(Kontinuität)이라"고 하였다. 이기숙 역, 한길사, 2003, 44~45쪽.

문화와 역사를 모델로 삼아, 그리스-로마적 이념과 가치를 되살려 자신들의 학문적 · 문화적 창조의 지침으로 삼고자 하였다. 그들에게 있어서 고대의 학자와 문인들은 배우고 본받아야 할 스승이었던 것이다. 대표적인 휴머니스트였던 브루니(Leonardo Bruni, 1370~1444)는 자기 시대의 사람들을 가리켜 고대인을 배우고 본받는 '난장이들'로 묘사하였는데, 그의 이러한 묘사의 배경에는 이런 낮은 배움의 자세가 담겨 있었던 것이다. 휴머니스트들이야말로 그리스와 로마인들이 생각하고 행동했던 그대로 고전을 과거의 학문으로 보고 노스탤지어만 느끼고 다시 책장에 꽂아둔 것이 아니라, 그들이 생각하고 행동하고자 했던 그대로 현실로 끌어들여 현실 문제를 고전에 비추어 사고하고 비판했던 사람들이었다. 즉, 휴머니스트들은 낡은 고전의 연구를 구시대의 낡은 학문으로 간주한 것이 아니라 새로운 인간을 발견하고 새로운 이상적인 인간상을 탐구하고 확립하는 토대로 삼은 것이다. 그리고 그것이 바로 르네상스의 목표이기도 했던 것이다. 예컨대 단테가 자신의 작품 『신곡』에서 보여주었던 것처럼 인간이 비록 '땅(먼지)에 처박혀'(신곡 연옥편 19:70~75 참조) 있어도 그의 영혼은 조금이라도 거기에서 벗어나고자 노력하는 것, 속세의 연인이자 개인적인 연모의 대상이었던 베아트리체가 그의 천국 여행의 안내자가 되었다는 것 등은 중세에는 상상조차 할 수 없었던 일이었다. 현실에 발을 담근 채 이상적이고 희망적인 세계를 지향하고, 에로스의 자기 순화를 매개로 천국에 가는 것은 중세의 천국 지향이나 성인전에서 이야기하던 것과는 매우 다른 근대적인 정신을 내포하고 있었던 것이다.[5]

그러므로 휴머니즘은 인간의 합리적이고 주체적인 자유의지를 기반으

5 Tomonobu Imamichi(今道友信), 이영미 역, 『단테 「신곡」 강의』(*Dante 'Sinkyoku' Kougi, Kaitei Hukyuban*), 안티쿠스, 2008, 81~87쪽, 427~432쪽 참조.

로 인간을 자연과 역사와 연계하여 이해하고, 그것들을 인간의 영역으로 끌어들인 철학 및 문화 운동이었던 것이다. 자연과 역사가 근대 문화의 요소 가운데 중요한 부분을 차지한다는 것을 고려할 때, 휴머니즘은 중세 말에서 근대까지 전 시대를 관통하는 사상이었다고 할 수 있다. 거꾸로 말해서, 르네상스의 철학적 쇄신은 인식의 주체로서 인간 이성을 강조했고, 그 결과로서 천문학 · 수학 · 회화 · 농업 분야에서 과학적이고 기술적인 발전을 가져온 것이라고 할 수 있다.[6]

르네상스의 핵심은 휴머니즘이다. 휴머니즘은 인간과 신의 관계, 인간의 자유의지와 자연에 대한 인간의 우월성을 강조하는 모든 정신적인 태도를 포괄한다. 철학적으로 휴머니즘은 인간을 모든 사물의 매개로 만들었고 고전 문헌을 광범위하게 탐구하면서 성경의 원문 대조 비평과 문헌학을 싹틔웠으며, 그에 따라 아리스토텔레스에 대한 연구와 성경에 대한 관심을 새로 일으켰다. 후원자들의 지원에 힘입어 고전적인 이상과 형식을 모방한 예술도 융성해졌다.

그러나 르네상스가 무르익어가면서 이탈리아의 휴머니스트들은 고대 그리스보다는 로마문화에 더 열광했고, 로마를 배우고 본받으려는 분위기로 바뀌어가기 시작했다. 그렇다고 해서 호메로스, 플라톤, 아리스토텔레스, 아이스킬루스와 같은 그리스 철학자와 문학자들을 외면한 것은 아니지만, 이탈리아의 휴머니스트들에게 있어 자신의 역사와 문화이기도 한 로마의 역사와 문화를 더 연구하고, 라틴어 고전을 발굴하여 진위를 가리고 주해하는 일이 어떤 의미에서는 더 쉬운 일이었다. 대부분의 휴머니스트들은 키케로, 세네카, 퀸틸리아누스, 베르길리우스, 락탄티우스,

6 Gianni Criveller, *Preaching Christ in Late Ming China, The Jesuits' presentation of Christ from Matteo Ricci to Giulio Aleni*, Ricci Institute Varietes Sinologiques–New Series 86(Taipei Ricci Institute), Fondazione Civilta Bresciana–Annali 10(Italy), 1997, p. 3.

플리니우스 같은 로마 학자들을 자신의 모델로 삼고자 하였다. 특히 휴머니스트들이 가장 많이 기댄 인물은 키케로였다. 키케로에 의해 고대 그리스 철학이 집대성되고 라틴문학이 서막을 열었기 때문이다.[7]

이탈리아 휴머니스트들이 라틴 고전을 더 중요시 한 것은 마키아벨리(N. Machiavelli)에게서도 나타난다. 그가 「논고」를 서술하면서 참조하고 의지한 인물들만 보더라도 그리스인보다는 로마인이 훨씬 많다. 그리스인의 경우 아리스토텔레스, 헤로도토스, 투키디데스, 크세노폰, 이소크라테스 등에 불과하지만 로마의 경우는 위에서 언급한 인물들 외에도 플루타르코스, 타키투스, 유베날리우스, 아피아노스 등이 대거 등장한다.

휴머니스트 역사가들이 주목한 것도 현재 자신들이 살고 있는 도시국가가 바로 로마와 로마의 역사를 계승하고 있다는 것이었다. 그들에게 있어 로마의 역사는 곧 자신의 역사며, 자신의 정체성을 확립하는 근거가 되었다. 그들은 당시의 극심한 정치적 분열 상태를 타개하고 영토의 광대함에도 불구하고 통일된 국가, 강력한 국력으로 주변 민족을 제압한 로마

7 키케로는 에피쿠로스학파인 파이드루스(Gaius Julius Phaedrus, BC 140~70)와 스토아학파인 디오도투스(Diodotus, BC ?~60) 및 아카데미학파인 필로(Philo, BC 160~80) 밑에서 철학을 공부했기 때문에, 철학의 주류를 이루는 네 학파 중에서 세 학파의 기초 지식을 깊이 있게 알고 있었고, 아리스토텔레스의 소요학파의 사조를 옹호하면서 이들 그리스 사상이 로마에 뿌리는 내리는 데 크게 기여하였다. 수사학과 관련하여 키케로는 당시 로마의 웅변가들이 속해 있었던 '아시아파'나 '아티카파' 중 어디에도 속하지 않음으로써 나름대로의 독창성을 가진 웅변가로 성장할 수 있었다. 그에게 있어 웅변가는 다양한 문체를 구사하고 융합시킬 수 있어야 한다고 믿었기 때문이다. 그는 강한 호소력을 가진 운율을 문장이나 절의 끝에 넣어 사용함으로써 청중을 매료시켰다. 그는 수많은 저서와 연설을 통해 자신만의 독특한 화법을 구사함으로써 당시 로마의 언어였던 라틴어를 고급 언어로 다듬어놓았다. 이런 이유로 키케로는 로마에 철학적인 기틀을 세우고 라틴문학을 정립하였다고 하는 것이다. 나아가 정치가로서 법률가로서도 커다란 족적을 남김으로써 르네상스 휴머니스트들의 우상이 되었다. http://it.wikipedia.org/wiki/Marco_Tullio_Cicerone 참조. 키케로의 언어와 정치의 '자유'에 관한 흥미 있는 논문은 앙카라 대학의 Dr. Filiz Öktem이 쓴 논문 "Libertas in Cicerone"를 참조하면 된다. *Libertas in Cicerone*, D. T. C. Fakültesi Dergisi, Cilt 33, Say i 1-2, 1990.

(제국)를 동경하였다. 로마의 역사를 야만족인 고트족의 역사와는 달리 '문명의 역사'라고 본 이면에는 중세 이탈리아 도시국가 시절 로마의 행정관이었던 디 리엔조(Cola Di Rienzo, 1313~1353)가 로마제국의 부흥운동을 전개하고 페트라르카가 그를 지원한 당위성이 하나의 우월감으로 깔려 있었다.

페트라르카는 자신의 역사 기록을 '로마 예찬'으로 보았고, 휴머니스트 출신의 역사가들은 역사 기록을 고대 로마의 역사가들이 서술한 방식으로 서술하였다. 브루니, 포지오(Poggio Bracciolini), 마키아벨리는 로마시대의 역사가인 살루스티우스(Saturninus Secundus Sallustius)와 리비우스(Libius Severus Serpentius)를 모방하였다. 이런 경향은 '르네상스'라는 말을 역사적인 용어로 가장 먼저 쓰기 시작했던 19세기 독일의 역사가인 부르크하르트에게서도 엿볼 수 있다. 그는 모든 형태의 라틴 역사를 모방하고자 했다. 부르크하르트는 페트라르카를 고대의 대리자이며 고대 로마를 증거하는 인물로 보면서 찬사를 아끼지 않았다.

이탈리아 휴머니스트들이 로마의 문화와 역사에 관심을 가지고 라틴 고전에 의지한 것에는 그리스어와 라틴어라는 언어 문제도 작용하고 있었다. 중세와 근대 초기 유럽의 공적 · 종교적 · 학문적 언어는 라틴어였다. 라틴어는 지적 활동의 매개체였다. 이탈리아 휴머니스트들은 모국어로 작품을 쓰기도 했지만 대개의 경우 라틴어로 학문 활동을 하고 작품을 썼다. 사실 그들은 라틴어에 정통한 학자들이자 라틴어를 가르치던 교사들이었다. 그러나 그리스어의 경우는 달랐다. 마키아벨리의 경우 그리스어를 전혀 몰랐거나 아니면 겨우 해독할 정도였다는 말이 있다. 대표적인 휴머니스트 중의 한 사람이었던 브루니가 그리스어를 본격적으로 배운 것은 이탈리아 르네상스가 전성기에 진입하던 1398년 말이었다고 한다.[8] 브루니가 크리솔로라스로부터 뒤늦게 그리스어를 배웠다는 사실을 통해 페트라르카는 그리스어를 거의 해독하지 못했을 가능성이 크다고 보는 것이다.

로마의 법률과 제도들이 중세 유럽에 계속해서 직간접적으로 영향을 미쳤다는 점도 염두에 두어야 한다. 알려진 것처럼 12표법에서 유스티니아누스 황제법에 이르기까지 고대 로마의 법률은 중세를 거치면서 교회법을 통해 르네상스 시대에도 살아 있었다. 그 결과 이탈리아 르네상스 휴머니스트들의 '로마'에 대한 동경은 라틴 고전에 더 몰두하게 하였으며, 그들이 살고 있는 이탈리아 반도는 로마 고전 문화가 융성했던 땅이며, 그 문화를 창조한 로마인은 다름 아닌 자신들의 조상이었다는 인식이 내면에 작용하고 있었다고 볼 수 있다. 그리스를 정복했지만 정신적으로는 오히려 정복당했던 로마가 그리스 정신의 모방 단계를 벗어나 새로운 창조 영역을 개척한 로마 고전에 대한 자부심과 함께 라틴어를 알고 있다는 자부심[9]이 함께 작용한 것이라고 하겠다.

고전(로마) 시대로 돌아가려는 기풍에 의해 탄생된 휴머니즘은 진리와 선(善)에 대한 개인적인 탐구를 존중하는 동시에 인간적인 가치를 위해 편

8 브루니에게 그리스어를 가르친 비잔틴제국의 크리솔로라스(M. Chrusoloras)가 1390년대에 피렌체에서 그리스어를 가르치기 시작했다는 사실은 휴머니스트와 그리스어의 관계를 짐작할 수 있게 해준다. Riccardo Fubini, *L'Umanesimo italiano e i suoi storici, Origini rinascimento–critica moderna*, Milano, FrancoAngeli Storia, 2001, pp. 20~25.

9 로마가 제국으로 성장하면서 제국과 대도시를 운영해본 경험이 없었던 로마인들은 이미 경험한 그리스인에게서 배울 수밖에 없었다. 이런 까닭에 로마 지식인들의 그리스어 숭배는 대단했다. 로마인들은 정치를 배우기 위해 그리스를 탐구하다가 그들의 문화에 매료되지만 곧 언어적 한계에 봉착하고 말았다. 당시 로마에는 그리스에 관한 라틴어 텍스트가 거의 없었다. 그러나 아우구스투스 황제 시절에 일어난 '문예부흥'인 메세나 운동으로 인해 베르길리우스의 『아이네이스』와 같은 라틴어 작품이 등장했고 그것을 강의 교재로 활용하면서 적어도 문학에서는 그리스어 텍스트에서 벗어나기 시작하였다. 이후 로마인들의 사고에는 "이제 라틴어는 가난하지 않다"는 인식이 자리를 잡았고 일부에서는 로마가 그리스보다 낫다는 주장까지 대두되기도 하였다. 안재원, 「고전 오디세이: 모방과 경쟁을 통한 고전의 부활」, 『한겨레』, 2010. 3. 26 참조.

협한 철학 체계, 신학적인 도그마, 절대적인 추론 등을 배격하였다. 동시에 그리스도교 사상과 고대 철학을 연관시키려는 시도가 끊임없이 이루어짐으로써 그 흐름이 종교개혁으로까지 이어졌다.

그러므로 르네상스 휴머니즘의 흐름은 본질적으로 반(反)교회주의적인 기류 속에서 탄생하거나 그런 분위기에서 발전한 것은 아니지만 교회 중심이었던 중세의 고전적인 기류에서 탈피하여 새롭고 세속적인 문화를 지향하고 있었고, 이 점에 대해 교황은 일종의 위기의식을 느꼈을 수 있을 것이다. 그때까지 교회가 독점해오던 지식이 인간의 자유로운 사고를 통해 개인에게로 넘어가는 것을 의미했기 때문이다.

르네상스 휴머니즘 정신은 구텐베르크(Johannes Gutenberg, 1390~1468)의 활판인쇄술의 발달로 문자 해독 계층을 늘리고 고전을 접할 수 있는 기회를 넓히는 계기가 되었다. 구텐베르크가 발명한 인쇄술은 이후 점진적으로 교육을 비롯한 모든 분야의 혁명적인 변화를 가져왔다.

1503년에 아메리고 베스푸치가 펴낸 팸플릿 「신세계」(Mundus Novus)가 유럽 전역에 날개 돋친 듯이 팔려나갔고, 대항해 시절 내내 항해사들의 경험을 담은 소책자들이 신대륙에 대한 붐을 일으켜 유럽인들을 흥분시켰다. 고전 연구에서부터 시작된 의식의 발달과 새로운 대륙의 발견으로 인한 새로운 소식에 대한 기대와 현실적인 감각은 새로운 창조의 발판을 다지는데 크게 기여하였다.

그러므로 지금까지 살펴본 이러한 역사적인 배경을 바탕으로 이제 신학적 · 철학적 · 인간학적 · 선교학적인 관점에서 르네상스와 휴머니즘의 의미를 요약, 정리해보기로 하겠다. 르네상스 시대의 서양 사상의 흐름이 궁극적으로는 어떻게 선교에 영향을 미쳤는지를 살펴보는 것이 이 과제를 위해서는 필수적이기 때문이다.

첫째, 르네상스의 과학적 발명품들이라고 할 수 있는 인쇄술 · 화약 ·

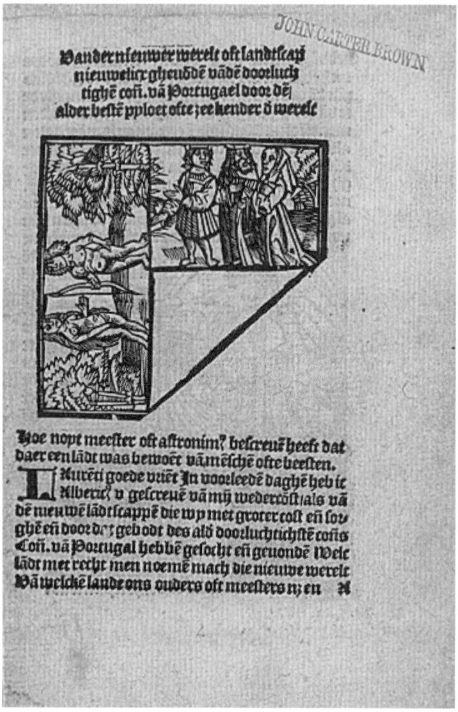
Vander nieuwer werelt oft landtscap nieuwelicx ghevöden vādē doorluchtighē con̄. vā Portugael door dē alder bestē pyloet ofte zee kender d' werelt

Hoe nopt meester oft astronim⁹ bescreuē heeft dat daer een lādt was bewoēt vā mēschē ofte beesten.

Laurēti goede vriēt In voorleedē daghē heb ic Albericus v gescreuē vā myn wedercōst / als vā dē nieuwē lādtscappē die wy met groter cost en̄ sorghē en̄ door dē gebodt des alr doorluchtichstē conīs Con̄. vā Portugal hebbē gesocht en̄ gevondē Welc lādt met recht men noemē mach die nieuwe werelt Vā welckē lande ons ouders oft meesters nyet en

아메리고 베스푸치가 낸 “Mundus Novus” 초판본 첫 페이지

나침판 등과 이를 토대로 한 과학적 발견은 중세인들의 맹목적인 신앙과 인습을 깨고 인간 이성에 대한 신뢰와 칭송이 시작되는 계기가 되었다. 이것은 이미 한 세기 이전에 문학에서 태동된 휴머니즘의 대두와 그의 대표적인 피렌체 출신의 삼총사 단테, 페트라르카, 보카치오와 영국의 초서, 독일의 토마스 아 캠피스, 에스파냐의 세르반데스, 그리고 곧 이어 영국의 셰익스피어 등으로 이어진 조용한 변화의 움직임과 같은 맥락에 있었다. 그들은 작품을 통해서 사람들에게 정서적 · 영적 · 지적인 감동을 주고 변화를 불러 일으켰다. 그들의 정신은 이후 르네상스 시대 레오나르도 다빈치, 미켈란젤로, 라파엘로 등의 예술가들로 계승되었고 마키아벨

리와 모어의 사회과학 사상과 에라스무스, 라블레, 몽테뉴 등의 교육사상가들로 확산되었다.

둘째, 신에서 인간으로 관심이 이동하면서 인간이 관찰의 대상이 되고 논의의 대상이 되었다.[10] 중세의 인간이 천상에만 시선을 두었다면 르네상스인은 자신들이 살아가는 세상으로 눈을 돌리기 시작하였다. 중세의 금욕적이고 참회 중심의 삶에서 현실을 살아가는 인간의 가치를 인정하기 시작하였다. 언제 올지도 모르는 천상의 것을 동경하며 애써 기쁨을 참기보다는 지금 있는 이 자리에서 즐거운 것을 찾기 시작하였다. 휴머니즘 사상은 '인간 연구'(Studia humanitatis)야말로 인간 지식의 알파인 동시에 오메가로 간주하였다. 이러한 관심의 이동은 다양한 표현에 있어서 인간의 본성을 주제로 삼으며, 예술가들로 하여금 예술의 대상으로 평범한 인간을 넘어서 예술가 자신을 연구하는 데로까지 확대되었다. 보카치오의 『단테의 생애』,[11] 콘디비의 『미켈란젤로 전기』[12]나 바사리의 『미술가 열전』[13] 등은 이런 분위기 속에서 탄생한 것이라고 할 수 있다.

셋째, 현세 생활에 대한 가치가 강조되었다. 지금 주어진 현실의 삶을 적극적이고 긍정적으로 해석하였다. 예컨대 명예욕은 페트라르카에게 있

---

10 Bernard Berenson, *The Italian Painter of the Renaissance*, London: Phaidon Press, 1952, 1953, p. 6.

11 보카치오(Giovanni Boccaccio, 1313~1375)가 1360년에 낸 『단테의 생애』(*Vita di Dante*)는 그의 단테 연구의 결정판이라고 할 수 있다. 그는 단테의 『신곡』을 직접 필사하여 페트라르카에게 보낸 것으로 유명하다. 이는 단테와 페트라르카 두 사람에 대한 깊은 존경과 경의의 표시였다.

12 아스카니오 콘디비(Ascanio Condivi, 1525~1574)는 미켈란젤로의 제자로 1553년에 『미켈란젤로 전기』를 출간하였다.

13 조르조 바사리(Giorgio Vasari, 1511~1574)가 1550년에 펴낸 『미술가 열전』은 르네상스 미술에 대한 가장 중요한 기록으로서 지금까지 전해지는 세계 최초의 본격 미술사(美術史)로 평가받고 있다.

어 가장 강한 파토스의 하나였다. 그는 명예욕의 지배를 받아 움직였고, 자기 이름이 살아서뿐만 아니라 죽어서도 영원히 남기를 바랐다. 그는 인간의 개성 · 재능 · 특수성이 제각기 다르므로 그것을 풍성하게 육성 · 발전시켜야 한다고 주장하였다. 그는 최초의 알프스 등반자의 한 사람으로서 근대적인 자연미를 처음으로 발견한 사람이기도 하였다.

넷째, 비판의식이 고취되었다. 십자군전쟁의 실패와 휴머니즘과 르네상스를 거치면서 유럽인은 더 이상 과거 '진리의 보관소'로 간주되던 교회의 조직과 제도에 '절대 신뢰'를 두지 않게 되었다. 저마다 자신이 보고 느끼는 대로 세상과 인간을 진단하고 그것에 따라 비판의식을 키워갔다. 고전 연구를 통해 새롭게 대두된 계몽의식의 결과라고 할 수 있을 것이다. 고대인들이 바라보던 세상과 중세인들이 바라보던 세상을 비교 · 분석함으로써 자신들의 시대에 대해 비판적인 의식을 갖기 시작한 것이다.

다섯째, 예술 활동과 일상생활을 서로 연계시켰다. 예술이 모든 일상으로 파고든 것이다. 그러다보니 예술성과 효용성을 고려하기 시작했고, 전문성과 재능을 동시에 요구하기 시작하였다. 예술이 추상적이기보다는 일상의 생활 언어가 되고, 생활은 다양한 형태로 존재하는 미학(예술)의 자극을 받았다. 예술가와 숙련 노동자(전문가)들의 유대가 공감대를 형성하면서 이 둘은 동일한 집단으로 자리를 잡았다.[14] 예술과 일상을 연계시키려는 이런 현상은 과거의 성(聖)예술 중심에서 벗어나 현실을 적극적으로 즐기려는 장식예술과 생활예술의 발달로 이어졌다. 때로는 고고하고 때로는 추잡한 인간의 현실을 있는 그대로 예술에 담으려는 움직임이 대두되기 시작한 것이다. 첼리니(Benvenuto Cellini, 1500~1571)의 「소금그릇」

---

14 August Charles Krey, *A City That Art Buil*, Minneapolis: University of Minnesota Press, 1936, pp. 49~50.

과 당대 화가들이라면 누구나 의뢰를 받았던 동시대인들의 초상화 열풍은 이런 기류에서 탄생했다고 볼 수 있다.

이러한 일련의 사상사적인 변화는 여러 가지 면에서 가톨릭교회의 변화를 자극하는 요인이 되었다. 그러나 그 변화는 가톨릭교회 내 · 외부의 많은 사상가들과의 충돌을 의미했고, 그 과정에서 교회는 유럽 내에서 좁아진 자신의 입지를 인식하지 않으면 안 되었다. 신대륙의 발견에서부터 시작된 지리상의 대발견은 이런 의미에서 교회로 하여금 숨통을 트게 한 중요한 터닝 포인트가 아닐 수 없었다.

제2장
보호권과 종교개혁

1. 보호권

콜롬보(Cristoforo Colombo)의 아메리카 대륙의 발견(1492년)은 유럽 경제와 선교가 한계에 봉착한 시점에서 유럽 국가들과 교회에 새로운 탈출구가 되어주었다. 마르코 폴로와 같이 아시아를 여행하고 돌아온 유럽인들에 의해 알려지기 시작한 아시아에 대한 정보는 뱃사람들로 하여금 동쪽 지역으로 갈 수 있는 빠른 새로운 교역로를 개척하고자 하는 열망을 불어넣었다. 이슬람이 비단길을 차단하고 있는 상황에서 콜롬보와 같이 용기 있는 선원 출신의 유럽인이라면 육로보다는 해로 개척에 대한 야망이 더욱 컸을 것이다. 게다가 서양의 지리적 지평(地平)이 넓어지면서 마르코 폴로의 『동방견문록』의 영향력이 커지고, 거기에서 '지팡구'라고 일컬은 일본에 대한 묘사는 1492년에 저물어가는 해를 향하여 여행을 떠난 콜롬보에게 뚜렷한 목표를 설정해주었고, 향신료 생산 지점에 대한 상세한 묘사는 유럽인들로 하여금 그 지역을 찾아 나서게 함으로써 오랫동안 향신료 교역을 독점한 아랍 상인들의 상권을 깨뜨리도록 고무시키는 동기가 되었다. 『동방견문록』에서 마르코 폴로의 다소 과장된 새로운 지리적 정보는 15세기 말 콜롬보의 아메리카 대륙 발견의 계기가 되었고, 이후 유럽인들의 대양을 향한 대규모 항해를 시작하는 계기가 되는 등, 지리상의 발견에 큰 역할을 하였다. 따라서 신대륙(아메리카)의 발견은 아시아에서 생산되고 있던 향신료와 각종 진기한 물품에 대한 유럽인들의 수요에 대해 막힌 육로를 대신하여 해로를 개척하려는 과정에서 발견한 것이었던 것이다.

해외 무역과 모험에 적극적이었던 유럽의 대서양 연안 국가들이 중심이 되어 시작된 대항해는 1492년 콜롬보가 아메리카 대륙을 발견한 이래 약 30년간 지속적으로 전개되었다.[15] 1497년에는 포르투갈의 선장 바스코 다 가마(Vasco da Gama, 1460~1514)가 희망봉을 돌아 인도의 캘리컷을, 1499년에 아메리고 베스푸치(Amerigo Vespucci, 1454~1512)는 남아메리카 대륙을 발견하였고, 1500년에 카브랄(Pedro Álvares Cabral, 1467/68~1520)은 브라질을 발견하였고, 1511년 이후 포르투갈은 중국해로 들어가는 해협을 제압하고 멜라카(지금의 말레이시아 말라카)와 몰루카 제도와 자바 섬 일대로 진출했으며, 1519~1522년에 마젤란(Fernão de Magalhães, 1480?~1521)은 세계 일주에 성공함으로써 지리상의 모든 대륙이 유럽인의 시야에 들어왔다. 포르투갈은 1542~1543년에 일본에 첫발을 디뎠고, 1557년에는 중국의 광둥 강어귀에 있는 마카우(마카오)에 무역항을 세웠다.

한편 유럽에서의 교회의 입지는 십자군전쟁의 패배, 교황청의 아비뇽 유수(幽囚), 대이교 현상, 휴머니즘과 르네상스의 대두 등으로 점차 좁아

15 Franzen August, 최석우 역, 『세계 교회사』(*Kleine Kirchengeshichte*), 분도출판사, 2004, 370~373쪽 참조.

지고 있었다. 교회 일각에서 끊임없이 기울인 쇄신의 노력에도 불구하고 교황권은 이미 약화될 대로 약화되고 있었다. 이런 시기에 대항해를 통한 지리상의 발견은 유럽 내에서 한계 상황에 직면한 교회에 새로운 기운을 불어넣어주었다. 이에 교회는 자신의 본성인 선교사명을 '세계 선교'라는 원대한 계획으로 연계시키고자 하였다. 지리상의 발견은 유럽인들의 삶과 사고방식을 근본적으로 바꾸었고, 과거에는 전혀 예측하지 못했던 선교의 새로운 가능성을 제시해주었다. 새로운 대륙을 발견하고 획득한 나라들은 세계 각국으로부터 정당한 소유권을 공식적으로 인정받기 위해 교황의 승인을 요구했다. 이에 교황은 '보호권'(Padronado)[16]이라는 새로운 제도를 마련하여 신대륙을 발견한 국가에 부여하였다.[17]

16 15세기 중엽에서 17세기에 걸쳐 대항해 시대를 이끌며 새로운 대륙을 찾아 나섰던 에스파냐와 포르투갈의 국왕들에게 교황청에서 양도한 복음화의 책임이다. 교황들은 여러 가지 이유로 보호권을 도입했는데, 당시 상황으로는 아시아와 아메리카의 그리스도교화를 위한 안정적이고 효과적인 방법이라고 생각했기 때문이다. 새로운 대륙의 발견과 통솔은 이슬람으로부터 이베리아 반도의 지속적인 해방을 의미하는 것이기도 하였다. 게다가 보호권은 국가와 종교를 통합할 수 있는 좋은 방법이라고 생각하였다. 엄청난 손실보다도 훨씬 많은 이익을 가져다줄 것으로 판단했던 것이다. 에스파냐와 포르투갈의 국왕들은 현지인들에 대한 복음화의 책임과 의무를 국가의 과제로 받아들이는 동시에 선교지에서 교회를 완전히 통솔할 수 있는 권한으로 받아들이면서 '보호권'과 '주권'을 혼동하여 남용하였다. 그들은 교회의 후원자들을 임명하고, 선교사들을 임명 혹은 제명했으며, 교회의 모든 권한을 통제하였다. 그래서 선교사들이 선교지로 출발하기 위해서는 국왕의 허락이 있어야 했고, 이것은 선교지에서 에스파냐와 포르투갈 출신의 선교사들 외에 다른 국가에서 온 선교사들의 활동을 막는 결과를 초래하였다. 선교사들은 에스파냐와 포르투갈 정부를 통해서만 로마와 소통을 할 수가 있었고, 포교성성은 이 두 나라의 식민지에서는 어떤 권한도 행사할 수가 없었다. 에스파냐와 포르투갈의 이런 권한의 이면에는 '선교사 선별과 파견', '선교사들의 모든 제반 비용'에 대한 책임을 지고 있었다는 것이 크게 작용한 결과였다. 그러므로 보호권은 본래 교황청의 의도와는 달리 에스파냐와 포르투갈의 입장에서는 자신들이 개척한 식민지(선교지)에서 갖는 지리 · 신앙적인 속지주의의 개념이 아니라, 엄밀히 말해서 권력(주권)을 행사하려는 정치적인 개념으로 변질된 것이라고 할 수 있다.

17 Cf. AA. VV., 김혜경 역, 「라틴아메리카의 선교 역사」, 『선교학 사전』(*Dizionario di Missiologia*), 성 바오로, 2010, 107~108쪽 참조.

'보호권'은 당시 선교를 특징짓는 것으로서, 말 그대로 새로 발견한 대륙에서 '보호' 임무를 수행하는 권한으로 주어졌다. 포르투갈은 브라질, 아프리카 전역 및 인도 · 중국 · 일본 등지에서 보호권에 따른 권력을 행사하여 1533년에 인도의 고아와 1576년에는 중국 마카오에 교구를 설립하였다. 반면에 에스파냐는 아메리카와 필리핀에서 보호권을 행사하였다. 지리상의 발견 이후 '보호권'을 가진 서구 열강의 영토 점령은 17세기에 이르러 그 정점에 달했다. 신대륙 점령은 정치적 · 경제적 · 군사적 동기 외에도 보호권으로 인한 종교적인 열정에 따른 것이기도 하였다. 가장 난폭한 '정복자'들까지도 자신들이 정복한 민족들에게 그리스도교를 전파하는 것을 본연의 의무로 느끼고 있었기 때문이다.

지리상의 발견에서 종교 문제는 이제 중요한 동기가 되었다. 식민 정책과 강제적 개종은 원주민들에게 그리스도교를 착취자와 압제자의 종교로 보이게 했다. 정복자들은 민족과 문화를 무시(백지화, Tabula Rasa)하고 정복과 동시에 이교를 그 지역에서 근절시키고 그리스도교 신앙을 강제로 이식하는 것을 명예로 여겼다. 정복자들은 언제나 선교사들을 대동했고 그들과 긴밀한 협력 관계를 유지했다. 이러한 선교정책은 선교지에 축복을 주지 못했고, 그리스도교가 현지의 민족과 문화와 유기적인 일치를 이루지 못하게 했다. 그러다보니 선교는 식민지 지배가 확고하고 토착 종교가 커다란 내적 저항을 보이지 않는 중미와 남미 지방에서만 원활하게 이루어졌다. 인도 · 중국 · 일본 등 오랜 문화와 전통을 지닌 나라에서는 그리스도교가 그 기반을 확고히 할 수가 없었다. 이러한 선교활동에 대해 신학자와 선교사들은 상반된 견해를 보였다.

세풀베다(Juan Gines de Sepulveda, 1490~1573)는 식민지 지배를 일종의 의무로 받아들였다. 에스파냐 코르도바 출신인 그는 휴머니즘을 표방하던 문인으로서 아메리카 인디오들에게는 하느님을 인식할 수 있는 능력이 애초부터 없기 때문에 복음화를 위해서는 식민지 정복이 꼭 필요하다고 주장하였다. 그는 아메리카에서 태어난 인디오들은 자신들보다 못한 열등한 인간존재로서 '호문쿨루스'(homunculus, 라틴어로 "모자란 인간"[little human]이라는 뜻)라고 불렀다.[18] 그의 견해는 도미니코 수도회 출신의 선교사들, 그 중에서도 특히 살라망카 학파와 라스카사스(Bartolomeo de Las Casas, 1474~1566)와 크게 충돌하였다. 특히 라스카사스는 인간의 '타고난 권리'에 대한 토마스 아퀴나스 신학을 토대로 아메리카 인디오들도 우리와 똑같은 인간이며 우리가 가진 인권처럼 그들에게도 엄연히 존재하는 인권이 있다고 주장하였다.

세풀베다처럼 신대륙에서 돌아온 첫 원정대들은 각자 자신들의 저서를 통해 아메리카 인디오들에 대한 부정적인 인상을 유럽에 확산시켰다. 예컨대 인디오들은 열등한 종족들이고 난폭하고 잔인하며, 용기와 지성이 부족하다는 것이다. 이러한 비판의 이면에는 라틴아메리카의 일부 부족들에서 행해지고 있던 잔인하고 비문명적인 인간제물예식(Human Sacrifice)이나 식인행위(Cannibalism) 등과 같은 것을 목격하였기 때문이다. 세풀베다는 자신의 작품을 통해서 식민주의를 옹호했으며 문명과 복음을 전하는 것이야말로 야만적인 생활로부터 인간을 구출하는 유일한 방법이라고 역설하였다. 1547년에 쓴 『야만인의 발견』에서도 야생의 상태에서

---

18 아리스토텔레스의 추종자였던 세풀베다는 아리스토텔레스의 『정치학』에서 식민주의자들의 입장을 대변해줄 내용을 찾았다. 그것은 어떤 인종은 저능한 지적 능력에, 부적당한 육체, 그리고 그들의 원시적인 문화가 보여주듯이 미개인이라는 내용을 찾아낸 것이다. 아리스토텔레스는 '복종해야만 할 인간으로 태어났으나 노역을 거부하는' 인간들을 향한 전쟁은 '본질적으로 정당하다'고 기술했던 것이다. 앤서니 그래프턴, 서성철 역, 『신대륙과 케케묵은 텍스트들』, 서울, 일빛, 2000, 159~160쪽 참조. 세풀베다는 지적 능력이 부족한 인간들은 문명을 이끌고 갈 책임을 지고 있는 우수한 능력의 유럽인들을 위해 노예로서 봉사해야 한다는 아리스토텔레스의 정치적 견해를 받아들였던 것이다.

생활하는 종족들에 대해서 무조건 인간성이 결여되었다기보다는 원시 상태에서 약간 나은 정도의 인간성만을 갖추고 있을 뿐이라고 묘사하였다. 세풀베다를 비롯한 일부 휴머니스트 작가들의 이러한 태도는 신대륙 토착민들 사이에서 목격한 식인주의와 인간제물과 같은 비문명적인 것들을 강조하려는 것으로 보인다.

현지의 상황을 누구보다 잘 알고 있던 당시 아메리카 대륙의 선교사들은 이런 생각에 반대해 수십 년간 인디오들의 인간다운 취급과 평화적인 선교 방법의 도입을 위해서 싸웠다. 에스파냐 출신의 도미니코회 선교사 비토리아(Francisco de Vitoria, 1492~1549)는 라스카사스보다 더 강력하게 식민지 정책의 문제점을 제기하였다. 그러나 당시 그리스도교의 선교적 관점은 모든 이교도들이 죄의 상태에 있고 구원의 길에서 벗어나 있기 때문에, 어떤 식으로든 물리적인 힘을 동원해서라도, 복음을 전파해야 한다는 것이 지배적이었다. 당시에는 보편적이었던 이러한 사고방식은 교회로 하여금 자신의 선교사들의 목소리마저도 귀담아 듣지 못하도록 하는 원인이 되었다.

그러는 동안 포르투갈과 에스파냐의 국왕들은 보호권을 자기네 마음대로 남용하기 시작했고 점차 교황의 훈령이나 명령으로는 그들의 만행을 바로잡지 못할 정도로 원주민들을 잔혹하게 다루고 착취하였다. 그리하여 보호권의 본래의 취지는 사라지고 두 국가의 정치적인 야심이 서로 분쟁을 야기하고 종국에는 국력을 쇠퇴시키는 지경에까지 이르렀다. 정복자들에 의해 폭력이 동반되는 가운데 정치적 · 경제적 · 군사적인 불순한 동기와 뒤섞여 선교가 이루어짐으로써 교회는 역사적으로 가장 힘든 상황에서 선교에서마저 난관에 부딪치게 되었다.

선교에서의 난관은 과거 어떤 시대의 어떤 선교 문제보다도 훨씬 컸다. 선교사들은 새로운 세계에 적응하는 동시에 전혀 다른 지역의 백성들을 만나 알아들을 수 없는 언어와 관습과 종교의 다양성을 극복해야만 했다. 거기에 개별적인 복음화와 대중 복음화의 방식에 대한 논란과 상황에 따른 두 방식의 조화를 두고 벌어지는 수도회 간의, 혹은 선교사들 간의 각기 다른 선교노선도 일선 선교사들에게는 혼란을 야기했고, 그에 따라 선교사들 간의 분쟁은 날로 극심해지고 있었다. 교회는 이 모든 것을 극복해야 하는 힘든 난관에 직면해 있었던 것이다. 과거 유럽에서 좁아지는 교회의 입지를 밖으로 돌리기 위해 시작한 열강들과의 결탁이 이제는 세계적인 차원에서의 외방선교는 물론 교회의 내부적인 문제에까지 미치는 상황에 봉착한 것이다.

2. 종교개혁

유럽 대륙 밖에서 보호권과 관련하여 야기되는 각종 문제와 함께 구대륙에서 광범위하게 일어난 프로테스탄트의 종교개혁은 중세의 국부적인 쇄신에는 비할 바가 안 되는, 가톨릭교회로서는 전면적이고 총체적인 쇄신에 직면하게 되는 계기가 되었다. 독일에서 아우구스티누스 수도회 출신의 마르틴 루터와 필리프 멜란히톤, 스위스의 장 칼뱅과 울리히 츠빙글리, 영국의 토머스 크랜머 등에 의해 개신교와 성공회가 가톨릭교회로부터 분리되었다. 북유럽에서 광범위하게 일어난 종교개혁은 수세기에 걸친 교회 생활의 폐단, 교회 안에 만연한 미신과 도덕적 악습을 공격하고 최고의 교사인 그리스도를 모방하며 성경의 권위와 하느님의 은총과 믿음을 강조함으로써 가톨릭교회를 새롭게 변혁시키고자 했던 자유주의 운동에서 비롯된 것이었다.

개혁의 돌풍은 타락한 교회 생활뿐만 아니라 모든 문제의 신학적 근원이 되고 있는 구원과 은총에 관한 교의까지 공격하고 나섰다. 이에 가톨릭교회는 윤리적이고 도덕적인 생활뿐 아니라 신학적인 개혁에 이르기까지 전면적인 성찰을 하지 않을 수 없게 되었다. 그러나 교회의 내부에서부터 일어난 자유주의 성향으로서의 개혁운동은 루터의 보름스 제국의회 심문의 결과 루터가 교황청으로부터 파문을 당하면서 서구 그리스도교의 분열로 이어지고 말았다. 이것은 아직까지도 상황 파악을 제대로 하지 못한 채 독단적이고 독선적인 권한만을 내세우고 있던 교황과 교황의 그러한 권한을 결코 인정하지 않겠다는 개신교 측의 강력한 대응이 정면으로 부딪힌 결과였다.

어떤 식으로든 공격을 받은 가톨릭교회는 이제 윤리적인 정비는 물론 과거 공의회를 통해서 논의해왔던 신학적인 측면까지 새롭게 정비해야 할 상황에 처하게 되었다. 내부적으로 조용하게 일어나기 시작한 반성의 목소리는 가톨릭교회 내부의 개혁으로 이어졌고, 개신교에 반격할 수 있는 준비를 단단히 함으로써 교의적인 쇄신을 꾀하였다. 동시에 가톨릭교회의 전통을 굳히고 교회 내부의 개혁과 해외 선교를 동시에 할 수 있는 새로운 수도회의 탄생을 예고하기에 이르렀다. 예수회의 탄생은 바로 이러한 시대적인 요청에 따른 것이었다고 할 수 있다.

가톨릭교회의 쇄신운동은 모든 면에서 궁지에 몰린 심각한 위기 상황에서 교회 내부에서 일어난 진정한 개혁이었다. 가톨릭교회의 오랜 역사를 통해 누적된 경험과 르네상스 휴머니즘을 통해 얻은 탄력적인 사고와 정신으로 이제 교회 자신이 내적 · 외적 쇄신을 향해 가지고 있는 모든 저력을 유감없이 발휘할 때가 온 것이다.[19]

---

19 이 점을 두고 르네상스와 종교개혁을 말하는 많은 역사가들은 하느님이 역사한 섭리의 손길을 이야기하기도 했다. Lorts Joseph, *The Riformation: A Problem for Today*, (trans. S. J. Dwyer), Westermonster, Md.: Newman Press, 1964, p. 182.

교황 바오로 3세(재위 1534~1549)에 의해 16세기 중반에서 17세기 초까지 진행된 가톨릭교회의 쇄신운동은 크게 세 가지 부분을 새로 정립하면서 시작과 마침을 알렸다.

첫째, '추기경 회의'를 부활시켜 행정적이고 임시적인 기구가 아닌 종교적이고 교회법적인 기구로 만들었다. 12세기에 교황의 자문기관으로서 법인체로 설립되었던 '추기경 회의'가 교황청의 아비뇽 유수와 로마 귀환의 와중에서 존폐의 여부조차 명확하지 않았던 것을 교황 바오로 3세가 부활시켜 교회법적인 기구로 만든 것이다. 이것은 종교개혁으로 실추되었던 로마교회의 권위를 바로세우고 권한을 강화하겠다는 교황의 의지를 반영한 것이었다.

둘째, 예수회를 교회법에 따라 정식으로 승인하였다. 예수회 설립을 승인하고, 예수회로 하여금 가톨릭교회의 교육과 쇄신을 담당하도록 하는 한편 교회의 영적인 군단으로 편성함으로써 트렌토 공의회를 이끌도록 하였다.

셋째, 많은 어려움과 장애에도 불구하고 오랫동안 지체되어왔던 공의회를 트렌토에서 개최하였다. 가톨릭교회의 쇄신운동으로 정의되기도 하는 트렌토 공의회는 프로테스탄트의 종교개혁에 대한 가톨릭교회의 교의적인 대응으로 간주되며, 이후 가톨릭교회가 추진하는 모든 사목과 선교노선이 이 공의회의 의결이 기준이 되어 제1차 바티칸공의회를 거쳐, 제2차 바티칸공의회에까지 이어졌다. 이 공의회에 관해서는 이어서 따로 설명하기로 하겠다.

이런 조치들은 프로테스탄트의 종교개혁 이후 가톨릭교회 내부에서 일어난 가톨릭 쇄신운동의 종지부를 찍는 것으로서 그 어떤 것보다 강력한 효력을 발휘하였다. 개혁과 부활을 추진해왔던 지난 수십 년을 토대로 가톨릭교회는 임박한 붕괴를 막을 수 있을 만큼 강한 내적 자원을 갖추고 있었고, 그 결과 새로운 건설이 가능할 수 있었다고 하겠다.

제3장
트렌토 공의회

1. 트렌토 공의회의 의의와 영향

트렌토 공의회는 1545년 교황 바오로 3세(재위 1524~1549)에 의해 개막되었지만 여러 차례 중단되면서 교황 줄리오 3세(재위 1550~1555)를 거쳐 교황 비오 4세(재위 1559~1565) 때인 1563년에야 비로소 최종 결의안이 통과되면서 폐막되었다. 가톨릭교회사에서도 큰 비중을 차지하는 트렌토 공의회는 오늘날까지 가톨릭교회의 특징으로 간주되는 몇 가지 측면이 여기에서 결정되었고, 그것은 이후 3세기 동안, 정확하게 말해서, 제2차 바티칸공의회 때까지 그의 영향은 계속되었다.

트렌토 공의회는 당시 시대적인 요청에 따른 것으로서 세 번의 회기[20]

---

20 제1회기(1545~1548)에서는 개신교의 "성서만이 유일한 원칙"(Sola scriptura)이라는 주장을 배격하고, 성서와 성전 모두가 신앙의 원천임을 재확인하였다. 동시에 불가타 성서의 권위를 인정하고, 성서 해석권은 교회만이 갖는다는 점을 명백히 하였다. 그리고 개신교의 은총 절대설과 정의 가산설을 배척하고 원죄와 의화에 대한 정의를 명확히 규정하였으며 성사에 대한 교리를 확정하였다. 황제 칼 5세와 교황 사이의 관계 악화로 회의가 중단되었다. 이때 불거졌던 의화 교리는 482년이 지난 1998년에 와서야 가톨릭교회와 루터교회가 "의화교리에

를 통해 프로테스탄트의 종교개혁 이후 개신교의 오류를 비판하고, 교회 개혁에 대한 교령을 발표하며, 성경과 성전, 원죄, 의화, 칠성사, 미사, 성인 공경 등에 관한 교리를 결정하였다.

오늘날까지도 가톨릭교회의 여러 가지 '표준'이 결정된 이런 중요한 트렌토 공의회는 제1회기부터 독일의 카알 5세와 교황 바오로 3세의 관심사가 달라 삐걱거리기 시작했다. 황제는 독일에서의 종교 분열로 인해 야기된 정치와 사회의 혼란을 안정시키기 위해 교회의 규범이 쇄신되고 가톨릭교회와 개신교회가 다시 통합되기를 원했고, 그래서 그런 방향으로 공의회를 끌고 가려고 한 반면에, 교황은 지금까지 가톨릭교회가 한 번도 도전받지 못했던 신앙의 문제인 교의의 해결이 급선무였다. 교황의 입장에서는 초대교회의 교부시대 이후 지금까지 가톨릭교회의 교의는 어느 것 하나 확실하게 결정된 것이 없었기 때문에 하나이고, 보편되고, 사도로부터 내려오는 전통 교회로서는 이단이라고 볼 수밖에 없는 루터의 새로운 신학이 생겨나게 되었다고 보았다. 시대의 변화에 제대로 응답해주

관한 공동 선언"을 함으로써 최종 종결되었다. 여기에서 공통적으로 합의를 본 것은 이 선언문의 제15항에 핵심적으로 표현되어 있는 것으로서, 가톨릭 측의 선행에 대한 가르침과 루터교 측의 '신앙만으로'가 절충하고 있다. 즉, "의화는 신앙만으로 가능하지만 선행은 참된 신앙의 핵심적인 표지이다"라는 것이다. 그리고 "의화는 삼위일체 하느님의 일"이며, 인간의 어떤 공로에 의해서가 아니라 그리스도의 구원 사업에 대한 신앙 안에서, 은총에 의해서만 하느님에 의해 받아들여지고 성령을 받는다는 것이다. 그리고 성령은 인간으로 하여금 선행을 하도록 채비를 갖춰주시고 그렇게 부르신다는 점에서 견해를 같이하였다.

한편 공의회의 제2회기(1551~1552)에서는 성체 성사에서의 "그리스도 현존"과 "실체 변화", 고해 성사, 병자 성사, 사죄(赦罪), 고해 비밀, 보속 등에 대한 교리가 정리되었다. 그리고 제3회기(1562~1563)에서 성체 성사, 미사, 사제 서품, 혼인 성사에 대한 교리를 규정하고, 모든 성인의 통공, 성인 유해의 공경, 연옥, 대사, 성화상의 사용, 교구 신학교 설립, 주교 임명, 교구 시노드, 강론에 대한 교령이 반포되었다. 주세페 알베리고 외 엮음, 김영국 외 역, 『보편 공의회 문헌집 제3권: 트렌토 공의회 · 제1차 바티칸공의회』, 가톨릭출판사, 2006, 657~799쪽 참조; 김성태, 「트렌토 공의회」, 『한국가톨릭대사전』, 한국교회사연구소, 2005, 8738~8749쪽 참조.

지 못했던 신앙교리에 대해 깊이 자각하기 시작한 것이다. 가톨릭교회가 개신교에서 주장하고 있는 '오직 성서', '오직 믿음', '성사들의 배격'과 새로운 교회관 등에 응답하기 위해서는 신앙교리 문제 전반에 대한 재정비가 있어야 했다. 교황이 바라본 공의회의 목적이 독일 황제가 바라본 국가 문제 해결을 위한 회의나 단순한 종교회담이나 양측 교회 신학자들의 토론의 장(場)과는 확연히 달랐던 이유였다. 종교 개혁가들의 신학적 주장을 검토하고 그들의 도전에 대한 가톨릭교회의 정통 교리를 시급히 확인하고 천명해야 했던 것이다.

그럼에도 불구하고 독일 황제는 제2회기 중에 개신교의 대표들을 참석시켜 일종의 화해의 장을 만들고자 하였다. 그러나 개신교의 대표들이 공의회에 참석하여 가장 먼저 한 것은 교황의 공의회 주재에 대한 거부권 행사였다. 이것은 가톨릭교회로서는 도저히 받아들일 수 없는 것이었다. 게다가 1552년 4월에는 독일의 개신교 제후들이 공의회를 방해하는 폭동을 일으켜 더 이상 개신교와 가톨릭교회의 대화는 진전을 보지 못한 채 영원한 결별로 치닫고야 말았다. 그 결과 트렌토 공의회는 가톨릭교회의 정통 교리를 재확인하는 동시에 개신교회와는 영원히 결별을 선언한 자리가 되고 말았다. 이후 가톨릭교회는 쇄신의 시대에 들어서지 않을 수 없었다. 교황청에서부터 지역 교회와 수도원 등 교회의 모든 조직에서 시작된 교회 개혁은 고질화된 폐단들을 과감하게 수정하는 힘겨운 투쟁이 아닐 수 없었다.[21]

다행인 것은 당시 시대가 교회의 개혁에 크게 도움을 주었다는 점이다. 공의회(1545~1563)를 기점으로 신대륙 탐사에 나섰던 크리스토퍼 콜롬보

21 Cfr. Sarpi Paolo, *Istoria del Concilio Tridentino*, a cura di C. Vivanti, Torino, Einaudi 1974, pp. 228~237.

(1451~1506), 페르디난드 마젤란(1480~1521), 바스코 다가마(1460~1524), 에르난 코르테스(Hernan Cortes, 1485~1547)에서부터 시작하여, 르네상스를 이끌었던 레오나르도 다빈치(1452~1519)와 미켈란젤로 보나로티(1475~1564), 근대 과학 혁명에 초석을 놓았던 니콜라 코페르니쿠스(1473~1543)와 갈릴레오 갈릴레이(1546~1642), 시대를 선도했던 인문주의 학자 데시데리우스 에라스무스(1466~1536)와 시대를 정화했던 아빌라의 성녀 테레사(1515~1582), 성 가를로 보로메오(1538~1584), 성 이냐시오 로욜라(1491~1556) 등 이름만 들어도 유명한 인물들이 이 시대에 대거 등장한 것이다. 사회 · 문화적으로는 새로운 사상이 대두되고, 교회 내부적으로는 '성인들의 시대'와 함께 300년 만에 처음으로 도미니코 수도회 출신의 성인 교황 비오 5세(1566~1572)가 등장하였다.

비오 5세 교황은 트렌토 공의회의 정신을 최대한 실천하려고 노력하는 한편 교황 자신의 삶을 이전의 호화스러웠던 교황들과는 달리 수도자적인 생활로 교황청을 수도원과 같은 분위기로 만들었고, 교황청의 경비를 대폭 줄여 빈민 구제와 경영난에 허덕이는 가난한 수도원을 지원하였다. 소문에는 교황복도 새로 맞추지 않고 선임 교황들의 것을 그대로 사용했으며 때로 맨발로 로마의 성당들을 순례하였다고 한다. 그에 의해 교황청은 도덕과 절제의 모범적인 장소가 되어갔고, 트렌토 개혁을 최고조로 끌어올릴 수 있게 되었다. 수도원을 정비하고 신학교를 세우고 지역별 교회 회의를 열어 성직자들의 유대를 독려하였다. 전례 개혁의 일환으로 『로마 성무일도서』(1568년)와 『로마 미사경본』(1570년)과 성직자들을 위한 『교리문답서』를 새로 발간했고, 선교와 사목을 위한 전담부서를 교황청 내에 신설하였다.

'성인들의 시대'는 다양한 수도회 정신의 개혁과 새로운 수도회 설립으로도 이어졌다. 아빌라의 성녀 테레사는 가르멜회의 엄격하고 규칙적인 수도생활을 강조하는 것은 물론 가톨릭교회의 신비주의와 극기사상에 큰 영향을 미쳤고 관상생활에 대한 올바른 이해에 도움을 주었다. 베네딕토 수도생활의 규칙을 엄수하는 트라피스트 수도회도 이 시기에 설립되었다. 이전과는 다른 새로운 형태의 수도회도 탄생했는데, 그 대표적인 것이 선교활동과 그리스도교 교육의 강화를 목적으로 설립된 재속 성직수도회인 예수회였다. 또 이탈리아의 필립보 네리(1515~1595)는 재속 성직자들이 수도허원을 하지 않고 공동생활과 사목활동을 하는 오라토리오회를 창설하여 시대적 사명을 다하였다. 사회활동을 목적으로 하는 많은 수도회도 이 시기에 창설되어, 병자 간호, 임종자 보호, 가난한 이에 대한 보살핌, 교육 등에 봉사하였다. 수많은 성인들의 배출, 수도회의 설립, 자선활동과 교육사업 등의 번창은 트렌토 공의회 이후 쇄신된 가톨릭교회의 진정한 그리스도 정신을 증명해주었다.[22]

트렌토 공의회의 영향은 이후에도 계속해서 약 400년 동안 교회 안팎에서 여러 각도로 교회의 발걸음을 비추었다. 그 내용을 선교신학적인 측면에서 몇 가지만 간략하게 정리해보면 다음과 같다.

첫째, 가톨릭교회의 내적인 개혁이다. 교회의 내적인 쇄신에 대한 오랜 갈망이 완벽하지는 않으나 나름의 실현이 있었다. 신학과 신앙 선포에 분명한 기준을 제시했고, 그것을 교도권의 권위로 경계를 그었다고 할 수 있다. 어떤 의미에서는 더 엄격해진 듯한 이런 교회의 기준과 권위가 분명히 중세의 복고는 아니었고 오히려 제도와 사목을 근대화하는 것이었

---

22 Cfr. Hubert Jedin, *Reformation, Katholische Reform und Gegenreformation*, London, 1980, pp. 431~574, pp. 615~645; 다음의 책도 참조하면 좋다. *Storia del Concilio di Trento/ Superamento della crisi per opera di Marone, chiusura e conferma* vol. 4.2.(Morcelliana, 1981); Hubert Jedin, *Riforma cattolica o controriforma?*(Morcelliana, 1995); Hubert Jedin, *Storia del Concilio di Trento/ Il primo periodo(1545~1547)*, vol. 2.(Morcelliana, 1974).

다. 모두가 교회의 자기반성과 자기 쇄신에 따른 것이었다고 볼 수 있다.[23] 교황 비오 5세는 1566년에 처음으로 본당 사제들과 설교자들을 위해 『로마 교리서』를 발간했고, 그때까지 사용해오던 『성무일도서』와 『미사경본』을 전면 수정하여 재발간했으며, 서방 교회의 전례를 통일하여 제2차 바티칸공의회 때까지 로마 전례의 전형으로 간주되던 트렌토 양식의 '로마 전례'를 사용하도록 권하였다. 트렌토 전례양식은 이후 약간의 수정만 있었을 뿐 원본은 거의 손을 대지 않아도 될 만큼 탁월한 전례 양식으로 알려져 왔다. 트렌토 전례양식을 보편화시키면서 밀라노 교구의 암브로시오 전례와 극히 적은 일부의 전례만 남기고 대다수 지역에서 거행되어오던 지역의 특성을 담은 특수한 전례들이 금지되었다. 또 교황 비오 5세는 1571년에 금서목록들을 정리하여 교황권을 강화하였으며, 이런 특수 업무를 담당하는 기관으로 '교황청 금서목록 심의성'을 설치하기도 하였다. 이것은 프로테스탄트 종교개혁을 통해 얻은 결과로, 교회 내부적으로 도덕적 · 윤리적 · 신학적인 개혁과 함께 외부의 세력에 교회의 통치권이 흔들려서는 안 된다는 주장에 따른 것이었다.

둘째, 교회 내에 각종 새로운 기구와 제도를 재편성하였다. 1564년 8월 2일, 교황 비오 4세는 교령의 올바른 해석을 위해 지금까지 이어져오고 있는 '추기경 회의'를 설치하였다.[24] 1572년에 교황지에 오른 그레고리우스 13세는 교황직의 강화를 위해 '추기경 회의'를 강화하고 체제를 개편하였는데,[25] 그것의 하나가 교황대사를 파견하고 로마로 오는 외국인을

---

23 Hubert Jedin, 최석우 역, 『세계공의회사』(*Kleine Konziliengeschichte*), 분도출판사, 2005, 120~121쪽 참조.

24 Hubert Jedin, 『세계공의회사』, 121쪽.

25 Cfr. Paolo Sarpi, *Istoria del Concilio Tridentino*, Torino, Einaudi 1974, pp. 628~629, pp. 636~642.

위한 신학교와 기숙학교를 세우는 일이었다. 교황대사의 경우는 파견되는 지역 교회 수장의 지시를 받는 것이 아니라 교황의 직접적인 지시를 받도록 함으로써 모든 국가의 외교관 파견의 모델이 되었다. 그의 뒤를 이어 시스토 5세 교황은 지역 주교들의 정기적인 교황 방문 규범인 '앗 리미나'(ad limina) 제도를 신설하였다. 이 방문은 지역 교회의 주교들이 의무적으로 자기 교구의 상황을 문서로 작성하여 정기적으로 교황에게 보고하는 제도이다. 시스토 5세 교황은 교황직을 보좌하기 위해 교황청 내에 15개의 성청을 만들어 교황청 기구를 대대적으로 개편하기도 하였다.

셋째, 주교의 첫 번째 임무로서 사목활동을 강조하였다.[26] 밀라노의 대주교였던 카를로 보로메오는 이 점을 앞장서서 실천한 인물로 손꼽힌다. 중세의 시각에서 보면 주교는 하나의 권력자였다. 그래서 주교는 신자들을 불러 '오라'고 명령을 했을 뿐 자신이 그들이 있는 곳으로 '가지는' 않았다. 또 권력은 지배구조를 만들어 교회 내에 명령과 복종의 관계를 형성했을 뿐 '친구로 불러' 희생과 봉사의 관계를 형성하지는 않았다. 그러나 교황 비오 4세의 조카 카를로 보로메오는 밀라노의 대주교로 활동하면서 트렌토식 목자의 모범이 되었다. 그는 이전 시대의 주교에 대한 모든 이미지를 불식시키고 본래의 교회 정신으로 살고자 하였다. 그는 트렌토 공의회 제3회기를 진행하면서 교의적인 내용의 의결문 작성에도 크게 기여하는 동시에 자기 교구의 사목에도 전혀 소홀하지 않았다. 그는 당시 가톨릭교회가 무질서하고 세속화된 이유가 많은 성직자가 무지하고 게으른 상태에 빠졌기 때문이라고 생각했고, 그것을 고치기 위해서는 훌륭한 사제 양성이 급선무라고 생각하여 성직자들의 교육을 위한 신학교를 설립하였으며 교구 수도 단체를 활성화시켰다. 지속적인 사목 방문을 통해

26 Cfr., Paolo Sarpi, *op. cit.*, pp. 631~633.

주교의 사목적 관심을 보여주는 동시에 자신에게 맡겨진 영혼들의 구원에 혼신의 노력을 기울이는 한편, 트렌토 공의회의 정신에 따라 교회의 관습을 혁신하기도 하였다. 예컨대 주교좌성당 안에 있던 화려한 무덤들과 부유한 장식품들과 깃발 등을 사치로 규정하여 철폐함으로써 성당 내부 장식을 간소화했고, 무덤에 세우던 기념비도 세우지 못하도록 했으며, 성당 안 회중석을 두 구획으로 나누어 남녀가 따로 앉도록 하였다. 그리고 평신도들의 신앙심을 고취시키고자 주일학교를 활성화하였다. 그 결과 그가 목자로 있던 밀라노 대교구의 신자들은 깊은 신앙심을 지니게 되었고, 타 교구의 모범이 되었으며 그에 따라 많은 선교사가 배출되기도 하였다.

넷째, 공의회는 예술에도 커다란 영향을 미쳤다. 르네상스를 거치면서 인문학과 예술을 후원한 교황과 세속의 지배자들 덕분에 예술은 다방면에서 발전할 수가 있었다. 그러나 르네상스의 성과라고 내세울 만한 위대한 작품들이 나온 시기가 대략 1495~1520년의 짧은 기간에 불과했고 이후에는 비평가들이 흔히 말하는 것처럼 매너리즘적이라고 할 수 있는 '포스트-르네상스'(post-Renaissance)의 초기 유형이 등장하면서 예술가의 독창성은 저평가를 받고야 말았다. 예컨대 미켈란젤로의 경우도 1564년(89세)까지 장수했지만 1520년대 중반기에 들어서면서부터 매너리즘으로 규정되는 양식의 변화를 겪었다. 그는 화가이며 건축가이기도 했지만 스스로는 조각가이고 싶어 했다. 그의 조각에서의 핵심 과제는 인간을 창조하는 것, 인간의 모습을 묘사하는 것에 있었다. 그래서 그는 자신이 하고 있는 조각을 대리석 안에 갇혀 있는 인간의 모습을 해방시키는 것으로 인식하였다. '인간'과 '인간의 해방'을 '인간의 손'으로 한다는 것에서 그는 르네상스 정신을 구현한다는 평가와 함께 그에 따른 비판의 목소리도 적지 않았다. 레오나르도 다빈치의 경우도 비슷했다. 그 역시 초기에는 르네상스 특유의 양식인 소멸점 원근법과 극단적인 단순화 기법 및 독특한 개성에 따른 사고와 심리적인 심오함을 회화에 접목하여 단조롭고 이상화된 초상화 그리기에서 벗어났다는 평가를 받았지만, 이후 인생의 많은 부분을 공학 · 과학 · 기술 등의 연구에 바침으로써 처음에 보여주었던 예술적 재능을 만날 수 없게 되었다. 반면에, 르네상스 예술의 삼총사 중 한 사람으로서 가장 젊었던 라파엘로는 미켈란젤로와 레오나르도에 비해 덜 화려했지만 서른일곱 살의 짧은 생애를 마감하는 순간까지 오로지 그림에만 전념함으로써 복잡한 주제들을 단순하고 명쾌하게 정리하고 조직하여 르네상스 기법을 발전시켰다는 평가를 받았다. 그는 우아하고 이상적인 인간의 내면에 도사리고 있는 권력과 권위에 대한 미묘한 감정과 오만과 방종까지 함께 표현함으로써[27] 인간을 올바로 관찰했다는 평가를 받았지만 그에게서는 그 이상의 것은 기대할 수가 없었다.

트렌토 공의회는 초기 르네상스에서 불러 일으켰던 변화의 물결에서 퇴색되고, 종교개혁을 거치면서 후퇴하고 있는 종교예술이 이후 시대를 어떻게 걸어갈 것인가에 대한 노선을 설정한다는 차원에서 이미지의 사용과 예술의 적법성에 관한 보편적인 원칙을 공표하는 중요한 자리가 되었다. 공의회가 열리고 있던 기간 동안은 물론 폐막된 직후에도 사치스럽게 여겨지던 매너리즘이 급격히 줄고 일부 종교예술에서 크게 부각되던 전형적인 매너리즘의 색채도 더 이상 찾아볼 수 없었다. 트렌토 공의회 이후 교회의 예술적 표현으로 간주되던 초창기의 바로크[28]도 사실 16세

---

27 Nauert Charles G. Jr., 진원숙 역, 『휴머니즘과 르네상스 유럽문화』(*Humanism and the Culture of Renaissance Europe*), 혜안, 2003, 197~219 참조.

28 여기에서 말하는 '바로크'는 원래의 의미를 말하는 것이 아니라, '바로크'가 가지고 있는 개념이 르네상스 시대의 특징인 질서와 균형, 조화와 논리성과는 전혀 다른 우연과 자유분방함, 기괴한 양상 등이 종교예술 속에서 보인다는 상징적인 의미를 담고 있다. 바로크는 정지 · 안정 상태를 피하기 위하여 기이한 이미지나 논리 등을 사용함으로써 기괴, 난해, 궤변, 기상천

기 교회의 분열과 성찰을 통해 얻은 자유와 독립과 해방에 대한 새로운 규범과 힘의 표현은 아니었다. 자유로운 예술적 표현에 대한 교회의 비판도, 일부 성직자들 사이에서 논란이 되어 수용하지 못했던 예술적 표현도, 더 이상 교회의 물결이 전부가 아닌 세상에서 '세상의 물결'이라는 새로운 조류에 밀려 흘러가고 있었다. 가톨릭교회의 회복 기간에도 예술과 예술가들을 대상으로 교회의 주교들과 지도자들은 부적합한 묘사와 비관례적인 해석들을 배척함으로써 종교적인 회화의 장식을 계속해서 통제하고자 하였다. 종교예술을 계속해서 철저하게 검열했던 것이다. 이런 상황 속에서도 예컨대 1630년의 작품인 루벤스의 「성 안나와 함께 있는 성가정」은 인위적인 극적인 연출보다는 인간미를 잘 묘사한 대표적인 작품으로 손꼽힌다. 성모는 어머니의 풍만함과 넉넉함, 포근한 미소, 애정 어린 시선, 한쪽 가슴을 드러내고 있는 것으로 묘사되고, 아기는 그 젖가슴을 만지며 서 있다. 루벤스는 독실한 가톨릭 신자임에도 불구하고 그림을 통해 파괴된 중세의 '거룩함'을 드러내고 현란한 색채와 역동적인 이미지를 통해 교회의 통제를 역설적인 방법으로 벗어나고자 했던 것이다. 공의회 이후 교회가 재발견한 예술적 자각은 바로 이런 자유분방한 예술적 표현을 인정하지 않을 수 없는 시대에 직면했다는 사실이었다.

다섯째, 트렌토 공의회는 음악 분야에도 커다란 자취를 남겼다. 의전개혁을 통해 세기를 거듭하면서 그레고리오 성가에 덧붙여졌던 장식들을 떼어내고 원래의 순수한 성가로 되돌려놓고자 하였다. 그래서 트로푸스

외의 효과 등을 나타내고자 한 예술적 경향이기 때문이다. 바로크 시기의 미술은 역동적인 형태를 포착하는 것과, 빛과 어둠의 대비를 극대화시키는 데에 중점을 두었다. 바로크 미술의 시작은 로마이고, 최초의 바로크 미술가는 카라바조로 알려져 있다. Villari Rosario, *L'uomo barocco*, ed., Roma-Bari, Laterza, 1988, p. 400; Golzio Vincenzo, *Seicento e Settecento, IV in Storia dell'arte classica e italiana*, ed., Torino, UTET, 1950, p. 980.

루벤스의 「성 안나와 함께 있는 성가정」.
스페인 마드리드 프라도 박물관 소장.

(Tropus)와 거의 모든 세퀜시아(Sequentia)들을 삭제하고, 그레고리오 성가에서 유래하지 않은 세속 음악의 흔적이 있는 정선율(Cantus firmus)도 모두 제거하였다. 그러나 밀라노 대교구에서 사용하고 있던 '암브로시오 성가'는 예외로 간주하여 의전개혁에서 제외시켜 오늘날까지 거의 원형 그대로 전해져올 수 있었다. 공의회의 결정에 따라 진행된 교회 음악의 개혁은 르네상스 시대 이탈리아의 저명한 작곡가였던 다 팔레스트리나(Giovanni Pierluigi da Palestrina, 1525~1594)와 조일로(Anniblale Zoilo)에 의해

새로운 전례 음악서를 편찬하는 것으로 마무리되었다. 그러나 이 분야에서의 지대한 노력은 실제로는 마치 아무런 개혁을 하지 않은 것이 되고 말았다. 공의회 이후 오히려 전례 음악으로써 단 한 번도 그레고리오 성가나 암브로시오 성가만을 고집하지 않았기 때문이다. 공의회 이후에 등장하는 몬테베르디, 헨델, 바흐, 비발디, 샤르팡티에, 케루비니, 하이든, 모차르트, 베르디, 로씨니 등의 수많은 음악가들이 각자 자신들의 선율로 시대에 맞게 작곡한 각종 미사곡, 베스프리(저녁기도), 시편송, 찬송 등을 전례 안에서는 물론 세속적인 연주회에서도 널리 사용했기 때문이다. 그들의 곡들이 한 번도 교회로부터 외면당하지 않았던 것이다.

2. 트렌토 공의회에 대한 비판

트렌토 공의회의 이런 다양한 영향에 대해서 개신교는 물론 당대의 여러 비평가들 사이에서 '공의회 비판'의 목소리가 일기 시작하였다. 트렌토 공의회가 교회 내부적으로는 쇄신의 계기가 되는 긍정적인 면이 있었지만, 외부적으로는 그 반대의 부정적인 면도 분명히 있었기 때문이다. 긍정적인 측면이라고 하면 성직자들이 식탁에서 과음을 하고 음식을 무절제하게 먹던 것에 대해 절제를 권고하거나 식탁에서 일상적인 대화를 하는 대신 누군가 일어나 성경을 봉독하는 등 그때까지 성직자들 사이에서 공공연하게 행해오던 악습을 끊고 덕행을 기르며 복장과 생활 태도에서 하느님의 종을 섬기는 종다운 합당한 품위를 드러내야 한다는 매우 구체적인 부분에까지 쇄신의 내용을 담고 있었다. 그러나 비판적인 측면은 아주 여러 해 동안 세상을 뒤덮었던 공의회의 으뜸 관심사이자 염려거리이며 공의회의 목적이기도 했던 종교개혁에 대해 화해의 방향으로 가기

보다는 개혁가들을 이단으로 혹은 어둠의 상징으로 간주하여 그들을 몰아내는 쪽으로 귀결되었다는 데 있다. 그것을 가톨릭교회의 입장에서는 '개혁을 필요로 하는 것들이 개혁되는 것과 동시에 단죄 받을 만한 것은 신속하게 단죄를 받도록 한 것'으로 표현하고 있다.[29]

이런 공의회의 태도는 교회 안에서부터 비판을 받기 시작하였다. 그 중 눈에 띄는 사람이 트렌토 공의회를 객관적인 시각에서 바라본 파올로 사르피이다. 그는 베네치아 공화국의 고문관이자 행정가로서 『트렌토 공의회사』(*Istoria del Concilio Tridentino*)를 집필하여 교황청으로부터 단죄 받고 그의 책은 금서 목록에 올라 폐기처분되었다.

그가 본 트렌토 공의회는 대단히 비판적이어서 공의회 이후 가톨릭교회가 보인 순탄하면서도 역설적인 부분에 대해 이해할 수 있게 해준다. 그가 진단한 트렌토 공의회의 비판적인 측면은 그 출발점에서부터 있었다. 바로 트렌토 공의회의 소집 동기가 퇴색되었다는 것이다. 사르피에 따르면, 트렌토 공의회는 처음 공의회를 소집한 인사들이 프로테스탄트의 이단적 행위를 시정하려는 원래의 의도와는 달리 교황과 교황청을 중심으로 힘을 다시 모으는 데만 주력하였다는 것이다. 그가 보기에 가톨릭교회 내에서도 지역 주교들의 권한을 침해할 정도로 교황과 로마의 권한이 과다하게 강화되고 있었다.[30] 다시 말해서 공의회는 분열된 교회의 재일치를 위해 뜻있는 사람들이 간절히 원하고 마음을 쏟았던 것과는 달리, 교회에 이견을 보인 사람들을 이단으로 단죄하고 교회 밖으로 내쫓아 회

---

29 AA. VV., *Conciliorum Oecumenicorum Decreta III*, Istituto per le scienze religiose, Bologna, 1972: 주세페 알베리고 외 엮음, 김영국 외 역, 『보편 공의회 문헌집 제3권: 트렌토 공의회 · 제1차 바티칸공의회』, 가톨릭출판사, 2006, 661쪽.

30 Cfr. Sarpi Paolo, *Istoria del Concilio Tridentino*, a cura di C. Vivanti, Torino, Einaudi 1974, p. 2, pp. 647~649.

베네치아의 성녀 포스카 광장에 세워진 '사르피의 동상.'
이곳에서 사르피는 암살당했다.

복할 수 없는 부조화의 상황을 확정지어버리고 만 것이다. 교회의 질서를 회복하고 개혁하고자 한 사람들을 배반하고 그들의 뜻을 왜곡한 사람들은 그리스도인이라는 이름으로 살고 있는 신자 부류가 아니라, 주교들의 권한마저 교황이 독차지하려는 상황을 보면서도 교황의 최고 노예로 전락해버린 주교 자신들이었다. 그들의 주체적이지 못한 처신으로 인해 공의회의 전체 과정은 퇴색되고 그 방향을 잃고 말았다.

공의회에 대한 비평은 이후에도 계속되었다. 공의회에 관한 논쟁적인 많은 글들이 이 점을 대변한다고 할 수 있는데, 그 중에서도 1800년도의 역사학자 레오폴트 폰 랑케(Leopold von Ranke, 1795~1886)와 루드비히 폰 파스토르(Ludwig von Pastor, 1854~1928)가 쓴 글들이 있다. 이것은 트렌토 공의회에 대한 학계의 지속적인 관심이 이어지고 있다는 것을 증명하는 것이기도 하였다. 랑케는 15세기까지 많은 개혁의 움직임이 있었지만, 트렌토 공의회에 와서야 프로테스탄트 개혁이 동기가 되어 비로소 가톨릭교회의 개혁이 이루어졌다고 하였다. 그러면서도 그는 공의회가 프로테스탄트의 도전에 대응한 가톨릭교회의 재건 기능만 인정하고 있다며 비판하였다.[31] 반면에 파스토르는 프로테스탄티즘은 혁명이고 트렌토 공의회는 개혁이라고 정의하면서 어두운 시대를 진정으로 개혁하고자 한 것은 프로테스탄티즘이 아니라 트렌토 공의회라는 것이다.[32] 랑케와 파스토르의 이러한 평가는 두 가지 다른 형태의 커다란 움직임, 곧 '프로테스탄트 개혁' vs '가톨릭의 반동개혁', '프로테스탄트의 혁명' vs '가톨릭의 개혁'이라는 서로 다른 개념이 충돌한 데 따른 것이라고 볼 수 있다.[33]

---

31 von Ranke Leopold, *Deutsche Geschichte im Zeitalter der Reformation*, 5 voll., *1839~1843; Storia dei papi*, Sansoni, Firenze, 1959, p. 779.

32 폰 파스토르의 『교황사』(*Historiker der Päpste*)는 모두 40권에 이르는 방대한 저작이다. 그는 이 작품에서 1305년 교황청을 아비뇽으로 옮겼던 클레멘스 5세 교황에서부터 1798년 프랑스인의 침략으로 일시적인 교회국가의 종결까지 다루고 있다. 그는 교황직의 발전보다는 방대한 정보를 통해 가톨릭교회와 개별적인 교황 한 사람 한 사람을 집중적으로 조명하고 있다. Marinella Venera Sciuto, *La crisi del Papato nella Storia dei Papi di Ludwig von Pastor*(Università Di Catania Facoltà Di Lettere E Filosofia Dipartimento Di Scienze Umane, Tesi di Dottorato Filosofia E Storia Delle Idee Xxii Ciclo, Triennio Accademico 2006/2007~2008/2009)(마리넬라 베네라 쉬토, 「루드비히 폰 파스토르의 교황사에 나타난 교황직의 위기」, 카타니아 대학 인문학부, 박사학위 논문); Von Pastor L., *Storia dei Papi dalla fine del Medioevo*, 16 voll(Descléee e C., Roma, 1899~1933) (ristampa, ivi, 1959).

33 폰 랑케와 폰 파스토르의 관계에 대해서는 D. Cantimori, *Leopold von Ranke*, in ID., Storici e storia, Einaudi, Torino, 1971, pp. 188~189를 보면 된다.

한편, 19~20세기에도 크로체(Benedetto Croce, 1866~1952), 젠틸레(Giovanni Gentile, 1875~1944), 데 상티스(Francesco Saverio de Sanctis, 1817~1883) 등과 같은 인사들에 의해 신의 존재 증명에 회의를 가지거나 반성직자주의를 외치던 대부분의 사상가들은 트렌토 공의회로 인해 시작된 종교·사회·정치적인 새로운 시대에 대해 예술과 관습이 퇴보하였다는 대단히 부정적인 반응을 보였다.[34] 르네상스를 통해 계몽되었던 사고를 트렌토 공의회가 다시금 차단하고 말았다는 것이다.

그러나 가톨릭교회의 개혁은 전체적으로는 트렌토 공의회의 의결을 무시하지 않으면서도 트렌토 공의회의 의결에만 머무르지 않고 오히려 르네상스 정신을 교회 안에서 구현하는 것으로 그 성과를 진단하기도 한다. 트렌토 공의회를 통해 보다 현실적이고 구체적인 새로운 신심이 꽃을 피우고, 가르멜회, 오라토리오회, 예수회 등과 같은 수도회가 설립되어 추상적인 내세의 삶을 추구하기보다는 현재의 삶에 충실하려는 분위기가 일어나기 시작하였다. 각종 수도회 및 평신도 형제회와 협회가 생겨나 복음 선포자들의 새로운 열정이 불타올랐던 것이다.

---

34 여기에 관해서는 다음의 자료들을 참고하라. De Sanctis F., *Storia della letteratura italiana*, Einaudi, Torino, 1958; B. Spaventa, *Rinascimento, Riforma, Controriforma e altri saggi critici*, Venezia, 1928과 *La filosofia italiana nella sua relazione con la filosofia europea*, a cura di G. Gentile, Bari, 1908. G. Winkler, *Il Concilio di Trento, in Storia della Chiesa cattolica*, ed. Paoline, 1989; E. Iserloh – J. Glazik – H. Jedin, *Riforma e Controriforma*, vol. VI della "Storia della Chiesa", Jaca Book, 1975.

제4장
가톨릭교회의 기조 변화와 예수회

1. 아시아에 대한 유럽의 관심

13세기에 탄생한 탁발수도회를 중심으로 도미니코 회원들의 아프리카 선교와 프란치스코 회원들의 중국 선교는 미래 이 지역 선교의 비전을 제시하는 계기가 되었다. 도미니코 회원들은 1225년을 전후로 튀니지와 모로코로 선교사들을 파견하였다. 북아프리카의 사라센인들 사이에서 했던 도미니코회 선교사들의 활동은 박해와 심한 난관에도 불구하고 두려움 없는 열정과 아랍어에 대한 열의에서 비롯된 것이었다. 당시 교황들이었던 호노리우스 3세, 그레고리우스 9세, 인노센시우스 4세 등은 이들에게 각종 특권과 면제를 부여함으로써 아프리카 선교를 지지하였다. 무슬림들 사이에서 했던 선교활동은 도미니코 회원이었던 데 페냐포르트(Raimondo De Peñafort)와 프란치스코회 재속회원이었던 룰루(Raimondo Lullu)로 이어지면서 새로운 길이 열리기 시작하였다. 이들 탁발수도회 출신의 선교사들이 했던 선교의 특징은 구체적인 선교문화를 만드는 것이었다. 성 도미니코가 유대인과 무슬림의 회개에 힘썼던 것처럼 데 페냐포

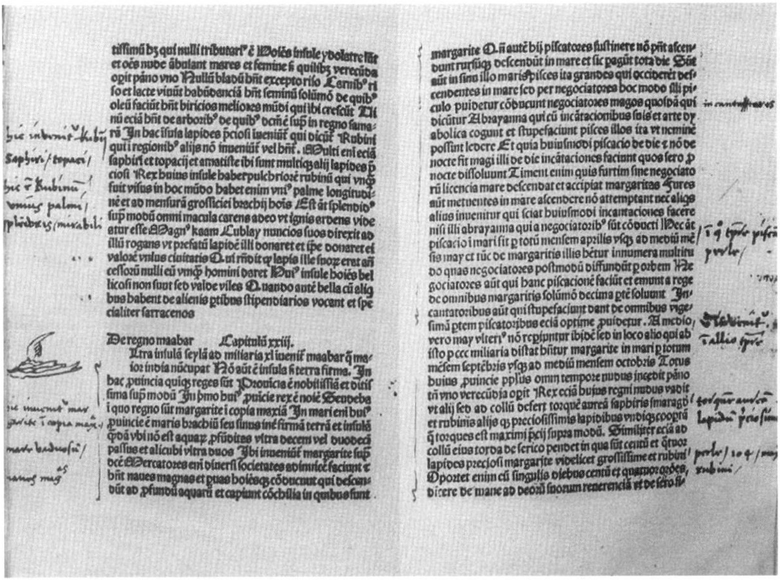

콜럼버스가 자신이 알아보기 쉽게 주변에 해설을 적은 『동방견문록』.

르트도 스승의 뒤를 이어 선교를 위한 '언어 학교'(Studia Linguarum)를 만들어 운영하였다. 이에 힘입어 아퀴나스(Tommaso D'Acquino)는 비그리스도인들과 그리스도인 선교사들을 위해 중세기 최대의 호교론적인 글 『이교대전』(*Summa contra gentiles*)을 완성하였다.

아시아에 대한 유럽의 관심은 몽골제국의 서진(西進)으로부터 시작되었다. 몽골에서 중앙아시아를 거쳐 유럽의 관문인 중동지역으로 이어진 비단길은 두 대륙의 통로였다. 몽골을 통한 아시아 대륙을 향한 선교 여정은 이미 오래전부터 동방무역에 관심을 두었던 유럽의 상인들에 의해 몽골제국을 향한 중앙아시아의 길이 열리면서 시작되었다. 1265년 베네치아 사람 니콜로와 마르코 폴로 형제는 쿠빌라이 칸 왕조가 있는 중국까지 들어가 그리스도교와 서방제국의 왕들에 대해 좋게 말을 함으로써 쿠빌라이 칸은 그리스도교의 우수성을 자신의 백성들에게 가르쳐줄 것을 교황에게 요청하기까지 하였다. 이에 니콜로 3세 교황은 두 명의 선교사를 파견하지만 칸 왕조의 왕실까지는 들어가지 못하고 좌절되고 말았다.

그러나 마르코 폴로의 『동방견문록』(*Millione*)[35]이 촉발한 유럽인들의 아시아에 대한 관심은 거의 7세기 동안 계속된 그에 대한 다양한 비평에도 불구하고[36] 조금도 식지 않았고 그의 특이한 경험은 중세인들의 마음에 새로운 전망을 열어주었다. 마르코 폴로 이후 중국에 대한 선교는 1289

---

35 1298~1299년경에 마르코 폴로와 함께 제노바에서 수감생활을 한 루스티켈로 다 피사(Rustichello da Pisa, 13세기 이탈리아의 작가)가 마르코 폴로의 이야기를 받아서 적은 책이다. 작가는 피사에서 프랑스어를 전공한 사람으로서 원본은 프랑스어로 되어 있다. 원제목은 『세계의 서술』(*Devisement du monde*)이고 부제는 '베네치아 시민 마르코 폴로의, 세계의 온갖 놀라운 이야기를 하는 밀리오네라는 책'(Le livre de Marco Polo citoyen de Venise, dit Million, où l'on conte les merveilles du monde)이다. 이 책은 나중에 라틴어로도 집필되어 그 시대의 엘리트 문화를 선도했고 여러 유럽어로 번역되기도 하였다. 책의 원제목인 『밀리오네』는 '터무니없이 과장된 이야기'라는 뜻이다. 이 작품에 대한 평가는 같은 시대에 살았던 시인 단테 알리기에리가 마르코 폴로에 대해 끝까지 침묵한 것으로도 대략 짐작할 수 있듯이 지식인들 사이에서 부정적인 평가를 받기도 하였다. 단테는 이 책을 허풍스런 이야기거나 위험한 이단적인 이야기로 생각했던 것 같다. www.italialibri.net/opere/milione.html 참조.

36 어떤 사람은 마르코 폴로가 놀라운 기억력을 가진 천재이며, 가장 양심적인 관찰자이고, 쿠빌라이 칸의 궁정에서 출세한 관리이자 위대한 몽골족 통치자들이 다스리는 범세계적 아시아에 정통한 인물이라고 하기도 했고, 또 어떤 사람은 그를 제 자랑만 늘어놓고 자신을 너무 과대평가하는 허풍쟁이, 항구와 시장에 떠도는 소문을 그대로 믿는 떠돌이, 내용을 너무 과장하고, 자신의 역할을 지나치게 높인 점에 비해, 특히 중국에 오래 살았다는 그가 중국의 상징이라고 할 만한 만리장성과 중국인들의 필수품이라 할 수 있는 젓가락과 차를 언급하지 않았다는 점, 극동 지방의 표의문자에 대해 언급하지 않은 점, 중국 사서(史書)에 대해 전혀 언급하지 않았다는 점을 들어 거짓말쟁이로 치부하기도 했다. 여기에 대한 더 균형 잡힌 견해를 가지려면 많은 요소들, 특히 『동방견문록』의 원문에 얽힌 문제와 중세의 세계관을 고려해야 할 것이다. 근대의 학문과 연구는 그의 작품에 새로운 깊이와 넓이를 더해주었다. 마르코 폴로가 남에게서 전해들은 이야기는 대부분 근거가 없거나 왜곡되어 있지만, 직접 보고 들은 것은 충실하게 보고했다는 평가와 함께 특히 당시의 서아시아 · 중앙아시아 · 중국 · 남해(南海)에 대한 기사가 풍부하고 정확하다는 평을 듣고 있는 것이다. Maraini Fosco, *Marco Polo's Adventures in China*, Milton Rugoff, 1964; M. 폴로, 권미영 역, 『동방견문록』, 일신서적, 1991; Fosco Maraini, *Medieval People*, 10th ed. Eileen Power, 1963; Maraini Fosco, *L'Asia de Marco Polo*, L. Olschki, 1957 참조.

년 니콜로 4세에 이르러 프란치스코 수도회의 몬테코르비노(Giovanni da Montecorvino, 1246~1328)에 의해 실현되었다. 몬테코르비노는 1294년 초에 칸발릭(Khanbalik: 베이징)에 도착하여 성당을 세우고 라틴어 학교를 세워 수천의 개종자를 내는 등 선교에 지대한 성과를 거두었다. 교황 클레멘스 5세는 그를 베이징의 대주교로 임명하였고(1307년), 7명의 작은 형제(프란치스코회의 회원)들이 뒤를 이어 주교로 임명되어 중국 선교에 나섬으로써 중국대륙에 몇 개의 교구가 더 생기고 프란치스코 수도회도 여러 지역으로 진출하기에 이르렀다. 중앙아시아의 광활한 지역에 교회가 실처럼 이어졌던 것이다.

교구의 설립과 함께 몽골제국 내에서 중세 말기에 탁발수도회들이 했던 선교활동은 아비뇽의 교황들도 놀랄 만큼 대단한 것이었다. 몬테코르비노에 의한 아시아 선교는 13세기 보편교회의 강력한 발판이 되었던 탁발수도회가 출현하여 복음의 사회화, 수도회의 평신도화에 불을 댕김으로써 선교에 새로운 부흥을 가져온 데 따른 결과였다. 도미니코회의 북아프리카 선교와 프란치스코회의 몽골 등 아시아 선교는 새로운 선교 부흥의 대표적인 사례라고 할 수 있다.

그러나 이러한 모든 노력들은 그 맥을 잇지 못하고 수포로 돌아가고 말았는데, 그 원인들로는 다음과 같은 것을 꼽을 수 있다. 먼저 유럽의 상황이 14세기 중반에 불어 닥친 페스트로 인하여 인구가 급속히 줄어 정치적 · 경제적인 타격을 입게 되었고, 프란치스코 수도회 내부에서 '가난'(청빈)에 관한 성 프란치스코의 유언을 두고 분열이 생겼다. 여기에 서방 교회 교황청의 아비뇽 유수가 원인이 되어 생긴 이교분열[37]도 한몫을 차지

---

37 흔히 '서구의 대이교'(Western Schism)라고도 하는데 이는 1378~1415년 교황 선출 과정에서 추기경 선거인단의 분열로 대립 교황들이 여러 명 등장하면서 서구의 교회를 크게 분열시킨 사건이다. 이교 기간 동안의 교황의 명단은 다음과 같다. ① 로마 계열: 우르바노 6세

하였다. 그 다음으로 중앙아시아의 상황이 페르시아 왕조가 이슬람으로 개종을 하고, 이슬람 세력이 중앙아시아로 확장하면서 서방 교회와 몽골 제국과의 연결 통로가 차단되고 말았다. 끝으로 중국의 상황은 몽골 왕조를 무너트린 1368년의 중국 혁명이 명왕조의 설립으로 이어진 것이다. 몬테코르비노가 선교를 하여 개종시켰던 그리스도인들은 대부분 몽골인 · 알라니인 · 터키인들로 당시 몽골이 제국으로서의 위력을 발휘했던 만큼 몽골의 수도였던 베이징은 국제도시로서 그곳에 체류하던 외국인을 대상으로 선교를 하였던 것이다. 따라서 몬테코르비노의 선교활동으로 탄생된 외국인 그리스도인들은 중국 혁명의 불길에서 대부분 추방되거나 살해되거나 자취를 감추고 말았다.

그리하여 중세 말기의 중국 선교는 고고학적인 몇 가지 흔적만 남긴 채 역사 속에 묻혀버리고 말았다. 그러나 이들 탁발수도회가 아프리카와 아시아에서 펼친 선교활동은 이후 현명한 선교사들로 하여금 외방선교에서의 철학적 대화, 토착성직자의 양성, 토착 언어 학교의 설립, 전문 선교사 양성 등의 문제를 본격적으로 거론하는 토대가 되었다.

(1378~1389), 그레고리오 12세(1406~1415), ② 아비뇽 계열: 클레멘스 7세(1378~1394), 베네딕토 13세(1394~1423), ③ 피사 계열: 알렉산더 5세(Alexander V, 1409~1410), 요한 23세(Joannes XXIII, 1410~1415)이다. 서구의 대이교는 콘스탄트 공의회(1414~1417)의 결정으로 마르티노 5세(Martinus V)를 새 교황으로 선출하면서 종결짓게 되었다. Franzen August, 『세계 교회사』, 앞의 책, 258~261쪽 참조. 여기에서 요한 23세 교황은 20세기의 '선한 교황'으로 유명한 교황 요한 23세(론칼리)와 같은 이름으로 교회사에서 '대립교황'으로 불린다. 1410년에 피사공의회에서 교황으로 선출되지만 1415년에 콘스탄트공의회에서 '대립교황'으로 선포되었다. 1400년대까지 교황들의 이름 중 '요한'이 스물세 번이나 있었지만 이후 500년 동안은 한 번도 나오지 않았다. 이는 '대립교황' 요한 23세에 대한 이미지 때문으로 추정된다. 론칼리(Angelo Giuseppe Roncalli) 추기경이 교황으로 선출되었을 때도 요한 23세로 해야 할지 24세로 해야 할지 망설였다고 한다. 결국 론칼리 추기경은 과거 대이교 분열의 상징이 된 요한 23세의 이름을 그대로 사용하여 교회의 어두운 역사를 쇄신하고자 한 것으로 보인다.

2. 예수회의 탄생

16세기의 유럽은 정치적으로나 사회적으로나 엄청난 격변기를 겪고 있었고, 교회는 지리상의 대발견으로 사고방식이 완전히 달라진 유럽인들을 대상으로 복음화의 한계에 봉착하고, 교회의 존재까지 흔들어놓은 종교개혁이라는 현실을 받아들이지 않으면 안 되는 역사적인 상황에 직면해 있었다.

가톨릭 개혁운동(Catholic Reformation)이 등장시킨 새로운 수도회 예수회는 휴머니스트 교육을 조절하는데 중요한 역할을 하였다. 여기에는 시대적인 배경과 함께 설립자인 로욜라(Ignatius de Loyola)의 카리스마가 큰 비중을 차지한 덕분이다.

로욜라의 등장은 새로운 영성가를 필요로 하고 있던 시대적 부름에 따른 것이었다고 할 수 있다. 그 역시 한때 세속적인 허영심과 명예를 얻는 것을 꿈꾸었지만 에스파냐와 프랑스의 전쟁에서 심한 부상을 입고 병고생활을 하면서 『성인열전』과 『그리스도의 생애』를 읽었고, 이후 그의 삶은 완전히 달라지기 시작하였다. 그는 1522년 31세에 고향인 로욜라를 뒤로 하고, 몽세라트의 베네딕토 수도원에 머물며 성소를 식별하였다. 그리고 이어서 만레사의 카르도넬 강이 굽어보이는 동굴에서 기도와 극기로 일 년간 그리스도의 길을 체험하였다. 고행의 과정에서 느꼈던 암흑과 같은 밤에 많은 영(靈)[38]들을 경험하면서 새로운 사람으로 거듭났다.

38 자서전에서는 선한 영과 악한 영으로 구분하고 있는데, 이것은 이냐시오가 만레사에서 기도 중에 체험한 고통과 극심한 유혹, 망설임, 절망의 끝에서 자기 방안에 있는 커다란 구덩이 속으로 몸을 던지고 싶은 격렬한 유혹이 문득문득 떠오르는 것과 관련되어 있다. 여기에서 '영들의 식별'(discernment of spirits)이 대두된다. 이것은 이냐시오가 전 생애를 통해서 갈수록 현저하게 드러나는 부분이다. "최초의 [예수회] 사제들의 결정 과정"이라는 짧은 글을 보면, 이냐시오의 첫 동료들이 한 이러한 영들의 식별 작업이 예수회의 설립으로 이어졌다고 나온

그가 만레사를 떠나 하느님께 봉사하고 사람을 돕는 일을 자기 사도직의 생활양식으로 삼아야겠다고 생각했을 때, 그는 하느님과 사람들에게 더 잘 봉사하기 위해서 학문적 지식의 필요성을 느꼈다. 그래서 그는 33세의 늦깎이로 바르셀로나 고등학교에 들어가 어린 학생들과 함께 라틴어를 배우고, 알칼라 대학에서 힘든 교과목들을 이수하였다. 이 기간에도 그는 만레사에서 체험한 '영신수련'을 통하여 다른 사람들에게 영적 도움을 주었고, 1526년 대림시기부터 1527년 6월까지 키메네스 대학에서 인문학 공부를 할 때도 다른 사람을 위한 영적 도움은 계속되었다. 그러나 이런 그의 영적 도움은 이제 막 종교개혁을 겪은 교회의 관계자들 눈에는 달가운 행동이 되지 못했고, 그 때문에 몇 차례에 걸쳐 투옥되고 심문을 받기도 하였다.

1528년 2월, 결국 그는 파리로 갔고 거기에서 인문학과 철학을 공부했고, 문학 강사 자격도 획득하였다. 당시에 그는 파브르, 사비에르, 살메론, 라이네스, 보바딜랴, 로드리게스, 제이, 브로잇, 코듀르들과 친분을 쌓으면서 영신수련으로 그들을 지도하였다. 이냐시오의 영신수련은 훗날 예수회 영성의 유산인 동시에 기도의 지침서이자 구세사의 신비를 보다 깊이 꿰뚫어볼 수 있도록 눈을 열어주고, 세상의 사도로서 살아가도록 길러주는 힘이 되었다. 이러한 기도와 사도직의 지침서인 '영신수련' 안에서 '활동하는 가운데 관상하는'(Contemplativus in actione) 예수회의 사도직이 등장하였다.

1534년에 이냐시오는 파리에서 몇몇 동료들과 함께 가난과 정결의 첫

다. 한국예수회, 『이냐시오 로욜라 자서전』, 분도출판사, 1978, 24~25항; 예수회 교육사도직 국제위원회, 박홍 역, 『예수회 교육의 특성과 이냐시오 교육의 실천 방안』, 서강대학교 출판부, 1994, 77, 99쪽에서 인용.

서원을 하고, 1537년에 46세의 나이로 사제서품을 받았다. 1537년에 그가 파브르와 라이네즈와 함께 로마로 가는 도중 로마 근교에 있는 라스토르타의 성당에서 '환시'를 보았고, 그때 단체의 이름을 '예수의 동반자'(Companions of Jesus, '주님의 벗들'이라고도 부름)라고 부르기로 하였다.

1540년, 이냐시오와 그의 동료들은 수도회 설립 인가를 받았고, 거기에서 교황이 지시하는 것이면 무슨 일이든지 실천하며 어느 곳이라도 갈 수 있다고 하는 기동성(mobility)과 유용성(availability)을 가진 준비된 마음으로 끊임없이 '더 나은 것'(magis)을 추구하는 예수 그리스도의 군사가 될 것을 약속하였다. 예수회가 설립 인가를 받았을 때 이냐시오를 비롯한 10명의 첫 동료들은 모두 사제서품을 받은 상태였다. 그래서 그들이 처음으로 활동한 분야는 사제로서 할 수 있는 분야들이었다. 그러다가 점차 생활양식이 갖추어지면서 크게 네 가지 분야로 나누었다. 세상을 위한 다양한 복음적 임무, 성체성사 · 고해성사와 같은 성사집행, 자선사업, 교육사업이 그것이다. 그러나 모든 예수회원들에게 가장 중요한 임무는 사제로서 교사로서의 구분 없이 미사 중이건, 그 밖의 어떤 상황에서건 총장의 허가 없이도 설교를 할 수 있도록 교황청에서 특별 허락을 해주었다는 것이다.[39] 예수회는 1556년에 이냐시오가 세상을 떠날 무렵 회원이 거의 1,000명에 이르고, 4대륙으로 선교사들을 파견할 만큼 성장하였다.

로욜라가 사망한 후, 예수회는 이냐시오의 '영신수련'을 토대로 16세기의 대격변기에 탄생하여 설립자의 영성과 삶을 잇는 단체로 거듭났다. 이

39 1545년 교황 바오로 3세는 모든 예수회원들에게 세상 어느 곳에서건 어떤 상황에서건 설교를 할 수 있도록 허락해주었다. *Cum inter cunctas, in Institutum Socistatis Jesu*, 2 voll., Typis Universitatis Carolo-Ferdinandeae, Pragae 1757, vol. 1, pp. 11~12.

냐시오가 '주님의 벗들'이라고 부른 그의 동료들은 하느님만을 섬기려는 열망으로 자신들을 통한 하느님의 뜻을 찾아 나선 사람들이었다. 그들의 공통된 비전이 예수회의 고유한 생활양식이 되었고 행동양식이 되었다. 거기에는 '하느님의 더 큰 영광'을 위해 봉사한다는 커다란 전제조건이 있었고, 그것이 곧 예수회로 하여금 수도생활과 사도생활을 겸하는 단체로 만들었다.

예수회는 원칙적으로 설립자인 이냐시오의 삶의 방식에 기초를 두고 있지만 그 속에는 교회의 가장 오래된 길도 투영되어 있었다. M. 나달은 예수회 초창기 '벗들' 가운데 한 사람인 예로니모 나달이 남긴 회칙, 설교집, 서간들, 학교규정 등을 정리하면서 예수회를 깊이 이해하기 위해서는 구약 · 신약 성경과 함께 '영신수련', 회헌, 이냐시오와 초창기 '벗들'의 생활양식과 직무를 동시에 살펴보아야 한다고 주장하였다. 그러면서 예로니모 나달의 『설교집』(*Pláticas*)을 인용하였다. "우리의 소명은 사도들의 소명과 양성과 유사합니다. 예컨대 '벗들'(콤파니아)을 알기 위해 왔다가 그들을 따릅니다. 그리고 교육을 받고 각자의 임무에 따라 파견됩니다. 우리는 이 임무를 완성하는 과정에서 그리스도를 위해 죽을 준비를 합니다."[40]

이러한 원칙에 따라 예수회원들은 몇 가지 고유한 삶의 방식을 만들어 갔다.

그것은 첫째 "우리는 수도승이 아닙니다!" "세상이 우리의 집입니다!"라는 것이다.[41] 가톨릭교회의 대부분의 수도자들은 수도원이나 은둔소에

---

40 Nadal Jerónimo, *Pláticas espirituales del P. Jerónimo Nadal, S. I., en Coimbra*(1561), Miguel Nicolau (ed.), Facoltad Teologica de la Compania de Jesus, Granada 1945, pp. 80~81.

41 Nadal M., *Epistolae P. Hieronymi Nadal Societatis Jesu ab anno 1546 ad 1577*, 4 voll.,

서 공동생활을 하는 반면에 예수회원들은 '집'이나 '콜레지움'에서 살지만 그들이 지향하고 실제로 살고 있다고 생각하는 최고의 집은 순례나 선교 '중'에 있는 것이다. 그들은 맡은 바 임무를 위해 순례 중에 있는 그들의 존재 자체를 가장 훌륭한 '집'이라고 말한다. 따라서 그들이 '수도승이 아닌 것'과 '세상이 집'이라는 것은 같은 의미를 지닌다고 할 수 있다. 이것이야말로 예수회원들이 이냐시오의 영성은 물론 초세기 그리스도교회의 복음 선포자들의 생활양식을 보다 가까이에서 따르는 것이기도 했다. 그래서 이들을 가리켜 당시 이탈리아에서는 "개혁 사제회" 혹은 "거룩한 로마 사제회"라고 불렀고, 포르투갈에서는 예수의 사도들과 너무도 흡사하다고 하여 그냥 '사도들'이라고 불렀으며, 에스파냐에서는 '이냐시오의 아들들'이라는 뜻으로 "이냐시아니"라고 불렀다. "사도들은 수도복을 입지 않았습니다. [……] 그들은 함께 시편과 찬송을 부르고 다니지도 않았습니다."[42] 그들은 오로지 예수의 '벗들'로서 그분이 하려고 했던 일을 하는 데 초점을 맞추었다. 그리하여 영신수련에 포함된 '하느님의 사랑을 얻기 위해 묵상'을 하는 가운데 사도직의 지리적인 지평을 확장해나갔던 것이다. 이것이 예수회가 공식적인 '예수 벗들의 멤버들'이 된 이유이고, 그것이 그대로 회칙에 반영되었다. "어디든 가는 것과 [……] 살아가는 세상의 모든 곳이 하느님께 봉사하고 영혼을 돌보는 최고의 장(場)"[43]이 되었던 것이다.

둘째, "잃어버린 양들을 찾아야 합니다!"라는 것이다.[44] 예수회의 가장

Madrid 1898~1905 vol. 5, pp. 413, 608; e *Commemtarii de Instituto Societatis Jesu*, Romae, 1962.

42 Nadal M., *op. cit.*, vol. 5, pp. 126~127.

43 Le *Costituzioni* della Compagnia di Gesú; edizione critica in *MI Const.*, 304.

44 Nadal M., *op. cit.*, vol. 5, p. 126, pp. 195~196.

큰 과제는 이방인 · 무슬림 · 이단자들과 가톨릭 신자들 안에 존재하는 잃어버린 양을 찾는 것이다. 아무도 돌보지 않는 영혼들을 찾아 나서는 것이야말로 예수회가 설립된 이유이고, 교회 안에서 그들이 존재할 수 있는 힘이며 신성한 동기라고 여겼다.[45] 예수회원들에게 있어 잃어버린 양을 찾는 것은 누가 도움이 필요한지, 누가 잃어버린 양인지를 정의 내리는 일보다 훨씬 쉬운 일이었다. 그들에게는 그리스도를 모르는 사람들에게 다가가는 것과 이단으로 가톨릭 신앙을 잃어가고 있는 곳에 달려가는 것이 더 시급한 일이었다. 그래서 어느 한 곳에 정주하지 않고 계속해서 복음을 전하기 위해 길을 나섰고, 생명의 위협에도 불구하고 위험한 곳을 찾아다닌 예수의 제자들과 바오로 사도는 예수회의 강한 모델이 되었다. 그리고 이러한 파견의 동기로서 예수회원들은 예수께서 복음 선포를 명령하였기 때문이 아니라 하느님을 향한 사랑이 한 사람의 영혼이라도 더 구하고자 하는 열정으로 이어졌기 때문으로 인식하였다. 예수회가 가는 곳에 병원과 고아원이 세워지고 무상의 교육이 이루어진 것은 바로 이런 정신에 따른 것이었다.

셋째, "생활양식이 평범(common)해야 합니다!"라는 것이다. 예수회원들은 각 지역에 거주하는 토착 사제들의 생활과 다르지 않았고 그들을 언제나 호의로서 대했기 때문에 관계도 좋았다. 이것은 예수회 차원에서 자신의 사제들을 위해 외적인 생활양식과 관련하여 어떠한 엄격한 의무도 지우지 않은 결과라고 할 수 있다. 예컨대 1556년에 브라질에서 사르딘하(Pedro Fernandes Sardinha) 주교가 한 토착민이 발가벗고 다닌다고 하여 그 토착민에게 벌을 주고 그들을 방관하고 그들의 나쁜 관습을 철폐시키

45 O'Malley John W., *The First Jesuits*(Harvard College, 1993): (Trad. Ital.) *I Primi Gesuiti*, Vita e Pensiero, 1999, pp. 82~83.

지 못했다고 하여 예수회에 책임을 전가시킨 사건이 발생하였다. 그때 예수회는 책임자를 유럽에 보내어 이것을 문제 삼는 것 자체에 대해서 문제를 제기하며 토착민들은 너무도 가난하여 옷을 입을 수가 없고, 예수회 역시 너무도 가난하여 그들을 도와주지 못한다고 반박하였다.[46]

예수회는 모든 것을 주어진 시간과 공간과 상황에 맞게 적응해야 한다고 보았기 때문에 토착지의 상황은 고려하지 않고 유럽식 질서가 마치 보편적인 규범인 것처럼 토착지역의 관습을 평가절하 하는 것에 대해 반발하였던 것이다. 중요한 것은 지역에 따라서 그 지역의 평균적인 수준에 맞추어 살아야 한다는 것이다. 그러면서도 분명히 나쁜 관습이라고 할 수 있는 미신숭배, 식인풍습, (환각제 · 담배) 중독, 일부다처제와 혼교풍습 등에 대해서는 신중하면서도 엄격하게 대처해나갔다. 이 점에 대해서는 말로써 보다는 행동으로써 정화해나가는 방법을 취하였다. 예수회원들은 애매하고 힘든 선교의 현장에서 자신이 배우고 가르치던 인문학적 소양에 따라서 언제나 인간을 중심으로 한 새로운 원칙들을 정립해나갔던 것이다.

그러므로 예수회의 사도직은 온 세상을 대상으로 하고, 제한 없는 기동성을 요구하며, 더 어려운 사명을 기꺼이 받아들이게 하였다. 그래서 교회의 필요에 즉각적으로 응하고 어디든 언제나 갈 수 있는 준비를 하고 있어야 하기 때문에, 이전의 전통적인 수도생활로는 지장이 될 만한 요소들을 과감히 포기하여 근본적으로 쇄신된 새로운 수도생활 양식을 마련하였다.[47]

---

46 Juan Alfonso de Polanco, *Vita Ignatii Loiolae et rerum Societatis Jesu historica* [*Chronicon*], Madrid 1894~1898 vol. 1, pp. 461~464.

47 http://www.jesuits.or.kr 참조(2011. 6. 19 검색). 예수회는 '파견 받아 분산되는 공동

로욜라는 에라스무스의 비판적인 정신은 물론 종교적인 경험에 정신적인 의미를 부여하는 한편 가톨릭교회의 외적 · 물질적 · 성체 중심적인 생활을 중시하였다. 고전 언어와 고전 문학에 대한 관심은 신학의 주제들을 이해하는 토대로 삼았다. 1548년에 시칠리아 섬의 메시나에 세워진 예수회 최초의 콜레지움에서는 인문학적인 교육을 도입하였다. 교육은 봉사와 함께 예수회의 중요한 활동의 하나로 자리를 잡아갔다. 예수회 학교들은 에라스무스적 휴머니즘에 의해 형성된 비판적인 자세를 수용하고, 전통과 권위를 존중하도록 가르치는 한편 라틴어 · 그리스어 · 고전 문학을 커리큘럼의 토대로 삼았다. 이런 경험을 토대로 16세기가 저물기 전에 예수회는 수도회에 소속된 모든 학교의 표준 커리큘럼으로서 '면학규정'(Ratio Studiorum)[48]을 만들었는데 그 영향은 이후 온 유럽으로 확산되었다.

그러므로 트렌토 공의회 이후 가톨릭교회의 보수적인 성격의 강화와 에라스무스에 의한 가톨릭교회의 개혁 실패가 예수회를 중심으로 한 가톨릭교회의 휴머니즘적인 교육 덕분에 개혁의 쇠퇴로까지 이어지지는 않았다. 종교개혁이 일부 휴머니즘적인 측면을 배격하기도 했지만 휴머니즘적인 커리큘럼은 16세기에 이미 유럽 전체로 퍼져나갔고, 유럽의 엘리트 계층이라고 할 수 있는 성직자 · 법학 교수 · 의학 교수 · 선교사들을 가르치는 교육의 토대가 되었다.

결국 르네상스의 결과가 초래한 이러한 가치관의 변화는 교육으로 이

체'(communitas ad dispersionem)이기 때문에 관상적이지만 은둔적이지 않고(이를 두고 '활동 속에서 관상'[Contemplatio in Actuine]이라고 함), 어디든 파견 받으면 즉각 떠날 자세를 갖추고 있는 남성들의 공동체로 정의할 수 있다: 예수회, 『예수회 제32차 총회 문헌』, 한국예수회, 1975, 17쪽.

48 한국어로는 "면학규범"이라고도 하고 "예수회 교육 지침서"라고도 하는데, 이 책에서는 "면학규정"으로 사용하기로 하겠다.

어져서 16세기 이후 유럽 대학에서 중추적인 역할을 담당했던 예수회 학교의 커리큘럼에 반영되어 이후 세기를 이끄는 새로운 사상적인 기반이 되었다.

제2부
예수회의 교육개혁과 인문과학 계승

예수회의 설립자인 이냐시오가 활동했던 시절의 유럽사회는 대변혁의 시기였다. 정치적으로는 전제 군주국가가 등장하면서 그동안 제국의 양상을 보이던 그리스도교 국가의 보편정신이 지역 국가의 주체의식으로 전환하고, 경제적으로는 11세기 이후 등장하기 시작한 도시국가의 성장과 그에 따른 상업의 발달 및 화폐경제의 발전으로 자본주의가 등장하기 시작하였다. 문화적으로는 14세기 이탈리아에서 일어난 르네상스 휴머니즘으로 인해 신본주의에서 벗어나 인간의 가치와 존엄성이 고양되며, 그 여파는 다시 교회 안으로 미쳐 성사를 통한 구원보다는 인간 개인과 신의 만남을 통한 구원이 강조되었다. 즉 성사를 거행하는 교회의 중요성이 줄어든 것이다.

이런 정치 · 경제 · 문화의 변화 속에서 교회는 십자군전쟁, 교황청의 아비뇽 유수, 대이교주의, 성직매매 등과 같은 일련의 사건으로 사회에 대한 영향력을 상실했고, 사회는 지적 문화의 발달, 대학의 발달, 교회의 권위 약화 등으로 인간존재의 자각을 가져오기에 이르렀다. 이후 르네상스, 지리상의 대발견, 종교개혁 등은 이미 교회 안에 자리 잡은 세속주의와 성직자들의 나태한 생활을 깊이 반성하고 성찰하게 만들었다. 트렌토 공의회는 바로 이러한 교회의 자기반성과 권력 강화라는 역설적이고 시대적인 장(場)이 된 동시에 그런 혼란스런 시대가 배출한 성인들을 등에 업고 쇄신이라는 이름으로 이후 몇 백 년간 과거의 권위를 새롭게 도모하는 기회가 되었다.

격동과 흥분이 한창이던 1537년에 교황 바오로 3세는 예수회를 설립한 이냐시오와 그의 동료 파브르(Pierre Favre)와 라이네스(Diego Laínez)를 로마로 불러 교황청 대학에서 신학을 가르치도록 명하였다. 이것은 예수회가 교회기관으로부터 부여받은 공식적인 첫 교도 임무였고, 이후 예수회원들이 다른 여러 고위 성직자들로부터 교육의 직무를 요청받게 되는 계기가 되었다. 1540~1544년에 이르러 예수회원들은 교육 사도직에 봉사할 수 있는 능력 있는 회원을 양성하고, 수도회 자체의 회원 양성을 위해 파리 · 루뱅 · 쾰른 · 파도바 · 알칼라 · 발렌시아 · 코임브라 등지에 콜레지움을 세웠다.

콜레지움을 통한 교육 사도직은 이후 예수회가 성장할 수 있는 발판이 되는 동시에 예수회를 다방면에서 위기로 몰아넣기도 하고, 종국에는 예수회를 부활시키는 계기가 되기도 하였다. 콜레지움을 통한 교육 사도직에서 예수회는 울고 웃는 역사를 반복하며 동서양에서 교육개혁과 르네상스 이후 서구의 인문과학을 계승함으로써 교회의 정신을 확장하는 한편, 인류문명의 발전에도 크게 기여하였다.

예수회는 수도생활을 하기 위해서 모인 사람들로 이루어진 공동체가 아니었다. 예수회원들은 '하느님의 영광과 가난한 이들을 위한 봉사'를 위해 모인 사람들이었고, 그래서 사람들이 모여 있는 도심을 향해 나아가고자 하였다. 사람들이 모인 속에서 사회의 조직과 체계를 깊이 간파하고, 사회를 개혁하고 근대화하기 위해서는 최상의 교육을 통해 잘 훈련된 사람들이 사회를 이끌어야 한다는 것을 깨달았다. 따라서 예수회의 교육은 새로운 사회를 건설하고 정통 그리스도교의 정신을 확산시키고 강화하는 특수한 메커니즘으로 간주되었기에 한 번 시작한 교육 사도직은 지속적으로 그 맥을 이어갔던 것이다.

기존의 수도회와는 성격이 전혀 다른 예수회로 유럽의 엘리트 교육을 받은 많은 청년들이 모여들었고, 그래서 인재가 많았던 것이 예수회가 교육 사도직을 계속할 수 있었던 이유가 되기도 하였다. 예수회는 교육을 통해 시대의 변화를 감지한 르네상스와 근대를 잇는 가교의 역할을 하는 동시에 탁월한 선교사를 배출하는 것은 물론 당시 유럽 사회를 이끌 지도자 양성에도 기여했던 것이다. 그러므로 예수회의 교육 사도직은 적응주의 선교의 밑거름이 되는 동시에 그 자체가 예수회가 지향했던 선교활동이었던 것이다. 따라서 제2부에서는 적응주의와 깊이 연관된 예수회의 교육 사도직에 대해서 살펴보기로 하겠다.

제1장
예수회의 교육활동

예수회가 세운 콜레지움은 그 자체로는 원래 교육의 장은 아니었다. 근처 대학에서 공부를 하는 학생들에게 숙식을 제공하는 단순한 기숙사였다. 설립자조차 콜레지움이 교육의 장이 될 것이라는 점을 예상하지 못했고, 더욱이 그것이 수도회의 기본 활동이 되고 수도회가 성장하는 수단이 될 줄은 전혀 예상하지 못했다.

1544년에 교황 바오로 3세의 명에 따라 간디아(Gandía)의 공작으로 있다가 예수회에 입회한 보르하(Francesco Borja, 1510~1572)는 에스파냐의 발렌시아에 간디아 콜레지움을 설립하였다. 그곳은 예수회에 입회하지 않은 사람에게도 개방되었고 숙식뿐 아니라 교육의 기능까지 갖춘 첫 번째 콜레지움이었다.

1670년에 교황 클레멘스 10세에 의해 성인으로 추대된 보르하는 당시 이베리아 반도와 북아프리카에 살고 있던 이슬람계 사람들인 무어인(Moors)의 자녀에게도 교육의 기회를 제공해야 한다는 매우 개방된 생각을 하고 있던 사람이었다. 간디아에 세운 콜레지움은 이후 도메네크(Jerónimo Doménech, 1516~1592)가 시칠리아 섬의 무식한 성직자[1]들을 위해 메시나(Messina)에도 숙식과 교육을 겸한 콜레지움을 설립하는 계기가 되었다. 그는 시칠리아 총독의 아내 오소리오(Eleonora Osorio)를 통해 예수회 총장인 이냐시오에게 숙식과 의복을 제공해주는 조건으로 교육을 담당할 교수를 보내줄 것을 공식 요청하였다. 그리하여 1547년 12월 19일에 예수회 총장 앞으로 공식 요청서가 전달되었다.

1548년에 메시나에 성 니콜로 콜레지움을 설립하자 팔레르모 원로원은 시칠리아의 수도인 팔레르모(1549년)에도 콜레지움을 설치해줄 것을 이냐시오에게 요청하였다. 그 후, 예수회의 콜레지움은 베네치아(1551년), 나폴리(1552년), 제노바(1554년), 밀라노와 파르마(1564년) 등의 이탈리아와 쾰른을 중심으로 독일 · 프랑스 · 포르투갈 등에 다양한 형태로 설립되었다. 교황청립(콜레지움 로마눔) · 시립(메시나) · 왕립(파리) · 제국설립(비엔나) 등이 그 예이다. 예수회의 콜레지움은 가톨릭교회의 전위부대가 된 것과 같았다. 예수회의 교육 사도직은 계속해서 늘었고 그에 따른 어려움도 많았다. 여기에는 경제적인 어려움과 교수들의 부족이 가장 컸다. 아콰비바(Claudio Acquaviva, 1543~1615, 총장 재임 1581~1615) 총장이 설립 요청을 거

---

1 예수회 원장을 맡고 있던 자코모 라이네즈(Giacomo Lainez)의 동료 도메네크는 총장인 이냐시오 로욜라에게 보낸 편지에서 자신이 눈으로 보기 전까지 도저히 믿을 수 없을 정도로 성직자들이 무식하다는 소식을 진하고 있다. Domenech al Loyola, Palermo, 4 luglio 1547, in *Litt. quadrimestres*, I, 51.; 1558년 1월 8일, 나폴리의 한 시험관이었던 스페인 사람 멘도차(Cristoforo Mendoza)가 라이네즈에게 보낸 편지에는 "너무도 무식합니다. 보다 엄격하게 하기 위해서는 10개의 영역에서 8개의 영역을 담당해야 합니다. 이런 무지를 보면서 어떤 식으로든 개입해야겠다고 생각했습니다." Mendoza al Lainez, Napoli, 8 gennaio 1558, in *Ital. Epist*, 1558, III. 미사경본조차 제대로 읽지 못하는 성직자들을 보고 성직자들을 위한 공식적인 교육기관의 필요성이 대두되었던 것이다. 당시 대부분의 성당이 교육 사도직이 아닌 수도회 소속으로 되어 있어 성직자 양성이 수도자 양성과 함께 수도회 내부에서 자체적으로 이루어지다보니 어깨너머(?)로 성직을 답습한 경우가 많았던 것이다. 이런 폐단을 없애기 위해 중세 중 · 후반기를 넘어가면서 수도회를 중심으로 본격적이고 체계적인 성직자 양성교육이 실행되기도 하였다.

절한 건수만도 60건이 넘었다고 한다.[2]

콜레지움에서는 예술 · 철학 · 신학 등을 정식 과목으로 가르쳤다. 그러나 법학과 의학은 아직까지 예수회의 관심을 끌지 못했다. 그리고 1551년 2월 22일, 간디아의 공작이 경제적인 지원을 하겠다고 나서면서 로마에도 '콜레지움 로마눔'이 세워졌고, 나달, 토레스, 클라비우스, 갈릴레오 등이 콜레지움 로마눔에서 가르치기 시작하면서 예수회의 커리큘럼은 인문학뿐만 아니라 과학 분야의 과목들로 확대되기 시작하였다.

예수회의 콜레지움들은 프로테스탄트에서 개종한 젊은이들에게도 개방되어 가톨릭교회에 의문을 가지고 있던 사람들에게는 그리스도교의 신앙을 강화시키고 올바른 신앙의 진리를 알리는 수단이 되었다. 그래서 콜레지움을 통한 교육 사도직은 짧은 시간에 예수회 사도직의 가장 중요한 직무가 되었고, 이를 통해 학생과 교수를 교회 안으로 모으는 중요한 기능을 하였다.

1540~1550년에 설립된 첫 번째 콜레지움들은 1581~1599년에 완성될 '예수회 설립 학교의 면학규정'(Ratio atque institutio studiorum Societatis Iesu) 작업의 기초 모델이 되었고, 이 시대에 콜레지움에서 일했던 사람들이 면학규정을 위해 만들어질 위원회의 책임자가 되었다. 463개의 조항으로 이루어진 면학규정에는 교육 방법과 학교 조직에 관한 것은 물론 라틴어와 고전 학문들에 관한 가르침이 담겨 있었다. 엄격한 요강에 학생들의 경쟁심을 교육학적 방법으로 제시하고 있는 대학교육의 진정한 표준이 된 것이다.

예수회가 마련한 커리큘럼에는 중세 이후 더욱 다져진 인문학적 토대

---

2 Pavone Sabina, *I gesuiti, dalle origini alla soppressione 1540~1773*, Editori Laterza, 2004, p. 56.

위에 르네상스를 거치면서 새롭게 정리된 과학이 정식 과목으로 채택되어 근대 유럽을 여는 교육의 선두에 서게 되었다. 트렌토 공의회를 통해 교회 안에서부터 개혁을 선도한 경험을 토대로 교육학의 역사에서도 한 획을 긋는 면학규정을 처음으로 만든 것이다. 그리고 그것을 16세기가 저물기 전에 예수회 소속의 유럽에 있는 모든 학교의 표준 커리큘럼으로 채택하였다. 철학을 학문의 토대로 하되 휴머니스트적인 주변 학문과 그 과정을 강조하였다.

예수회가 교회의 인준을 받던 1540년부터 예수회 소속의 교수들은 가톨릭교회의 영향 아래 있던 독일의 대학에서도 강의를 하기 시작하였다. 예수회는 점차 인골스타트 · 쾰른 · 빈의 인문학부 전부 혹은 일부를 장악했고, 대학과 연결되지 않은 예수회 콜레지움들도 독일뿐 아니라 유럽의 여러 가톨릭 지역으로 확산되었다. 따라서 트렌토 공의회 이후 다시금 보수적인 경향을 띠는 가톨릭교회의 확산과 에라스무스에 의해 쇄신된 가톨릭교회의 쇠퇴가 가톨릭 국가들에서 교육에 대한 휴머니즘의 영향이 끝났음을 의미하는 것이 아니라는 점을 선포하는 기능을 하였다. 다시 말해서 트렌토 공의회에 의한 보수적인 가톨릭교회도 에라스무스에 의해 쇄신된 가톨릭교회도 이제 유럽 사회 전반으로 퍼진 휴머니즘적인 교육 개혁을 막을 수는 없었던 것이다.

종교개혁이 휴머니즘의 일부 국면을 배격하기는 했어도, 또 트렌토 공의회를 통해 교회 권력이 다시금 강화되면서 일부 휴머니즘의 목소리를 차단하기는 했어도, 교육에서 휴머니즘적인 커리큘럼은 16세기 유럽 전체로 퍼져나갔고, 따라서 유럽의 엘리트, 정부의 요직에 있던 공무원, 정통성을 인정받은 교회의 성직자와 선교사, 박학한 법학 교수와 의학 교수들을 가르치는 교육의 바탕이 되었다.[3]

예수회의 콜레지움이 성공하고 그들의 교육 방식이 새롭게 자리를 잡게 된 데에는 (적어도 원칙적으로는) 신분에 관계없이 모든 사람에게 무상으로 교육의 기회가 제공되었다는 점, '과학에 접목된 인문학'(인문과학)에 대한 가르침이 있었다는 점, 학급마다 담임선생을 배정하고 선행 학습에 대한 객관적인 평가를 통해 진학 여부를 가렸다는 점, 명확하고 일관성 있는 수업 계획서가 있었다는 점이 크게 작용하였다. 특히 인문과학에 대한 가르침은 예수회가 표방하던 현실에 대한 인식을 토대로 하는 것이었다. 중세의 형이상학적인 사고에서 벗어나 아리스토텔레스의 사상을 수용한 토마스 아퀴나스의 신학적 토대 위에 이성적이고 합리적인 새로운 지평을 열었던 것이다. 여기에는 르네상스를 통해 획득한 현실 이해와 과학 발전이 크게 작용했다고 할 수 있다.

콜레지움에서는 이전의 수도원 소속의 학교 제도와는 달리 개인 재산을 소지할 수가 없었고, 콜레지움에 비치해둔 물품만을 사용할 수 있었다. 이런 규칙은 부유한 가문의 자녀나 귀족의 자녀도 같은 조건에서 교육을 받아야 한다는 인식을 심어주는 계기가 되었다. 그리고 그것은 오히려 그들의 참여를 늘리는 역할을 했고, 예수회 콜레지움은 사회 지도자들을 배출하는 대표적인 교육기관으로 자리를 잡았다. 예수회 콜레지움은 유럽에서만 1556년에 48개, 1580년에 144개, 1640년에는 521개에 이를 정도가 되었다. 그리고 그 영향은 이후 예수회가 진출하는 모든 대륙으로 확산되었다.

예수회에 의한 교육개혁은 교회와 세상을 잇는 완충지대가 되어주었다. 교회는 에라스무스에 의한 휴머니즘과 그에 대해 날카로운 시선으로 대하고 있었고 세상은 지리상의 대발견과 종교개혁으로 급진적인 발전을

---

3 Nauert Charles G. Jr., 『휴머니즘과 르네상스 유럽문화』, 앞의 책, 363쪽 참조.

거듭하고 있었다. 예수회는 교회 안에서는 내부의 개혁을 선도하는 동시에 세상의 성급한 진보에 학문적인 접근으로 제동을 걸었던 것이다.

진정한 휴머니즘(인문학)의 실현은 그것이 삶의 모든 분야로 고루 흡수되어 완성될 때 이루어지는 것이다. 그러려면 진보와 개혁을 부르짖던 정치와 세상은 그만큼의 의무를 다해야만 했다. 예수회는 교육을 통해 앞장서서 귀족과 평민의 계급상의 평등을 실현했고, 학문의 세계는 모두에게 열려 있어야 하며, 학문적 보장이 무상으로 이루어져야 한다는 것을 실천을 통해 드러내보였다. 예수회의 이러한 교육개혁의 추진 방향은 근대를 여는 선구적인 역할을 하는 동시에 근대 사상으로부터 교회가 받게 될 더 큰 충격에 대비할 수 있는 능력을 기르는 것이기도 하였다.

제2장
인문과학과 예수회

교황 줄리오 3세(재임 1550~1555)에서 클레멘스 8세(재임 1592~1605)까지 가톨릭교회의 개혁/재건은 대사회적으로는 대대적인 교육개혁의 시기였고, 교회 내부적으로는 교의적인 원칙과 교회 체제를 강화하고 '트렌트 공의회화'의 새로운 출발을 의미하는 시기였다.

이 시기에 예수회가 세운 주된 교육개혁은 정치적으로 위상이 떨어진 가톨릭교회에 대한 이미지를 바로 세우고 사회 · 문화적으로 확산되고 있는 휴머니즘의 근간인 새로운 사상의 대두에 대한 신학적인 응답을 함으로써 유럽사회와 교회 간의 관계를 재정립하는 기능을 하였다. 이것은 휴머니즘의 확산과 르네상스 시대 고전에 대한 탐구를 통해 제기된 인간에 대한 물음, 진리의 존재와 장소에 대한 물음에서부터 새로운 문화적인 충격으로 떠오르고 있던 아시아 세계에 대한 호기심이 야기한 허황된 이야기에 이르는 다양한 현상에 대해 예수회는 이성적이고 합리적인 답변을 주고자 하였다. 다시 말해서 르네상스의 영향으로 계속된 고전 연구와 과학 탐구를 예수회는 대학의 필수 교양과목으로 채택했고, 그런 학문적 토대 위에서 당시 유럽의 지도자는 물론 선교사들이 양성되었다.

고전과 과학을 포괄하는 이런 과목을 '인문과학'이라고 불렀다. 이것은 원래 고대 그리스의 젊은이들을 폴리스(도시국가)의 능동적인 시민으로 양성시키기 위해 마련한 일반 교육 과정 '파이데이아'(paideia, BC 5세기 중엽)와 키케로가 '데 오라토리오'(De Oratore: 웅변 학교, BC 55년)에 마련한 웅변가 양성 과정에서 가르치던 것과 유사한 내용들이었다. 소위 '교양'(liberales) 과목이라고 부르던 이들 학예 과목은 대학교육의 원형이 되었는데, 여기에는 문법 · 수사학 · 논리학(변증법) 3과목과 산수 · 기하학 · 천문학 · 화음학 4과목 등 총 7과목이었다. 여기에 중세를 거치면서 신학과 철학, 그리스어와 라틴어가 고전어로 추가되었다.

15세기 이후 휴머니스트들은 이러한 포괄적인 인문과학을 가리켜 '스투디아 후마니타티스'(studia humanitatis: 인간 연구)라고 부르기 시작했다. 스투디아 후마니타티스는 중세의 분위기에서 벗어나 '신에 관한' 연구가 아니라, 또 '신을 통한' 세상에 대한 연구가 아니라, 고전을 통한 '인간 연구'라는 의미이다. 그것이 종국에는 '신'에게로 귀착이 되더라도 연구의 시발점은 더 이상 성경이 아니라 고전 학문이었던 것이다. 16세기에 이르러 과학이 발달하면서 그 영역은 자연과학의 소재와 방법으로 확대되었고, 예수회 학교는 이를 적극 가르치고 발전시키기 위해 학교의 정규 과목으로 체택하였다.

예수회 교육의 목표는 학생들이 인간에 대해 고민하도록 초대하고, 선택된 사람이 되도록 수단을 제공하며, 무엇보다도 젊은이들이 직접적인 방법으로 하느님을 찾을 수 있도록 하는 데 있었다. 학생들이 모든 것에 있어 하느님을 찾도록 하는 것도 예수회 교육의 중요한 목표 중 하나였던 것이다. 예수회 교육의 특징 중 하나인 개인에 대한 깊은 존중을 바탕으로 개인의 재능을 관리하는 데 있다는 것도 같은 맥락에서 이해할 수 있다. 이런 교육적인 토양에서 양성된 사람들은 중세의 분위기에서 탈피하여 달라진 세계를 올바로 직시함으로써 보다 현실적인 방향에서 새로운 지평을 열고자 하였다. 그리고 그 영향은 순수 학문적인 분야에서 시민적이고 정치적인 영역으로 확대되면서 청빈을 이상으로 삼던 과거와는 달리 부(富)를 적극적으로 해석하는 한편 비판적이고 개혁적인 지적 경향까지 표방하였다.

이성적이고 현실적인 신학을 추구하고 합리적이고 논리적인 학문을 토대로 발전한 예수회는 이 시대의 지적 배경이 된 휴머니즘(인문학)과 과학적인 사고를 합쳐 인문과학으로 정식 커리큘럼에 포함시켜 이후 도래할 근대 정신에 맞서게 될 신학적 분위기를 만들어갔다. 예컨대 르네상스의 과학은 회화 기법에 원근법·해부학 등에서 탐구한 내용을 담아 예술과 과학을 접목시킴으로써 당대 예술과 과학을 최고 절정기로 끌어올린 레오나르도 다빈치[4]에 의해 고대 그리스 과학과 로마제국이 멸망한 이래 그 때까지 이어져오던 과학이 정립되는 결과를 낳았고, 그 후, 16세기를 거치면서 유럽의 과학은 예수회원을 중심으로 급격히 발전하였다. 그리고 그 중심에는 크리스토포루스 클라비우스(Christophorus Clavius, 1538~1612), 아타나시우스 키르허(Athanasius Kircher, 1602~1680), 마르티노 마르티니[5]가

---

4 Cantor Norman F. & Berner Samuel, 진원숙 역, 『서양 근대사 1500~1815』(*Early Modern Eurpe, 1500~1815*), 혜안, 2000, 56쪽.

5 마르티노 마르티니(Martino Martini, 1614~1661)는 이탈리아 출신의 역사학자이자 지리학자였다. 그는 1623년에 예수회에 들어가 콜레지움 로마눔에서 고전과 철학은 물론 당대 뛰어난 대학자 아타나시우스 키르허 신부로부터 수학과 천문학을 배웠다. 그의 일생 대부분을 중국 황실에서 보내면서 예수회의 중국 적응주의에 크게 기여하였다. 서양인으로는 처음으로 중국어 문법을 편찬했으며 자신이 만든 많은 중국 지도에 바로크 장식을 넣은 첫 번째 지리학자이기도 했다. 그의 『신중국지도』는 17세기에 나온 중국에 관한 지리학적 정보를 풍성하게 담은 유럽인 저작 중 가장 가치 있는 것으로 평가받고 있다. 또한 그가 지은 『중국상고사』의 성경을 토대로 한 서양의 연대기와 중국의 전통 연대기를 일치시키려는 노력은 예수회의 적응주의적인 관점이기도 하였다. 1655년에 그는 급히 로마로 호출되어 중국 전례에 대한 예수회의 입장을 변호하였다. 그의 설명은 충분히 설득력이 있었고, 그 덕분에 1656년 3월 23일에 교황

있었다.

클라비우스는 마태오 리치의 스승으로서 마태오 리치의 수학과 역학에 많은 영향을 미쳤고, 키르허는 당대의 고전 문자 해독과 물리학 · 지리학에 큰 영향을 미쳤으며, 마르티니는 당시 중국 예수회 선교단에 역사와 지리에 대한 의식을 고취시켰다. 고전 인문학의 바탕 위에서 이루어진 이들 과학자들의 노력은 르네상스를 거치면서 발전된 과학에 선교지에서 활동하던 예수회원들의 정보를 더하면서 파견을 준비하고 있던 예수회원들은 물론 대항해 시대 이후 한껏 고무된 유럽인들의 세계 탐험과 새로운 지리에 대한 호기심을 채워주는 기능을 하였다.

예수회 학교에서 양성된 당시의 지도자와 선교사들은 이전의 정치와 선교의 방식을 과감히 접고 새롭게 인식한 방식에 따라 독보적이고 창의적인 삶의 방식을 열어갔다. 르네상스를 중심으로 나침판과 지도 및 해도가 인쇄술의 발달로 인해 많이 쏟아져 나오면서 대양을 횡단하여 선교 길에 오르는 것이 이제 더 이상 두려운 일이 아닌 일이 되었고, '신비의 땅'에 대한 탐험과 '새로운 땅'에 대한 소개에도 조금도 주저하지 않게 되었다.

알렉산더 7세가 내린 전례논쟁에서 친예수회적 교황령을 확보할 수 있었지만 논쟁은 가라앉지 않았다. Mungello Daved E., 이향만 외 역, 『진기한 나라, 중국』(*Curious Land: Jesuit Accomodation and the Origins of Sinology*), 나남출판사, 2009, 175~216쪽 참조; http://it.wikipedia.org/wiki/Martino_Martini_(gesuita); Centro Studi di Martino Martini, http://events.unitn.it/centro-martini/martino-martini 참조.

1. 아리스토텔레스와 예수회

중세 말부터 대두되기 시작한 휴머니즘은 그리스-로마 고전을 통해 인간을 재발견하여 문학 · 종교 · 정치의 영역에서 그것을 실현하고자 한 사상적인 흐름이었다. 이후 르네상스를 통해 이 사상은 더욱 견고해졌고, 처음에는 그리스도교회에 하나의 도전처럼 느껴졌던 것이 시간이 지나면서 오히려 그리스도교 사상을 새롭게 해석하는 단초로 작용하였다.

휴머니즘과 르네상스에 가장 큰 영향을 미친 이러한 사상적 흐름의 토대가 되었던 그리스 고대 사상은 다양한 분야에서 많은 탁월한 철인들을 통해 형성된 것이었다. 그 중에서도 아리스토텔레스는 중세 형이상학적인 현상에 고정되었던 시선을 현실 세계로 돌리는 데 커다란 역할을 하였다.

아리스토텔레스는 우리의 삶은 이상이 아닌 현실적인 공간에서 이루어지는 것이며, 따라서 윤리와 인식의 기준을 현실 세계에서 찾아야 한다고 주장하였다. 그가 논리학 · 자연철학 · 심리학 · 형이상학 · 윤리학과 정치학, 예술과 수사학 등 인간을 둘러싼 현실 세계의 모든 것에 관심을 가진 이유였다. 그에게 있어서 세상에 존재하는 모든 것은 서로 어떤 식으로든 연계되어 있어 한 부분은 다른 부분을 이해하는 데 도움을 주는 것이다.

르네상스 이후 예수회의 콜레지움과 대학에서 추진한 교육 정책에는 다른 여타 학교들에서는 찾아볼 수 없는 탁월한 커리큘럼이 있었다. 몇 가지 점에서 처음으로 시도된 분야들이 시대적인 흐름과 맞아 떨어졌다고 할 수 있다. 고전 텍스트의 연구를 통해 교양을 쌓고, 문화에 대한 인식을 새로이 하고, 사회적 책임을 다하는 것을 시민의식으로 여김으로써 휴머니즘을 발전시켰다.

예수회의 콜레지움과 대학은 아리스토텔레스의 논리학을 포함한 철학 · 자연철학 · 도덕철학과 형이상학적인 내용을 채택하였고 1599년의 면학규정(Ratio Studiorum)의 초안 작업에서 이냐시오는 아리스토텔레스의 텍스트를 가톨릭 교리와 연결하여 수용할 수 있도록 수정하였다. 예수회는 아리스토텔레스의 관점이 철학적 가치를 하락시키는 것이 아니라 오히려 좋은 그리스도인은 좋은 철학자요 아리스토텔레스의 좋은 추종자라는 것을 확신하였다.

예수회에서 만든 교육 시스템인 면학규정은 정해진 과제, 빡빡한 일정, 논쟁에 대한 복습과 구성의 연습으로 다소 엄격하게 느껴지기도 했지만, 그 속에는 예수회 최고의 가치인 '하느님의 영광'을 위한다는 원칙적인 예수회의 정신이 있었고, 그런 토대 위에 인간에 대한 사랑과 교육에 대한 열정과 헌신과 자기희생이 담겨 있었다. 기존의 전통적인 언어 · 문법 · 수사학과 같은 과목들과 함께 최고의 예술(미학, 혹은 철학)과 신학이 포함되었다.

그러나 이러한 과목들을 가르치는 그 자체가 특별히 중요한 것은 아니었다. 실제로 중세 말 스콜라학파에서도 아리스토텔레스의 철학과 토마스 신학을 가르쳐왔기 때문이다.[6] 그리고 이러한 교육적인 분위기에서 이미 르네상스는 진행되고 있었기 때문이다. 하지만 르네상스 이후 예수회 학교를 통해서 드러난 것은 전통적이라고 간주되던 교육 내용을 바탕으로 한층 진일보한 풍부하고 다양한 학문적인 내용이었고, 이를 통해 근대적인 지적 생활을 형성하는 토대가 마련되었다는 사실이다.

예수회의 교육 규범으로 알려진 면학규정(1599)은 16세기 중 · 후반 청

---

6 Cfr. Alison Simmons, *Jesuit Aristotelian Education: The De anima Commentaries, in The Jesuits Cultures, Sciences, and the Arts 1540~1773*, University of Toronto Press, 1999, p. 522.

소년 교육을 통해 예수회가 경험한 결과를 함축한 것이라고 할 수 있다. 면학규정의 특징이자 예수회 학교의 독창성이라고 할 수 있는 것은 아리스토텔레스의 사상과 키케로의 수사학을 토대로 한 교육 방법을 근간으로 세속적인 가치들을 인정하고 모든 기존의 원칙과 인식과 윤리를 통해 이를 적용하고자 하였다는 점이다. 16~17세기 아시아 선교사로 나섰던 예수회원들은 이런 분위기에서 양성된 진정한 르네상스인들이었다.

마태오 리치가 중국에서 발간한 첫 번째 저서가 키케로의 『우정론』(*De amicitia*)을 모방한 『교우론』(1595)이었고, 후안 보니파시오(1588)가 마카오에서 처음 인쇄한 책도 키케로의 교육 방식을 모방한 것이었다는 것은 그리 놀랄 만한 일이 아니다. 이냐시오의 영신수련도 이러한 현실적인 학문의 분위기에서 형성되었고 각자는 자신의 장점을 인식하고 행복한 생활과 성공적인 삶을 살 것이라는 것을 전제로 하였다.

그러므로 르네상스 시기 철학 및 과학에 대한 아리스토텔레스의 영향은 참으로 컸다고 할 수 있다. 그의 많은 작품이 고대는 물론 중세를 거치면서 많은 청중을 끌었다. 윤리 · 시 · 정치 등에 담긴 그의 사상을 대중들은 읽고 토론하기를 좋아했다. 논리학과 자연학에 대한 철학적인 논문은 예술을 대학에서 중심 연구로 인정하고 의학 · 법률 또는 신학을 필수 과목으로 정하는 데 크게 기여하였다. 특히 르네상스 시기 인문과학을 발전시킨 학자들이 아리스토텔레스의 철학에 대해 열광한 이유는 그리스의 초기 자연철학에서 진화하여 생물학적인 사변들을 발전시켰기 때문이다.

그는 ① 신체 구성에 대한 이론(형태론과 해부학), ② 영혼의 본성과 기능에 대한 이론(생리학), ③ 생명체의 기원, 진화, 배아 발생, 유전과 같은 현상들의 생성에 관한 이론(진화론 · 발생학 · 유전학), ④ 다양한 생명체들의 관계를 설명하는 이론(분류학) 등에서 학문적 다양성을 경험하도록 하였다. 그 중에서도 중세 이후 신학과 과학에 크게 영향을 끼친 것은 '신체 구성에 대한 이론'과 '영혼의 본성과 기능에 대한 이론'으로서 이는 아리스토텔레스가 이전의 피타고라스와 데모크리토스의 이론을 한 걸음 발전시킨 것이었다. 자연계의 질서를 우주라는 뜻으로 '코스모스'(Kosmos)라고 처음 부른 사람은 피타고라스였고, '코스모스' 개념을 사람에게 적용하여 '소우주'(mikros kosmos)라고 부른 사람은 데모크리토스였다.

우주의 구성 질서와 생명체의 구성 질서가 동일한 원리라는 데에서 '네 가지 요소'[7]와 '로고스'에 대한 그리스 생물학의 표준 이론이 대두되었다. 물 · 불 · 흙 · 공기와 같은 네 가지 요소설을 주장한 엠페도클레스의 이론을 아리스토텔레스는 적극 수용하여 신체의 구성 요소로서 명확한 이론을 제시하였는데, 여기에는 영혼론까지 포괄하고 있었다. 그리고 로고스로 설명하는 본질(ousia)과 본성(physis)은 인간의 몸을 구성하고 있는 육체와 정신(혹은 신체와 영혼)을 설명하는 수단이 되었다. 인간을 신체를 형성하는 물질적 '재료'와 영혼을 구성하는 '본성'이 합해진 존재로 본 것이다. 곧 인간은 신체와 영혼이 결합된 것이고, 그것은 질료와 형상으로 이루어진 것과 같다.

플라톤이 『파이돈』(*Phaedo*)에서 영혼과 육체를 본질적으로 구별하고 있는 것과는 사뭇 다르다. 플라톤의 '영혼론'에서 영혼은 '비물질적 실체'

7 네 가지 요소설은 그리스 자연철학의 태동기에서 나온 것으로서 엠페도클레스(Ἐμπεδοκλῆς, BC 493년경~BC 430년경)가 이를 정립한 것으로 알려져 있다. 원래 이오니아의 자연철학자들은 물 · 공기 · 불을 모든 것의 시작(archē)이라고 했지만, 엠페도클레스는 물 · 불 · 흙 · 공기와 그것들의 특징인 온 · 냉 · 건 · 습의 대립적인 속성에서 모든 것이 시작된다고 보았다. 이런 요소들을 통해 생명체는 우연히 생성된다고 하였다. 이것은 후에 아리스토텔레스에 의해 공격을 받았다. 아리스토텔레스에게 모든 생명체는 생존의 목적(telos)이 있기 때문이다. "생성이 존재를 위해서 있는 것이지, 존재가 생성을 위해서 있는 것이 아니다"라는 것이 그의 논리이기 때문이다. Arturo Castiglioni, *A History of Medicine*, New York, 1947, p. 141; PA I 1, 640a 17; *De an.* II 4, 415b 28; *GA* 778b 4; *Phys.* II 7, 198b 29; H. Cherniss, *Aristotle's Criticism of Presocratic Philosophy*, New York, 1976, p. 250.

지만, 아리스토텔레스의 '영혼론'에서 영혼은 '물질적 실체'가 된다. 플라톤에게 있어 영혼은 신적인 존재이며 죽지 않는 생명의 원리로서 언젠가는 죽는 영혼에 기대어 생명을 얻고 살아가는 육체와는 본성이 전혀 다르다. 신적인 영혼이 몸의 감옥에 갇혀 있기에 영혼은 그 감옥으로부터 해방되어야 하는 것이다. 플라톤에게 있어 몸은 극복의 대상이었던 것이다. 플라톤이 세계를 현실 세계와 이상 세계로 구분하고 인식의 대상과 윤리의 기준을 이상 세계에 두었고 그것이 중세 사상을 지배한 사상적 배경이라면, 아리스토텔레스의 영혼관은 이오니아의 물질주의적 영혼관을 발전적으로 수용함으로써 철학적 · 생물학적 시야를 확장하였다고 할 수 있다.

아리스토텔레스에게 있어 영혼과 육체는 서로 독립된 실체가 아니다. 영혼이 본질이지만 육체와 무관하게 자립적으로 존재하는 것은 아니다. 단지 영혼은 생명체의 본질이고 생명체의 생명활동으로 말미암아 생명체로서 존재한다는 것이다. 그의 영혼은 신체의 기능이기 때문에 정해진 신체를 떠나서는 존재할 수 없다. 생명이란 혼에 의해 신체로서 활동하기 때문이다. 그의 『영혼론』(*De anima*)은 영혼이 독립적으로 존재하는 실체이며 일시적으로만 육체 속에서 살 뿐이라는 플라톤의 견해를 배척하고 물질적 존재의 긍정적 가치를 강조하면서 영혼은 육체와 본질적으로 통일되어 있는 생명의 원리라고 주장하였다. 그리고 플라톤을 어느 정도 수용하여 영혼을 육체의 형상, 육체를 영혼의 질료라고(질료형상론) 정의하였다.

아리스토텔레스의 이러한 영혼관은 자연스럽게 신(神) 개념으로 확장되었다. 신은 바로 그 생명의 본질을 이루는 원리의 원리(Principio dei Principi)이자 존재 원리이며 제일 원인이 되는 것이다. 따라서 질료(신체 · 인간)가 형상(영혼 · 신)을 그리워하고 닮아가려고 하는 것은 당연한 논리인 것이다. 그러므로 그의 신 개념(신학)은 형이상학의 완성이자 자연학을 초월한 학문이었다.

아리스토텔레스의 사상은 르네상스 이후 현세의 가치를 적극적으로 인정하고 과학의 발달로 물질적인 세계에 대한 친밀감이 대두되면서 신학의 발전에 커다란 영향을 미쳤다. 그리고 그 근저에는 자연 안에서 자연과 더불어 살아가고 있는 인간과 그에 대한 이해와 그를 이해하는 척도로서 고대 자연철학에서 언급되었던 자연에 대한 이해도 있었다.

그에게 있어서 자연은 본성이고 자연을 이해함으로써 인간을 이해할 수 있다고 보았다. 따라서 아리스토텔레스의 자연관은 곧 인간관이라고 할 수 있다. 인간이 존재하는 목적이 있듯이 모든 자연도 존재의 목적이 있다는 것은 여기에서 비롯된 것이다. 그의 『자연학』(*Physica*)에서 우주의 생성 · 변화(운동)의 원인과 생물과 무생물의 본성, 자연 개념 등이 본성이론과 목적론이 함께 대두되는 가운데 나오는 것도 이런 이유 때문이다. 그는 자연과 동물의 연구를 통해 이러한 목적론적 측면에 대한 설명을 보다 뚜렷하게 전개하기 시작하였다. 그 결과 "자연은 쓸데없는 짓을 하지 않는다"고 했으며, 동물의 모든 특징을 기능적으로 설명할 수 있다고 주장하기도 하였다. 동시에 그는 동물의 여러 기관과 그 밖의 '신체 부분'의 성질 · 기능 등에 대해서는 기술하지 않고 '설명'만 함으로써 훗날 외부의 다양한 형태의 공격을 받기도 하였다. 예컨대 근대 서양의 의학은 아리스토텔레스를 극복하면서 발전했기 때문이다.

그는 생물학을 연구하면서 발견한 식물과 동물, 자연계의 수많은 생명체는 각기 고유한 자연적 목적을 가지고 있었고, 생명체의 구조와 성장은 이 목적을 알아야 충분히 설명할 수 있다고 하였다. 이것이 목적론적 인과관계를 설명하는 단초라고 할 수 있다. 그리고 그것은 인간의 영혼과 육체의 관계, 인간과 신의 관계를 설명하는 방법론이 되었다.

그러나 뭐니 뭐니 해도 아리스토텔레스의 자연에 대한 연구의 중요성과 가치는 『니코마코스 윤리학』 제10권 '선한 삶'에 대한 논의에서 작은 실마리를 찾을 수 있다. 여기에서 그는 인간이 지닌 최고의 능력으로 '이성'(nous, '사유'의 뜻도 있음)을 꼽았고, 그것의 최고 활동으로 '이론'(theoria, '관조'의 뜻도 있음)을 언급하였다. 이는 학문을 연구하는 가장 큰 중요성과 가치는 모두 이성적 사유에 기초를 두고 있다는 것을 의미하는 것이다. 아리스토텔레스는 바로 이 점을 보여주었고, 예수회는 인간 교육을 통해 맹목적인 인간이 아니라 이성적인 근대인을 양성하고자 하였던 것이다.

아리스토텔레스가 보여준 다양한 학제 간 연구는 모두 이성적 사유에 기초를 두고 있으며, 이는 근대 이후 다양한 학문이 발전하는 토대가 되었다. 이런 점에서 아리스토텔레스는 사상사에서 독창적이고 독보적인 위치를 차지한다고 할 수 있다.

이냐시오 정신의 충실한 제자로 여겨지는 나달(Jerónimo Nadal, 1507~1580)은 1548년 메시나 대학의 설립에 깊이 관여하면서 초기 예수회 대학의 교과 과정을 결정했는데 1551년에 작성한 『예수회 대학의 교과과정』(*De Studiis Societatis Iesu*)에는 4년간의 철학 수업을 규정하면서 아리스토텔레스의 논리학 · 자연철학 · 도덕철학 · 형이상학을 이수하도록 명시하였다. 철학 수업의 첫해에는 아리스토텔레스의 『니코마코스 윤리학』을 이수하고, 이후 3년간 『물리학』(8권), 『천체론』(4권), 『기상학』(4권), 『물질의 산출과 소멸』(2권), 『영혼론』(3권), 『자연론 소고』와 『형이상학』(2권)을 교재로 수업을 하도록 규정하였다.[8] 이것은 아리스토텔레스의 학문의 세계만이 아니라 아리스토텔레스라는 인물을 그 자체까지 학문의 대상으로 삼

8 Nadal Jerónimo, "De Studiis Societatis", in *Monumenta Historica Societatis Iesu, Monumenta Pedagogia Societatis Iesu, Quae Primam Rationem Studiorum*(1901), pp. 89~107; 김상근, 『동서문화의 교류와 예수회 선교역사』, 한들출판사, 2006, 126쪽에서 인용.

으면서 중세의 편협한 인간 양성에서 벗어나 보다 열린 인간을 양성하려는 의도였다.

뿐만 아니라, 초기 예수회 대학에서는 중세 대학에서 이교도 문학으로 간주했던 키케로, 시저, 베르길리우스, 락탄시우스 등의 로마시대 작가들의 라틴어와 이솝, 아리스토파네스, 호메로스 등의 그리스어 고전을 공식적인 교과목으로 채택했고, 에라스무스의 종교개혁적인 저서도 과감하게 도입함으로써 한층 진보적인 인문학적 수업을 진행하고 있었다. 리치를 비롯한 초기 선교사들은 이런 환경에서 교육을 받고 유럽을 떠났던 사람들이었다.[9] 더 이상 그리스도교 교리를 말로써 '선포'하는 것만이 선교활동의 전부가 아니라는 인식과 함께 선교사의 영성적이고 학문적인 자질이 중요한 선교사의 소양으로 떠오르기 시작하였다.

그들이 인도와 중국이라는 전혀 다른 토착 문화에 직면하여 보여준 포용적인 자세는 이성과 현실을 중시하고 살아 있는 모든 생명체는 서로 유기적인 관계 속에서 각자 분명한 목적을 가지고 생존하고 있다는 아리스토텔레스의 사상과 르네상스 인문주의의 영향이 크게 작용하였다고 할 수 있다.

---

9 예수회 역사가 오말리는 초기 예수회 선교사들은 르네상스 인문주의의 영향을 직접적으로 받은 사람들이었다는 점을 여러 저서들을 통해서 강조하고 있다. O'Mally John, "Renaissance Humanism and the Religious Culture of the First Jesuit", *Heythrop Journal*, vol 3, p. 471; O'Mally John, *Religious Culture in the Sixteenth Century*, Hampshire: Variorum, 1993, p. 485; O'Mally John, *The First Jesuit*, Cambridge: Harvard University Press, 1993, p. 244.

2. 천문학의 발전과 전통 역법

아리스토텔레스의 자연철학적 저술에는 위에서 언급한 『자연학』 외에도 『천체에 관하여』, 『생성과 소멸에 관하여』, 『기상학』 등이 있었다. 『자연학』에서는 형체를 가진 모든 자연 물체 일반을 다루지만, 『천체에 관하여』에서는 우주의 공간성과 시간성에 대해 다루며, 『생성과 소멸에 관하여』에서는 4가지 원소(흙 · 공기 · 불 · 물)와 그들의 상호관계를 다루고, 『기상학』에서는 혜성 · 강 · 연소 · 무지개 등을 다루고 있다. 아리스토텔레스가 관심을 가진 분야는 공간 · 시간 · 운동 · 변화와 관련된 우주 만물이며, 그것은 자연에서부터 출발하여 인간에게로 귀착되는, 혹은 (인간) 본성에서부터 출발하여 우주를 관통하는 방대한 연구였다. 특히 그의 천문학과 기상학에 관한 연구는 내용의 옳고 그름을 떠나서 방법론적인 면에서 프톨레마이오스(Claudius Ptolomaeus, 100~175)를 거쳐 르네상스기에 많은 과학자들에게 커다란 영향을 미쳤다.

아리스토텔레스는 우주를 땅과 하늘로 구분하였다. 땅은 지구와 달 사이에 존재하는 변화무쌍하고 불완전한 공간이며 하늘은 달 너머에 있는 질서정연하고 완전한 공간이라고 하였다. 하늘의 행성은 완벽한 원 궤도를 그리며 지구 주위를 질서정연하게 돌며 규칙적인 운동을 한다고 믿었다. 그러나 그는 행성의 역행운동과 행성의 밝기 변화에 대해서는 명확하게 밝혀내지를 못했다. 그것을 그럴듯하게 설명한 사람은 2세기 그리스의 수학자이자 천문학자인 프톨레마이오스였다.

프톨레마이오스의 우주 체계는 행성들이 이심원(離心圓)-주전원(周轉圓) 체계에서 원 궤도를 그리며 지구 주위를 도는 것이었다. 이심원은 중심에 지구가 있는 거대한 원이고, 주전원은 중심이 이심원의 원주를 따라 회전하는 작은 원이다. 프톨레마이오스는 아리스토텔레스가 밝혀내지 못한 행성의 밝기 변화에 대해 편심체계로 설명함으로써 아리스토텔레스의 천문학 연구를 한 걸음 발전시켰다. 편심체계는 거대한 하나의 원이 있고 그것의 중심은 지구에서 약간 떨어져 있으며 행성들은 이 원주를 따라 운동한다는 것이다. 그리하여 지구가 우주의 중심이라는 아리스토텔레스의 주장을 보다 그럴듯하게 설명하였다.

아리스토텔레스와 프톨레마이오스[10]의 이러한 지구중심적인 체계는 기원전 1세기 로마의 건축가 비트루비우스(Marcus Vitruvius Pollio)[11]에게로 이어졌다. 비트루비우스는 아우구스투스 황제의 시중을 들어 군용기계를 설계하기도 했던 인물인데, 그가 쓴 10권으로 된 고대 유일의 건축이론서 『건축서』(*De architetura*)의 제9권 기하학 · 측정 · 천문학 등에는 아리스토텔레스와 프톨레마이오스와 동일한 이론이 나타나기 때문이다. 태양이 지구를 돌고 있는 동안 금성과 수성은 태양의 주위를, 곧 후에 주전원으

---

10 그의 천문학적 업적은 『알마게스트』(*Almagest*)(13권)라는 천문학 백과사전과 같은 저서에 모두 담겨 있다. 이 책의 각 권은 별들과 태양계의 천체들에 관한 천문학적인 개념을 다루고 있다. 이 책은 당시 그리스의 천문학을 집대성한 것이며, 고대의 가장 위대한 천문학자라고 할 수 있는 히파르코스(Hipparchos, BC 2세기경)의 업적을 엿볼 수 있는 주요 자료이다. 프톨레마이오스는 뛰어난 기하학자로서 수학 분야에서도 중요한 업적을 많이 남겼다. 기하학의 새로운 증명과 정의를 내렸다. 그는 날씨뿐만 아니라 아침과 저녁에 뜨고 지는 별을 기록한 달력을 만들었다. 그는 지리학자로서 『지리학 안내』(*Geōgraphikō hyphēgēsis*)(8권)도 냈다. 이 책에는 지도를 만드는 방법에 대한 것과 유럽 · 아프리카 · 아시아의 여러 지역의 목록을 위도와 경도 표시까지 자세히 표시하여 그리고 있다. 그러나 이 위도와 경도 표시는 실제와 많이 다르다는 것이 훗날 밝혀졌다. http://100.daum.net/encyclopedia

11 그는 신전을 건축하는 기준을 마련하는 설명을 한 기록 중에 "인체는 비례의 모범형이다. 왜냐하면 팔과 다리를 뻗음으로써 완벽한 기하 형태인 정방형과 원에 딱 들어맞기 때문이다"라는 말은 르네상스 미술에 많은 영향을 미쳤다. '비투르비우스적 인간'이라는 인체상은 레오나르도 다빈치에 의해 잘 알려져 있다. 비투르비우스가 쓴 『건축서』(*De architetura*) 전10권은 건축가로서의 경험을 토대로 고대 그리스, 특히 헬레니즘의 문헌에 근거하여 집필한 것이다. 이 책은 르네상스 시대 고전 연구를 하는 과정에서 1415년경에 재발견되어 1484년에 로마에서 초판이 간행되고 이후 유럽의 저명한 건축가들에게 많은 영향을 미쳤고 지금도 고대 건축의 연구에 귀중한 자료가 되고 있다.

로 알려지게 될 궤도를 지나간다는 것이다. 그는 "금성과 수성은 태양을 중심으로 해서 그 주위에 그들의 궤도와 더불어 둥근 꽃다발을 만들면서 역행과 감속을 하고 있다"(9권 1장 6절)고 기록하고 있다.

결국, '지구중심설'이라는 학설은 정확하게 누구에게서 시작되었는지는 모르지만 아리스토텔레스와 헤라클레이데스가 거론되는 가운데, 17세기까지 정설로 믿어왔다. 다만 이러한 학설을 통해 기원전 4세기에 이미 자연현상(천문학)을 연구하는 데 수학적 방법을 적용시켜 대단히 복잡한 현상을 단순하고 규칙적인 운동으로 인식했고, 그런 천체운동을 우리의 가시적인 영역에 존재하고 있는 어떤 기하학적 모델에서 찾을 수 있으리라고 생각하기도 하였다. 이것은 각종 천체 관측기구의 진보보다도, 그래서 경험에 의해 수집된 자료보다도 더 중요한 것으로 받아들여졌다.

천문학의 발달은 주변 학문이라고 할 수 있는 기상학과 기하학의 발달로 이어졌고, 운동과 변화의 원리를 발견하는 토대가 되었다. 아리스토텔레스가 『자연학』에서 논의한 일반 원리가 우주를 다루는 『천체에 관하여』와 『생성과 소멸에 관하여』, 『기상학』으로 이어진 것은 모두 이런 맥락에서 비롯된 것이다. 천문학의 발전은 중세 말 휴머니즘의 대두와 르네상스를 거치면서 박차를 가했다. 그리고 때맞추어 코페르니쿠스(Nicolaus Copernicus, 1473~1543),[12] 브라헤(Tycho Brahe, 1546~1601),[13] 케플러

12 폴란드 출신의 사제이자 수학자이며 천문학자이고 의사이기도 하다. 프톨레미의 지구를 중심으로 한 우주에 최초의 심각한 도전을 제시하였다. 태양 중심의 이론을 주장하다가 가톨릭 교회로부터 이단으로 비난을 받고 1543년에 폴란드 북부지방의 외딴곳에서 무명의 천문학자로 숨을 거두었다. 코페르니쿠스의 우주 체계라고 하는 지동설은 가히 혁명적인 것이었고 인류 역사상 가장 큰 변혁으로 불리는 '과학혁명'의 시작을 알리는 것이었다. 당시에 이 학설이 큰 비난의 대상이 되었던 것은 우주의 중심에서 지구와 인류를 배제했기 때문이었다. 그의 혁명적인 학설은 복잡한 수학적 계산에 근거했으며, 망원경이 발명되지 않은 상태에서 오로지 눈으로만 하늘을 관찰한 결과였다. 그의 주요 논문 "On the Revolutions of the Heavenly Spheres"는 생애 마지막에 발표되었고, 그가 죽은 날, 즉 1543년 5월 21일에 책의

(Johannes Kepler, 1571~1630),[14] 갈릴레이(Galileo Galilei, 1564~1642)[15]와 같

인쇄본이 나왔다. http://it.wikipedia.org 참조.

13 덴마크 출신의 천문학자이다. 그는 코페르니쿠스 체계(지동설)의 기하학적 측면과 프톨레마이오스 체계(천동설)의 철학적 측면을 결합하여 태양이 지구 둘레를 도는 동시에 다른 행성들이 태양 둘레를 돈다는 '튀코 체계'(수정된 천동설)를 주장하였다. 그러나 브라헤의 이러한 천동설과 이를 증명하기 위해 남긴 관측 기록은 그가 죽은 후 제자이며 공동연구자였던 요하네스 케플러가 케플러 법칙을 세우고 지동설을 지지하는 결정적인 계기가 되었다. 그는 유럽 최초의 현대적인 천문 관측연구소 소장을 역임했고, 신성과 혜성을 발견했다. http://it.wikipedia.org 참조.

14 독일의 천문학자이며 수학자 · 음악가이기도 하다. 17세기 천문학 혁명의 핵심 인물이었다. 그는 "케플러 법칙"이라는 행성운동법칙을 발견했고, 후대 학자들은 『신천문학』, 『우주의 조화』, 『코페르니쿠스 천문학 개요』 등의 저서로 그 법칙을 성문화하였다. 이 저작들은 아이작 뉴턴이 만유인력의 법칙을 확립하는 기초가 되기도 하였다. 그는 처음으로 광학 연구 분야를 개척하였으며, 굴절 망원경을 개조하여 성능을 향상시켜 케플러식 망원경을 만들었다. 같은 시대의 갈릴레오 갈릴레이가 망원경을 이용하여 발견한 이론들이 공식적으로 인정하는 데 기여하였다. 케플러 당시에는 천문학과 점성술의 경계는 모호했으나 천문학(자유인문학의 범위에 있는 수학의 한 가지)과 물리학(자연철학의 한 가지)은 경계가 분명했다. 그는 인간 '이성의 자연적인 빛'을 통해 알 수 있는 지성의 한도에서 신이 세상을 창조했다고 믿었다. 이러한 종교적 신념은 그의 저서에서 종교적 논쟁과 과학적 추론의 융합으로 나타났다. 케플러는 천문학을 보편적 수리물리학의 한 갈래로 인식하여 고대의 물리학적 우주론의 전통을 바꾸었다. 그리하여 자신의 천문학을 "천체물리학", "아리스토텔레스의 『형이상학』으로의 여행", "아리스토텔레스의 『천체에 관하여』의 보충"이라고 표현하였다. 그 역시 코페르니쿠스, 케플러처럼 태양 중심설에 동의하였다. 그는 수학 공식을 개발하였고, 행성의 움직임에 대한 세 가지 법칙을 발견했다. 첫째, 모든 행성은 타원 궤도에서 태양 주위를 회전하고, 둘째, 행성의 속도는 태양으로부터 거리(가까운 것은 빠르게, 먼 것은 느리게)에 따라 다르며, 셋째, 이동 행성과 태양 사이의 물리적 관계를 설명하는 수학 공식을 설정하였다. http://it.wikipedia.org/wiki/Johannes_Kepler 참조.

15 이탈리아의 물리학자 · 수학자 · 철학자 · 천문학자이다. 그는 망원경을 개량하여 사물을 직접 관찰하고 그것을 토대로 운동법칙을 확립하였다. 그는 아리스토텔레스의 이론을 반박하고 코페르니쿠스의 이론을 옹호하여 태양계의 중심이 지구가 아니고 태양이라고 주장하였다. 이에 교황청을 비롯한 종교계와 대립했고, 그것을 해명하기 위해 로마 교황청을 방문했으나, 오히려 종교재판에 회부되어 지동설의 포기를 명령받았다. 그러나 그는 자신의 논문 「세계의 두 가지 위대한 시스템의 대화」(1632년)와 저서 『황금 측량자』에서 지동설을 고집했고, 『천문학 대화』는 금서로 지정되었다. 결국 그는 마지막 생애를 로마교황청의 명령에 따라 가택연금 상태로 보냈다. 그럼에도 불구하고 그는 끝까지 독실한 그리스도인으로 남았다. 그의 연구는 "어찌하여 그대는 타인의 보고만 믿고 자기 눈으로 관찰하거나 보려고 하지 않

은 천문학자들이 대거 등장했고, 아리스토텔레스와 비투르비우스 이후 중세를 뛰어넘어 새로운 천문학의 시대를 맞이했고, 이는 근대 과학혁명을 일으키는 중요한 토대가 되었다.

고대 그리스-로마로 정의되는 고전주의의 이상적 목표는 인간도야(Menschenbildung)이며 인간교육(Menschenerziehung)이었다. 그러나 르네상스는 인간의 발견에서 한 걸음 더 나아가 세계의 발견을 가져왔다. 르네상스 이전의 휴머니즘만 하더라도 페트라르카를 중심으로 문학과 같은 학문운동이었지만, 이후 시민적이고 정치적인 성격이 더해지면서 논리학에서 수사학으로, 형이상학에서 도덕으로, 자연철학에서 문학과 교육으로 눈길을 돌리는 계기가 되지만, 어디까지나 인문학의 분야에서 크게 벗어나지를 못했다고 할 수 있다.

그러나 휴머니즘에 내포된 현세주의, 곧 현실 중심의 사고방식은 자연과 세계로 계속해서 눈을 돌리도록 하는 계기가 되었다. 새로운 세계에 대한 호기심과 미지의 세계에 대한 탐험심은 용기 있는 유럽인들로 하여금 율리시스, 아이네이스와 같은 고대의 영웅을 꿈꾸게 했고, 여행을 재촉함으로써 종국에는 지리상의 발견으로 이어졌다. 항해를 하면서 요긴하게 사용된 나침반은 천문학적 산물이 실생활과 동떨어진 것이 아니라 밀접하게 연관된 것이라는 인식을 고취시키기에 충분했다. 항해술의 발

는가"라는 그의 말처럼 실험적인 검증에 의한 것으로서 근대적인 의미의 학문(여기에서는 구체적으로 물리학)의 개척자라고 할 수 있다. 갈릴레오는 '진자의 등시성'과 '등가속 물체의 운동'을 실험을 통해 발견했고, 금성과 목성 등 4개의 위성과 태양의 흑점을 직접 관측하여 발견하였다. 그는 속도와 질량 등 잴 수 있는 것을 과학의 분야로 두는 한편, 맛이나 색깔처럼 잴 수 없는 것을 과학의 분야에서 제외시키고, 보편적인 수학 법칙과 경험적인 수량 분석을 확립하여 과학적 연구 방법론을 마련하였다. 그를 '근대 관측천문학의 아버지', '근대 물리학의 아버지', '근대 과학의 아버지'로 불리는 이유이다. http://it.wikipedia.org/wiki/Galileo_Galilei 참조.

전으로 천문 · 지리 · 기상에 대한 관심은 점차 철학 · 신학 등의 학문보다 더 요긴하게 작용하기 시작했고, 시대는 이러한 신학문에 사람들의 이목을 집중시키기 시작했다.

코페르니쿠스, 케플러, 갈릴레이의 학설로 새롭게 밝혀진 우주의 신비는 고대 과학자들의 우주관은 물론 중세의 우주관을 뒤엎는 과학혁명이었고, 이는 구텐베르크(Johann Gutengerg, 1400?~1468)가 발명한 활판인쇄술을 타고 경계를 모르고 전파되는 지적 혁명의 계기가 되었다. 이러한 새로운 지식과 사상은 훗날 계몽주의 사상의 기본 개념으로서 자연 · 이성 · 문화 등을 수용하는 원동력이 되었다. 그리고 그 사이에 예수회의 교육이 자리 잡고 있었던 것이다.

천문학의 발전은 전통적인 역법의 발전에도 큰 영향을 미쳤다. 로마시대에 율리우스력(曆)이 제정된 것은 고대 이집트의 역법에 토대를 두고 있었다. 이집트는 잘 알려져 있다시피 나일강 하류의 비옥한 지대를 중심으로 그 문명이 발전하였다. 이집트는 지리적인 위치상 사막과 바다로 둘러싸여 있어 메소포타미아 · 페르시아 · 그리스 문명과는 달리 폐쇄적이라고 할 수 있는 위치에 있었다. 그러다보니 정치와 문화가 단조롭고 외부의 침입도 없어 수천 년 동안 고유한 문화를 간직할 수가 있었다. 게다가 아프리카 최고의 선물이라고 할 수 있는 나일강을 끼고 있어 그 문명은 발전할 수밖에 없었다. 강은 오랜 세월을 두고 침식 · 운반 · 퇴적 작용을 하면서 주변의 땅을 기름지게 한다. 나일강의 정기적인 범람은 상류의 비옥한 퇴적물을 운반하여 하류지역 주변의 땅을 기름지게 만들어 일찍부터 농경문화를 발달시켰다.

나일강의 범람은 정기적인 것으로서 얼마든지 예측할 수 있는 것이었고, 그 기록을 이집트인들은 달력처럼 사용하여 씨를 뿌리고 수확하는 시기 등 농사에 필요한 모든 시기를 조절하는 데 활용하였다. 나일강의 범람 시기를 통해 천문학과 태양력이 만들어졌고, 범람 후의 토지를 측정하기 위해 기하학이 발달하였다. 또 신전의 축조 과정에서 건축술 · 지렛대 · 도르래의 원리가 이용되었으며, 수학에서는 십진법이 사용되었다. 나일강의 범람은 자연스럽게 태양력 · 기하학 · 건축술 · 천문학의 발달로 이어졌던 것이다.

이집트에서는 나일강이 범람할 때마다 동쪽 하늘에 시리우스(Sirius, 큰개자리) 별이 떴고, 그래서 그들이 만든 달력은 시리우스의 운행을 기준으로 1년을 365일로 정하였다. 그리고 1달을 30일씩 12달로 나누고 남은 5일을 축제일로 지냈다. 그러나 실제로 1년은 365일 5시간 49분으로서 이집트의 실제 달력은 매년 6시간 정도의 차이가 생겼다. 이런 오차는 짧은 기간일 경우에는 큰 차이가 없지만 500년이 지나게 되면 약 3,000시간으로 150일의 차이가 생기게 되는데 바로 이것을 손질한 사람이 로마의 황제 카이사르였다.

카이사르는 당시 로마제국 내에 속했던 알렉산드리아 · 그리스 · 동방의 모든 천문학자와 수학자들을 불러들여 정밀한 시간을 계산하도록 했고, 그래서 나온 시간이 앞서 언급한 365일 6시간이었다. 카이사르는 365일 6시간을 기준으로 새로운 태양력(solar calendar, 太陽曆)을 만들었는데, 그의 성을 따라 율리우스력이라고 부르고 4년마다 2월에 하루를 추가하여 윤달을 만들었다.

그러나 여기에서도 약 11분 정도의 차이가 생겼다. 정확하게는 5시간 49분이지 6시간은 아니기 때문이다. 이것이 1582년 그레고리우스 교황 시대에 이르자 그 오차가 누적되어 달력과는 10일이나 차이가 생겼다. 춘분은 그리스도교에서 부활절을 정할 때 기준이 되는 중요한 날이다. 따라서 열흘간의 오차는 대단히 큰 문제가 아닐 수 없었다.

이에 교황 그레고리우스는 당시 예수회의 저명한 독일인 수학자였던 크리스토포루스 클라비우스에게 명하여 다시 정확한 계산을 하도록 했고, 10일 정도의 차이를 줄이기 위해 교황은 각 지역 교회와 논의한 끝에 1582년 10월 5일부터 14일까지를 건너뛰기로 하였다. 다시 말해서 10월 4일 다음날을 10월 15일로 한 것이다.

그레고리우스력은 원칙적으로 윤년을 4년에 한 번씩 두어 윤일(閏日)로 지내고 이를 통해 달력과 계절이 일치하도록 하였다. 즉 측정할 때 생기는 약간의 오차로 인해 (더 정확한 1태양년은 365일 5시간 48분 46초임) 100년마다 하루씩 늦어진다고 보았다. 그레고리우스력이 율리우스력과 다른 점은 100으로 나누어떨어지는 해(年)(예: 100년, 200년, 300년)는 윤년에서 제외되고, 400으로 나누어떨어지는 해(예: 1600년, 2000년)는 윤년이 되도록 하였다는 것이다. 이러한 규칙은 400년마다 반복된다. 또한 4,000으로 나누어지는 해는 윤년이 아니고 평년이 되도록 만들어져 2만 년 만에 하루 정도의 오차가 생길 정도로 거의 정확했다.

그러나 이 역법도 ① 한 달의 길이가 모두 똑같지 않다는 점, ② 주(週)와 역일(曆日)을 잇는 규범이 없다는 점, ③ 연초의 위치가 특별히 의미가 없다는 점, ④ 윤년을 두는 방법이 복잡하다는 점 등이 단점으로 지적되었다. 그럼에도 불구하고 그레고리우스력은 제정한 지 1년 만에 이탈리아·포르투갈·에스파냐, 그리고 가톨릭을 믿는 독일의 일부 지역에서 사용되었고, 점차 다른 국가들로 확대되었다. 그리고 1699년에는 개신교 지역이던 독일의 지역, 1752년에 영국과 그의 식민지, 1753년에 스웨덴, 1873년에 일본, 1912년에 중국, 1918년에 소련, 1923년에 그리스까지 사용하기 시작하였다. 지금은 전 세계의 거의 모든 나라에서 이 달력을 쓰고 있다.

그러므로 중세 이전까지 내려오던 서양의 천문학과 수학은 르네상스를 거치면서 큰 전환점을 맞이하게 되었고, 그 영향은 실생활의 변혁으로 이어졌는데 그것의 선구적인 역할을 했던 것이 달력이었다. 그리고 그 중심에는 클라비우스가 있었던 것이다.

클라비우스의 뒤를 이은 키르허도 예수회 출신의 과학자로서 중세적인 사고가 근대적인 사고로 전환되는 대변혁의 시기에 교회로부터 비난을 받고 있던 당시 유럽 각국의 위대한 과학자들과 지속적인 접촉을 통해 인문과학의 발전에 기여하는 것은 물론, 세계 각지에서 선교활동을 하던 예수회 선교사들 간의 학문적 가교 역할을 하였다. 클라비우스와 키르허에 의해 아리스토텔레스가 시작한 천문학 · 물리학 · 수학 · 철학이 학문의 세계에만 머무르지 않고 실생활과 연관된 또 다른 학문인 지리학 · 동양학 · 지질학 · 약학 등의 새로운 학문 분야들로 확대되어 이후 인류사회를 한 단계 발전시키는 계기가 되었다.

3. 크리스토포루스 클라비우스(Christophorus Clavius)

2012년은 크리스토포루스 클라비우스(Christophorus Clavius, 1538~1612) 서거 400주년을 기념하는 해이다. 그는 독일인 수학자이며 천문학자로서, 그레고리오 교황의 달력 개정의 중심에 있었으며, 16~17세기 유럽 수학의 최고 권위자였다.

그는 예수회에 입회하여 코임브라 대학에서 수학할 때부터 수학에 탁월한 재능을 보였고, 1560년 8월 21일에 코임브라에서의 개기일식을 관찰하면서 천문학 연구에 집중하기 시작하였다. 그리고 그해에 로마로 건너와 콜레지움 로마눔에서 신학 과정을 마무리하고 1564년에 사제서품을 받은 이후, 로마와 나폴리에서 수학 교수로 활동하였다. 그에 의해 대학교육에 산술 · 대수학 · 기하학이 도입되었다.

클라비우스

1567년에 로마에서 본 금환일식(金環日蝕)에서 관찰한 코로나와 채층(彩層)에 대해 케플러에게 편지를 쓰기도 하였다. 이 금환일식을 통해 클라비우스는 태양의 지름을 측정하여 태양이 달보다 크다는 사실을 밝힘으로써, 프톨레마이오스가 『알마게스트』(*Almagest*)에서 언급한 달이 태양보다 크다는 학설을 뒤집었다.

그는 프톨레마이오스의 지구 중심 모델을 지지하지만 코페르니쿠스의 태양중심설에는 반대의 견해를 가지고 있었다. 그가 쓴 『천체에 관한 해설』은 12~14세기 유럽 천문학 텍스트들 가운데 가장 폭넓게 보급되었다. 그러나 훗날 그는 프톨레마이오스의 지구중심 모델의 문제점을 인정하고, 갈릴레오의 새로운 학설에 열린 태도를 취함으로써 갈릴레오와는 20년 이상 친구로서 가깝게 지냈다. 클라비우스가 1612년에 사망했을 때

갈릴레오는 교회 안에서 가장 강력한 지지자를 잃은 셈이었다. 그는 갈릴레오의 망원경으로 달을 관측함으로써 달의 분화구 연구에도 몰두하여 달의 가장 큰 분화구의 하나(이를 '클라비우스의 분화구'라고 부름)를 발견하기도 하였다.[16]

클라비우스는 당시 과학계에 큰 반향을 일으켰던 『유클리드의 기하학 원론(BC 4~3) 해석』(1574)과 『사크로보스코의 「천구」와 그 해석』과 실용산술서 · 기하학서 · 대수학서, 아스트로라베(고대에서 중세에 걸쳐 사용한 천체 관측기)에 관한 저서를 남겼으며, 소수점을 처음으로 사용하기도 하였다. 그가 '유클리드의 기하학 원론'을 그리스어에서 번역 · 해설해낸 『유클리드의 기하학 원론(BC 4~3) 해석』은 이후 그에게 '제2의 유클리드' 혹은 '16세기의 유클리드'라는 별명을 안겨주는 계기가 되었고, 르네상스 시대에서 포스트-르네상스 시대에 나온 가장 훌륭한 저서의 하나로 손꼽혔다.

그는 자신의 기하학 연구를 토대로 진전시킨 해시계 제작법에 따라 벽에 수평으로 혹은 수직으로 세우는 해시계도 만들었다. 특히 자오선과 같은 방위선들을 알아보기 쉽게 잘 묘사하였다.

클라비우스는 1579년에 율리우스력 개혁을 위한 교황청 위원회 수석 수학자로 임명되었다. 그는 새로운 달력을 실증하기 위해 800여 쪽에 이르는 수학적 계산이 담긴 논문을 제출했고, 그 결과 달력 개혁이 이루어졌다. 달력은 잘 알려져 있다시피 시간의 경제학적인 개념이다. 달력 개혁은 당시 가톨릭교회의 전례뿐만 아니라 과학과 정치 분야에까지 그 영향력이 엄청났다. 특히 종교개혁으로 인해 산만해진 그리스도교 신앙을

---

16 Lattis James M., *Between Copernicus and Galileo: Christoph Clavius and the Collapse of Ptolemaic Cosmology*, University of Chicago Press, 1994; *Christoph Clavius, Corrispondenza*, Edizione critica a cura di Ugo Baldini e Pier Daniele Napolitani, 7 voll., Pisa: Edizioni del Dipartimento di Matematica dell'Università di Pisa, 1992.

로마 교황을 중심으로 다시 불러 모으는 계기가 되었다. 달력은 가톨릭 국가들을 중심으로 1582년에 교황 그레고리우스 13세의 명에 따라 실용화되었고, 이후 3백여 년 동안에 걸쳐 전 세계로 확산되었다.

클라비우스는 콜레지움 로마눔의 교수로 있으면서 전 유럽의 예수회 콜레지움에서 사용할 과학 교재를 발간하였다. 그의 수학 교수법은 면학 규정(Ratio Studiorum)에 그대로 반영되었다. 그에게서 배운 많은 제자들이 아시아 선교사로 파견되었고, 그들에 의해 클라비우스의 수학적이고 천문학적인 개념들이 아시아로 전파되었다. 그 대표적인 인물이 마태오 리치였다. 리치를 통해 클라비우스와 르네상스 이후 발달한 서양의 과학이 아시아로 전해질 수가 있었다. 리치는 자신의 스승이 그랬던 것처럼 중국에서 『기하원본』(유클리드 기하학)을 번역했고, 클라비우스가 설계한 천체 관측기의 사용법을 중국인들에게 가르쳐주었다. 선교사들뿐만 아니라 클라비우스로부터 배운 유럽의 교수들도 오랫동안 유럽 사회에서 수학자로서의 특권을 누리며 과학 발전에 기여하였다.

당시 신학적인 체계에서 볼 때 과학의 발전은 근본적인 면에서 교회에는 하나의 위협적인 요소가 아닐 수 없었다. 또한 과학의 입장에서도 교회가 발전의 커다란 장애가 아닐 수 없었다. 그런 점에서 클라비우스는 이들 두 세계를 잇는 완충지대가 되었다고 할 수 있다. 그가 교회 안에서 거의 독보적인 과학자로서 강력한 힘을 발휘하고 있었던 것은 이미 신학자라는 정체성을 바탕으로 과학이라는 새로운 자신의 분야를 개척하여 확고한 자리를 마련하고 있었기 때문이다. 그 결과, 교회 안팎에서 과학과 수학 전반의 발전을 가져올 수 있었고, 그 속에서 그는 과학자로서 명성을 떨칠 수가 있었던 것이다.

2009년부터 로마의 그레고리오 대학을 중심으로 2012년 클라비우스 서거 400주년 기념 학술대회 및 각종 세미나와 심포지엄 등을 개최하고 있다. 이를 통해 지금까지 잘 알려지지 않았던 클라비우스의 서간집과 필사본들이 번역 · 출간되고 있다. 그가 갈릴레오, 그리엔베르거(Christoph Grienberger, 1564~1636),[17] 반 루멘(Andriaan van Roomen, 1561~1615),[18] 마지니(Giovanni Antonio Magini, 1555~1617)[19] 등과 나눈 300통이 넘는 서간집은 당시의 특수한 상황에서 과학 지식에 대한 방대한 정보를 제공해줄 것으로 기대를 모으고 있다. 그리고 그가 남긴 일곱 개의 필사본은 교황청립 그레고리오 대학교 고문서실에서 정리하여 『클라비우스 원전』(Fondo Clavius)으로 소장하고 있고 피렌체의 디지털 르네상스 재단과 피사 대학과 힘을 모아 온라인 필사 목록으로 만들 계획도 하고 있는 것으로 알려졌다.

4. 아타나시우스 키르허(Athanasius Kircher)

최후의 르네상스인으로 알려진 아타나시우스 키르허(Athanasius Kircher, 1602~1680)는 독일 출신의 예수회 철학자이며 역사가이다. 그는 독일의 풀다(Fulda)에 있는 예수회 학교에서 그리스어와 히브리어를 배우고, 뷔르츠부르크 · 쾰른 · 코블렌츠 등에서 과학과 인문학을 공부했으며, 1628년 마인츠에서 사제서품을 받았다.

키르허는 1631년에 종교개혁의 후유증으로 일어난 30년 전쟁의 소용돌이 속에서 독일을 떠나 프랑스의 아비뇽으로 삶의 터전을 옮겼다. 그곳

17 오스트리아 출신의 천문학자로서 콜레지움 로마눔에서 수학 교수로 활동하였다.

18 벨기에 출신의 수학자.

19 이탈리아 출신의 천문학자. 지도 제작자 · 수학자 · 점성사이기도 하다. Loria G., *Storia delle matematiche*, Milano 1950, p. 380, 400, pp. 422~425.

키르허

에서 다양한 학문적 업적을 남기고 1634년부터 로마에 머무르기 시작하였다. 1635년에 교황 우르바노 8세는 그를 콜레지움 로마눔의 수학 교수로 임명했고, 이후 대부분의 여생을 로마에서 유럽의 자료들을 모으고 전 세계로 파견된 예수회 선교사들을 통해 얻은 문화적 · 과학적 정보들을 수집하여 그것을 재정리해서 다시 학자 및 선교사들에게 전달해주는 지식 정보센터의 역할을 하였다.

키르허는 약 8년 동안 로마에서 교수 생활을 하다가 고대사 연구를 위해 그만두었다. 그 덕분에 그의 연구 분야는 어디 한 곳에만 머무르지 않고 지리학 · 천문학 · 수학 · 어문학 · 의학 · 음악 등 다양한 분야를 넘나들었다. 그의 과학적 호기심은 '자연의 법칙' 혹은 '힘'과 같은 신비한 개념이었다. 방법론도 전통적인 스콜라 철학의 방법론에서부터 실증적인 방법까지 모두 동원하였다. 그래서 그는 화산 폭발의 특징을 관찰하기 위해 나폴리의 베수비오 화산 분화구에 직접 들어가기도 하였다. 베수비오 화산은 그때나 지금이나 휴화산이기 때문에 79년 폼페이에 최후의 날을 맞이하게 했고 언제 또 그런 일이 일어날지 모르는 위험한 화산이다.

그의 왕성한 지적 활동은 개인적인 연구에만 머무르지 않고 그것을 전파하는 데도 열정을 쏟았다. 그는 당시에 콥트어 사전을 출판하고 이집트 상형문자를 해독했으며 보이니치 문서 해독에도 관여한 것으로 알려졌다. 그는 동양학 · 지질학 · 약학 등의 분야까지 망라하여 40여 권이 넘는 저서를 출판했고, 2,000매가 넘는 원고와 서간집도 남겼다. 또 르네상스인으로서 개인의 차원에서 처음으로 기원전 5~3세기 고대 도시에서 출토된 유물들을 수집하여 콜레지움 로마눔의 일부를 박물관으로 만들었고, 그것이 오늘날의 '로마국립박물관'(Museo Nazionale Romano, 흔히 Terme di Diocleziano라고 함)의 기원이 되었다.

그는 특히 천문학 · 물리학 · 수학 · 철학 분야에서 명성을 떨쳤는데, 훗날 외교관이자 시인이었던 보스코비치(Ruggiero Giuseppe Boscovich, 1711~1787)는 그를 두고 다방면에 박학다식하다고 하여 레오나르도 다빈치에 비유하였다. 그에게 '수백 가지 예술의 스승'이라는 타이틀을 붙여준 것은 이런 이유 때문이다. 키르허는 당대 최고의 상형문자 해독자로서 고대 이집트 문자와 콥트 문자의 올바른 관계를 형성한 이집트 상형문자의 선구자적인 학자였다. 그래서 고대 이집트 학문의 설립자로 간주될 뿐만 아니라, 이집트와 그리스도교의 연관성에 대해서도 깊이 연구한 학자로 손꼽히고 있다.

1644년에 키르허는 베르니니(Gian Lorenzo Bernini, 1598~1680)와 함께 상형문자 전문가로서 로마의 나보나 광장에 있는 4대강의 분수 설계에 참여했는데, 이 분수는 이집트에서 가지고 온 오벨리스크를 떠받치고 있고, 키르허는 바로 그 오벨리스크를 해독하였다.

그는 중국학에도 관심을 가져 중국 대백과사전을 집필하였으며, 거기에서 처음으로 경교(景教)를 언급하기도 하였다. 그의 『중국도설』(*China illustrata*)은 예수회원들이 전해준 중국에 관한 정보를 모아서 유럽에 전달한 중요한 자료였다. 그러나 이 책의 상당 부분이 키르허의 비전주의(Hermetism)적 입장에 의해 왜곡되어 중국 문화에 대한 충분한 이해나 중국에 대한 더 깊은 관심과 지적인 애정은 결여된 것으로 평가되고 있다. 그가 비록 리치의 적응주의의 입장을 지지한다고 해도 『중국도설』에서 보여주고 있는 시각은 예수회의 중국 선교단이 지향한 적응주의와는 거리가 먼 것이었기 때문이다.

키르허의 비전주의적 입장은 중국문화를 태양신을 섬기는 등 고대의 원시적인 신앙 형태를 지닌 이집트와 유사한 것으로 17세기 유럽 문화에 비해 매우 열등한 것으로 본 데서 드러났다. 중국에 대해서 잘 알고 있던 리치는 전혀 언급하지 않았던 이집트와 그리스인들과의 비교를 서슴지 않았던 것이다. 그의 『중국도설』은 중국 문화에 대한 심도 있는 이해를 배경으로 저술된 것이 아니라 당시 유럽에서 중국에 대해 가지고 있던 백과사전적인 호기심에 따라 저술됨으로써 정작 중국에서 적응주의 선교를 펼치고 있던 선교사들과의 간극을 더욱 벌려놓는 기능을 하고 말았다.[20] 키르허는 또 환등기(幻燈機)를 발명하고 지도와 해도를 제작하였으며, 현미경을 이용하여 페스트가 병균에 의하여 전염된다는 사실도 입증하였다.[21]

---

20 Mungello David E., 『진기한 나라, 중국』, 앞의 책, 217~282쪽 참조.

21 http://www.imss.fi.it/milleanni/indice.html(Mille anni di storia di scienza in Italia); Marrone Caterina, *I geroglifici fantastici di Athanasius Kircher*, Viterbo: Nuovi Equilibri, 2002, p. 160; Rivosecchi Valerio, *Esotismo in Roma barocca. Studi sul Padre Kircher*, Roma: Bulzoni, 1982, p. 280.

클라비우스와 키르허처럼 이러한 위대한 인물들이 탄생할 수 있었던 근원에는 드러나지 않는 몇몇 선각자들이 있었는데, 그 중에는 브루노(Giordano Bruno, 1548~1600), 캄파넬라(Tommaso Campanella, 1568~1639), 갈릴레오 등을 들 수 있다. 브루노는 이탈리아 출신의 도미니코 수도회 회원으로서 철학자 · 수학자 · 천문학자였다. 그는 결국 이단자로 몰려 로마에서 종교재판에 회부되어 공개 화형을 당했다. 그가 화형당한 '캄포 데 피오리'(Campo de' Fiori, '꽃의 광장'이라는 뜻)는 지금도 로마의 중심부, 교황청 대법원 바로 옆에 있다. 이 광장의 중앙에는 브루노의 동상이 서 있다. 브루노의 철학적 발언이나 주장 가운데 가톨릭교회에서 이단으로 간주되었던 부분은 범신론, 유물론, 아베로에스설, 신플라톤주의, 아랍 천문학 등의 영향을 받은 것으로 추정되는 세계관과 우주관이다. 그의 우주관은 "우주는 무한하게 펴져 있고 태양은 그 중 하나의 행성에 불과하며 밤하늘에 떠오르는 별들도 모두 태양과 같은 종류의 행성이다"는 것이었다. 이러한 '무한 우주론'은 지금은 누구나 알고 있는 사실이지만 당시에는 태양에 대한 생각의 차이와 함께 명백히 가톨릭 교리에 반대되는 주장이었다. 그러나 기억술[22]에 대한 브루노의 광범위한 연구는 그가 제시한 방식과 원칙에 따라 기억기술을 시도하려는 집단이 형성될 정도였다. 브루노의 화형은 이탈리아에서 자유로운 문예활동이 가능했던 르네상스 시대의 종말을 상징하는 것이었다.

캄파넬라 역시 이탈리아 출신의 철학자 · 신학자 · 천문학자이자 시인으로서, 유명한 유토피아 이야기인 사회주의적 저서 『태양의 도시』(*Civitas Solis*, 1602년경)의 저자이다. 그는 13세에 이탈리아 남부 칼라브리아 지방

22 훗날 마태오 리치도 이 기억술을 활용하여 중국어 습득을 빠른 시간에 할 수 있었다. 조너선 D. 스펜스, 주원준 역, 『마테오 리치, 기억의 궁전』, 이산, 2006, 참조.

의 스틸로에서 태어나 도미니코 수도회에 들어갔다. 그는 유물론을 추종했고 기적, 천당 · 지옥과 같은 그리스도교의 주요 '믿을 교리'[23]를 거부했으며, 텔레시오[24]의 설에 이끌려 『감각철학』(感覺哲學)을 집필하여 종교재판을 받고 투옥되었다. 그는 수차에 걸친 소송과 투옥과 고문을 받고 풀려나 남이탈리아를 에스파냐인의 압제에서 해방시켜 신정정치(神政政治)에 의한 이상적인 왕국을 건설하고자 하였다. 그래서 일종의 민족운동에 가담했지만 1599년에 폭동 음모로 발각되어 다시 27년 간 감옥살이를 하였다. 『갈릴레이 변호론』, 『합리철학』, 『무신론 정복』 등을 집필했고, 1629년에 석방되어 프랑스의 루이 13세의 초청으로 파리의 산트레노 수도원에서 조용한 말년을 보냈다고 전해진다.

지금까지 살펴본 바, 예수회는 설립 초기부터 혼란스런 교회를 지적 · 영적으로 쇄신하고 종교개혁의 불길이 알프스 이남으로 번지는 것을 트렌토 공의회를 통해 막고, 인문과학 · 자연과학의 연구와 저술에 기여함으로써 인류 문명의 발전에 견인차 역할을 하였다. 교회 안팎으로부터 받고 있던 다양한 도전들에 직면하여 예수회의 학문적이고 사도적인 역할은 힘든 시기에 교회와 세상을 잇는 중요한 소통의 장이 되었다. 유럽 내에서 대사회직인 예수회의 사도직은 큰 틀에서 교육을 통해서 이루어졌고 그 중심에는 예수회만의 독보적인 커리큘럼이 있었다.

---

23 가톨릭교회의 교리는 크게 '믿을 교리'와 '지킬 교리', 두 가지로 구분할 수 있다. 믿을 교리에는 대개 4대 교리라고 하여 천주존재 · 상선벌악 · 삼위일체 · 강생구속이 있고, 지킬 교리에는 십계명과 황금률 · 사회교리 등과 같은 그리스도와 교회의 가르침이 있다.

24 베르나르디노 텔레시오(Bernardino Telesio, 1509~1588)는 이탈리아의 철학자이다. 특히 르네상스 자연주의 철학의 선구자로서 그의 사상은 조르다노 브루노, 레네 데카르트, 프랜시스 베이컨, 톰마소 캄파넬라에게 많은 영향을 미쳤다. Isoldi Angela Maria Jacobelli, *Tommaso Campanella: "Il diverso filosofar mio"*, Laterza, 1995, p. 62.

예수회의 이러한 커리큘럼은 수도회가 설립되어 교육 사도직을 시작할 때부터 계속해서 제정 · 보완 · 수정을 거듭하여 예수회 학교의 우수성을 입증하는 것으로까지 작용하였다. 예수회가 그때까지 경험한 모든 것을 응축하여 제시한 교육학적 자료였기 때문이다. 이 커리큘럼은 예수회의 '면학규정'(Ratio Studiorum)으로 발전해온 유럽의 학교는 물론 예컨대 발리냐노가 마카오에 설립한 성 바오로 신학교의 표준 학사규정이 되는 등, 선교지에서 세운 학교의 규정으로도 활용되었다.

제3장
면학규정(Ratio Studiorum)

1. 역사적 배경

예수회의 면학규정은 몇 가지 중요한 역사적인 요인에 의해 서서히 다양한 경험을 토대로 완성되었는데, 거기에는 개신교의 종교개혁과 당시 사회적 · 정치적 쇄신과 가톨릭의 쇄신운동을 들 수 있다. 개신교의 종교개혁은 휴머니즘에 의해 조성된 새로운 문화적인 분위기와 대중에 의한 새로운 영성적 요청, 가톨릭교회의 교계 제도의 문제점과 성직자들의 태만함, 교회 내부 곳곳에서 요구되던 정화와 쇄신의 운지인에 대한 마르틴 루터의 신앙교리의 정당성을 주장하는 것으로 나타났다. 정치와 사회 · 경제적인 측면에서도 개신교의 종교개혁을 부채질한 요소는 많았다. 교황의 과세정책에 반감을 가진 유럽 각국의 봉건지주들의 저항심, 독일의 국가주의의 탄생, 소외계층의 사람들이 그리스도교의 본질에 속한다며 평등주의 원칙을 내세워 형성된 이단운동 등이 그것이다.

그러나 가톨릭교회의 쇄신은 반동종교개혁과 가톨릭 쇄신운동이라는 두 가지 차원에서 전개되었는데, 반동종교개혁은 트렌토 공의회의 결정으로 드러난 것처럼 일곱 성사와 전대사 규정을 포함한 전통 교리의 재확인과 교황청 검사성이 설립되어 금서규정집이 마련되었다. 이는 앞으로 전개될 근대 세계에 직면하여 교회가 교의적인 측면에서 전면적으로 차단하겠다는 것을 의미하는 것이었다. 그러나 가톨릭 쇄신운동은 교회의 내적 성찰과 그리스도교의 본질을 살리려는 의지, 이단에 대한 효과적인 수단으로서 문화의 중요성이 대두되고, 가난하고 소외된 사람들을 대상으로 한 새로운 수도회들의 탄생으로 전개되었다.

이런 상황에서 예수회는 참되고 일관성 있는 그리스도인 생활을 교육하고 회심을 독려하기 위한 가장 효과적인 수단으로서 수도회의 정체성과도 결부된 '영신수련'을 부각시켰다. '영신수련'은 예수회 설립자 이냐시오 로욜라가 만든 '자기 수련법'으로서 청소년 교육에서도 탁월한 성과를 가져왔다. 예수회 전통에서 '영신수련'은 육신의 건강을 위해 산책 · 걷기 · 뛰기 등의 신체적 단련을 하듯이 영신에서도 똑같이 모든 욕심을 멀리하고 영혼구령을 위해 생활을 개선하고, 양심에 비추어 하느님의 뜻을 찾으며, 이를 위해 영혼이 항상 깨어 있도록 하는 모든 방법을 의미한다.

예수회에서 청소년들을 대상으로 가장 먼저 설립한 학교는 1548년에 메시나에 세운 콜레지움이다. 학생들의 수는 급속히 늘었고, 교육 내용은 인간성 고취와 영성 강화에 초점을 맞추면서도 종교 개혁자들의 도전으로부터 신앙을 지킬 수 있도록 교의적인 강화도 포함되었다. 교황청의 입장에서 예수회 학교는 완전히 새로운 교회 생활을 의미하는 것이었다. 예수회는 과거 다른 수도회 학교들에서도 해오던 철학과 신학 관련 과목에서 벗어나 문학과 학교 경영까지 교육 활동에 포함시킴으로써 교육의 내용을 확장시켰다. (고전) 문학에서 라틴어와 그리스어는 필수 과목이 되었고, 이를 통해 많은 고전 문학을 학교에서 정식으로 공부할 수 있게 되었다. 시대적으로 속어 문학이 등장하고 있었으나 모든 콜레지움의 공식 언어이자 회람과 같은 소식지의 공식 언어는 라틴어였다.

예수회 학교들의 수는 급격히 늘었고, 이에 이냐시오는 수도회 회원들의 양성을 위한 규정의 필요성에 대해 언급하기 시작하였다. 그리하여 일차적으로 수도회의 내부 규정집이 마련되었다. 이것은 1547~1553년에 로마에서 새로운 회헌이 마련되면서 통합되었다. 이냐시오는 회헌에서 이전에 나왔던 규정집과 마찬가지로 영신수련에 기초를 두면서도 최상의 목적을 위해 확실하고 구체적인 다양한 수단들을 제시하였다.

회헌은 모두 10개의 부(部)로 구성되고, 각 부는 수도회의 교육적이고 조직적인 면을 부각시키는 한편 지원자들 간, 장상들과의 관계 등을 포괄하는 수도회 지원자들의 선별 기준을 제시하였다. 특히 제4부에서는 문학과 과학 분야의 양성자에 대해서도 언급하였다. 이는 훗날 예수회 학교에 투입될 교사 양성으로서 두 가지 방향을 제시하는 것이었다. 하나는 수도회로 들어오는 지원자를 대상으로 가르칠 교사를 양성하는 것이고, 다른 하나는 외부의 학생들을 대상으로 가르칠 교사를 양성하는 것이다. 여기에는 학생들의 양성과 학업 지도 및 콜레지움 운영 방침까지 포함시켰다. 이냐시오가 사망한 후, 바로 이 학생들의 양성과 학업 지도 및 콜레지움 운영 방침이 면학규정(Ratio studiorum)으로 발전하였다.

그러므로 여기에서 이냐시오의 근대적인 교육의 업적을 정리하면 몇 가지 점에서 이전의 교육 방침과는 분명한 차이를 발견할 수가 있다. 그것은 '하느님의 영광과 인간에 대한 봉사'라는 분명한 교육의 목적을 설정하였다는 것, 영신수련의 방법론을 철저히 따랐다는 것, 학업을 통해 학습자의 잠재적인 능력을 발견하고자 하였다는 것, 학교의 목표가 학자를 기르는 데 있는 것이 아니라 충만한 의식을 가지고 자신의 앞날을 선택하는 사람을 양성하는 데 있었다는 것, 최고(최상)를 향하여 진지하고 엄숙한 임무를 수행하도록 제각기 부르셨다는 것을 인식하도록 하였다는 것이다.

이냐시오의 이러한 분명하고 확실한 교육 방침으로 인해 그의 사후에도 예수회 학교는 유럽 전역에서 계속해서 늘어났고, 이에 예수회는 특정 지역이나 콜레지움에 국한하여 이냐시오의 교육 정책을 반영하던 것에서 벗어나 유럽의 모든 학교에서 공통적으로 적용할 수 있는 규범을 마련해야 한다는 데 의견이 모아졌다. 그리하여 메시나 콜레지움의 원장으로 있던 나달(Jerónimo Nadal) 신부가 처음으로 기존의 '학업 지도'를 일부 수정하여 '예수회의 표준 학업규정'(Ordo Studiorum Societatis Iesu)[25]을 만들었다.

그러나 면학규정이 나오기까지 거의 표준 규범으로 알려진 것은 비록 저자는 미완성으로 끝내고 말았지만 1575년에 콜레지움 로마눔의 원장 라데스마(Giacomo Ladesma) 신부가 만든 '콜레지움 로마눔의 표준 학업규정'(De Ratione et ordine studiorum Collegi Romani)[26]이 있다. 이 규정집은 일람표가 한 면에 있고, 5개의 권(卷)으로 구성되어 있었으며, 텍스트를 설명하는 제1권의 경우 55개의 장(章)으로 이루어져 있었다. 거기에 교수법, 학년별 개설 과목 및 학사 일정, 일일 학습에서의 주의사항, 복습 요령, 학생들 간의 토론에 대한 자세한 지침까지 명시되어 있었다. 라데스마의 규정집은 면학규정의 중요한 모델이 되었다고 할 수 있다.

예수회의 면학규정에 대한 기틀이 마련되는 이러한 배경에는 당시 예수회원들이 대개 신학과 철학이 강한 파리 대학에서 공부를 했고,[27] 그 덕

---

25 *Monumenta Historica Societatis Iesu*, Roma, Borgo S. Spirito 1934~1938, pp. 102~140.

26 *Monumenta Historica Societatis Iesu*, 같은 책, pp. 344~345.

27 1200년경부터 파리 대학은 신학과 철학의 연구로 잘 알려져 있었다. 그 덕분에 '학문의 중심지' 혹은 '학문의 어머니'라고 불렸다. 이에 파리의 여러 학교 교사들이 교사단(universitas

분에 자연스럽게 파리 대학의 교육 방법을 차용하여 다양한 수준의 예수회 교육기관에 적용할 수가 있었다. 예수회원들의 교육뿐 아니라 일반인의 교육을 담당하고 있던 예수회로서는 신학과 철학의 배경 학문으로서 문법 · 시 · 수사학 · 논리학 · 자연철학 · 윤리철학 · 형이상학 · 수학 등 학문의 여러 분야를 포함하는 교육이 필요했고, 그에 대한 무리 없는 적용이 요구되었는데 파리 대학의 커리큘럼은 그런 면에서 좋은 모델이 되었다. 따라서 예수회의 면학규정은 기존의 교육 방법과도 근본적으로 다르고 파리 대학의 커리큘럼에서도 진일보한 혁신적인 교육 방법이라고 할 수 있다.[28]

한편 수도회 차원에서 모든 콜레지움의 학사규정들을 모아 공동 규범을 마련하려는 시도는 보르하(Francesco Borja, 그래서 '보르하의 라시오'[Ratio Borjana]라고도 함) 총장이 재임하던 1569년에 저학년을 위한 인문(교양) 과목에만 국한하여 이루어졌다. 1583년에 제4차 예수회 총회를 통해 당시 총장이었던 아콰비바(Claudio Acquaviva) 신부는 각지에서 뽑은 6명의 신부들로 위원회를 구성하였다. 위원회에서는 특수한 선행 규범들을 고려하는 한편 가톨릭교회의 교의 면에서나 예수회 학교의 교수법에 있어서나 통합된 규범을 마련하고자 힘을 모았다. 이렇게 만들어진 자료집은 콜레지움 로마눔의 교수들이 모두 검토한 후 1586년에 '면학규정, 학업 방법과 체계'(Ratio atque institutio studiorum, Metodo e ordinamento degli studi)라는 제목의 초판 인쇄본으로 발간되었다. 이것을 면학규정 초판본이라고

magistrorum)이라는 고유한 단체를 만들었고, 그것은 독립된 단체로 교회와 국가의 승인을 얻었다. 교황 그레고리오 9세는 1231년에 이 단체를 관할주교로부터 독립시켜 많은 특혜를 주었다. Franzen August, 『세계 교회사』, 앞의 책, 244~245쪽 참조.

28 심종혁, 「초기 예수회의 교육과 마태오 리치의 선교활동」, 『신학과 철학』 제18호(2011년 봄), 81쪽 참조. 이 책의 제1부 서문 참조.

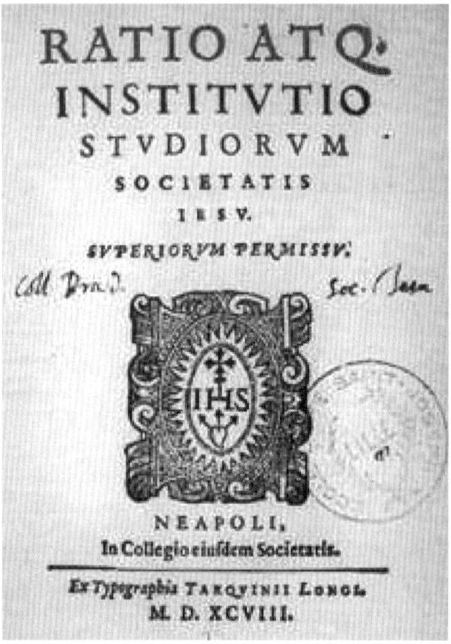

RATIO ATQ.
INSTITVTIO
STVDIORVM
SOCIETATIS
IESV.
SVPERIORVM PERMISSV.
IHS
NEAPOLI,
In Collegio eiusdem Societatis.
Ex Typographia TARQVINII LONGI.
M. D. XCVIII.

1586년의 면학규정

한다. 여기에는 고학년 개설 과목으로 성경 · 스콜라 신학 · 히브리어 · 철학 · 수학이 있고, 저학년 개설 과목으로 문법 · 역사 · 시(詩) · 수사학이 있었다.

1586년도 판의 면학규정은 이후 최종적으로 나오게 될 면학규정을 위한 중간 단계에 있는 것이라고 할 수 있다. 이것은 한정판으로 인쇄해 각 지역 수도회의 장상들과 학교 운영자들에게만 발송하여 전문가들로 구성된 위원회를 평가하는 한편 강조할 부분과 수정할 부분에 대한 조언을 정리하여 로마로 보내줄 것을 요청하였다. 1586년 말에서 1587년에 로마에 도달한 지역 장상들의 조언이 담긴 자료들은 1589년에 규범의 형태로 된 새로운 면학규정 텍스트를 만드는 계기가 되었다. 이를 통해 잘 알려진 1591년의 '의무규정'(Regulae Officiorum)이 만들어졌다. 이것은 최종 면학규정을 위한 가장 중요한 준비 문서로 손꼽힌다.

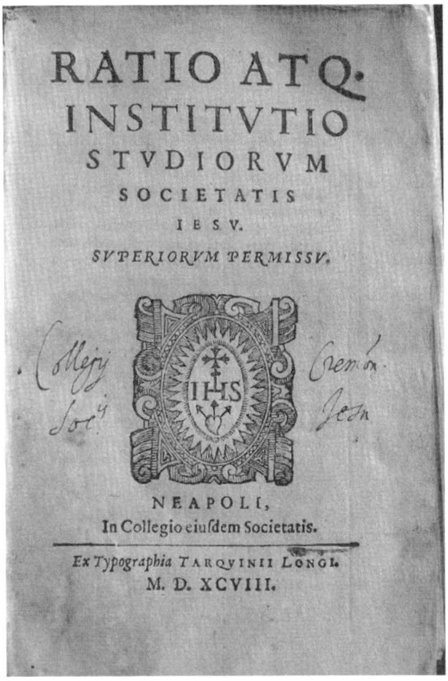

1599년의 면학규정

1591년의 '의무규정'도 1586년의 것과 마찬가지로 각 지역 장상들에게 발송되어 약 3년 동안 이 규정을 실행해보도록 하였다. 그리하여 1593년의 예수회 제5차 총회에서 그 결과를 발표하도록 하였는데, 여러 지역에서 이 규정을 적용하는 데 따른 각종 어려움을 토로하였다. 그리고 간략하면서도 지역적이고 민족적인 특수성을 배제한 텍스트를 만들어줄 것을 요청하였다. 그리하여 3명으로 구성된 새 위원회가 1591년의 '의무규정'을 재고하였다. 그 결과는 최종 면학규정으로 알려진 '예수회 설립 학교의 면학규정'(Ratio atque institutio studiorum Societatis Iesu) 초판이 나폴리에서 (비록 표지에는 1598년으로 인쇄를 시작한 해를 찍었지만) 1599년에 발행되었다. 이 면학규정이 1616년에 제7차 총회가 있기까지 약간의 수정만 있었을 뿐 거의 원형 그대로 예수회가 해산되는 1773년까지 모든 예수회 콜레지움에서 표준 규범으로 사용되었다.

1814년에 교황 비오 8세가 예수회를 부활시키고자 할 때, 그 당위성 중의 하나가 "가톨릭교회는 예수회의 교육적 경험에 의한 혜택을 다시금 맛볼 수 있게 될 것입니다"라고 함으로써 예수회 부활의 의미를 그의 교육사도직에 둘 정도였다. 그리고 그 이면에는 이러한 면학규정이 있었다.

1599년에 면학규정의 최종판이 발표되자 아콰비바 총장은 이전에 인쇄되었던 모든 판들을 없애도록 명령하였다. 그리하여 이전에 나왔던 여러 판본들을 최종판으로 대체함으로써 그 효력을 강화하고 그것을 적용하는 데 따른 모든 의문이나 상반된 견해의 소지마저 제거하였다.

2. 면학규정(Ratio Studiorum)의 교육학

면학규정을 오늘날의 교육학적 관점이나 교수법적인 관점에서 보게 되면 실망스러운 부분도 적잖이 있을 수 있다. 왜냐하면 면학규정은 실질적인 규범 양식을 수도회의 장상, 교수, 학생들을 위해 30개의 장으로 모아 놓은 것이기 때문이다. 학교를 운영하는 교육행정에 종사하는 교사와 관리자들을 도와주는 역할을 하는 것으로써, 학교의 통솔, 교사의 양성과 분배, 교과 과정과 교수법 등의 문제들을 기록한 '규칙' 혹은 실천적인 지침들이라는 한계를 드러내고 있기 때문이다.

면학규정의 배경에는, 예컨대 교사와 학생 간의 관계와 같이 학교 운영에서 기본이 되는 것에는 이냐시오의 '영신수련'에서 말하는 지도자와 영신수련을 받는 사람의 관계를 토대로 하고 있다. 그리고 그 위에서 몇 가지 교육 방침이 세워졌는데, 그것은 현실 세계를 긍정적으로 바라본다는 것, 개인의 전인격적인 양성을 지향한다는 것, 종교적이고 영성적인 측면이 전 학문 분야로 침투되어야 한다는 것, 교육은 예수회 사도직의 하나이자 학교가 세워지는 나라와 문화의 요구에 맞추어 적응한다는 것이다.

예수회 교육은 하느님을 모든 실체와 모든 진리와 모든 지식의 창조주로 인정한다. 이것은 아리스토텔레스의 사상과도 맞닿아 있는 것으로서 모든 실체는 상호 연관되어 있으며 거기에서 진리가 형성되고 지식이 만들어지는 것이다. 따라서 예수회의 교육정책에는 창조계의 모든 요소가 연구하고 관상할 가치가 있는 것이다. 그러면서도 그 출발점은 '하느님의 모상대로 창조된' 인간에게 둠으로써 인간 이해를 돕는 인문과학을 강조하고 전인적인 인간 양성에 관심을 기울였다. 인간 공동체 안에서 개인의 역할을 강조하며, 그 시대에 맞는 효과적인 의사소통 기술의 개발에 역점을 두었다.

예수회 학교에서는 고대의 수사학에서부터 시작하여 웅변 · 연설 · 토론 등을 교육 과정에 넣음으로써 의사전달의 기술을 지속적으로 가르쳐왔다. 예수회 교육은 새로운 나라와 문화를 만나는 것에 두려워하거나 주저하지 않으며, 가능한 한 오히려 접촉을 장려하고 그들의 문화를 있는 그대로 이해하며 토착민들이 이룬 공헌과 결핍을 창조적으로 비판하여 언제나 그들의 세계와 그 역사 속에 현존하고 활동하시는 하느님을 발견하고자 하였다. 이것은 신앙과 과학의 대화가 신앙과 문화의 대화를 촉구하는 것은 의미한다고 할 수 있다.

그러므로 면학규정의 내용을 살펴보면, 제1장에는 한 관구에 소속된 모든 콜레지움을 관할하는 관구장, 콜레지움의 원장, 저학년과 고학년 담당 교수들을 위한 규범이 있고, 제2장은 교수에게만 해당되는 규범으로서 모든 정교수들이 공통적으로 지켜야 할 내용과 교수들이 개별적으로 알아야 할 시간 · 계획 · 시험 등에 관한 내용이 담겨 있었다. 그리고 끝으로 종합시험과 경연 및 상장에 관한 규정도 있었다. 면학 일정은 크게 저학년과 고학년으로 구분하였다. 다음의 표는 1599년에 나온 면학규정의 내용이다.

1599년의 면학규정의 구조	
저학년 과정	문법 · 인문학 · 수사학
고학년 과정	철학 · 신학
규범(Ratio) 양식	규칙과 지침
	학년별 양성 규칙
	교사 규칙
	필기 과제 규칙
	학생 규칙
	학생을 위한 경연 규칙

저학년 과정에서는 문법 · 인문학 · 수사학과 함께 라틴어와 그리스어를 토대로 인문학적 양성을 강조하였다. 여기에서는 고전 문학의 모델로서 산문의 경우 키케로의 작품을, 시의 경우 베르길리우스와 오라시우스의 작품을 연구하였다. 이를 토대로 역사와 지리 등의 주변 학문도 함께 공부하였다.

이 과정에서는 다섯 번에 걸쳐 시험을 치르는데, 첫 시험이 '프레렉시오'(Praelectio), 곧 고전 그리스 · 로마의 글쓰기와 관련하여 수사학과 문법 및 문장론을 통해 고전에서 만나는 수사학적이고 문법적인 규칙을 익히는 데 역점을 두었다. 두 번째 시험은 라틴어와 그리스어로 구성된 본격적인 글쓰기 시험이었다. 이 과정을 통해 학생들은 고대 문장가들의 글을 모방하는 데서 점차 창작의 단계로 나아갔다. 세 번째 시험은 복습 과정으로서 고전 텍스트에서 일부 구절을 외워서 서로 질문하고 토론하며 학생이 직접 강의를 주도할 수 있도록 하였다. 네 번째 시험은 본격적인 '토론' 과정을 포괄하였다. 여기에서 학생은 개별적으로, 혹은 그룹을 만들어 다른 반 학생들과 함께 토론을 할 수 있었다. 교수는 학생들의 문법 ·

수사학 · 인문학 · 철학 등의 실력을 관찰했고, 교수의 역할은 논쟁에서 양측을 중재하고, 개념이나 내용이 명료하지 않을 경우 개입하여 그 부분만 명확하게 해줄 뿐, 되도록 말을 적게 하고 최대한 학생들에게 자유 의견을 개진할 수 있도록 하였다. 다섯 번째 시험은 강의실에서 공개 강연을 하는 것이었다. 이를 통해 학생들은 공식적인 자리에서 말하는 법을 익혔다. 교단에서 말할 때의 목소리 톤에서부터 손짓 · 표정 등 모든 행동이 관찰의 대상이 되고 이를 통해 도덕적 · 종교적 · 문화적인 교양교육의 결과까지 통찰하였다.

한 학년은 2학기로 구분하며, 첫 학기는 계획서에 따른 과목들을 공부하고, 그 다음 학기는 과목별로 나누어 공부한 것을 복습하도록 하였다. 이러한 방법론은 실력이 우수한 학생의 경우 월반도 가능했고, 첫 학기 말 종합시험을 통과하면 그 다음 학기의 복습 기간에 상급 학년 과정을 공부할 수도 있었다. 학년말에는 전교생이 각기 3명의 시험관 앞에서 구두시험과 필기시험을 치르는데 여기에서 라틴어와 그리스어는 필수 과목이었다.

한편, 고학년 과정에는 철학과 신학 과목이 중심이었다. 이 과정은 저학년에서 배운 것을 토대로 전문적인 지식인과 사회 지도층 인사를 양성하는 데 목적을 두었다.

규정양식(Formula Ratio)은 면학규정을 적용하는 모든 콜레지움과 담당교수들이 공통적으로 보아야 할 전체적인 규칙과 지침이 있고, 그 다음으로 학년별 양성 규칙, 교사 규칙, 필기과제 규칙, 학생 규칙, 학생들 간의 경연 규칙 등이 있었다. 이 기준에 따라 마련된 면학규정의 특징은 크게 다음과 같았다.

첫째, 면학규정은 예수회 학교의 교육학적 프로그램을 엄격하게 적용하고 통제할 수 있도록 만든 규범 양식이었다. 이것은 교수와 학습 과정의 근간이 되는 것으로서 정규 학과 과정뿐 아니라 학급 활동, 과외 활동, 스포츠, 공동체의 봉사 프로그램과 피정 같은 비학술적인 분야까지 포괄하고 있었다. 이것은 교육 프로그램의 일관성을 가져다주는 것이었다.

둘째, 면학규정의 핵심은 지식이 충만한 인력을 양성하는 데 있는 것이 아니라 올바른 인식을 가지고 자기가 해야 할 바를 자유롭게 선택할 수 있는 주체적인 사람을 양성하는 데 있었다. 면학규정은 이를 위해 필요한 하나의 수단에 불과하였다. 자신의 삶에 대해서 소신 있는 사람을 양성하는 것이었다.

셋째, 면학규정의 목표는 지식을 통해 젊은이들 안에 있는 사랑을 자극하는 것이었다. 예수회 교육은 개인으로 하여금 자신의 삶에 대해서, 교회의 활동에 대해서 능동적으로 투신하도록 하며, 정의를 실천하고, 가난한 이웃을 위해 봉사하도록 촉구하였다.

넷째, 면학규정의 교육학적 전략은 지식에 접근하는 일반적인 방식을 통해 교육적인 효과를 극대화하는 데 있었다. 예수회 학교는 주어진 사회의 필요요건들을 연구하여 교육정책과 조직, 교수법 및 학교 환경의 제반 요소들을 검토함으로써 교육철학을 응용할 수 있는 대책을 강구하였다. 사람과 장소는 상황에 따라서 달라질 수 있기 때문에 학사일정, 교육 프로그램, 강의 방식 등은 지역의 특수한 상황에 따라 알맞게 적용되어야 하는 것이다.

다섯째, 면학규정의 교육 방법은 근본적으로 개념주의를 멀리하고, 교육의 질에 따라 상호적이고 중심적인 방법론을 지향하였다. 이런 방식은 학습 자체를 인간답게 만들고 교실에서 이루어지는 학습 경험과 가정 · 직장 · 사회에서 이루어지는 생활 경험을 통합하여 보다 현실적인 교육이 되도록 하였다.

당시에 라틴어와 그리스어로 고전을 탐구한다는 것은 로마제국을 통해 상실한 현실참여 의식과 자유의식을 고취하고 새로운 역사의식과 도덕관을 형성한다는 것을 의미했다. 중세의 고전 연구가 그리스도교적인 세계관을 이해하기 위한 수단으로 작용했다면 르네상스 이후 달라진 세계관에 따른 고전 연구는 인간의 발견을 토대로 고대의 영광과 위대함을 부활시키고 고대인의 영웅적인 덕(德)과 삶의 교훈을 본받으려는 의지가 깃들어 있는 것이었으며, 더 나아가 세계를 발견하는 토대가 되는 것이었다.

면학규정의 제정은 점차 교재 발간에도 많은 영향을 미쳤다. 알바레즈(Manoel Alvarez)가 쓴 『프리미스』(*I primis*)는 최초의 라틴어 문법서였고, 이후 『천재들의 문화』(포세비노)와 『선별된 참고도서』 등이 등장했고, 비온디(Albano Biondi)는 교황청 금서청의 금서목록 도서들을 긍정적으로 해설하였다. 그러나 에라스무스, 본디, 마키아벨리를 비롯한 1500년도 정치사상가들의 위대한 도서들은 여전히 볼 수가 없었다. 그렇지만 많은 유럽인들에게 학교 교육을 통해 비판정신을 함양하고 보다 이성적이고 주체적으로 자신의 삶을 선택할 수 있는 능력을 심어주었다.

예수회는 16세기 후반의 유럽인들의 지적인 욕구에 대해 근대적인 규범과 교육정신으로 응답하였다고 할 수 있다. 예수회에서 설립한 모든 콜레지움과 학교는 그들이 독자적으로 개발한 커리큘럼과 학칙을 기준으로 교육하였고, 그것은 유럽의 모든 국가에서 젊은 엘리트들을 매우 빠른 속도로 예수회 학교로 불러들이는 기능을 하였다. 학생들 중에는 수도회에 입회하고자 하는 사람도 많았지만, 이후 유럽사회를 이끌 지도자들도 상당히 배출되었다. 예수회가 그들에게 적용한 매우 엄격하고 선별된 양성과정이 새로운 시대를 준비하는 리더십의 토대가 되었던 것이다. 그 결과 가톨릭교회는 트렌토 공의회 이후 교의적인 후퇴와 예수회를 통한 시대적인 응답 사이에서 수많은 성인들을 배출하고, 근대 계몽주의의 새로운 사상적인 도전을 준비하며, 보호권으로 퇴색되었던 교회의 선교정책을 재정비함으로써 새로운 선교의 시대를 맞이하는 준비를 차곡차곡 해나갈 수가 있었던 것이다.

제3부
적응주의 선교 노선의 등장

예수회의 '교육 사도직'이 예수회가 성장해가는 과정에서 시대적 사명에 응답하는 것으로서 돌발적으로 생긴 과제라면 '선교활동'은 처음부터 설립자인 이냐시오의 주도하에서 철저하게 계획된 사업이었다. 예수회의 설립 목적이자 정체성과도 연관된 네 번째 서원인 "교황에 대한 충성서약(忠誠誓約)"(1540년)에는 다른 수도회와는 차별화된 분명한 선교의 정신이 담겨 있었다. 흔히 수도회의 삼대 서약이라고 하면 청빈 · 정결 · 순명을 꼽는데, 예수회는 여기에 네 번째 서약인 '교황에 대한 충성서약'이 하나 더 추가되는 것이다. 예수회만이 가지고 있는 이 네 번째 서약은 수도회의 특별 서약으로서 선교에 관한 한 교황께 무조건 순명한다는 뜻으로 '선교서약'(circa missiones)이라고도 한다.

'선교서약'은 "교황이 모든 영혼의 유익과 신앙의 전파에 관련된 어떤 일을 명령하더라도, 우리가 할 수 있는 한, 어떤 핑계나 망설임도 없이, 즉시 이행해야 하며, 우리를 특정 지역으로 파견할 경우, 터키인들이나 인도라고 불리는 지방 사람들을 포함한 다른 어떤 비신자들이나 이교인(異教人)들에게 보낸다고 하더라도 즉시 떠나야 한다"[1]는 내용이다. 따라서 예수회의 선교활동은 처음부터 유럽 지역과 바깥 지역에서 다각적인 방법으로 모든 회원이 주체적으로 활동하는 고유한 임무였다.

시대적으로, 유럽 내에서는 르네상스의 영향으로 정치 · 사회 · 문화 · 경제적인 격동기를 지나고 있었고, 종교적으로는 프로테스탄트의 개혁으로 혼란스러운 상황에 처해 있었다. 이런 시기에 예수회는 유럽의 도시에서는 학교 교육을 통해서 신앙을 환기시키고, 외곽이나 시골에서는 재가톨릭화(Re-Catholization)를 추진하였다. 수도회 안에서는 '서원 양식'을 개정하고, 공동체의 삶을 통제하며, 정치에는 주의를 당부하고, 문화에는 적응 능력을 키웠다. 관습에 대한 개혁이 필요한 유럽에서는 설교로 말씀을 선포하는데도 주력하였다. 새로운 신심운동도 확산시켜 성모신심, 예수성심에 대한 신심, 수호천사에 대한 신심, 묵주기도의 확산 등 교회의 내적 쇄신에 커다란 역할을 하였다.

유럽 외에서는 예수회의 대표적인 선교지로서 아시아와 라틴아메리카 대륙이 있었다. 가장 먼저 아시아로 향한 사람은 프란치스코 사비에르였다. 그는 1542년에 인도 고아에서 선교센터를 설립하고 코친 말라카를 거쳐 일본으로 향했다. 라틴아메리카 대륙으로 향한 예수회원들은 1549년에 브라질에 도착하였다. 1566년부터 페루 · 멕시코로 진출했고, 플로리다에도 진출했지만 얼마 가지 못해 철수하고 말았다. 이런 실패는 예수회와 교회 권력 간의 관계, 타수도회들과의 관계, 재속 사제들과의 경쟁 속에서 예수회 설립 단체들은 점차 반(反)권력층이 되어가고 있었던 것이 원인이었다. 예컨대 브라질에서 예수회원들은 '알데이아스'(Aldeias)라는 인디오와 예수회 선교사들이 함께 사는 생활공동체를 만들었는데, 이를

1 「교황 바오로 3세가 승인한 기본법」(Formula Instituti) 제3조; 「교황 율리오 3세가 추인한 예수회 기본법」, 제3조, 『예수회 회헌과 보충규범: 예수회 한국진출 50주년 기념판』(서울: 예수회 한국관구, 2008).

나쁘게 본 총독과 대규모 농장주들이 격렬하게 반대하여 결국 철수하고야 말았다.

'알데이아스'는 흩어져 살던 인디오들을 한곳에 모아 사회를 건설하고 점차 자체 기구를 수립하여 정치적으로 성장할 수 있도록 한 것이었다. 한마디로 원주민의 지역에 들어가서 도시를 건설하고 사회를 만들어 인간다운 품위를 유지하며 살아갈 수 있게 하는, 예수회가 라틴아메리카에서 추진한 획기적인 선교 방식이었다. 그러나 그 과정에서 인디오들의 사탕수수 농장이 커지자 식민지 통치를 확산시키고 있던 제국들이 가만히 있지 않았고, 자신들의 방식과 전혀 다른 차원에서 형성되고 있는 경제 규모를 용납할 수가 없었으며, 여기에 제국에 아부하던 농장주들까지 극심하게 반대하기 시작하였다. 알데이아스는 예수회가 선교지에 건설한 대단히 좋은 결실이었지만 제국 출신의 선교사들까지 반대하고 나섰고, 그래서 로마 교황청의 전적인 지지조차 받지 못하였다. 여기에 예수회 내부에서도 선교의 목적이 과연 무엇인가에 대한 논의가 계속되면서 넘기 힘든 장벽에 부딪히고 말았다.

라틴아메리카에서 추진한 선교정책과는 달리 아시아에서의 선교정책은 상황이 매우 달랐다. 라틴아메리카에서는 과거 유럽의 국가들이 형성될 때 각 지역으로 파견되었던 저명한 선교사들, 곧 영국의 캔터베리의 아우구스티누스, 독일의 보니파시오, 슬라브 국가의 치릴로와 메토디오 등에 의해 문명이 형성되고 국가가 건설되었던 것과 크게 다를 바가 없었다. 즉 선교사들에 의해 마을이 형성되고 그것이 도시로 발전하면서 공장과 학교가 세워지고 행정이 시작되는 것이다.

그러나 극동아시아의 경우 선교사들은 토착민들이 이미 잘 만들어놓은 마을에 들어가 활동을 하는 것이다. 그러다보니 그들이 만들어놓은 마을과 문화와 관습을 인정하고 그 속에서 더욱 발전된 삶을 위해 노력하는 것이 선교사들의 몫이었다. 1552년에 사비에르가 이냐시오에게 보낸 편지에는 일본에서 선교사가 되기 위해서는 두 가지를 갖추어야 한다고 언급하고 있다. 하나는 세상에서 많은 시험과 배척을 받아본 경험이 있어야 하고, 다른 하나는 일본인들이 하는 수많은 질문에 대답할 수 있을 만큼 언어 능력과 충분한 자질을 갖추어야 한다고 하였다.[2] 라틴아메리카와 아시아에서 요구된 선교사의 리더십은 전혀 다른 것이었다.

교회가 자신의 본성인 선교 사명을 충실히 이행하는 데 있어서 가장 중요하면서도 어려운 문제는 파견된 지역에 맞는 효과적인 복음 선포의 방법이 무엇인지를 빨리 파악하는 것이다. 지리상의 대발견으로 교회가 이민족들을 만나기 시작하면서 경험한 가장 큰 문제도 선교의 방법론이었다. 초세기 사도들에 의해 전개된 교회의 로마화와 교부들에 의해 전개된 유럽화의 경험이 이제 그에는 비교할 바가 안 되는 세계화에 직면한 것이다. 따라서 예수회를 비롯하여 포스트-르네상스기에 선교 목적으로 세워진 수도회들은 두 가지 근본적인 면을 고려하지 않으면 안 되었다. 하나는 복음 선포자가 얼마만큼 복음을 있는 그대로 이해하고 그것을 전수할 가장 적합한 방법을 고민하고 있느냐는 것이고, 다른 하나는 복음을 듣는 대상자의 환경을 얼마만큼 이해하고 있느냐는 것이었다. 이런 고민은 계속해서 대두되었고, 그것은 점차 가톨릭교회의 선교 방법론을 바꾸는 계기가 되었다.

16세기에 접어들면서부터 보편교회의 선교도 중세 말기부터 대두된 휴머니즘과 르네상스의 영향을 받은 인물들에 의해 주도되었다. 앞에서

---

2 1552년 1월 20일 코친에서 쓴 편지. *Epistolae S. Francisci Xaverii: 1535/1552*(Lettere ed altri scritti di S. Francesco Saverio) aliaque eius script, ediderunt PP. G. Schurhammer e I. Wicki, vol. II., Roma(MHSI) 1945, pp. 375~378.

도 언급했듯이, 클라비우스(Christophorus Clavius, 1538~1612)는 마태오 리치의 스승으로서 수학과 역학(曆學)에 많은 영향을 미쳤고, 키르허(Athanasius Kircher, 1602~1680)는 당대의 고전 문자 해독과 물리학 · 지리학에 큰 영향을 미쳤으며, 마르티니(Martino Martini, 1614~1661)는 당시 중국 예수회 선교단에 역사와 지리에 대한 의식을 고취시켰다. 르네상스의 영향으로 계속된 고전 연구와 과학의 탐구는 선교사를 양성하던 대학의 필수 교양과목이 되었고, 그런 학문적 토대 위에서 양성된 선교사들이 아시아를 중심으로 파견되었다.

선교사들은 마르코 폴로의 『동방견문록』으로 동방에 대한 관심이 고조된 유럽인들에게 중국에 대한 보다 정확한 정보를 제공하는 역할을 하는 동시에 동서양 문명의 교류 역할을 하였다. 선교사들의 중국 현지에 대한 정보는 지리상의 대발견 이후 한껏 고무된 유럽인들의 세계 탐험과 새로운 지리에 대한 호기심을 채워주는 기능을 하였다. 르네상스를 중심으로 나침반의 보급과 함께 인쇄술의 발달로 지도 및 해도가 많이 쏟아져 나오면서 대양을 횡단하여 선교의 길에 오르는 것이 이제 더 이상 두려운 일이 아니었고, '신비의 땅'에 대한 탐험과 '새로운 땅'에 대한 소개에도 주저하지 않게 되었다.

이런 시대적인 흐름에 맞게 예수회 선교사 양성의 교육학적 토대는 휴머니즘과 르네상스 정신이었고, 그것은 면학규정의 틀에서 체계적으로 전수되었다. 새로운 교육 지침이자 유럽의 표준 커리큘럼이 된 면학규정을 통한 교육은 선교지에서 자신들의 활동에 보편교회의 전통적인 선교 방법이 아닌 전혀 새로운 선교 방법을 시도하는 동기가 되었다.[3]

3 O'Mally John, "Renaissance Humanism and the Religious Culture of the First Jesuit",

17세기 이후 예수회 선교사들은 인도 · 일본 · 중국과 같은 동방에서는 '중국 전례와 말라바르 전례' 수용 정책을, 브라질 · 페루 · 멕시코, 특히 파라과이에서는 인디오 공동체를 형성하여 선교활동을 한 레두시온(reducciones) 방식을 전개하였다.

'레두시온'은 예수회가 라틴아메리카 식민지에 건설한 일종의 '신앙촌' 개념의 인디오 공동체로서 그들을 그리스도교로 개종시켜 식민 세력에 대항하여 인디오들을 보호하고 원시생활 상태에서 벗어나 보다 나은 경작법과 간단한 기술을 가르쳐 공동 소유지와 사유지를 만들어 살아갈 수 있도록 하는 새로운 삶의 방식이었다. 알데이아스에 비해 더 발전된 체계적이고 강력한 생활공동체라고 할 수 있다. 레두시온 안에는 행정과 정치조직도 있었고 산업 활동이라고 할 수 있는 경제 분야도 있었다.

예수회 선교사들은 인디오 어른들이 세례를 받기 위한 조건으로서 먼저 도시나 마을로 이주하여 생활하도록 하였다. 야생의 상태에 있는 사람들이 인간다운 삶의 양식을 가지고 살아가는 것을 배운 다음에 세례를 받게 함으로써 그들의 마음에 그리스도만 전하는 것이 아니라 어떤 의미에서는 선교사가 전하는 서양의 문화를 따르도록 하기도 하였다. 이것은 선교사들이 도시나 마을을 형성하여 사람들이 함께 생활하지 않으면 문화와 문명이 없는 것으로 간주한 것이 아니라, 서양의 문화를 차용해서라도 강한 사회조직을 건설하도록 하려는 것이었다. 그래야 그들을 '호문쿨루스'(homunculus)로 비하하던 서양인들의 오만함에 맞설 수 있다고 생각하였다. 그리하여 선교사들은 가는 곳마다 레두시온을 건설하였다. 당시에 파나마 · 파라과이 · 우루과이를 중심으로 20만 명의 인디오들을 대상으로 48개가량의 레두시온이 건설되었고, 거기에 활동한 예수회 사제들은

Heythrop Journal, vol. 3, p. 471; O'Mally John, *The First Jesuit, op. cit.*, p. 244.

18세기 브라질의 예수회 선교사

200여 명에 이르렀다.[4]

예수회가 라틴아메리카에서 추진한 레두시온은 대개 에스파냐가 식민지를 건설하기 힘든 국경 지역에 주로 건설했고, 가능한 한 포르투갈 식민지에서 가까운 곳에 건설한 것은 서구 열강들이 인디오들을 '인간'의 개념에서 배제하려는 시도를 막으려는 의도이자 튼튼한 인디오 사회조직과 정치체계를 건설하여 열강들의 세력을 막으려는 선교 전략에서 비롯된 것이었다.

이렇게 예수회가 보편교회의 선교활동에 적극적으로 나서기 시작하면서 종교개혁 이후 특별히 눈에 띄는 선교 노선이 없던 보편교회의 선교정책이 근본적으로 달라지기 시작하였다. 예수회의 선교 경험을 토대로 보편교회의 새로운 선교 방향이 설정되기에 이른 것이다. 교육학적인 자질을 갖춘 휴머니스트 선교사들이 선교활동에 투입되고 진정한 토착 교회

4 Cfr. Pavone Sabina, *op. cit.*, pp. 108~110.

가 설립되며 세계 복음화의 시대가 열리기 시작한 것이다. 그리고 그것을 총괄하는 센터로서 교황청 포교성(De Propaganda Fide)[5]이 설립되기에 이르렀다.

교황청 포교성 설립의 목적은 아시아 선교를 모델로 제국주의 선교정책에서 벗어나 적응주의 선교 방식을 실현하는 데 있었다.[6] 토착 성직자를 양성하고, 로마 교회와 일치를 유지하는 가운데 선교지의 정치권력과 일정한 거리를 두며, 지역의 문화를 존중하고 교회가 거기에 적응하는 것을 포괄하는 것이다. 『아시아 대목구에 대한 포교성의 보편적 선교 지침』[7](1659년)에는 이러한 내용이 모두 담겨 있었다.

그러므로 제3부에서는 아시아 지역에서 예수회가 추진한 토착 문화와의 대화인 적응주의 선교가 어떤 배경에서 대두되었고, 그것이 어떤 인물들에 의해 시작되었는지, 적응주의 선교 방식에는 어떤 내용이 포함되어 있는지에 대해서 살펴보기로 하겠다. 그리고 그것이 보편교회에 어떤 영향을 미쳤는지에 대해서 고찰해보겠다.

---

5 지금은 '인류복음화성'(Congregatio pro Gentium Evangelizatione)으로 명칭이 바뀌었다.

6 P. Wojda, *L'Istruzione di Propaganda Fide ai Vicari Apostolici dell'Asia Orientale(1659)*, in Giornata di Studio su "Chiesa ed incontro con le culture: a 350 anni dall'Istruzione di Propaganda Fide", 12 marzo 2009, pp. 35~36.

7 *L'Istruzione di Propaganda Fide ai Vicari Apostolici dell'Asia Orientale(1659)*: P. Wojda, *op. cit.*, pp. 35~40.

제1장
적응주의 선교의 시작

적응주의 선교는 아시아 선교, 특히 중국문화권에서 선교활동을 했던 초기 예수회 선교사들의 공통된 선교 방법이었다. 이 방법은 대화와 토론을 즐기던 아시아인의 특성을 잘 간파한 것으로서 이 지역에서의 선교를 위해서는 그들이 원하는 방식에 따라 선교사들도 나름의 자질을 갖추어야 했다. 따라서 적응주의 선교 방법에는 다양한 내용이 함축되어 있고, 적응주의를 주장한 사람들은 토착 문화에 대해 올바른 인식을 하고 있던 예수회의 선교사들이었다.

가장 먼저 적응주의 선교 방식을 창안한 사람은 사비에르(Francisco de Javier y Jaso, 1506~1552)였다. 그는 인도에서 조개잡이 서민들을 대상으로 선교하던 방식이 일본에서는 전혀 설득력을 얻지 못한다는 것을 깨닫고, 자신의 소견이 담긴 편지를 남기고[8] 상추안 섬(上川島)에서 46세를 일기로

---

8 1552년 1월 29일 코친에서 쓴 편지. *Epistolae S. Francisci Xaverii: 1535/1552*(Lettere ed altri scritti di S. Francesco Saverio) aliaque eius script, ediderunt PP. G. Schurhammer e I. Wicki, vol. II., Roma(MHSI) 1945, pp. 331~350. 여기에서 하비에르는 처음으로 일본 불교의 9개 종파에 대해서 언급하고 일본과 중국과의 관계에 대해서도 비교적 자세히 설명하고

숨을 거두었다(1552년).

사비에르의 뒤를 이어 아시아 선교의 책임자가 된 발리냐노(Alessandro Valignano, 1539~1606)는 사비에르의 기록을 면밀히 검토한 뒤 심원한 문화를 가진 아시아에서 그리스도교가 뿌리를 내리기 위해서는 가능한 한 외래적인 요소를 극소화할 필요가 있다고 생각했다. 그리하여 그는 일본의 상황을 깊이 연구한 뒤, 토착민의 사고방식과 생활양식에 적응하는 방식을 채택하였다.

최근까지 일본에서 선교사로 활동했던 루카 아우구스토(Luca Augusto, S. I.)는 적응주의 선교 방식에 대해서 발리냐노 신부의 독창적인 선교정책이었다고 밝히고 있다.[9] 미켈레 루지에리는 발리냐노가 1년 가까이 일

있다. 주목할 것은 일본 선교의 가장 큰 장애가 되는 불교에 대한 연구가 필요하다는 것을 역설하였다.

9 Augusto Luca, S. I., *Alessandro Valignano, La missione come dialogo con i popoli e le culture*, EMI Editrice Missionaria Italiana, Bologna, 2005. 이 책에서 저자는 1698년에 발리냐니(D. Ferrante Valignani)가 『예수회의 알렉산드로 발리냐노 신부의 생애』(*Vita del Padre Alessandro Valignani della compagnia di Giesù*)(Stamperia di Gaetano Zenobi, Roma 1698)라는 저서로 발리냐노 신부에 대해서 소개한 바가 있었지만 크게 조명을 받지 못하였다며 발리냐노 신부에 대한 지금까지의 연구를 연대기 순으로 비교적 자세히 소개하고 있다. 1906년에 예수회의 피에트로 타키 벤투리(Tacchi Venturi Pietro) 신부가 『가톨릭 문명』(*La Civiltà Cattolica*)에 "16세기 선교사들이 본 일본인의 특징"(Il carattere dei Giapponesi secondo i missionari del secolo XVI)이라는 긴 논문을 발표했는데, 거기에서 처음으로 알렉산드로 발리냐노가 일본인들의 특징과 관습을 면밀히 관찰하여 묘사했다고 보고함으로써 발리냐노로 하여금 역사가들의 주목을 받게 하였다. 벤투리 신부는 여기에서 멈추지 않고 1911년에는 Opere Storiche del P. Matteo Ricci, S. I., vol. I~II를, 1937년에는 34권으로 된 『이탈리아 대백과 사전』(Treccani 출판사 발행)에서 백과사전 한 권을 발리냐노 신부에 대해서만 집필하였다. 1940년, 파스콸레 델리아(Pasquale M. D'Elia, S. I.) 신부는 "성직 선교사연합"에서 출판한 『위대한 선교사』 제1권에서 발리냐노를 소개하였다. 델리아는 이듬해에도 『가톨릭 문명』(*La Civiltà Cattolica*)에 발리냐노에 관한 논문을 발표했고 중국에 그리스도교를 전파한 결정적인 인물로 꼽았다. 델리아는 1942년에도 마태오 리치에 의한 중국 선교 역사를 발표하면서 서문과 많은 각주를 통해 계속해서 발리냐노와 그의 업적을 소개하였다. 1944년, 위키(Joseph Wicki, S. I.)는 『알렉산드로 발리냐노에 의한 동인도 지역 예수회의 도착과 발전사』

본을 방문하느라 마카오를 비우자 그 사이에 로마에 보낸 편지에서 "알렉산드로 발리냐노 신부님이 이곳에 계시지 않는다면 중국 선교는 어떻게 될지 막막합니다"라고 했으며, 마태오 리치도 "발리냐노 신부님은 중국 선교정책의 선구자"라고 하였다.[10] 발리냐노 외에는 누구도 이런 획기적인 선교정책을 확립할 수 없을 것이라는 의미이다. 20세기에 들어와서 중국 선교에 관한 모든 자료를 수집하여 집대성한 피에트로 타키 벤투리와 파스콸레 델리아도 발리냐노 신부를 두고 "일본 가톨릭 선교역사의 진정한 거인"(타키 벤투리), "적응주의 선교방식의 첫 주창자이자 토착 성직자 양성의 선구자", "사비에르 다음으로 아시아 예수회의 두 번째 설립자이자 적응주의 선교정책의 창설자"(델리아)[11]라고 일컬었다.

발리냐노의 계획에 따라 중국 선교를 위한 전문 인력으로 배치되어 마카오에 도착한 루지에리와 리치도 그의 적응주의 선교정책 안에 포함되어 있었고, 그들에 의해 중국 선교의 초석이 마련되었다. 그러므로 사비에르가 인식한 중국을 중심으로 진행된 아시아 문화와의 대화, "적응주의 선교정책"은 발리냐노에 의해 '적응주의 선교방침'으로 기획되고 루지에

(*Historia del principio y progresso de la Compañia de Jesùs en las Indias orientales di Alessandro Valignano*)를 집필하였다. 그는 같은 해에 출간한 9권에 달하는 자료집의 서두에 발리냐노와 인도 지역 예수회원들의 서신과 글을 넣어 학계의 주목을 받았다. 그 작업은 1988년 제18권까지 계속해서 출간되었다(http://www.emi.it/presentazione/pres1439-9.html에서 소개). 적응주의가 발리냐노의 선교정책이었다는 것과 리치의 뒤에는 발리냐노가 있었다는 견해는 顧衛民, 『十六世紀 西方傳敎士, 對於中國的兩種不同的傳敎方式』, 上海大學歷史系, 香港中文大學 崇基學院 崇敎與中國社會硏究中心, 中文大學出版社, 2005, 內容提要에서도 간략하지만 강하게 언급하고 있다.

10 D'Elia Pasquale M. S. I., *Storia dell'Introduzione del Cristianesimo in Cina*, vol I~II(Roma: La Libreria dello Stato-1942-XX). LXXXIII~LXXXVI(이하 책 이름은 Fonti Ricciane라고만 표기하고 각권은 번호[n]로만 표기함. 참고로 델리아 신부의 서문 CLXXXVII까지, 그리고 n. 1~500은 vol. I, n. 500~1000은 vol. II에 있음), n. 275.

11 Cfr., *Fonti Ricciane*, n. 204.

리와 리치에 의해 실현 가능성을 보여주었다.

그러므로 여기에서는 적응주의 선교의 문을 연 프란치스코 사비에르와 적응주의 선교정책을 수립한 알렉산드로 발리냐노와 그의 첫 번째 수행자 미켈레 루지에리에 대해서 살펴보기로 하겠다. 이들에 의해 그리스도교와 토착 문화가 진정한 대화를 하기 시작하는 적응주의 선교가 첫걸음을 내딛기 시작했기 때문이다.

1. 프란치스코 사비에르

프란치스코 사비에르(Francisco de Javier y Jaso, 沙勿略 1506~1552)는 1506년 4월 7일에 에스파냐의 나바라 지방 팜플로나에서 가까운 사비에르 성(城) 영주의 다섯 자녀 가운데 막내로 태어났다. 나바라 왕국은 작지만 나름대로 독립을 유지하여 내려오다가 프랑스와 에스파냐(카스틸랴와 아라곤)의 분쟁지가 되면서 1515년에 결국 에스파냐에 병합되고 말았다. 법학자였던 그의 부친은 이 격동의 세월을 보냈고 프란치스코 역시 철이 들면서부터 이런 전란의 나날을 겪어야 했다. 그리하여 사제였던 숙부의 영향으로 성직자의 길을 갈 뜻을 세우고 파리 대학으로 유학을 갔다.

사비에르가 19세 되던 1525년에 파리는 가톨릭교회의 분위기에 르네상스라는 새로운 문화적인 흐름과 루터와 칼뱅의 주장이 집합된 거대한 시장과 같았다. 사비에르는 이러한 새로운 물결과는 약간의 거리를 두면서 성 바르브 학원에서 문학사 과정을 시작하였다. 그곳에서 피에르 파브르와 함께 기숙하면서 우정을 쌓아갔고, 문학사 학위가 끝나자 당시 사회적으로 명예와 혜택이 많은 신학박사 과정을 걷기로 하였다. 그때 에스파냐의 바스크 지방에서 온 나이 많은(38세) 이냐시오 데 로욜라(Ignacio de

사비에르

Loyola, 1491~1556)를 만나게 되었다. 그는『영신수련』이라는 저서로 세 명의 에스파냐 출신 학생들을 '미치게 만든' 인물로 소문이 자자했다. 사비에르는 파브르와 함께 있는 기숙사에 로욜라가 들어오자 처음에는 그의 영향을 받지 않으려고 일정한 거리를 두고 지냈으나 점차 이들도 이냐시오에게 설득당해 명예로운 신학박사의 길을 포기하고 가난한 삶 속에서 복음정신을 살기로 결심하였다.

이냐시오와 사비에르를 비롯한 동료 6명은 그리스도의 사랑, 영혼의 목마름, 당시 교회가 직면한 위기에 봉사하고자 1534년 8월 15일인 성모승천대축일에 몽마르트에서 예수회를 조직하여 독신생활로, 복음정신에 따라, 가난한 생활을 통해, 하느님께 자신을 봉헌하기로 맹세하였다. 무엇을 위하여, 누구를 위하여 살고 죽을지를 알게 된 그들은 바람 부는 황량한 언덕에서 '영적 대화'를 나누며 시간을 보내곤 했는데, 훗날 사비에르는 이 순간을 기억하며 모든 역경과 고난을 이겨내고, 그때의 맹세에 따라 일생 선교사의 삶을 실천하였다. 이냐시오는 그의 영적 동반자로서 변함없는 우정을 보여주었다.

1537년 6월, 사비에르는 베네치아에서 이냐시오와 다섯 명의 동료들과 함께 사제로 수품을 받았다. 그리고 얼마 지나지 않아서 한 명의 인도인을 안고 가다가 너무 무거워 넘어지는 꿈을 꾸는데, 얼마 후 그 꿈은 현실이 되었다. 포르투갈의 왕이 자기네 식민지인 인도의 고아 지방에 예수회 선교사를 파견해줄 것을 이냐시오에게 요청했고, 이냐시오는 두 명의 형제를 파견하기로 하는데, 그 중의 한 명이 앓아눕는 바람에 사비에르가 대신 가게 되었다.

사비에르는 고아에 도착한 후 그곳의 원주민들을 대상으로 선교활동에 투신하였다. 그러나 원주민들의 언어를 전혀 이해할 수가 없어 그의 선교는 극히 제한적이었다. 예컨대 종(鐘)을 들고 마을을 돌아다니면서 사람들을 불러 그들이 모이면 원주민의 발음대로 번역한 간략한 주의 기도와 십계명을 더듬거리며 알려준 다음 간단한 교리에 리듬을 붙여 아이들이 따라 부를 수 있도록 하였다. 그의 이런 식의 선교방식은 배척을 받지는 않았지만 선교의 효과는 그리 좋은 편이 아니었다. 다만 선교사로서 사비에르의 열정을 드러내기에만 충분했다.

사비에르의 열정을 보고 고아의 새 총독이 된 알폰소 디 소자는 사비에르에게 선교사가 필요한 인도 동남부의 진주해변으로 가서 교회를 세워줄 것을 요청하였다. 사비에르는 그곳에서 불가촉천민에 속하던 진주조개를 잡는 사람들을 대상으로 선교를 하다가 코친 · 말라카까지 활동 영역을 넓혀나갔다. 힘든 선교의 여정 속에서 사비에르를 더욱 외롭게 한 것은 자신이 몸담고 있는 수도회가 신생 수도회였기 때문에 교황청으로부터 정식 설립 허가를 받았는지에 대해 전혀 알지 못하는 상태에서 인도에 왔고, 그래서 다른 수도회 신부들의 견제와 의심을 견뎌야 하는 일이었다. 그런 속에서 그의 신앙은 더욱 견고해지고 선교사로서의 인품과 자질은 날로 높아갔다.

1547년 12월, 뜨거운 선교 열정을 가진 사비에르에게는 또 다른 변화를 예고하는 순간이 찾아왔다. 일본 가고시마 출신의 안지로(安次郎)를 만난 것이다. 그의 권유로 사비에르는 1549년 8월 15일에 데 토레스(Comes de Torres) 신부와 페르난데즈(Juan Fernandez) 수사와 함께 안지로의 고향인 일본 가고시마(鹿兒島)를 방문하였다. 일본 선교의 첫발을 내딛는 의미 있는 순간이었다.

가고시마의 영주는 사비에르에게 전교할 수 있는 자유를 허용했지만 그의 가두 설교를 듣는 사람은 매우 적었고, 오히려 침을 뱉는가 하면 후쿠쇼우지의 주지승 닌지츠와 종교 논쟁만 계속해서 벌이곤 하였다. 선교의 성과가 미진한 가운데 일본은 그가 지금까지 경험한 인도 · 스리랑카 · 말레이 지역과는 전혀 다른 곳임을 깨닫기 시작하였다. 헌신과 열정을 다해 그들을 돌보며 애덕을 실천하고 복음을 선포하는 행동만으로는 개종을 불러일으키기 어렵다는 것, 유창한 논변으로 설득할 수 있어야 한다는 것, 철저한 가부장적인 가족 및 사회구조를 가지고 있어서 하층민을 대상으로 선교를 해봐야 소용이 없다는 것, 11세기 이후 국토가 다양한 영지(領地)로 분할되고 이들 영지의 지배권을 가진 귀족 출신인 무사(사무라이)와 이들의 우두머리인 다이묘(大名)를 상대해야 한다는 것, 다이묘들은 조공품이 없으면 만날 수 없고 그래서 그들과의 만남에는 외관과 선물이 중시된다는 것, 뿌리 깊은 철학과 정신의 풍요를 가르치고 있는 불교가 사회를 지배하고 있다는 것 등을 알게 되었다. 동남아시아의 도서 지역과는 달리 극동아시아의 지역은 독자적인 고등 문화를 이미 가지고 있었던 것이다.

그가 일본에 체류한 기간은 1549년 8월 15일에서 1551년 11월 4일까지 불과 2년 반밖에 되지 않았지만 그는 일본 최초의 선교사로서 교회를 설립하여 선교사를 지속적으로 파견해줄 것을 상부에 요청함으로써 사비에르 이후 일본에는 선교사가 계속해서 파견될 수가 있었다.

사비에르는 일본 선교를 경험하면서 일본 문화에 큰 영향을 주고 있는 나라는 다름 아닌 중국이라는 사실과 일본은 중국의 2차 문화권에 속하는 나라임을 깨달았다. 그래서 동아시아 지역 전체를 복음화하기 위해서는 중국을 전교하는 일이 무엇보다도 중요하다는 인식을 하기에 이르렀다. 동시에 이미 시작된 일본 선교도 크게 세 가지 차원에서 그 방법이 달라져야 한다고 생각하였다.

첫째, 선교사들이 토착 언어를 습득하는 것이 필수적이라는 점[12]이다. 인도에서는 통역자를 통해 교리를 전달하는 것이 큰 문제가 되지 않을 만큼 간단한 말과 기본적인 의사소통만 하면 되었다. 선교 대상자들이 주로 진주조개 잡이를 하는 불가촉천민 집단이었고 고달픈 삶을 사는 그들에게는 선교사들의 말보다는 따뜻한 행동이 더 큰 위로가 되었기 때문이다. 그러나 일본인들은 달랐다. 그들은 선교사가 말하고 있는 서양 종교에 관해 궁금한 점이 많았고, 그들이 진리라고 믿고 있는 일본 불교와의 차이점을 알고 싶어 했다. 다이묘(大名)들과 일본의 불교 승려들과 가진 많은 대화와 논쟁에 통역자로 나선 안지로조차도 언어의 한계에 봉착하고 말았다.

둘째, 선교사들이 금욕적인 허름한 복장을 버리고 말끔한 사회 고위층의 복장으로 갖춰 입어야 한다는 점이다. 인도에서는 카스트의 하층민들

12 하비에르의 기록에는 "중국과 일본 양국은 말은 다르나 문자는 같아 일본인은 중국의 문자를 알고 있습니다. 그래서 중국의 경서를 많이 읽고 있습니다만 중국의 말은 하지 못합니다"라고 적고 있다. *Epistolae S. Francisci Xaverii*, Monumenta Historica Societatis Iesu, vol. 67. T. 11, pp. 291~292.

을 대상으로 한 선교활동이었기 때문에 선교사들의 복장이 아무런 문제가 되지 않았지만, 일본에서는 그런 복장으로는 세간의 관심도 끌지 못할 뿐 아니라 지역 다이묘는 물론 승려를 만날 수도, 천황을 접견할 수도 없었다. 일본에서 활동을 하려면 누추한 옷을 벗고 고관의 옷으로 갈아입고 위엄을 갖추고 당당하게 나서야 했다.

셋째, 일본 문화는 중국 문화의 강한 영향을 받고 있으므로 일본 선교를 위해서는 중국 선교가 선행되어야 한다는 점이다. 사비에르가 그리스도교를 '진리의 종교'라고 일본인들에게 소개를 했을 때 그들로부터 돌아온 대답은 "만약 그리스도교에 진리가 있다면, 왜 그것을 중국이 모르고 있답니까?"[13]라는 것이었다. 당시 중국은 문화적으로 일본을 선도하고 있었고, 그 영향은 학문적인 분야에서 일상생활에까지 미치고 있었다. 따라서 그리스도교가 진리의 종교라면 중국에서도 그것을 당연히 알고 있어야 했다.

그리하여 사비에르는 1552년 8월, 강한 쇄국정책을 펴고 있는 명나라 입국을 목표로 포르투갈 항선의 정박지이자 광둥 반도의 관문이 바라다 보이는 상추안 섬에 도착하였다. 그러나 중국으로 들어가려던 많은 외국인들이 처형당했다는 소식에 아무도 그를 중국으로 입국시켜주려고 하지 않았고, 몰래 입국을 시도했으나 그마저 좌절되고 말았다. 날씨는 점차 추워지고 섬을 오가는 사람들의 발길마저 끊기고 중국으로 가는 배는 묘연해졌다. 정신적 · 육체적으로 쇠약해진 사비에르는 혹독한 폐렴을 앓으

13 http://www.gesuiti.it/moscati/Italiano/It_SFXavier2.html; Mangado Alonso, Manuale di *un missionario. Pensieri e riflessioni di san Francesco Saverio*, Grafite, 1999; Bellido Juan F., Francesco Saverio. Fino agli ultimi confini, Città Nuova, 1998; *Fonti Ricciane*, LXXXIII~LXXXVI 참조; 김혜경, 「16~17세기 동아시아 예수회의 선교정책: 적응주의의 배경을 중심으로」, 『신학과 철학』 제17호(2010년 가을), 서강대학교 신학연구소, 52~53쪽에서 인용.

며 쓰러질 듯한 오두막에서 중국인 안토니오와 인도인 크리스토발이 지켜보는 가운데 1552년 12월 3일, 중국 선교의 꿈을 접고 하느님 품에 안겼다. 이탈리아의 마체라타에서 마태오 리치가 탄생한 지 불과 3개월 후의 일이었다.

사비에르의 선교영성은 예수회의 설립 정신 그대로 청빈 · 정결 · 순명과 하느님의 더 큰 영광을 위하여 '사도적 삶'을 적극적으로 사는 것이었다. 내적으로는 영신수련과 기도와 고행을 통하여 하느님께 의지하고 외적으로는 그리스도의 사도적 표양을 본받아 가장 비천하고 낮은 곳을 찾아 헌신하며 복음을 선포하는 것이다. 그는 예수회 형제들과 나누었던 '몽마르트의 정신'을 한시도 잊지 않았으며 사소한 모든 일상에서까지 사도적인 생활을 계속하였다.

"사람이 온 세상을 얻는다고 해도 제 목숨을 잃는다면 무슨 소용이 있겠는가"(마태 16:26). 그가 이냐시오에게서 들었던 바로 이 말씀은 비천한 코친의 진주조개 잡이 사람들에게 말씀을 선포할 때나, 그의 선포를 조롱하며 침을 뱉던 일본인과 일본의 승려들에게 그리스도를 증언할 때나, 중국 선교에 대한 열정과 꿈을 안타깝게 접어야 했던 상추안 섬의 초막 안에서나 항상 그를 살아 있게 했다.

그는 일본에 처음으로 복음을 선포한 일본의 사도가 되어 수많은 유럽의 지성인들에게 동방 선교의 열정을 품게 만들었으며 중국 선교의 중요성과 방향에 대한 소중한 정보와 가르침을 전수해준 위대한 사도였다. 사비에르 없는 발리냐노와 루지에리, 리치를 생각할 수 없는 이유가 여기에 있다.

사비에르의 꿈은 그를 기억하는 수도회의 탁월한 리더 발리냐노에 의해 다시 살아나 '적응주의 선교정책'이라는 예수회의 선교 노선으로 실현되기 시작하였다.[14] 비록 사비에르는 '적응주의'에 대해서 알지 못한 채 세상을 떠났지만 선교사로서 그가 경험하고 인식하여 남긴 생각들은 이후 예수회를 넘어 보편교회의 선교 방향을 결정하는 중요한 전환점이 되었다.

2. 알렉산드로 발리냐노[15]

사비에르가 이루지 못했던 중국 선교에 대한 꿈과 계획을 다시 진지하게 관찰하기 시작한 사람은 당시 동아시아 지역(인도에서 일본까지) 예수회의 순찰사며 관구장이었던 알렉산드로 발리냐노(Alessandro Valignano, o Valignani, 范禮安, 1539~1606)였다.

발리냐노는 1539년 아브루초 지방의 키에티 시(市)의 명망 있는 귀족 가문에서 태어났다. 그는 1557년(18세)에 르네상스 학문의 중심지로 알려진 파도바 대학에서 법학 박사가 되어 교황청 법률 담당관으로 장래가 촉망되는 길에 들어서려던 참에 자신을 유혹하려던 한 젊은 여인이 휘두른 칼을 빼앗느라 논쟁하는 중에 들이닥친 경찰에 의해 누명을 쓰고 1562년

14 델리아는 하비에르의 꿈이 좌절되는 것을 두고 "새로운 희망의 싹"이라고 하였다. 발리냐노를 염두에 둔 까닭이라고 할 수 있다. 그는 발리냐노를 두고 "시도직의 거인"이라고 일길으면서, "인간이 제안하고 하느님이 준비하신다"는 말을 하였다. Cfr. *Fonti Ricciane*, LXXXIII~LXXXVI.

15 알렉산드로 발리냐노의 성(性)이 발리냐노(Valignano)냐 발리냐니(Valignani)냐에 대한 논란은 이미 15세기의 문헌에서부터 등장하기 시작했다. 그러나 알렉산드로 본인은 어쩌다 '발레냐노'(Valegnano)라고 표기할 때도 있었지만 대개는 '발리냐노'(Valignano)라고 표기하였다. 그가 260여 차례에 걸쳐 서명한 것을 살펴보면 단 한 차례도 '발리냐니'(Valignani)라고 표기한 적은 없다. 그의 동료들도 그의 이름을 400여 차례 언급하지만 한 번도 '발리냐니'라고 쓴 적이 없다. 따라서 '발리냐니'라는 성은 '발리냐노'의 복수로 1663년 이후 그의 가문을 지칭하는 것으로 사용되기 시작하여 이탈리아인들의 통상적인 성(性)의 표기로 자리를 잡은 것으로 추정된다. Cfr. *Fonti Ricciane*, n. 203 nota 2.

발리냐노

(23세) 말부터 1564년(25세) 3월까지 밀라노의 감옥에서 옥살이를 하게 되었다. 그의 억울한 처지를 잘 알고 있던, 당시 살아 있는 성인으로 추앙받던 밀라노 대교구의 추기경 가를로 보로메오(Carlo Borromeo, 1538~1584)의 탄원으로 풀려나 1566년(27세)에 예수회에 입회하였다.

발리냐노는 1571년(32세) 사제로 서품되어 잠시 로마의 수련원에서 수련장으로 있으면서 마태오 리치를 예수회에 입회시키는 데 결정적인 역할을 하였다. 그리고 1573년 34세의 젊은 나이에 예수회 동양 순찰사로 임명되었다. 예수회 내부에서도 대담한 인사 결정이 아닐 수 없었던 이 임명은 그의 인품과 덕성으로 무마되고, 그는 아프리카 남단의 희망봉에서 일본까지 펼쳐진 인도양 일대 모든 예수회 선교사들의 최고 수장이 되었다.

발리냐노는 1573년 34세에 로마를 떠나 1574년에 고아에 도착하였다. 1577년까지 약 4년 동안 인도에 머물렀고 이후 2년간 말라카와 마카오에 머물다가 1579년에 마침내 일본에 도착하였다.

그에게 있어 일본 선교는 동양에서 가장 중요한 예수회의 사업이었다. 그가 일본에서 보낸 시간은 모두 십 년 정도였다. 첫 번째 방문(1579~1582)은 오다 노부나가의 통치기였고, 두 번째 방문(1590~1592)은 도요토미 히데요시의 통치 기간이었으며, 세 번째 방문(1598~1603)은 도쿠가와 이에야스가 통치하던 시절이었다. 그는 1583년(44세)까지 광대한 지역의 순찰사였고, 1584~1587년(48세)은 인도 관구장이 되었으며, 1588~1595년(56세)은 다시 광대한 지역의 순찰사가 되었다. 1595~1606년까지, 그리고 67세로 죽음을 맞이할 때까지 그는 여전히 동양 순찰사이기는 했지만 그 시기는 일본과 중국에 한정된 예수회 선교 담당이었다.

발리냐노가 놀랍도록 진보적인 선교정책을 구상하고 일본과 중국의 예수회 선교에 있어 중심적이고 결정적인 역할을 수행했던 것은 그의 나이 34세인 1573년에 동양 순찰사로 임명될 때부터 1606년에 숨을 거둘 때까지였다. 특히, 그의 첫 번째 일본 방문은 그로 하여금 선교정책을 재정립하고 일반적인 원칙들을 구체화하도록 독려하는 계기가 되었다.

그가 1579년에 일본에 처음 도착했지만 일본 교회의 상황은 이상적으로 적었던 보고서와는 달랐다. 당시 일본의 상황은 일본 선교가 결코 환상이 아니라는 것을 깨닫게 해주었다. 일본인들의 능력에 대한 평가는 옳았지만 일본 문화 안에 만연해 있는 우상 숭배, 자살, 살인, 문란한 성문화 등의 도덕성은 심각했다. 거기에 프란치스코 카브랄(Francesco Cabral, 1529~1609)이 선택한 예수회 선교의 문제점도 무시할 수 없는 사항이라는 것을 깊이 인식하지 않으면 안 되었다. 카브랄은 여러 면에서 발리냐노와는 달랐다. 그는 포르투갈의 군인 출신으로 1570년에 일본 선교의 장상으로 파견된 열정적인 설교가였지만, 엄격한 군대식 훈련 방법과 민족적인 차별 의식으로 일본인과 일본 문화를 대했다. 또 그는 일본 개종자나 신학도들은 쉽게 그리스도교를 배교하고 불교나 신도의 우상숭배로 되돌아갈 확률이 높다며 발리냐노의 정식 신학교 설립과 일본인의 신학 교육과 사제 서품에 반대하였다. 그가 보낸 일본 선교에 관한 보고서에는 일본인들의 예수회 입회를 반대하는 이유를 들고 있다. 이것은 그의 일본인에 대한 생각을 단면적으로 보여주는 것이라고 할 수 있다.

> 저는 일본인처럼 사악하고 욕심 많고 믿을 수 없으며 신뢰할 수 없는 민족을 본 적이 없습니다. 교만하고 소유욕이 강하고 야망에 사로잡혀 있어 도저히 믿을 수 없는 일본인들의 특징은 불교 승려들 가운데서도 만연해 있습니다. 그들은 자력으로는 살아갈 아무런 능력이 없어 지역사회를 근거로 자신의 삶을 지탱해 갑니다. 그들은 지역사회를 신분으로 장악하고 나면 교만하기 이를 데 없이 행동합니다. 일본인은 자신들의 명예욕이나 교만을 교묘하게 숨기는 데 특별한 재능을 가지고 있습니다. 그들은 어릴 때부터 이런 훈련을 받으면서 자랍니다. 그들은 대화할 수 없도록 양육되었고 위선적으로 행동하도록 교육받아왔습니다.[16]

카브랄을 비롯한 포르투갈 출신의 예수회 선교사들이 선택한 선교의 문제점에는 카브랄 개인의 성향과 포르투갈이라는 국가의 특성이 복합적으로 작용하고 있었다. 발리냐노는 카브랄의 선교 방식으로 인해 일본인과 유럽 선교사들 사이에서 불화와 적개심이 일어나고 있는 것을 목격하였던 것이다. 발리냐노는 카브랄의 태도와 포르투갈 선교사들의 선교 방식에 반대했고, 그래서 그와는 정반대로 서양 선교사들이 일본인을 대할 때에 평등하고 존경심을 가져야 한다고 주장하였다. 발리냐노는 남을 대

---

16 Schütte Josef Franz, S. J., *Valignano's Mission Principles for Japan(1573~1580)*, vol. I., The Institute of Jesuit Sources, St. Louis, 1980, pp. 243~244; 김상근, 『동서문화의 교류와 예수회 선교역사』, 한들출판사, 2006, 91쪽에서 인용.

할 때에 '온화한 태도'(il modo soave)를 취할 것을 거듭 강조하였다. 이것은 그가 마카오의 선교센터에서 언어 공부를 하는 선교사들에게도 누차 강조한 부분이기도 했다.

발리냐노는 선교사들끼리 서로 의견을 나눌 수 있는 장으로서 '자문회의'를 공식적으로 설치하였다. 이것은 각 선교센터의 장상들이 상황에 따라서 필요한 결정을 내릴 수 있도록 구체적인 상황과 그에 대한 대응책을 제공하는 것을 목적으로 하였다. 자문회의는 2년 동안 세 곳에서 개최되었다. 첫 번째는 1580년 8월에 붕고에서, 두 번째는 1581년 7월에 고키나이에서, 세 번째는 1581년 12월에 나가사키에서였다. 1580년 회의의 경우, 식사, 일본식 예의 준수, 지역의 관습을 고려한 제복 착용, 손님 접대 문제 등을 토론하였고, 지역의 상황에 맞게 적응할 것을 명하였다. 여기에서는 일본 청년들의 교육 문제도 거론되어 그해에 바로 대학이 설립되기도 하였다.

자문회의에서 다룬 구체적인 규칙들은 『일본의 관습과 의식에 관한 주의와 경고』(*Advertimentos e avisos acerca dos costumes e catangues de Jappão*, 1581)라는 실용적 지침서로 공식 발행되었다. 지침서에는 서양 선교사들과 토착인들 간의 관계에 관한 것으로서, 음식 · 청결 · 복장, 그리고 자신과 다른 계층의 사람들에게 말할 때의 공경 예법 등 실용적인 부분들이 담겨 있었다. 여기에는 지역의 관습, 특히 예의범절에 관한 여러 측면에서 존중의 태도도 보여주고 있었다.

그러나 예수회 총장 아콰비바(Claudio Acquaviva d'Aragona, 1543~1615)가 비판한 대로, 일본인의 관습에 대한 발리냐노의 접근에는 불교 승려들의 서열 관행에 너무 집착하고 있다는 점도 없잖아 있었다. 그는 승려들이 서열에 따라 차등하여 그에 맞는 예절을 지키는 것처럼 선교사들도 일본인을 대할 때에 서열에 따라 차등하여 대해야 한다고 명시하였기 때문이다.[17] 발리냐노는 일본의 귀족사회를 네 계급으로 구별했고, 각 계급의 사람들을 통해서 어떤 권위를 얻고 유지할 수 있는지도 알려주었다. 그는 권위주의의 관행에 직면하여 그 틀을 깨거나 변화시키려고 하기보다는 거기에 순응하거나 추종하려고 하였다는 것이다.

발리냐노의 이러한 한계에도 불구하고, 그의 선교관은 결코 과소평가될 수 없는 것으로서 그는 선교의 방향이 어디에서부터 출발해야 하는지를 정확하게 간파하고 있었고 그것이 바로 미래의 중국 선교 방향을 결정짓는 밑거름이 되었다.

> 일본인들과 불승들은 서로 전혀 다르거나 때로는 상반된 방식으로 살아가고 있으며, 무슨 일을 하고자 할 때, 그들은 이렇게 서로가 다르지만 서로 적응하며 살아가고 있습니다. 일본은 유럽과는 전혀 다른 나라입니다. 유럽이 세계의 모든 국가에서 결실을 얻고 받아들여지기를 원한다면 그 지역의 삶의 방식에 적응해야하는 것은 필수 요소입니다. 일본에서는 그들의 관습을 존중하지 않는 한 살아갈 수가 없습니다.[18]

발리냐노는 일본인들이 유럽인과 전혀 다른 방식으로 살아가고 있는데도 고도로 발달한 문명을 이루고 있다는 것을 통해 과거 르네상스인들이 '진리'가 성경에만 있는 것이 아니라 고전에서도 발견할 수 있었다는 점을 상기하며 '적응주의' 원칙을 표방하였다. 그렇기 때문에 그의 적응주의

---

17 Schütte Josef Franz, S. J., *Valignano's Mission Principles for Japan(1580~1582)*, Vol. II., The Institute of Jesuit Sources, St. Louis, 1985, pp. 291~292.

18 ARSI, *Jap.-Sin.*, 2, f. 65^v; Cfr. Jesús López Gay, S. J., *El Sumario de las Cosas de Japon(1583): Una delle opere principali di Alessandro Valignano*, in *Alessandro Valignano S. I., Uomo del Rinascimento: Ponte tra Oriente e Occidente*, Bibliotheca Instituti Historici S. I., Vol. 65, IHSI, Roma, 2008, p. 242.

선교정책에는 여러 가지 복합적인 문화적인 요소가 들어갈 수밖에 없었다. 예컨대,

- 교육을 중요한 선교정책의 하나로 제시하였다. 사비에르가 인도에서 조개잡이 어부들을 대상으로 했던 '아래로부터의 선교'가 아니라, 유교 문화권의 가부장적인 사회구조에 맞게 '위로부터의 선교' 방식을 채택하였다. 그의 '위로부터의 선교'는 엘리트 계층만을 대상으로 선교를 한다는 의미보다는 교육을 통한 '엘리트적 선교'라는 의미가 더 강하다. 그는 일본의 다이묘들과 대화와 논쟁을 통해 수준 높은 선교를 하는 동시에 가난한 아동들을 위한 학교를 설립하여 교육을 시킴으로써 가난한 사람들을 위한 '엘리트 교육'을 실행했던 것이다.[19]

발리냐노의 이런 선교정책에 대해 모란은 발리냐노의 계급 차별에 대한 우월주의가 작용한 것이라고 비판하기도 하였다. 지리상의 대발견으로 이제 전 세계 민족을 알게 된 유럽인들이 비유럽 민족들 가운데서 일본과 중국을 그 중에서 비교적 상류층에 해당되는 민족으로 간주하였다는 것이다.[20] 모란의 이런 비판은 발리냐노의 '엘리트' 선교와 '엘리트적' 선교를 혼동한 데서 비롯된 것으로 판단된다. 왜냐하면 발리냐노의 선교정책에는 선교의 대상이나 교육의 대상이 언제나 지배 계층에 한정되어 있었던 적이 결코 없었기 때문이다.

- 유럽적인 형태로 그리스도교의 메시지를 전달하지 말라는 것이다.

---

19 사실 예수회는 선교 초기부터 여성을 비롯하여 남녀노소에 차이를 두지 않고 선교를 해왔다. 그러나 문서선교를 통한 유교 지식인들과의 왕래는 어디에서도 찾아볼 수 없는 특수한 선교 방법이었으나 전례논쟁(典禮論爭)과 같은 중차대한 사안들에 가려서 지금까지 그 의미가 제대로 드러나지 않았을 뿐이다. Brockey Liam Matthew, *Journey to the East: the Jesuit mission to China 1579~1724*, Massachusetts, Harvard University Press, 2007, p. 47.

20 Cfr. Moran, JF., *The Japanese and the Jesuits: Alessandro Valignano in Sixteenth-Century Japan*, Routledge; London, 1993, pp. 97~114.

발리냐노는 그리스도교의 메시지가 일본과 중국의 문화 속으로 스며들어 가 일본적이고 중국적인 형태로 발전하기를 바랐다. 그는 유럽식의 그리스도교 메시지를 전달하는 것이 온전히 그리스도적이고 복음적이라고 할 수 없기 때문에 완전한 것이라고 할 수 없었다. 그의 적응주의는 유럽을 토착 지역의 문화에 옮겨 심는 것이 아니라 복음을 토착 지역의 문화 속에서 싹이 트도록 하는 것이었다. 이것이 발리냐노의 선교 방식이 기존의 선교 방식과는 전혀 다른 당시로서는 선구적인 것을 넘어서 혁명적이기까지 한 것이었다. 카브랄의 엄격하고 자문화 중심적인 태도가 당시 동아시아의 유럽 선교사들 사이에서 널리 통용되던 시절에 발리냐노의 정책은 파격적인 것이 아닐 수 없었다. 그래서 예수회 선교사들 안에서조차 혼란이 야기되기도 하였다.

• 유럽적인 형태의 선교 방식에서부터 벗어나 자유로운 선교활동을 발전시켰다. 상상력이 풍부하고 창조적인 그의 선교정책은 사비에르의 영향을 받았을 것으로 추정되는데, 그것은 사비에르가 과학과 윤리가 동아시아 사회의 진입에 중요하다고 주장한 최초의 선교사였기 때문이다. 여기에는 예수회의 선교 정신도 포함되어 있다고 할 수 있다. '각자에게 주어진 상황 안에서 하느님을 발견하도록 하는 것'이 예수회의 정신이기 때문이다. 다시 말해서 예수회는 신학을 구체적인 상황에 적용할 경우 다양한 해석과 견해들을 허용했고, 사목의 현장에서 주어진 상황에 따라 가장 효과적인 선택을 하도록 교육을 받았기 때문에 이러한 양성과 사비에르의 모범은 발리냐노에게 새로운 일을 시작할 수 있는 확신을 심어주기에 충분했던 것이다.

• 선교사들의 생활양식을 바꾸었다. 일본에서는 불교 선사(禪師)의 생활양식을 원용하고 중국에서는 마태오 리치의 요청에 따라 유학자의 생활양식을 받아들임으로써 토착민들에게 그리스도교가 외래 종교라는 이

미지를 최대한 줄이려고 노력하였다. 이것을 깨닫는 것은 서양 선교사로서는 매우 중요한 일이었다. 왜냐하면 이것은 아시아인들이 가지고 있는 민족의식과 연관된 것으로서 일본인과 중국인은 각기 자기 민족이 우수하고 자기가 살고 있는 지역이 성스러운 곳이라는 의식을 하고 있었기 때문이다. 한 걸음 더 나아가 발리냐노는 처음으로 일본 선교를 위해서는 불교와 신도를 면밀히 연구할 것을 수도회에 공식적으로 요청하기도 하였다.[21]

• 토착 언어에 대한 인식을 새롭게 하였다. 선교사들에게 강도 높은 토착 언어 교육을 시킴으로써 토착 문화에 빨리 적응할 수 있도록 독려하였다. 그는 토착 언어의 중요성을 깊이 인식하고 선교사들이 토착 언어를 배우는 데 매진할 수 있도록 수도회 차원의 모든 노력과 배려를 아끼지 말도록 모든 분원의 원장들에게 지시하였다. 발리냐노가 1582년 2월 12일자로 기록한 지침서에는

> 네 명의 형제들에게 표준중국어(官話, 만다린)를 배워서 읽고 쓸 줄 알게끔 하십시오. 만다린은 물론 우리의 주님께서 기뻐하실 이 사업(선교)을 준비하기 위한 모든 것을 배우게 하십시오. 그 사람들에게 다른 일을 시켜서 정신이 산만해지는 일이 없도록 하십시오. 해당 수도원의 장상(長上)들도 그들에게 다른 일을 시켜서 정신을 분산시키지 않도록 주의하십시오. 우리 가운데 몇 사람이라도 만다린을 터득할 때까지는 아무도 중국 선교의 결과를 예측할 수 없습니다.[22]

---

21 Ross Andrew C., "Alessandro Valignano: The Jesuits and Culture in the East", in *The Jesuits Cultures*, Sciences, *and the Arts 1540~1773*, University of Toronto Press, 1999, p. 345.

22 *Fonti Ricciane*, LXXXIX nota 3 참조. 김혜경, 「16~17세기 동아시아 예수회의 선교정책: 적응주의의 배경을 중심으로」, 57쪽에서 인용.

라고 적혀 있었다. 그리고 그는 1580년에 마카오에 네 개의 학교를 설립하여 선교사들에게 중국 문화와 관화(官話)인 표준중국어를 가르쳤다.

- 현지인 성직자와 지도자들을 양성하였다. 그가 세운 학교의 대학과정(콜레지움)에는 토착 사제들을 양성하는 신학과, 사회를 지도할 인재 양성을 위한 정치학과 · 법학과가 있었고 분야별 전문인 교육 담당 학과도 있었다. 이것은 교회의 백년대계를 준비하는 예언자적인 선교사의 자세가 아닐 수 없었다.

- 문서선교를 시작하였다. 발리냐노는 일본 선교의 활성화와 유럽의 지원을 얻기 위해 교황청과 유럽의 관심을 끌려고 일본인 소년 네 명으로 구성된 '유럽 순례단'을 만들어서 1582~1590년에 유럽을 순방하도록 하였다. 순례단은 에스파냐 왕과 교황을 알현하고 많은 예물과 인쇄기를 선물로 받아서 돌아왔다. 그들은 고아를 거쳐서 마카오로 선물을 가지고 왔지만, 발리냐노의 의견에 따라 인쇄기는 일본으로 보내졌다. 그리하여 1590년부터 일본에서는 본격적인 문서선교가 시작되었다.[23] 그는 선교사들에게 토착 언어를 가르치는 데 필요한 인쇄물을 제작하는 한편, 일본인 선교사들을 위한 전례예식서를 발간하여 그들의 사목 활동에 도움을 주었다.

발리냐노의 이러한 선교정책은 분명 아프리카와 동남아시아 민족들에 대한 인종적이고 문화적인 차이를 간파한 데 따른 것이라고 할 수 있다. 한마디로 발리냐노 안에서는 아시아에 대한 새로운 관점이 형성되었던 것이다. 즉, 아시아 선교의 관건은 가부장적인 사회구조상 지배 계층의 도움이 없이는 불가능하다는 것을 파악하고 그에 맞추어서 선교정책을

---

23 *Fonti Ricciane*, XCI; 김혜경, 「16~17세기 동아시아 예수회의 선교정책: 적응주의의 배경을 중심으로」, 58~59쪽에서 인용.

추진한 것이다. 아시아의 고급문화에 대한 인식에 따라 선도적이고 급진적인 선교 방법이 세워진 것도 중요한 관점이었다. 결국, 사비에르의 모범과 예수회의 영성과 발리냐노의 아시아 문화에 대한 인식 능력이 모두 접목되어 이렇게 진보적이고 독창적인 선교정책이 수립될 수 있었던 것이다.

그러나 스탠디어트는 전혀 다른 관점에서 발리냐노의 선교정책을 접근하였다. 예컨대 '타자'로 인식되는 아시아의 민족과 문화와의 만남을 통해 토착화가 급진적으로 이루어진 것은 유교의 '문화적 규범'(cultural imperative)[24]에 대한 적응만이 생존할 수 있는 유일한 방법이었기 때문이라는 것이다.[25] 선교 방법은 선교사와 타자의 상황 간 끊임없는 상호작용을 통해서 형성된다. 발리냐노는 중요하게 생각하고 있던 일본인 그리스도인들이 국가의 관습과 예의를 따라야 하는 상황을 보면서 타자로서의 문화적 규범이 카브랄이 했던 것처럼 전면 무시될 경우, 타자의 문화적 상황은 물론 선교사 자신의 문화적 배경도 선교의 차원에서는 가치가 동반 하락할 수밖에 없다는 것이다.

또 다른 관점은 로스에 의해서 제기되었는데, 많은 학자들이 왜 하필이면 이탈리아 출신의 잘 훈련된 선교사들에 의해 아시아 선교가 성공을 거두었느냐는 것이다. 여기에 대해 로스는 발리냐노를 동양 순찰사로 임명했던 당시 예수회 총장 머큐리아노(Everard Mercuriano, 원명 Everard Lardinois, 1514~1580)의 의도에 대해서 언급하였다. 앞에서도 언급했듯이

---

24 이 말은 취르허(Erik Zürcher)가 다음의 논문에서 언급한 것이다. Zürcher Erik, "Jesuit Accomodation and the Chinese Cultural Imperative", in *The Chinese Rites Controversy: Its History and Meaning*, ed. D. E. Mungello, Nettetal, 1994, pp. 31~64.

25 Standaert Nicolas, "Jesuit Corporate Culture as Shaped by the Chinese", *The Jesuits: Culture, Sciences and the Arts, 1540~1773*, Ed. John W. O'Malley et al., Toronto: University of Toronto Press, 1999, pp. 355~358.

발리냐노를 동양 순찰사로 임명한 것은 예수회 내부적으로도 파격적인 인사 결정이었다. 여기에 대해 로스는 예수회와 포르투갈과의 관계, 그리고 예수회의 내부적인 관계가 작용하고 있었다는 점을 들었다.

먼저 예수회와 포르투갈의 관계에서 예수회 총장은 발리냐노가 동양에서 포르투갈 당국이 인정하는 방법과는 다른 새로운 정책을 수립해줄 것을 기대했고, 그 점에 대해서 순찰사 발리냐노를 신뢰했다고 할 수 있다. 발리냐노는 처음부터 선교에 있어서 유럽주의를 반대했던 선교사였다. 그의 적응주의에는 유럽의 제국주의적인 정치와 이베리아 국가들의 팽창을 그리스도교의 선교와 동일시하는 데 대한 강한 반대 의견이 있었다. 이것이야말로 교황청과 예수회 총장이 바라던 바였다. 제국의 통치자들로부터 위협받고 있던 교회의 선교의 자율성을 회복해야 했던 것이다. 더 이상 보호권의 영향 아래에서 교회의 선교를 퇴색시킬 수는 없는 노릇이었다. 더군다나 굳이 그리스도교를 필요로 하지 않는 수준 높은 종교와 문화를 가진 아시아 민족들을 대상으로 선교를 한다고 했을 때 그것은 올바로 진행될 수 있는 상황도 아니었다. 실제로 발리냐노 자신도 에스파냐의 지배에 있던 이탈리아 남부 키에티 지방 출신으로서 에스파냐의 관리들이 당시 이탈리아인들을 '유럽의 인디오'라고 부르며 비하하던 경험이 있었다.[26]

한편, 예수회의 내부적인 문제는 이러한 선교 방법을 둘러싸고 선교사들 간에 확산되고 있던 갈등이다. 총장과 발리냐노는 포르투갈 궁정과 사회의 지도층 인사들과 긴밀히 연계되어 있던 예수회 포르투갈 관구의 엄격하고 권위주의적인 선교 방침에 반대하고 있었다. 포르투갈 관구의 선

26 Ross Andrew C., *A Vision Betrayed: The Jesuits in Japan and China 1542~1742*, Orbis Books; Maryknoll, New York, 1994, XI~XV, pp. 34~40.

교 방식은 계속해서 로마의 예수회 총장의 마음을 불편하게 했고, 발리냐노도 이러한 방법은 엄하기만 하고 사랑이 없는 것으로 선교의 정신과는 상반된 것으로 규정하여 반대하였다. 발리냐노에게 있어 '인간'은 르네상스 휴머니즘의 관점에서 볼 때 인간 그 자체로서 가치를 지니는 존재이다. 그가 법학을 공부한 파도바 대학과 신학을 공부한 로마는 그에게 이러한 '인간'에 대한 관점을 고취시켰고 아리스토텔레스의 철학적 배경에서 성장하도록 하였다. 그 결과 발니냐노는 그리스 문화를 존중했고, 같은 척도로 일본과 중국의 문화를 존중했던 것이다.[27] 1570년부터 1620년까지 예수회의 중요 정책을 결정했던 핵심 인물이 대부분 콜레지움 로마눔에서 교육을 받은 이탈리아 출신의 인물들이 많았다는 것은 우연이 아니다. 그들은 주어진 사회 문화적 환경을 고려하여 탄력적으로 대응하도록 교육을 받았다고 볼 수 있다.

발리냐노의 이러한 적응주의 선교 방침은 대단히 구체적이고 주도면밀하게 세워진 것이지만 어디까지나 일본을 대상으로 계획된 것이었고 동양의 전체주의적 질서, 권위주의적 관습, 일본의 호전적이고 불법적인 조선 침략 등의 문제에 있어 선교사로서 도전적인 자세를 보이지 못했다는 한계도 있었다. 그러나 토착 문화와 대화의 관점에서 선불교에 대한 이해와 적극적인 적응주의 선교정책의 수립과 실행은 분명 발리냐노의 업적이라고 할 수 있다.

그는 서양 선교사들 가운데 처음으로 일본을 사회문화적이고 선교학적으로 연구를 하고 그것을 실천에 옮긴 '그리스도교 역사상 가장 탁월한

---

27 Ucerler M. Antoni J., SJ, *Sacred Historiography and its Rhetoric in Sixteenth-Century Japan: An Intertextual Study and Partial Critical Edition of Principio y Progresso de la religion christiana en Japan [……](1601~1603) by Alessandro Valignano, vol I,* Campion Hall: Michaelmas Term, 1998, pp. 64~69.

선교사의 한 사람'[28]이 되었다. 발리냐노는 과거에 이들 지역에서 선교를 했던 경교회(景教會)의 선교사들이나 프란치스코회의 활동을 통해 뿌려진 복음의 씨앗이 있기에 중국이 하느님을 '모르고 있는 것'이 아니라 '잊고 있다'는 사실과 중국을 다른 대륙에서와 같은 방식으로 접근해서는 안 된다는 것을 강조하였다. 그래서 그는 사비에르가 남긴 아시아 선교에 관한 기록을 면밀히 검토하기 시작했고, 이를 근거로 예수회의 동아시아 선교 노선을 적응주의로 정하고 그것을 선교사들에게 적극 권장했던 것이다.

그가 1582년에 루지에리(Michele Ruggieri)에게 내린 지시문에는 문화선교 방식을 채택하겠다는 것과 현지의 사회 · 문화 · 풍속을 존중하겠다는 것, 무력적인 방식이 아니라 토착 문화를 사용하여 토착민들에게 복음을 전파하겠다는 내용이 들어 있었다.[29] 이런 태도는 보호권 시대에, 만나는 문화를 무조건 우상숭배로 매도하고 지역 문화는 물론 그 주체들까지 총과 대포로 파괴하며 신앙을 전파하던 방식과는 확연히 대비되는 것이었다.

그러므로 발리냐노가 없었다면 중국이 루지에리도 리치도 만나지 못했을 것이고 아담 샬, 페르비스트, 알레니 등의 청대 과학혁명을 일으켰던 동료 예수회원들도 만나지 못했을 것이다. 그리고 그들에 의한 한역서학서도 동서양의 과학적 교류도 없었을 것이다. 중국에서 이룩한 과학과 철학, 그리고 그리스도교 신앙에 대한 많은 논쟁을 동반한 예수회의 사도직도 당시 동양 순찰사였던 발리냐노의 의욕과 통찰력, 상상력과 결단력에 따라 결정되고, 기획되며, 실행되었던 것이다. 그는 리치를 수도회에 입

28 Martina Giacomo S. J., *Storia della Chiesa. Da Lutero ai nostri giorni*, Brescia: Morcelliana, 1974, II, p. 349.

29 顧衛民, 十六世紀 西方傳教士, 對於中國的兩種不同的傳教方式, 上海大學歷史系, 香港中文大學 崇基學院 崇教與中國社會研究中心, 中文大學出版社, 2005, 30~33쪽 참조.

회하도록 허락했고, 동방으로 불러 어떤 길을 걸어야 할지를 지시했으며, 훗날 리치가 중국 문화 속에서 경험하는 한역 서적들과 선교사들의 생활 양식과 중국 문화에서 전례 문제 등을 리치의 결정에 따라 최종 승인해준 사람이었기 때문이다.

3. 미켈레 루지에리

미켈레 루지에리(Michele Ruggieri, 羅明堅, 1543~1607)는 예수회에 입회(1572년 10월 27일)하기 전에 나폴리 대학에서 교회법과 민법(일반사회법, civil)을 전공한 법학자였다. 그가 예수회에 들어와서 영성적이고 지적인 양성 기간을 마치자마자 아시아 지역으로 가는 모든 선교사들이 출발을 기다리던 리스본으로 갔다. 그는 인도의 고아로 향하는 배를 기다리는 동안 리스본에서 1578년에 사제로 수품되었다.

사제가 되자마자 루돌프 아콰비바와 마태오 리치를 비롯한 12명의 동료 선교사들과 함께 유럽을 뒤로하고 동방으로 향하는 배에 올랐다. 1578년 9월에 인도에 도착하여 6개월가량 현지 언어를 공부하고 나니 간단한 고백성사를 줄 수 있을 정도가 되었다.

그러나 동아시아 관구장이었던 발리냐노가 1578년에 고아를 향해 떠나면서 인도 지역 책임자인 비첸테(Rodrigo Vicente)에게 이탈리아 남부 칼라브리아 지방 출신의 데 페라리스(Fernardino De Ferraris, S. I.)를 마카오로 보내달라고 요청하였다. 미래 중국 선교를 위한 초석을 놓으려는 의도였다. 그러나 데 페라리스가 코친에서 장상의 비서로 있었기 때문에 그곳을 떠날 수 없게 되자 같은 코친에 있던 풀리아 지방 출신의 루지에리를 대신 보냈다.

루지에리는 1579년 5월 3일에 코친을 출발하여 7월 20일에 마카오에 도착하였다. 루지에리가 마카오에 도착하고 15일쯤 지나서 발리냐노는 일본으로 가게 되어 그곳을 떠나면서 루지에리에게 '중대한 사명'(mission)을 위해 무엇을 어떻게 준비할 것인지를 담은 세부계획서를 적어주고 떠났다.[30] 거기에는 중국어와 중국 문화 학습을 독려하는 내용이 담겨 있었다. 루지에리는 즉시 포르투갈 상인들이 머물던 센터로 달려가 중국어를 어떻게 쓰고 읽는지를 배우고자 하였다. 그러나 학습을 위한 책도 스승도 없는 상황에서 중국어를 공부한다는 것이 쉬운 일이 아니었다.

언어와 문화에 대한 장벽은 그를 매우 외롭게 했고, 이에 마카오에 머물기 시작하는 첫해부터 자신의 중국 선교 여정을 함께 해줄 벗을 발리냐노에게 요청하였다. 루지에리는 열악한 상황에서 어려운 언어와 문화를 배우는 데 있어서 동료(Compagnia)의 중요성을 절감했던 것이다. 그러면서 내심 루돌프 아콰비바 신부가 오기를 기대하였다.

루돌프 아콰비바 신부는 훗날 예수회의 총장이 되는 클라우디오 아콰비바(Claudio Acquaviva)의 조카로서 당시 인도 북쪽 아크바 왕국의 지배에 있던 무굴제국(인도와 파키스탄 일대)에서 선교활동을 하고, 후에 살레트 섬에서 순교하였다. 그래서 루지에리의 의도와는 달리 루돌프 아콰비바 신부는 무굴제국 선교를 접을 수가 없어 마카오로 갈 수가 없었다. 이에 발리냐노는 루지에리의 짝으로 마태오 리치를 마카오로 불렀다. 여기에 대해 델리아 신부는 "[이미] 운명한 사비에르를 대신하고 너무 바쁜 아콰비바를 대신하여 리치가 중국에 들어가게 된 것은 중국 사도직을 위한 하느님의 섭리였다"[31]고 말하였다. 1581년 11월 12일, 루지에리는 다음에 도

---

30 Cfr. *Fonti Ricciane*, LXXXVIII.

31 *Fonti Ricciane*, LXXXVIII~IX 참조.

착할 선교사가 리치 신부임을 공식적으로 알렸고, 리치 신부는 1582년 8월 7일에 드디어 마카오에 도착하였다.

법률가로서 루지에리는 행정에 매우 민감하여 중국 현지의 법을 엄격히 준수했고, 필요한 모든 것을 합법적인 절차를 거쳐 얻어냈다. 그 덕분에 까다로운 외국인 선교사들의 체류 허가에서부터 각종 건축 허가를 받을 수가 있었다.

루지에리 덕분에 마카오에 외국인을 위한 '성 마르티노의 집'이라는 최초의 중국어 학교가 생겼고, 1582년에 리치가 자오칭(肇慶)에 최초의 예수회 센터를 건설하기 전에 먼저 수차례 그곳을 방문하여 지역의 인사들과 사귐으로써 예수회 중국 선교의 미래를 준비하였다. 그는 법학자로서 중국 정부의 외국인에 대한 행정적인 규제를 잘 간파하고 있었고, 그래서 선교사들이 집이나 센터를 건설하기 전에 법률적이고 물질적인 사전 준비를 철저하게 하도록 하였다. 여기에 대해서 루지에리가 그린 『중국지도』[32]를 해설한 사르도(Eugenio Lo Sardo)는 "법률적인 형식주의, 변호사의 기민함, 그의 통찰력은 에스파냐인들의 협박과 오만, 프란치스코 회원들의 간섭, 포르투갈인들의 돈마저 기를 펴지 못하게 하였다"[33]고 적었다. 루지에리 덕분에 예수회는 베이징을 향한 머나먼 대장정의 첫 스테이지를 합법적으로 중국 땅에 마련할 수가 있었다.

1584년에 루지에리는 유럽인이 중국어로 쓴 최초의 교리서를 집필하여 내놓았다. 그의 이탈리아어와 라틴어 실력은 누구보다 우수하였다. 그

32 *l'Atlante della Cina*(1606)로 잘 알려진 이 지도는 루지에리가 그린 76개의 작은 지도로 명제국의 도시들을 상세히 그리고 있다. 1993년 로마에서 사르도(Eugenio Lo Sardo)의 감수로 출판되었다.

33 Ruggieri Michele, *l'Atlante della Cina(1606)*, a cura di Eugenio Lo Sardo, Istituto Poligrafico e Zecca dello Stato, Roma 1993, p. 217.

는 자신이 3년 남짓 중국어를 공부하면서 느낀 어려움을 생각하여 중국어에 어느 정도 자신이 생기자 가장 먼저 자신의 선교활동 자료로서 『중국어 교리서』를 썼다. 그리고 뒤이어 리치와 함께 『포르투갈어–중국어 사전』을 편찬하였다.

그는 리치가 중국에 도착하기 전인 1581년에 중국어에 대해서 이렇게 말하였다. "중국의 문자는 우리의 문자와 매우 다르고 다른 나라의 문자와도 매우 다릅니다. 중국어에는 알파벳도 없고 특별히 정의된 글자도 없습니다. 그러나 세상에 존재하는 수많은 말과 어투처럼 언어가 존재합니다. 그래서 중국어로 된 책을 읽을 정도가 되려면 많은 공부를 해야 하고 시간이 많이 걸립니다."[34]

그가 세어본 표준중국어(官話, 만다린)는 6~8만 개의 문자로 되어 있었다.[35] 루지에리 이전에는 아무도 중국어를 체계적으로 배운 사람이 없었기 때문에 그의 중국어 학습 방법에 대한 기록은 훗날 『유럽어–중국어 사전』 편찬에 그대로 활용할 수가 있었다. 그는 중국어 단어의 정확한 의미를 알기 위해 명사의 경우에 그림으로 그리고 그것을 중국어 단어로 적은 다음 다시 로마자로 발음을 적었다. 그의 단어장은 다음과 같은 형태로 되어 있었다.[36]

---

34 Ruggieri Michele, *Lettera indirizzata al Padre Generale E. Mercuriano* a Roma, nel 12 novembre 1581 da Macao.

35 Cfr. Grisondi Francesco Antonio, *M. Ruggieri, Missionario in Cina e primo sinologo europeo*, Milano: Jaca Book, Milano, 1999, pp. 44~45.

36 Cfr. Grisondi F. A., *op. cit.*, pp. 48~50.

그림	중국어	로마자
	馬	ma
큰 스승	師夫	si fu
총독	大人	Tutan
최고 통치자	海道	Aitao

이렇게 루지에리가 중국어 단어를 하나씩 음과 뜻을 기록하면서 적다 보니 루지에리에게 가장 크게 도움을 주는 중국어 스승은 다름 아닌 중국인 화가였다. 그림을 그리는 방식이 조금 다르기는 하지만 그것은 충분히 극복할 수 있는 문제였다. 루지에리의 이런 중국어 학습 기록 덕분에 리치는 루지에리보다는 조금 수월하게 중국어 공부를 할 수가 있었다.

한편 루지에리의 『중국어 교리서』는 유럽인이 중국에서 쓴 최초의 책으로서 초판 1,200부와 재판 3,000부가 즉시 매진되었다. 그는 자신이 쓴 교리서를 가지고 해당 지역의 마을을 돌며 여러 가족에게 세례를 주었고, 그때 세례 받은 가족들이 바로 16세기 중국 땅에 형성된 첫 중국인 그리스도인 공동체가 되었다.

중국어 학습과 교리서 발간에 여념이 없는 상황에서도 루지에리는 자신과 리치의 중국 선교활동을 안정적으로 보장받기 위해 중국 거주 자격을 획득하고, 머무르고 있는 지역마다 정식으로 선교센터를 짓기 위한 모든 법적인 절차를 밟아나갔다.

그러나 마카오에 있는 포르투갈 형제들에게 요청한 자금 마련이 어려워지자 루지에리는 리치와 함께 광둥(廣東, Canton)의 감옥에 있던 에스파냐 출신의 예수회원 산체즈를 구출하고 그에게 도움을 요청하였다. 산체

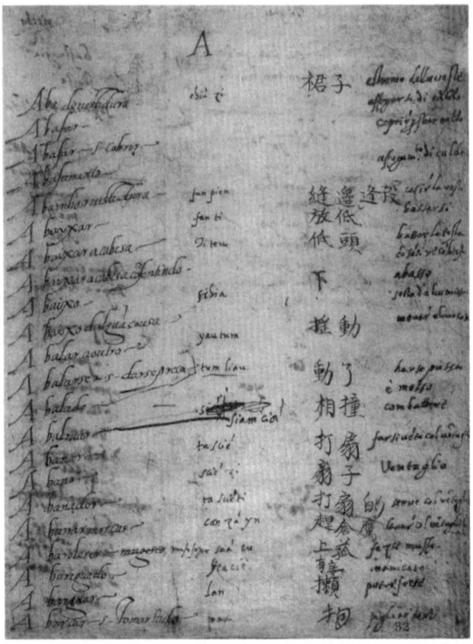

루지에리가 기록한 『유럽어-중국어 사전』의 일부

즈는 마닐라에 있던 에스파냐 정부의 도움으로 선교센터 건설비용과 중국 관료들에게 줄 선물을 마련하여 루지에리에게 주었다. 여기에는 에스파냐가 선교사들을 발판으로 중국으로 진출하려는 의도가 깔려 있었다. 게다가 산체즈와 에스파냐 출신의 선교사들은 마카오에 센터를 두고 발리냐노가 지휘하고 있던 예수회의 선교정책에 불만을 품고 순찰사를 교체해줄 것을 총장에게 요청해둔 상태였다. 그때부터 루지에리는 산체즈를 통한 에스파냐의 정책에 하수인 노릇을 한다는 오해를 받아 포르투갈 출신의 동료 선교사들과 발리냐노의 눈 밖에 나기 시작하였다. 발리냐노는 자오칭에 있던 루지에리를 데 산테(Edoardo De Sande)로 교체하고 자오칭에 짓고 있던 선교센터의 책임자 및 건설 책임자에서 물러나 베이징으로 들어가 거기에 선교센터를 지으라는 새로운 과제를 명령하였다. 이에 1585년 10월 18일, 루지에리는 광둥을 떠나 알메이다(D'Almeida) 신부와 함께 비단 상인들을 따라 베이징(北京)을 향한 길에 올랐다. 그는 난창(南

昌)을 거쳐 1586년 1월 23일에 항저우(杭州)에 도착하였고 상하이(上海)에서 100km가량 떨어진 지역에까지 올라왔다.

그 즈음에 프란치스코 회원 출신의 교황 시스토 5세는 중국 선교가 예수회의 독점이 되어서는 안 된다며 모든 수도회로 하여금 중국으로 진출하여 선교활동을 할 것을 독려하였다. 그 사이에 루지에리는 항저우에서 유학자이며 법률가인 중국인 왕판의 초청으로 그의 집에 머물렀다. 왕판의 친척들은 루지에리에게 많은 관심을 보이면서도, 거짓 서신을 만들어 루지에리의 베이징 행을 막으려고 하였다. 때마침 자오칭의 예수회 선교센터에서도 총독이 바뀌면서 행정적인 문제가 생겨 루지에리의 도움이 필요하게 되었다. 그러나 루지에리는 알메이다만 자오칭으로 보내고 혼자서라도 베이징으로 가는 방안을 모색하였다.

자오칭에서 데 산테의 활동은 미약했고, 예수회의 설립자 로페즈 이냐시오 로욜라의 동생 마르틴 이냐시오 로욜라가 인도하는 프란치스코회의 선교사들이 마카오에 도착하여 예수회의 중국 선교정책을 비판하기 시작하면서 중국인들의 선교사들에 대한 불신을 증폭시켰다. 마르틴 로욜라는 지역 총독과 예수회 참사들의 명령에 불복하고 중국이 '복음으로 정화'되어야 한다며 아무런 허가 없이 광둥으로 들어가 에스파냐의 권력을 등에 업고 폭력적이고 우월적인 자세로 토착 문화를 말살하고 예수회의 선교활동에 대해 비난을 했다. 결국 마르틴 로욜라의 통역을 맡았던 중국인은 사형에 처해지고, 중국인들은 루지에리와 리치마저 의심하기 시작하였다. 리치는 연금술과 아동 매매죄로, 루지에리는 간음죄로 누명을 쓰고 쫓겨나기에 이르렀고,[37] 다른 모든 선교사들도 추방 명령을 받았다. 이에 루지에리는 합법적인 거주 허가를 가진 자격권자임을 내세워 당국의 선

37 *Fonti Ricciane*, n. 295~297.

처를 호소했고, 결국 루지에리와 리치만 남고 모든 선교사들은 마카오로 추방되었다. 데 산테와 알메이타도 마카오로 돌아가야만 했다.

더 이상 자오칭에 선교사들을 파견할 수 없게 되자 발리냐노는 1588년 11월 10일자로 아콰비바 총장에게 편지를 써서 두 가지 해결책을 내놓았다. 그것은 포르투갈과 에스파냐에서 생각하듯이 중국 진출이 무력으로 해서 될 일이 아니라는 것과 선교사를 교황의 대사 자격으로 파견하는 것이 좋겠다는 것이었다. 발리냐노는 자신이 이 편지를 쓰기 2년 전에 루지에리가 이미 총장에게 교황대사나 에스파냐 대사를 중국에 파견해줄 것을 요청한 서신을 생각하여 이 임무의 적임자로 루지에리를 지명하였다. 여기에는 루지에리가 예수회에 들어오기 전에 나폴리 왕의 외교관이었다는 것, 중국과 중국 선교에 대해서 루지에리보다 잘 아는 선교사가 없을 뿐 아니라 교황에게 잘 설명해줄 수 있는 사람은 없을 것이라는 것을 전제로 하면서도 자오칭 선교센터의 건설비용을 댄 에스파냐가 선교사들에게 가하고 있는 지속적인 권한 행사로부터 자유로워지도록 하기 위한 발리냐노의 정치적인 의도가 깔려 있었다.[38]

루지에리는 발리냐노의 명령에 따라 1588년 11월 26일에 중국을 출발했고, 발리냐노는 루지에리가 출발하기 전에 포르투갈의 추기경과 에스파냐의 왕 필립 2세를 만나는 것을 금지하였다. 그러나 루지에리가 리스본에 도착하자 오스트리아의 추기경은 육로로 로마에 갈 것을 제안하면서 가는 길에 마드리드에서 필립 2세를 만나는 것을 주선하였다. 루지에리는 명(明)제국의 지도를 화려하게 그려 왕에게 선물하면서 교황대사뿐 아니라 에스파냐 왕의 사절단도 중국에 파견할 필요가 있다는 것을 언급하였다. 중국 진출에 대한 강력한 뜻을 가지고 있던 에스파냐 왕은 중국

38 Cfr. Grisondi F. A., *op. cit.*, pp. 124~126.

에 대해서 잘 알고 있을 뿐 아니라 에스파냐의 중국 진출에 대해서 긍정적인 시각을 가지고 있는 루지에리를 붙잡아두고 싶었다. 이에 에스파냐 왕은 총리인 데 모우라(Cristobal de Moura)를 통해 예수회의 총장에게 편지를 써서 루지에리를 마드리드로 즉각 다시 보내줄 것을 요청하면서 에스파냐 출신의 예수회원 빌리알판도(Giovanni Battista Viglialpando) 신부를 동행시켜 발렌시아에서 나폴리로 향하도록 하였다.

루지에리가 나폴리에 도착한 이튿날인 1590년 6월 16일에 총장은 즉시 로마로 불렀지만 루지에리는 150여 일이 지나 로마에 도착했고, 거기에서 타수도회의 중국 진출을 장려했던 교황 시스토 5세를 접견할 예정이었지만 교황의 갑작스런 사망으로 무산되고 말았다. 이에 루지에리는 다시 나폴리로 돌아와 저명한 화가 네로니(Matteo Neroni)에게 조언하여 중국 지도를 완성하도록 하였다. 1590년 12월 11일, 관구장 신부에게 중국에 관해 보고하기 위해 다시 로마에 왔지만 시스토 5세 교황의 뒤를 이어 새로 교황이 된 우르바노 7세마저 사망하고 말았다. 다시 그레고리우스 14세 교황을 뽑는 선출로 분주한 상황이었기 때문에 베이징 교황대사와 에스파냐 왕의 사절단 파견에 대해서는 간략하게 언지만 할 수 있었을 뿐 더 이상의 말은 할 수가 없었다. 그러나 교황 그레고리우스 14세도 곧 사망하고, 그의 뒤를 이은 인노첸시오 9세 교황 역시 중국에 대해 큰 관심을 보였지만 1591년 몇 개월 동안 교황직을 수행하다가 사망하고 말았다. 그리고 1592년에 교황 클레멘스 8세가 새로운 교황이 되었다.[39]

그러나 그해(1592년) 루지에리는 어린 시절의 학교 친구였던 타소(Torquato Tasso, 1544~1595)[40]를 잃고 그동안 이탈리아에 와 있었던 산체즈

39 Cfr. *Fonti Ricciane*, n. 304.

40 소렌토에서 출생하여 18세에 서사시 『리날도』(*Rinaldo*)를 발표하면서 문단에 데뷔하였다. 시인이었던 아버지의 영향을 받아 각지를 편력하며 파도바 대학에서 법학을 공부하였다. 인

가 떠나는 것을 지켜보아야만 했다. 산체즈는 교황청에 머무르면서 중국을 무력으로 정복하려는 것은 오로지 필립 3세의 자유의사이고 그것은 설득력이 전혀 없는 말은 아니라며 많은 관계자들의 동의를 얻어냈다. 그는 루지에리가 하려던 요청까지 이미 한 것이다. 루지에리는 철저히 소외되었고, 나폴리로 돌아와 자신이 할 수 있는 일에만 몰두하였다. 그는 자신이 중국어를 배운 첫 유럽인이고, 처음으로 중국어로 책을 썼으며, 리치와 함께 처음으로 『유럽어-중국어 사전』을 펴냈고, 중국어로 시를 쓰면서 중국을 가장 먼저, 잘 알고 있었지만 고향인 유럽에 와서 그 모든 것을 외면당하고 있었던 것이다. 천성이 조용하고 차분했던 루지에리는 장상의 명이 떨어질 때까지 살레르노에서 주어진 새로운 소임에 열중하면서 중국 문화를 유럽에 알렸다. 그의 이러한 인품에 대해서 산체즈 신부는 이렇게 말하였다. "이 이탈리아 출신의 신부[루지에리]는 천성이 조용하여 중국인과 매우 닮았습니다. 그래서 그들이 루지에리를 좋아하고 사랑했던 것 같습니다. 가끔 지역의 행정관과 부행정관이 그를 방문하여 미사 드리는 것을 보고 가곤 했습니다."[41]

루지에리는 고향으로 돌아와 사서(四書)를 라틴어로 모두 번역하고 중국에 대한 그리움을 중국어 시를 지어 달래면서 자신이 중국에서 가지고 온 중국 지도를 보급하였다. 그를 통해서 유럽과 교황청은 중국에 대한 인식을 새롭게 하기 시작하였다. 리치가 중국에서 서양을 알리고 있을

문학자이며 비평가였던 스페로네 스페로니를 만나 아리스토텔레스의 『시학』(*poetics*)을 공부하였다. 그는 1573년에 목가극(牧歌劇) 『아민타』(*Aminta*)를, 1575년에 『해방된 예루살렘』(*Gerussalemme liberata*)을 발표하였다. 그는 교황 클레멘스 8세로부터 계관시인의 명예를 받기로 되어 있었지만 하루 전에 세상을 떠나고 말았다.

41 Colin Francesco S. J. e Pastells Pablo S. J., *Labor Evangelica. Ministerios apostolicos de los Obreros de la Cokpania de Jesús, Fundación y Progresos de su provincia en las Islas Filipinas*, nuova edizione(3 voll. Barcellona 1900~1903), vol. II, p. 280.

때, 루지에리는 서양에서 중국을 알리고 있었던 것이다.

1596년에 루지에리가 정식으로 '중국 교리서'를 『천주성교실록』라는 이름으로 출판하고자 했을 때, 발리냐노는 아콰비바에게 편지를 보내 "루지에리는 중국의 문자와 언어가 많이 딸리고 중국 문화에 대한 이해가 모자랍니다"[42]라고 하며 출판 금지 명령을 내리도록 하였다. 이런 발리냐노의 조치를 잘 모르고 있던 루지에리는 매우 힘이 들었지만 수도자적인 순명의 자세로 임하였다. 이것은 발리냐노 입장에서는 매우 중요한 리더십을 발휘하는 것이었다. 아직까지도 에스파냐가 루지에리의 영향력을 이용하여 중국으로의 진출을 모색하고 있었기 때문에 어떤 식으로든 루지에리의 영향력을 잠재워야 했고, 반면에 중국 선교의 책임을 리치에게로 돌려야 했기 때문이다. 발리냐노는 에스파냐와 포르투갈이 어떤 식으로든 중국 선교에 개입하는 것을 결코 용납하지 않았던 것이다.

따라서 발리냐노가 루지에리의 중국어 실력과 문화 이해에 대해 평가절하한 것은 오로지 정치적인 전략에서 비롯된 것이었다고 할 수 있다. 발리냐노와 언제나 긴밀한 연락을 하고 있던 리치는 전혀 다른 평가를 하고 있기 때문이다. 리치가 광둥에서 아콰비바 총장에게 보낸 1584년 11월 30일자 편지에는 "주님의 은총에 따른 중국어로 쓴 최초의 교리서이며, 서양인 신부와 한 중국인 귀족이 나누는 대화체로서 글의 형식과 중국어 문장이 훌륭합니다"[43]라고 루지에리의 교리서에 대해 평가하고 있다. 사르도 역시 "루지에리의 책이 마카오에까지 소문이 난 것은 중국어와 중국 문화에 대한 깊은 지식이 없이는 불가능하기 때문입니다"라고 적고 있다.[44]

---

42 *Fonti Ricciane*, n. 61 각주 2 참조.

43 Ricci Matteo, Le Lettere dalla Cina, *Al P. Claudio Acquaviva a Roma*(30 Nov. 1584), pp. 50~51; *Al P. Giulio Fuligatti S. I.*, a Siena(24 Nov. 1585), p. 71.

1598년에 총장은 다시 루지에리에게 중국 선교에 대한 의견을 물었고, 루지에리는 "1577년부터 1591년까지 루지에리 신부의 중국 선교 결과에 관한 총장 신부께 드리는 보고서"를 상세히 집필하였다. 그리고 1607년 5월 11일에 나폴리 근처 살레르노의 학교에서 영성지도자 겸 고해사제로 일을 하다가, 아무도 모르는 사이에 그리스도의 평화와 세상의 침묵 속에 잠들었다.[45] 그는 리치를 비롯한 많은 중국 선교사들에게 중국에서 활동하기 위해서는 정확한 행정적인 절차를 통해 합법적인 거주 상태가 되어야 한다거나 문서선교를 포함한 다양한 사도직 활동을 시도한 것에 있어서나 진정한 선구자가 되어주고 리치보다 3년 앞서 죽음을 맞이하였다.

그는 동양의 전통에 따라 세 벌의 옷을 남겼고, 중국어 필사본 책 13권, 당시 중국인들이 상부 보고용으로 즐겨 쓰던 금으로 쓴 중국어 편지 두 통과 중국 지도 제작용 여러 스케치와 원고들을 남겼다. 루지에리가 그린 『중국 지도』에는 당시 중국의 행정구역으로 15개의 도를 나누었고, 유럽에서는 사용하지 않던 망사 형태의 십자선 위에 주요 도시명과 도로를 명시하는 새로운 지도 제작 방식을 선보였다. 각 도시 옆에서는 광산과 그 도시에서 생산되는 생산품도 함께 그려 넣었다. 금 · 은 · 철 · 동 등의 천연 광물질과 각종 곡물과 차(茶)의 양과 군대의 주둔지와 대학은 물론 심지어 황제의 친척들이 살고 있는 거주지까지 모두 중국식으로 명시하였다. 오늘날의 지도에도 이 정도의 자세한 정보가 담겨 있지 않다는 점을 고려할 때 루지에리의 『중국 지도』가 당시 유럽인들에게 얼마나 큰 충격을 안겨주었을지 짐작할 수 있다. 한 장의 커다란 지도 위에 38장으로 세

44 Ruggieri Michele, *l'Atlante della Cina*(1606), op. cit., p. 217.

45 Cfr. Grisondi F. A., *op. cit.*, pp. 37~41.

분화한 자세한 지리적인 묘사와 28장의 소(小) 지도는 당시 중국을 마치 사진을 찍은 것처럼 행정구역과 생산품을 자세히 보여주고 있다. 이것은 중국이 강력한 쇄국정책을 쓰고 있던 만력(萬曆) 황제 시절에 명(明)제국의 자세한 구조를 기록한 유일한 증거물로 높이 평가받고 있다.

제2장
적응주의 선교의 내용

고전 연구와 과학 탐구에서 출발하여 점차 모든 분야로 확산된 휴머니즘과 르네상스는 많은 가치관의 변화를 가져왔고 그에 따라 선교의 패러다임도 달라졌다. 예수회가 전개한 '만민선교'(ad gentes)는 예수회 고유의 직무와도 깊은 관련이 있었다. '하느님의 더 큰 영광'(Ad majorem Dei gloriam)과 '영혼구원'(Da mihi animam, cetera tolle.)을 위해 봉사한다는 예수회의 설립 이념에 따라 아동과 청소년들을 대상으로 한 인간 교육, 교리교육, 성사 집행, 토착 언어에 대한 연구, 민족들의 풍습과 관습에 대한 관찰이 주요 관심사였다.

교육과 복음화는 예수회가 인류에게 해줄 수 있는 최선의 방법이었다. 예수회의 선교사들은 휴머니스트들이었고 교육자들이었고 복음 선포자들이었던 점을 상기할 필요가 있다. 이들이 적용한 선교 방법은 다음과 같은 점에서 이전의 방식과는 근본적으로 다르다고 할 수 있다.

첫째, 휴머니즘 사상의 영향으로 신에 대한 관심보다는 인간에 대한 관심이 커졌다. 따라서 형이상학적이고 초월적인 것을 지향하던 것에서 현실적이고 구체적인 것을 지향하기 시작하였다. 그러다보니 중세에는 선교사의 최고 영광이 '순교'에 있었던[46] 데 반해 이제는 '살아서' 많은 개종자를 내는 데 있었다. 과거에는 선교사가 어떻게 하면 순교의 관을 받을 수 있을까를 고민했다면, 이제는 어떻게 하면 그리스도교를 토착 지역에 올바로 선포하고 많은 개종자를 낼 수 있을까를 고민하기 시작하였다. 인도에서 사비에르가 하루에 700명에게 세례를 주었다는 이야기는 당시 교회에 전설 같은 영웅담으로 떠올랐고, 세례를 주었다는 그 '고귀한 팔'은 지금도 로마에 있는 예수회 성당인 '예수 성당'(Chiesa di Gesù)에 모셔져 있다.

둘째, 선교의 방향이 목적 중심에서 과정 중심으로 이동하였다. 과거에는 선교사가 대상자의 처지는 고려하지 않고 유럽화한 그리스도교만을 이식하려고 했고, 그래서 유럽식 교회를 세우고 성사를 통한 구원 선포만을 목적으로 삼았다면, 이제는 대상자의 처지와 문화를 먼저 고려하고 그에 맞는 방법에 따라 하느님 안에서 '인간다운 삶'을 찾도록 하였다. 선교의 대상자들에게 내세의 삶만을 강조하기보다는 현세 생활에서의 도덕적 삶의 중요성을 설파하였다. 이 점은 선교사가 일정 기간 동안 선교사 직무를 수행하고 돌아오는 '일시적인'(ad temporalis) 선교사 제도가 아니라 선교 직무를 삶으로 받아들여 토착민과 함께 '생활하는'(ad vitam) 제도를 의미하는 것이기도 하였다.

셋째, 르네상스를 통해 고취된 비판의식은 '가르친 대로' 실천하는 것이 아니라 자신이 '경험한 대로' 세상과 인간을 진단하고 거기에 맞게 행

---

46 중세 외방선교(Ad Gentes)를 시작한 탁발수도회(프란치스코회와 도미니코회)의 경우에서 드러나듯이 선교사가 이교도들의 세계에 들어가서 순교를 하는 것은 최고의 영광이었다. 가령 프란치스코회의 5명의 선교사가 이슬람 국가인 모로코에서 순교하자 지브롤터 해협을 건너 에스파냐와 이탈리아로 건너온 그들의 시신은 성인공경 행렬이 끊이지 않았다고 한다. 당시 마드리드의 아우구스틴 수도회 소속으로 있던 안토니오도 '순교의 열망에 불타서' 수도회를 프란치스코회로 옮겨 파도바의 성인이 되었다.

동하도록 하였다. 이는 파견(mission)이 명령에 의해서보다는 세상과 인간에 대한 사랑의 활동으로서 자발적인 요청에 따라 이루어지는 동기가 되었다. 가톨릭교회의 부흥운동과 함께 일어나기 시작한 성인들의 시대는 곧 많은 선교수도회들의 탄생으로 이어졌고, 그들에 의해 전개된 선교활동은 언어를 통한 '선포'에만 머무르지 않고 '사회사업'으로 확대되었다. 가난한 이들, 병자들, 고아들에 대한 선교수도회들의 헌신은 계몽주의 시대에 교회가 사회로부터 지탄을 받는 속에서도 교회의 사회적 역할을 행동으로 보여주었던 좋은 모델이 되었다.

넷째, 신학만 최고 학문으로 여기고 그것을 학습한 선교사들이 '선포'만이 선교활동이라고 간주하던 데서 벗어나 다양한 학문을 접하고 전문성과 예술성을 갖춘 유능한 선교사들이 대거 등장하면서 선포의 방법에도 다양하게 적용되었다. 선교사 개인의 카리스마가 선교활동에 적극 활용되고 선교사의 인품(덕목)도 강조되기 시작하였다. 르네상스가 전문성과 예술성을 일상과 연계시킨 문화운동의 결과에 따른 것임을 상기할 때 자연스러운 일이라고 볼 수 있다. 선교사의 삶과 선교활동이 분리된 것이 아니라 일치를 이루며 선교지의 문화 발전에도 기여하기 시작하였다.

이러한 전반적인 선교 패러다임의 변화는 휴머니즘의 대두와 함께 확산되기 시작한 대학과 인문학의 보편적 연구를 통한 새로운 인식에서부터 출발하였다. 그리고 그 분위기는 콜레지움 로마눔(Collegium Romanum)을 중심으로 로마와 에스파냐 · 포르투갈 · 프랑스 등지에서 양성되어 동아시아로 파견된 예수회의 선교사들을 통해 확연히 드러났다. 발리냐노, 루지에리, 리치, 판토하 등이 펼친 과학과 신학에 대한 지식과 수사학과 각종 외교술은 문화가 깊은 아시아에서 특별한 선교의 발판이 되었다.

1. 지역 문화에 대한 재인식

성서선교학에서는 구약 · 신약을 관통하는 '하느님의 선교'(Missio Dei) 방법론을 크게 두 가지로 분류한다. 구약의 선교를 '구심적인 선교'(centripetal mission)라고 하고, 신약의 선교를 '원심적인 선교'(centrifugal mission)라고 한다. '구심적인 선교'는 이스라엘을 중심으로 '오라'는 것으로서 사건들이 대개 암시적이고 함축적인 반면에, '원심적인 선교'는 예루살렘에서부터 세계로 '가라'는 것으로서 사건들이 대개 명시적이고 지시적이다. 선교의 역사는 이러한 끊임없는 방법론적 문제에 직면해 있다. 하느님도 당신의 선교 방식을 바꿀 만큼 선교의 문제는 내용에 있는 것이 아니라 방법에 있다고 할 수 있다.

지리상의 대발견 이후 교회와 구대륙(유럽)은 세상의 중심이라는 인식에서 벗어나 더 넓은 시각으로 세상을 바라보기 시작하였다. 지리상의 대발견 시대에 진행되었던 보호권을 통한 교황청의 선교정책이 에스파냐와 포르투갈의 정복자들에 의한 토착 문화의 말살과 '그리스도교는 정복자들의 종교'라는 인식을 이방 민족들에게 심어주었고, 그것은 교회의 선교 본능을 훼손시키는 것으로 작용하였다. 이에 트렌토 공의회 이후 전개된 가톨릭교회의 반동개혁과 부흥운동은 그동안의 교회의 모습과 선교활동에 대한 깊은 성찰을 전제로 하였다.

그 후 보편교회는 1622년에 설립된 교황청 포교성성을 중심으로 선교가 진행되고, 교회가 '진리의 보관소'라는 생각에서 벗어나 이방 민족들에게도 진리가 있다는 인식을 하기에 이르렀다. 르네상스인들에게 있어서 진리 탐구와 지식의 획득은 기존의 독립적 진리를 논리적으로 입증한다는 것을 의미했다. 개별 사물과 관련한 총체적인 진리는 몇 개의 논리적인 형식으로 표현될 수 있고, 그 표현은 성경이건 고전이건 어디에서나 발견될 수 있다고 보았다.[47] 이런 인식에 따라 휴머니즘과 르네상스 시기에 재조명되기 시작한 고전에 대한 연구가 오직 성경에만 진리가 존재한다는 중세의 관념에서 벗어나 과거의 이야기에만 머무르지 않고 적극적으로 해석함으로써 현재 자신들의 것으로 만들고자 하는 운동으로 이어진 것이다.

이것은 이민족의 문화 속에도 진리가 있다는 것으로 확대되면서 교회는 선교사들을 파견하여 이방 민족들을 그리스도교로 불러 모으려는 구심적인 선교 방식에서 탈피하여 교회가 이방 민족들이 있는 곳으로 다가가는 원심적인 선교 방식으로 방향을 전환하는 계기가 되었다. 이런 현상은 르네상스를 거치면서 달라진 인간 문화에 대한 가치의 재발견이 토착문화에 대한 새로운 인식의 변화로 이어졌기 때문이다.

휴머니즘이 여러 학교와 대학에 침투하면서 고전적 주제들은 문학에 많은 영향을 미쳤다. 중세 토착 전통의 성격이 가미된 모국어 문학이 등장하기 시작하여 빠른 시일 안에 자리를 잡은 것이다. 고전적인 휴머니즘과 유럽 중심의 보편 문화에서 벗어나 모국어 문학이 자국의 민족 문화의 결실로 이어진 것이다. 예컨대 세르반테스(Miguel de Cervantes Saavedra, 1547~1616)는 『라 갈라테아』(*La Galatea*)와 『돈키호테』(*Don Quixote*, 1605, 1615)를 썼고 알카라의 예수회 대학에서 교육을 받은 베가(Lope de Vega, 1562~1635)는 에스파냐 문학의 황금기를 이끌었다. 라블레(François Rabelais, 1483/1494~1553)의 『팡타그뤼엘』(*Pantagruel*, 1532)과 『가르강튀아』(*Gargantua*, 1534)와 몇 권의 속편은 프랑스 르네상스 산문의 위대한 열매라고 할 수 있다. 타소(Torquato Tasso, 1544~1595)의 『해방된 예루살렘』(*la*

47 Huizinga Johan, *Men and Ideas: The Middle Ages, The Renaissance*, London: Arnold Edward, 1960, pp. 281~282; 노먼 F. 캔토 외, 『서양 근대사 1500~1815』, 40쪽에서 인용.

Gerusalemme liberata, 1575)은 중세의 전통과 고전의 영향으로 형성된 휴머니즘에 입각한 이탈리아 르네상스 문학의 대표작이라고 할 수 있다.[48] 이러한 모국어 문학에 대한 인식은 자연스레 선교지의 토착 문학과 언어에 대한 관심으로 확대되었다.

토착 언어에 대한 관심은 말보다는 행동이 필요한 봉사나, 또는 자선사업 분야보다는 엘리트 계층을 상대로 한 대화에서는 필수적인 것이었다. 진지한 대화를 하기 위해서는 언어뿐 아니라 토착지의 문화와 그들의 역사 · 철학 · 문학 · 예술 등에 대한 이해도 따라야 하기 때문이다. 이것은 이전에 도미니코회의 페냐포르트(Raimondo di Peñafort, 1175~1275)가 무슬림들에게 행한 선교의 경험을 토대로 선교사는 선교지의 언어를 알아야 한다는 절박한 요청에 따라 '언어 학교'(studia linguarum)를 설립한 것과 토마스 아퀴나스(Tommaso d'Aquino, 1225~1274)가 『이교대전』(*Summa Contra Gentiles*)으로 이슬람 지식인들과의 올바른 이성(recta ratio)에 따른 대화의 지침서를 마련한 것에서 한 걸음 더 나아간 것이라고 할 수 있다. '언어 학교'와 『이교대전』에서 보여준 것은 아직도 중세적인 관념에 따른 것이었다.

이방 민족들은 무조건 회개의 대상이라는 것과 이교 문화는 모두 정화되어야 한다는 생각이 저변에 깔려 있어서 상대방의 문화를 이해한다는 차원보다는 어떻게 하면 그리스도교의 신학을 그들에게 전할 것인가에 초점이 맞추어져 있었다. 가령 『이교대전』의 목차를 보면, 제1권, 제1장이 '현자의 과제는 무엇인가', 제2장이 '작품을 완성함에 있어서 저자의 의도', 제3장이 '신적 진리를 드러내기 위한 가능한 방법' 등이고, 제2권 제1장이 '따르는 것과 선도하는 것의 관계', 제2장이 '피조물에 대한 고찰

48 Nauert Charles G., Jr., 『휴머니즘과 르네상스 유럽문화』, 363~376쪽 참조.

은 신앙 교육이다', 제3장이 '피조물에 대한 인식은 하느님을 향한 오류를 회피하는 것'[49] 등으로서 토착 문화의 이해 방식에 대한 언급은 없고, 이방 민족을 향한 그리스도교 신앙의 철학적 · 신학적 접근만 있다.

아시아에서 새롭게 대두하기 시작한 토착 언어와 문학의 중요성은 선교사의 우선적인 자질로 자리매김하기 시작하였다. 그 결과, 토착 문화에 대한 깊은 이해를 바탕으로 한 토착민들과의 심도 있는 철학적 대화가 가능해진 것이다. 아시아의 뿌리 깊은 문화와 철학이 그리스도교와 진지하면서도 깊이 있는 대화를 시작한 것이다. 훗날 예수회를 중심으로 중국에서 활동한 많은 선교사들이 남긴 각종 역사서와 지도 관련 저서와 도감 등은 지역 문화에 대한 이해가 얼마만큼 심도 있게 진행되고 있었는지를 잘 입증해준다. 세메도의 『중화제국』, 마가야네스의 『중국신지』, 마르티니의 『중국전쟁사』, 『신중국지도』, 『중국상고사』가 그렇고, 키르허의 『중국도설』 등이 그렇다. 리치의 『기하학 원본』, 『곤여만국전도』 등의 서양 학술서와 『중국 철학자 공자』, 『대학』, 『중용』 등의 동양 학술서는 동 · 서양의 고전과 과학에 대한 깊은 이해가 없이는 불가능한 작품들로서 그들의 개방된 학문적 자세를 엿볼 수가 있다.[50]

중국인들은 선교사들이 즐기던 고전 시가에도 관심을 가졌다. 『전도서』와 같은 지혜 문학과 그리스도교의 가사들, 선교사들이 직접 지어 부른 다양한 가사들은 중국 관료들을 감동시켰고 그 결과 그들도 그것을 배우고자 하였다. 그들이 리치에게 말한 "서태(西泰)께서는 사람들에게 귀를 현란하게 하기 위해서(자명종)뿐 아니라 영혼의 아름다움, 곧 수덕 생활을

49 d'Aquino S. Tommaso, *La Somma contro i Gentili*, Vol 1, ESD, Bologna, 2000.

50 Mungello David E., 이향만 외 역, *Curious Land: Jesuit Accomodation and the Origins of Sinology*(『진기한 나라, 중국』), 나남출판사, 2009, 175~216쪽 참조.

가르치기 위해서도 탄금을 하시고 악률을 지으시는군요"[51]는 당시 선교사들의 자질을 대변한다고 볼 수 있다.

2. 적응주의를 통한 새로운 선교 패러다임

예수회가 아시아를 중심으로 펼친 적응주의 선교정책은 대화의 차원에서 진행된 근대적인 선교 방식이라고 할 수 있다. 문화순응, 토착화 혹은 육화(肉化) 등으로 대체되기도 하는 '적응주의' 용어는 지역 문화에 복음을 침투시키는 것을 의미한다. 이는 교회가 라틴아메리카에서 했던 선교 방식과는 전혀 다른 방식으로서 한 민족을 송두리째 선교할 수 있는, 당시로서는 획기적인 선교방법이었다.

이런 선교 방식은 이민족을 향한 인간적이고 지적인 깊은 이해와 존중을 배경으로 하지 않으면 불가능하다. 이런 선교 방식이 가능해진 것은 휴머니즘과 르네상스의 영향에 힘입어 오랜 기간에 걸쳐 다져진 철학적 · 신학적 · 인간학적인 고찰이 신대륙 발견과 함께 토착 문화에 대한 인식을 새롭게 했기 때문이다. 적응주의 선교 방법이 등장하면서 선교사들은 토착민과 토착 문화에 대한 인식은 물론 자신들이 가지고 있는 문화와 능력에 대해서도 새로운 시각으로 바라보기 시작하였다. 즉, 적응주의로 인해 선교의 패러다임이 달라진 것이다. 그것을 몇 가지로 요약, 정리하면 다음과 같다.

51 Cronin Vincent, 이기반 역, *The Wise Man from the West*(『서방에서 온 현자』), 왜관: 분도출판사, 1989, 211쪽.

1) 토착민을 향한 접근 방식의 변화

사비에르가 일본을 방문하여 느꼈던 가장 큰 충격의 하나는 가문이건 부락이건 국가건 모두 가부장적인 사회구조를 가지고 있다는 것, 개인의 자유와 권리도 모두 그 구조 속에 있다는 것이었다. 일본의 모든 법률과 예법이 문화적인 영향을 받고 있던 중국에 있다는 것과 나아가 동아시아 전체가 중국 문화라는 커다란 구조 속에서 가부장적인 체계로 영향을 받고 있다는 것이었다.

발리냐노는 사비에르의 영향을 받아 이러한 동아시아의 사회구조를 간파하고 영향을 받는 쪽보다는 영향을 미치는 쪽을 겨냥해야 한다는 생각을 하게 되었다. 영향을 미치는 쪽을 겨냥하여 거기에 복음이 전파되면 영향을 받는 쪽은 저절로 따라올 수 있기 때문이다. 그렇게 한 번 뿌려진 씨앗은 전통을 소중하게 생각하는 아시아인의 특성상 쉽게 바뀌지 않는다고 생각하였다. '선조가 받아들인 것'에 대한 존중심이 후손에게로 이어지고, 가부장적인 사회구조 속에서는 가장이나 공동체의 수장이 인정하고 받아들인 종교를 그 아래에 있는 사람은 묻거나 따지는 일 없이 무조건 따라야 한다는 것을 깨달았기 때문이다. 그리하여 사회의 상류층과 가문의 수장을 중심으로 선교를 하기 위해 선교사들을 준비시켰다. 선교사들은 다른 대륙에서는 요구되지 않던 심도 있는 많은 자질을 연마해야만 하였다. 그것은 다양한 능력과 결부된 외적인 것에서부터 수덕과 관련한 내적인 것까지 실로 방대한 분야를 포괄하는 것이었다.

동아시아 문화권에서는 윗사람을 방문할 때, 언제나 예물(혹은 선물)을 가지고 가야 한다는 것, 특히 천황이나 황제를 만날 때는 예물을 가지고 가는 것이 오랜 관례이며 경우에 따라서는 예물의 목록을 중국어로 첨부해야 한다는 것을 알았다. 예컨대, 루지에리가 상추안 지방의 총독을 접견하였을 때, 총독은 자신의 권력을 자랑하기 위해 악단까지 동반하여 거대한 행렬을 꾸려 근엄한 표정으로 루지에리를 찾았다. 그리고 루지에리가 건넨 예물을 보자 자신의 부하들을 보며 루지에리에게 마치 이전부터 이 도시에 살았던 사람 같다며 반색을 했고 예물에 합당한 보답을 하겠다고 하였다.[52] 후에 리치도 이런 비슷한 경험을 수없이 하였다. "중국에 도착한 이래 해묵은 관례들에 부딪치지 않은 적이 없었다. [……] 이제는 황제에게 진상하는 품목의 목록까지 직접 한문으로 만들어야 했다. 모두가 황제의 환심을 사기에는 하찮은 물건들이었지만 [……] 자명종만은 쓰일 데가 있으리라는 생각이 들었다."[53]

이런 상황에서 과거 라틴아메리카 등지에서 했던 선교사들의 유럽 우월주의적인 태도나 강압적인 선교 방식을 고수한다는 것은 참으로 어처구니없는 일이었을 것이다. 발리냐노가 루지에리와 리치로 하여금 지속적으로 베이징 행을 독려한 것은 이런 가부장적인 구조는 대개 국가의 지배체계까지 유사한 구조로 이어지기 때문이라는 것을 간파했기 때문이다. 한마디로 일본 선교의 관건은 중국에 있었고, 중국 선교의 관건은 베이징에 있다는 것을 깨달았던 것이다. 리치도 결국 "베이징에 거점을 마련하지 않는 한 이 나라에서는 아무 일도 할 수 없습니다"[54]라고 적은 바 있다.

여기에는 엘리트적 선교라는 예수회 특유의 선교 방식도 포함된다. 발리냐노가 계획한 적응주의 선교 방침은 인도와 일본의 문화를 비교했던

---

52 Fonti Ricciane, n. 215 참조; Tacchi Venturi Pietro S. I., *Opere Storiche del P. Matteo Ricci, S.I.*, Libro Secondo, cap. I, pp. 113~114 참조.

53 Cronin Vincent, 『서방에서 온 현자』, 194~197쪽 참조.

54 리치가 동료들에게 보낸 편지에는 이런 표현이 자주 등장한다. "난징은 중국의 도시들 가운데 크기가 가장 크지만 중국 정부의 입장에서는 그것이 그리 중요한 것은 아닙니다. 모든 것은 귀족들의 근거지인 베이징에 전적으로 달려 있기 때문입니다." Ricci Matteo, Al P. Duarte De Sante S. I.(Nanchang, 29 agosto 1595), in *Lettere*, Quodlibet, 2001, pp. 229~230 e A Giambattista Roman(Zhaoquing, 13 settembre 1584), *op. cit.*, p. 82.

사비에르의 기록을 바탕으로 '아래로부터의 선교'를 유교 문화권의 가부장적인 사회구조에 맞추어 '위로부터의 선교'로 그 체계를 변화시키는 것이었다. 아시아에서 '엘리트적 선교'에는 발리냐노의 아동 교육 정책을 들 수 있다. 그는 일본의 다이묘들과 대화와 논쟁을 통한 수준 높은 선교를 하는 동시에 대표적인 예수회 사도직인 학교를 설립하여 수준 있는 교육을 시킴으로써 가난한 아동들을 대상으로 무상의 '엘리트 교육'을 진행하였다.[55] 이것은 예수회가 처음부터 특정 계층을 대상으로 선교활동을 한 것이 아니라 남녀노소에 차이를 두지 않고 선교활동을 해왔다는 점과 사회적 약자들을 대상으로 다양한 선교활동을 해왔다는 점을 입증하는 것이다.

2) 상황에 따른 선교사들의 생활양식의 변화

발리냐노는 계속해서 인도 · 일본 · 마카오를 오가며 예수회 안에서는 관구장으로서, 예수회 밖에서는 인도 총독의 일본 대사로 파견되어 활동하였다. 이런 대내 · 외적인 활동을 통해 그는 동아시아 지역 문화의 차이점과 공통점을 누구보다 잘 간파하고 있었다. 게다가 발리냐노에게는 사비에르가 남긴 기록들이 있었다.

발리냐노는 자신의 경험과 사비에르의 기록을 토대로 선교사들의 사회적인 위치가 인도와 일본에서 어떻게 달라져야 하는지를 생각했고, 이를 토대로 중국에서도 그 차이점을 파악하는 데 신경을 썼다. 그는 사비에르가 인도 동남부 지역의 진주 해변과 코친, 말라카에서 활동하던 모습과는 달라져야 하고, 또 인도에서와 같이 종을 치고 노래를 부르며 하던 가두

55 Brockey Liam Matthew, *Journey to the East: The Jesuit mission to China 1579~1724*, p. 47.

설교가 일본에서는 전혀 대중의 반응을 이끌어낼 수 없다는 것을 인식하였다. 인도 · 스리랑카 · 말레이 지역과는 달리 열정을 다해 복음을 선포하고 헌신하여 애덕을 실천하는 일이 전혀 통하지 않는다는 것을 깨달은 것이다. 철저히 가부장적인 사회 지배구조를 가지고 있어서 하층민을 대상으로 선교를 해봐야 소용이 없다는 것은 자연히 선교사들로 하여금 상류층 인사들과의 접촉을 의미했고, 그에 합당한 생활양식을 갖추는 것을 의미했다. 발리냐노는 선교사들의 수준을 일본 종교계에서 널리 대접을 받고 있는 선사(禪師)들의 수준에 맞추고 선교사들이 사회적으로 선사와 동등한 대우를 받게끔 하려고 노력하였다.

그러나 불교 국가였던 일본과는 달리 유교를 배경으로 하고 있는 중국에서는 선사들의 복장으로는 선교사들의 활동에 한계가 있다는 것을 리치를 통해 알게 되었고, 발리냐노는 리치의 요청에 즉각 승인을 해주는 것으로 대처하였다. 다시 말해서 발리냐노가 두 번째 마카오에 도착한 1592년 10월 24일부터 1594년 11월 15일(16일)까지 머무는 동안 리치는 중국 선교와 관련하여 몇 가지 선교 방식의 개혁을 승인해줄 것을 요청했던 것이다. 리치는 중국 현지에서 선교사가 해야 할 몇 가지 생활양식의 변화를 언급했는데, 거기에는 수염을 기르도록 허락해달라는 것, 머리를 지르지 않도록 해달라는 것, 관복을 입는 것을 허락해달라는 것 등의 내용이 담겨 있었다.[56] 사회적인 관례를 기준으로 했을 때 중국은 이 점에서 일본과는 확연히 달랐던 것이다. 그리하여 현지인들에게 외래 종교라는 이미지를 최대한 줄이기 위해 중국에서는 만다린(관료)에 맞추어 생활양식과 복장을 바꾸는 한편, 일본과 중국의 대표적인 문화인 다도(茶道)[57]문

56 *Al P. Claudio Acquaviva da Valignano*, Goa, 10 Nov. 1595, N. 2697, in ARSI, Jap.-Sin., 12, f. 295: Fonti Ricciane, n. 204 각주 인용 참조.

57 *Fonti Ricciane*, n. 126~130 참조. 타키 벤투리의 책 제1권 1책, 3장 6번에서는 차(Cià)에 대

화에 대해서도 새롭게 바라보기 시작하였다.

3) 토착 언어에 대한 깊은 인식

발리냐노가 일본으로 떠나면서 루지에리에게 쓴 계획표에는 루지에리 이후 다른 사람들도 '중국어로 읽고 쓰고 말하도록' 하는 내용이 들어 있었다.[58] 이 계획표는 지금은 유실되고 없지만 발리냐노가 1582년 2월 12일자로 쓴 지침서는 남아 있어 그 내용을 살펴볼 수가 있다. "4명의 형제들에게 표준중국어(官話, 만다린어)를 배워 쓰고 읽을 줄 알게끔 하십시오. 관습은 물론 우리 주님께서 기뻐하실 이 사업(선교)을 준비하기 위한 모든 것을 배우게 하십시오. 그 사람들에게 다른 일을 시켜 정신이 산만해지지 않게 하십시오. 해당 수도원의 장상도 그들에게 다른 일을 시켜 정신을 분산시키지 않도록 주의하십시오. 우리 중 몇 사람이 만다린어를 터득할 때까지는 아무도 중국 선교의 결과를 예측할 수 없습니다."[59] 발리냐노는 중국 선교의 성공과 실패를 선교사들이 얼마만큼 만다린어를 구사할 수 있느냐에 달려 있다고 생각할 만큼 선교사들의 토착 언어 습득에 비중을 두었다.

중국어에 대한 무지는 1555년부터 리치가 중국에 당도하기 전까지

해 심도 있게 다루고 있다. 아울러 차를 마시는 예절인 '다도'를 통해 중국인의 생활풍습까지도 소개하고 있다. 일본의 차와 중국의 차를 비교하기도 하였다. Tacchi Venturi Pietro S. I., *op. cit.*, pp. 11~12.

58 *Fonti Ricciane*, LXXXIX 참조. 루지에리(M. Rugerio, S. I.)가 1580년 9월 1일 로마에 와 있던 포르투갈 지도신부 다 폰세카에게 당시 순찰사였던 멕시아(Lorenzo Mexia, S. I.)가 일본에서 보낸 편지에 따르면, "루지에리 신부가 코친에서 그 지역 화가로부터 만다린어를 배우고 있다"고 했고(*ARSI, Jap.-Sin.*, 8, II, f. 258r), 같은 해 12월 3일, 말라카에 있던 바즈 고메즈(Vaz Gomez)도 "루지에리가 만다린 실용 언어를 배우고 있는 중"이라는 편지를 보냈다(*ARSI, Goa*, 13, f. 18r). *Fonti Ricciane*, n. 207에서 인용.

59 *Fonti Ricciane*, LXXXIX, nota 3 참조. 이 책 72쪽에서 인용.

(1582년) 중국에 왔던 수많은 선교사들이 선교에 실패하게 된 근본적인 이유이기도 했다. 예컨대 1565년 11월 21일, 프란체스코 페레즈(Francesco Perez, S. I.) 신부가 광둥의 권력자에게 중국에 머무를 수 있도록 요청했을 때, "바로 포정사(布政司)를 신부님께 보낼 테니 그의 물음에 중국어로 대답을 하면 남아 있을 수 있지만, 그렇지 못하면 중국 땅 어디에도 갈 수 없습니다. 왜냐하면 통역자가 있어야 하기 때문입니다. 그러나 중국어를 잘 알면 어디든 갈 수 있습니다"[60]라는 답을 들었다. 외국인들의 중국어 습득은 중국 정부의 정책에 따른 것이었지만, 발리냐노는 이를 적극적으로 받아들여 자신의 선교 방침에 포함시켰고, 한 걸음 더 나아가 중국어뿐만 아니라 중국의 예법과 문화 · 교양 · 문학 · 사회관습까지 익히도록 하였다.

발리냐노의 토착 언어에 대한 이런 견해는 그의 부재를 틈타 일부 예수회 사제들 안에서 '어차피 중국 선교는 불가능하기 때문에 그렇게까지 할 필요가 없다'[61]고 주장하는 비관적인 사람들에 의해 충돌을 빚기도 하였다. 발리냐노는 이런 소동들을 잘 알고 있었고, 그것을 불식시키기 위해 마카오를 떠날 때마다 중국 선교를 준비하는 선교사들이 해야 할 일을 매번 적어두고 떠났다. 그리고 그 계획은 현명한 동료들에 의해 착착 진행되었다.[62]

---

60 *Rivista degli Studi Orientali*, Roma, 1936(XVI), p. 225 참조. 같은 책 143쪽 각주 1에서 인용. 리치도 중국 정부가 중국어를 모르는 외국인들에게 출입 허락을 하지 않았기 때문에 선교사들이 마카오에서 중국어와 중국 문학을 배웠다고 기록하고 있다. Cfr. Tacchi Venturi Pietro S. I., *op. cit.*, pp. 105~106.

61 이들은 중국어의 습득을 거의 '불가능한 일'이라거나 '소용없는 일' 혹은 '절망적인 일'로 여겼다. 루지에리가 쓴 1580년 11월 8일자 편지에도 "일부 예수회원들도 불가능한 중국어를 배우느라 시간을 허비하지 말고 차라리 다른 일을 하는 것이 좋지 않겠습니까?"라는 말을 하고 있다. *Fonti Ricciane*, LXXXVII, nota 2, n. 204.

62 Cfr. *Fonti Ricciane*, n. 203~205.

4) 토착 성직자 및 현지인 지도자 양성

발리냐노는 처음부터 토착 성직자와 현지인 지도자 양성에도 주력하였다. 그는 몬테코르비노에 의한 몽골 선교에서 보듯이 이미 오래전에 중국 땅에 복음의 씨앗이 뿌려졌지만 그 싹이 지속적으로 자라지 못한 원인을 토착 성직자를 양성하지 않은 것에 있다고 보았다. 그래서 일본으로 파견된 선교사들에게는 조선과 전쟁(임진왜란)을 하고 있었던 만큼, 정치적인 중립을 당부했고, 불교 등 타종교와도 호의적인 관계를 유지할 것을 권고하였다. 이런 지시는 토착 성직자와 복음으로 물든 사회 지도층 인사들을 배출하기 위해서는 먼저 현지인 지도층 인사들과 어떤 식으로든 관계를 좋게 해두는 것이 필요했기 때문이었다.

1594년, 발리냐노는 동아시아 일대 토착 성직자 양성의 못자리(Seminarium)로서 마카오에 '성 바오로 신학교'를 세웠다. 이 학교는 동아시아 일대에서 가장 큰 서양식 학교인데, 기존의 성 바오로 성당 옆 야산 일대의 넓은 부지를 사들여 중국 칭조우(青州)에서 기술자들을 불러 성당과 기숙학교를 지었다. 그리고 1598년에 발리냐노가 직접 이 학교의 규범(Ratio)을 제정하였다. 이 규범은 당시 예수회 총장이었던 아콰비바가 기존의 예수회 기숙학교의 규범과 휴머니즘 문인들의 사상과 파리 대학의 규범을 모델로 제정한 면학규정(Ratio Studiorum)을 토대로 동아시아의 사회 · 문화적인 특징과 도덕까지 수렴하여 제정한 것이다.

학교의 커리큘럼에는 신학 · 윤리학 · 과학 · 예술 · 수사학 등을 라틴어로 배우도록 하였다. 이 커리큘럼은 르네상스 이후 유럽의 커리큘럼과 큰 차이가 없었다. 발리냐노는 학교에서 공부를 하는 학생들이 바로 '예수회의 전도사'라는 전제 하에 교양과목을 통해서 예의 규범을 전수하는 데 역점을 두었다.[63] 토착 성직자들을 양성하고,[64] 1580년부터 설치한 네 개의 학당을 통해서 서양 선교사들로 하여금 중국어와 중국 문화를 배우도록 하였다.

발리냐노가 추진한 토착 성직자 양성의 배경에는 자신이 파견한 선교사들이 봉인된 제국의 수도 베이징으로 들어갈 수 있는 방안과 그들이 엘리트 사회에서 적응할 수 있는 방법을 가르쳐줄 만한 사람으로서 토착 성직자만한 사람은 없다는 인식이 깔려 있었다. 이것은 계속해서 선교사들을 혼란스럽게 한 재정 문제의 궁극적인 해결책과도 연관된 것이었다. 그는 토착 성직자들을 양성하여 그들을 후원해줄 만한 지역 유지와 상인들과의 관계를 돈독히 함으로써 재정 문제를 해결하고자 하였다.[65] 그가 보기에 토착 성직자는 모든 문제를 해결해줄 수 있는 유일한 길이었던 것이다.

5) 문서선교의 시작

가톨릭교회의 문서선교의 원조는 바오로 사도의 서간집이라고 할 수 있다. 그리고 그를 모델로 한 이런 형태의 선교활동은 수세기에 걸쳐 교황은 물론 힘든 조건에서 선교활동을 하는 선교사들에 의해 지속되었다.[66]

---

63 顧衛民, 『十六世紀 西方傳教士, 對於中國的兩種不同的傳教方式』, 上海大學歷史系, 香港中文大學 崇基學院 崇敎與中國社會研究中心, 中文大學出版社, 2005, 31~32쪽 참조.

64 *Fonti Ricciane*, n. 213~214 참조; 김승혜, 『동아시아 종교 전통과 그리스도교의 만남』, 도서출판 영성생활, 1999, 53~55쪽 참조; 顧衛民, 앞의 책, 30~32쪽 참조.

65 *Fonti Ricciane*, XCI 참조. 발리냐노는 교회 안팎의 현실적인 선교정책에만 으뜸이었던 인물은 아니었다. 그는 대내적으로도 자신이 파견한 선교사들의 힘든 현실과 처한 상황을 살필 줄을 알았고, 그들을 향한 깊은 애정과 격려와 위로는 현장에서 수많은 장벽에 부딪치며 복음을 선포하는 선교사들의 커다란 힘이 되었다. 델리아 신부의 기록은 이런 발리냐노의 인품에 대해서 지속적으로 이야기하고 있다. 그는 루지에리와 리치에게 발리냐노의 존재는 '거대한 산'과 같은 인물이었다고 평하고 있다.

66 교황이 선포하는 각종 Constitutio(헌장), decretum(교령), declaratio(선언), allocutio(훈화), discorsi(강연, 연설), encicliche(회칙), lettere(서한), lettere apostolicae(교황교서-사도적

발리냐노가 추진한 문서선교는 선교적 차원에만 머물렀던 것이 아니라 통섭 학문적인 접근에서부터 시작되었다. 그는 서양 선교사들에게 토착 언어와 문화를 가르치고 일본인 선교사들에게 가톨릭교회의 중요 예식서 등 보편교회의 교의에 저촉되지 않는 한, 또 일본의 전통에 손상이 가지 않는 선에서 '일본 선교사들을 위한 예식서'와 같은 전례예식서를 발간하여 그들의 사목 활동에 도움이 되도록 하였다. 서양 선교사들에게는 토착 지역에 대한 정보를 제공하고 일본인 선교사들에게는 그리스도교 신앙과 관련한 사목적 실용서를 발간함으로써 비록 선교사들 위주에 그치는 초보적인 단계의 문서선교를 시작했지만 그의 시도가 있었기에 훗날 리치가 중국에서 문서선교의 방향을 결정하는 데 중요한 터닝 포인트가 되었다고 할 수 있다.

그러나 일본에서는 이후 오다 노부나가(織田信長) 정권의 뒤를 이은 도요토미 히데요시(豊臣秀吉)의 손에 나라의 운명이 맡겨질 처지에 있었고, 이후 도요토미 히데요시가 그리스도인들을 박해하고 선교사들을 추방하면서 발리냐노가 1590년에 일본인 소년(4명)들로 구성된 '유럽 순례단'을 통해 들여온 인쇄기의 활용은 지속적으로 이어지지를 못했다. 그것이 일본에서부터 문서선교가 극동아시아 전체로 확산되지 못했던 가장 큰 이유였지만, 그 과정을 잘 알고 있는 발리냐노가 리치를 통해 문서선교의 방향이 중국에서는 달라져야 한다는 보고를 직접 듣고 허락해줌으로써 큰 무리 없이 진행될 수가 있었다.

서한), messaggi(담화), motu proprio(자의교서), homilia(강론), documentum(문헌), chirographa(친서), bulla(칙서), brevis(소칙서), rescriptum(답서), letterae circularis(회람), directorium(지침) 등은 교도적(教導的)인 성격을 갖는 일종의 선교의 수단이자 방법이다. 오늘날 이런 형태의 선교 방법은 교계에 의한 교도적인 성격만 띠는 것이 아니라 신자 개인의 신앙고백이나 체험을 담은 도서들로 확대되어 선교적 성격을 띠기도 한다. 이 모든 것이 바오로의 선교 방법을 잇는 것이라고 할 수 있다.

일본에서의 문서선교가 성공적으로 이어지지 못한 데는 일본인들의 성향과도 관련이 있었다. 일본은 무관(사무라이)이 사회의 지도층으로 있으면서 군사적인 일을 즐기며, 모든 일에서 물리적인 힘을 쓰는 것을 우선시하였던 반면에 중국은 공자 이래 책을 가까이 하는 독서층(문관)이 사회의 지도층으로 있으면서 이성을 중시하고 토론하기를 즐기며 학문과 과학을 중시하였다는 점이다.[67] 이 점 역시 발리냐노가 시작한 문서선교의 방향이 형식을 달리하여 중국 선교사 루지에리와 리치에 와서 실현되는 이유라고 하겠다.

67 Cfr. Moran JF., *The Japanese and the Jesuits: Alessandro Valignano in Sixteenth-Century Japan*, 5, pp. 56~58.

제3장
교황청 포교성성[68]의 탄생

예수회 적응주의의 최초의 주역인 사비에르가 사망하고 발리냐노가 루지에리와 리치를 통해서 사비에르의 꿈이자 교회의 꿈인 중국 선교의 시대를 열정을 다해 추진하고 있을 때, 보편교회는 라틴아메리카와 아시아 교회에서 선교사들이 하고 있는 활동들을 보면서 새로운 선교 모델을 모색하기 시작하였다.

르네상스인들의 적극적이고 탄력적인 선교 정신은 중세의 분위기에서 탈피한 보편교회의 새로운 면모를 드러내기에 충분했지만 그에 대한 평가는 이미 예수회 내부에서조차 긍정적인 측면으로만 기울지는 않았다. 그러나 그들이 시작한 적응주의 선교정책은 과거 식민지 개척에 혈안이 되어 있던 이베리아 반도 국가들의 정치권력에서부터 벗어나는 것을 의미했기 때문에 보편교회로서는 긍정적으로 평가하는 측면이 강할 수밖에

---

68 Sacra Congregatio de Propaganda Fide를 한역하여 포교성성(布教聖省)이라고 부른다. 그러나 단순히 기관명으로 부를 때는 현지에서도 포교성(布教省, Congregatio de Propaganda Fide)이라고 하기에 이 책에서도 문맥에 따라서 정치 · 외교적인 경우에는 '포교성성'으로, 그저 기관명을 지칭할 경우에는 '포교성'으로 쓰기로 하겠다.

없었다. 그리고 그러한 선교정책을 계속해서 추진하는 한편, 여러 수도회 소속의 선교사들의 활동을 총괄하는 조직을 교회 내에 마련해야 한다는 의식을 하기에 이르렀다.

교황청 포교성성(布敎聖省)의 설립은 처음부터 이베리아 반도 제국들의 정치적인 세력에서 벗어나 적응주의 선교 방식을 추진하기 위해서 마련된 조직이라고 할 수 있다. 교회의 선교 사명은 영속적으로 이루어져야 하는 것이며, 계속해서 사회와 문화의 변화에 적응하여 설득력 있게 전달되어야 하는 것이기 때문이다. 그것을 위해 보편교회는 시대의 흐름에 맞게 조직을 새로 만들기도 하고 기존의 것을 재정비하기도 하는 것이다.

예수회가 아시아 지역에서 적응주의 선교 방법론을 시도하고 있을 때, 보편교회도 기존의 보호권에서 벗어나 제국들의 정치세력과는 다른, 오로지 선교를 위한 독자적인 선교정책을 모색하고 있었던 것이다. 그리고 그것을 총괄하는 기관으로서 교황청 포교성성의 설립을 앞두고 있었다. 이런 정황들은 예수회의 적응주의 선교 방법론이 보편교회의 선교정책에 일정 부분 영향을 미쳤을 것이라는 점을 충분히 짐작하게끔 한다.

1. 포교성 설립의 역사적 배경

가톨릭교회가 신앙 전파를 위해 공식적인 활동 기구를 만들 생각을 한 것은 이미 13세기에 라이몬드 룰루(Raimundo Lullo, 1235~1316)에 의해서였다. 교황 비오 5세(Pius V, 재위 1566~1572)는 참된 신앙에로 돌아오고 이교도들의 개종을 목적으로 1568년에 두 개의 추기경단을 만들었다. 이것은 1573년에 교황 그레고리오 13세로 이어져 3명의 추기경으로 구성된 위원회를 만들어 '그리스 문제에 관한'(de rebus Graecorum) 동방의 이교주의자들을 담당하도록 하였다.

클레멘스 8세는 1599년 8월 10일, 보편교회의 선교를 담당하는 9명의 추기경으로 구성된 "가톨릭 신앙을 위한 종교 전담성"(Congregatio super negotiis Santae Fidei et religionis catholicae)이라는 기구를 만들었다. 이 기구는 1604년에 이르러 '선교 총무처'로 바뀌어 신앙 전파를 위한 추기경단의 소집, 선교를 위한 경제적인 수단 마련, 선교 문헌의 보급, 선교사 양성을 위한 콜레지움 설립 등을 담당하기로 하였다. '선교 총무처'는 교황 그레고리오 15세(재위 1621~1623)에 이르러 모든 민족들을 향한 선교를 돕고 조직하고 다양한 모델과 능력을 조정하는 기관으로서 '포교성성'(Sacra Congregatio de Propaganda Fide)과 '동방교회성'이라는 성청의 설립으로 이어졌다. 그리고 『불가해한 하느님 섭리의 신비』(*Inscrutabili Divinae Providentiae Arcano*) 교서를 통해 1622년 6월 22일에 발표되었다.[69] 그러나 '포교성'과 '동방교회성'이 분리된 것은 1917년 5월 1일이었고, 이후 1967년 8월 15일에 교황 바오로 6세의 교서 『불멸의 하느님』(*Immortalis Dei*)을 통해 포교성이 오늘날과 같은 기능을 담당하는 기관으로 자리를 잡았다.

포교성 설립의 목적은 원칙적으로 그리스도교 신앙 선포를 위해 외부적이고 정치적인 활동에서 벗어나 오로지 선교활동만을 조직하고 구성하고 지원하는 데 있었다. 전 세계를 대상으로 선교지를 통솔하는 법적인 권한을 갖는 것이다. 포교성 설립의 목적에는 그리스도교 신앙을 모르는 새로운 대륙의 민족들을 대상으로 가톨릭 신앙을 전수하고, 프로테스탄트 신자들에 의해 만연해진 이교주의로부터 그리스도교 신앙을 보호하며, 로마 교회에서 멀어진 동방 교회와 일치를 이루는 데 노력한다는 내

---

69 *Collectanea S. Congregationis de Propaganda Fide*, Romae 1907, I, n. 3, pp. 2~4.

용이 포함되어 있었다. 다시 말해서 새로운 대륙을 향해서는 '만민선교'를, 유럽 대륙에서는 '그리스도교 신앙의 보호'를, 동방교회에는 '일치'의 손을 내밀었다고 할 수 있다.

그러나 가장 시급했던 포교성의 임무는 에스파냐와 포르투갈 국왕에게 주었던 보호권(Padronado)의 남용에 따른 제국들의 전횡과 수도회들의 특권을 견제하고 전교사업의 교황청 중앙집권에 있었다. 이에 포교성은 각종 선교 지침을 세워 가톨릭교회의 세계 선교를 통솔하기 시작하였다. 그 지침들에는 '시대와 지역에 따라서 약간의 차이가 있기는 하지만 선교를 식민지 활동과 분리하여 교회적이고 영적인 순수한 활동으로 바꾸고, 선교사들을 모든 형태의 정치권력으로부터 자유롭게 하며, 선교지의 관습과 문화를 존중하고, 현지인 성직자를 양성하여 지역 교계를 설립한다'[70]는 등의 내용을 포괄하고 있었다. 이런 결과는 이베리아 반도 제국들에게 양도했던 권한에 의해 빚어진 불미스런 상황과 수도회들에 주었던 특권과 권한을 쇄신하는 것이 필요한 데 따른 것이었다.

오늘날 인류복음화성[71]이라고 명칭을 바꾼 포교성은 교회의 선교활동

---

70 포교성의 첫 번째 차관이었던 프란체스코 인골리(Francesco Ingoli, 재임 1622~1649) 추기경이 선교지에서 상정한 문제에 대한 응답으로서 만든 첫 번째 선교 프로그램에 담긴 내용이다. 그는 신앙 전파의 중요한 수단으로서 가치 있는 좋은 책을 보급해야 한다고도 역설하였다. AA. VV, 김혜경 역, 「인류 복음화성」, 『선교학 사전』(*Dizionario di Missiologia*), 성 바오로, 2010, 449~453쪽 참조.

71 이 이름은 교황 요한 바오로 2세가 1988년 6월 28일에 발표한 교황청 기구 개편을 위한 헌장 『착한 목자』(*Pastor Bonus*)를 통해서 개명한 데 따른 것이었다. 여기에는 현대 세계에서 가톨릭교회가 추진하고 있는 선교의 방향이 함의되어 있다. 기구의 명칭을 바꿈으로써 거기에 담긴 의미로 교회의 선교 방향을 바꾸겠다는 의지가 담겨 있는 것이다. 이것은 '선교'(宣敎) 곧 敎를 알린다[宣]는 말 그대로 주로 교회론적인 '파견' 행위에서 '복음화'로 바뀐다는 것을 의미한다. 복음화는 인간을 둘러싼 모든 곳(공간적인 개념보다는 인간이 생활하고 있는 모든 영역)을 '복음으로 적신다'는 뜻이다. 즉 복음이 일상의 구체적인 삶과 연관되어 인류의 모든 사회 · 문화, 의식구조, 삶의 양식 등을 변형, 발전시켜 복음의 빛으로 조명하여 복음적 가치가 형성되도록 한다는 의미를 담고 있는 것이다.

에 관한 모든 일을 관장하며, 인류 복음화 사업을 지휘하고 협력하는 기구로 설립되었다. 포교성에서 관여하는 지역은 대개 다른 성청에서 담당하고 있는 영역까지 포괄하기 때문에 포교성의 장관을 '붉은 교황'[72]이라고 부를 만큼 그 권한은 막강하였다. 포교성 장관의 이러한 권한은 사실 포교성의 권한이라고도 할 수 있는 것으로서, 그 한 가지 예를 1659년에 나온 『인도차이나 지역 대목구장들에게 보낸 포교성의 지침서』를 통해서 엿볼 수가 있다.

2. 보편적 선교지침[73]

『인도차이나 지역 대목구장들에게 보낸 포교성의 지침서』(1659년)는 흔히 '보편적 선교지침'이라고만 부르는데, 여기에는 당시 인도차이나 지역에서 선교활동을 하던 프란치스코회, 도미니코회, 예수회는 물론 그 해에 파리에서 설립된 '파리외방선교회'의 아시아 선교활동에 관한 지침이 담겨 있다. 역사 · 종교 · 사회 · 정치적인 관점에서 아시아 지역, 그 중에서도 중국에 대한 특별한 관심이 표명되어 있는 것이다.[74]

'보편적 선교지침'의 내용에는 포르투갈과 에스파냐 국왕들의 보호권

---

72 이는 교황의 복장이 흰색이라 '백의의 교황'이라고 불리는 것과 비교한 것으로서 교황청 장관들은 대부분 추기경이고 그들은 순교의 피를 상징하는 붉은색의 옷을 입기 때문에 거기에서 유래한 것이다.

73 *Istruzione per i Vicari Apostolici della Cocincina, del Tonchino e della Cina*(1659)으로 잘 알려진 이 지침은 Guennou Jean, *Sacrae Congregationis de Propaganda Fide memoria rerum, vol. III/2*, Roma－Freiburg－Wien, Herder 1976, pp. 696~704에 수록되어 있다.

74 Minamiki George, S. J., *The Chinese Rites Controversy from Its Beginning to Modern Times*, Chicago: Loyola University Press, 1985, pp. 30~32.

과 수도회들의 특권을 견제하고, 전교 지방에서도 교회의 보편법이 준수되도록 하며, 전교 지방에서 시행되고 있던 개별적인 관습이 교회의 정식 제도로 편입되도록 하고, 전교 지방에 맞는 새로운 교회법상의 제도를 마련하는 것 등이 들어 있었다.

선교활동에 관한 세 가지 기본 방침은 예수회의 적응주의 선교정책의 기본 틀을 그대로 가져왔는데, 거기에는 선교활동은 정치적 식민지 활동과 별개이므로 정치 문제와 연관시키지 말며, 그 지역 출신의 성직자를 양성하고, 해당 지역의 문화를 존중하도록 하는 것이다. 이 중에서 눈에 띄는 것이 정치 문제인데, 예수회의 적응주의 선교에서는 물론 보편교회의 선교 방침에서 정치 문제에 이렇게 민감한 반응을 보이는 것은 적응주의 선교정책이 나올 당시에 일본은 조선과 임진왜란을 일으켜 전쟁을 하고 있었고 그래서 중국이 강한 쇄국정책을 쓰고 있었기 때문이고, 그 사이에서 필리핀과 마카오를 거점으로 서구 열강들은 동아시아에 대한 패권 다툼을 하고 있었기 때문이다. 따라서 정치와 선교활동을 구별하는 것은 과거에 라틴아메리카에서도 경험한 바 있듯이 꼭 필요한 사안이었다.

또 지침서에는 선교활동의 영성적인 측면과 토착 지역의 문화와 민족들의 전통을 존중하는 측면, 토착 성직자 양성의 측면 등을 기본으로 하여 선교사 파견에 대한 세부 항목을 세 단계로 나누어 설명하고 있다. 첫째, 선교사가 '출발하기 전', 둘째, '가는 도중', 셋째, '선교지에서'가 그것이다. 각 부분은 더 자세한 규범과 세부 지침들로 구성되어 있는데, 그것들을 개괄적으로 살펴보면 다음과 같다.

첫째, 선교사가 '출발하기 전'에 고려해야 할 우선적인 요소는 '선교사의 선발'에서부터 시작된다. 선교사는 나이와 건강이 뒷받침되어야 하고 선교에 대한 애정과 신중한 성향을 가지고 있어야 한다. 또 비밀을 끝까지 지킬 줄 알며 그리스도 안에 깊은 믿음의 닻을 내리고 있어야 하고, 토착 문화에 대한 이해와 복음적인 사랑을 간직하고 있어야 한다. 토착 지역의 풍습과 관습에 자신을 맞출 줄도 알아야 하고, 그리스도를 전하는 사람으로서 이민족들에게 호감을 가지고 다가갈 줄도 알아야 한다. 특히 아시아 지역의 선교사로 가기 위해서는 다음과 같은 행정적인 지침까지 알아야 한다.

- 자신이 지켜야 할 규범들을 편지로 써서 믿을 만한 통로로 파리에 있는 교황대사와 포교성에 알려야 한다.
- 믿을 만한 사람을 통해 교황대사 · 대목구장 · 교황청에 지속적으로 소식을 전하기 위한 정확한 기준을 마련한다.
- 교황청에서 물적 · 영적 지원을 할 수 있도록 선교지의 상황에 대해 자세한 소식을 전한다.
- 파리에 있는 대목구 총지도부는 로마가 대목구들의 활동을 원활하게 통솔할 수 있고, 선교사들의 활동을 지속적으로 보장할 수 있도록, 또 그들의 임무가 장기적인 것이 되도록 대목구장을 자주 교체하지 않도록 한다.
- 대목구는 선교사의 여행과 출발 결정 및 통행지 등을 비밀로 한다. 이는 많은 지역에서 발생하고 있듯이, 그들의 통행 소식이 알려지게 되면 활동에 방해가 되는 각종 사건들이 일어나기 때문에 이를 미연에 방지하기 위한 것이다.

둘째, '가는 도중'에는 아시아 선교를 위해 파견되는 것은 온전히 축복받은 일이다. 그러나 여러 가지 면에서 길고 불안하고 위험이 따르는 해로(海路)보다는 시리아 · 메소포타미아 · 몽골 등을 통한 육로를 권장하고 있다. 특별히 포르투갈의 통치 지역이나 식민지 지역을 통과하지 말 것을 당부하고 있다. 포르투갈의 영향권 내에 있는 지역이나 항구는 피해서 가고, 가능한 한 곧장 중국으로 향하도록 권고하고 있다. 왜냐하면 포르투갈의 영향권 내에 있는 지역에서는 아직도 보호권이 시행되고 있었고, 그래서 모든 복음화의 책임이 포르투갈 왕에게 양도되어 있었기 때문에 포르투갈과 교황청의 관계에서 아직까지 해결되지 않은 커다란 장애요소들이 남아 있었기 때문이다. 따라서 문제의 소지가 될 만한 가능한 모든 요소들을 제거하기 위해서 '선교사의 가는 도중'은 비밀에 부쳐져야 했다.

> 여행 중에는 [……] 여러분의 사명에 대한 이름과 목적을 누구에게도 말하지 마십시오. 오히려 여러분의 이름과 국적, 복장까지 바꾸십시오. 여행의 의도와 경로, 목표와 특히 목적을 감추십시오. 무엇보다도 교회와 관련한 여러분의 정체에 대해서 함구하십시오. 유럽인이 이렇게 긴 여행을 하는 것에 대해 누군가 물으면 이방 국가들을 상대로 장사를 하거나 호기심에서 방문하는 것이라고 하십시오.[75]

그렇지만 선교사라는 것을 밝혀야 할 경우가 생기면 중국을 뺀 나머지 다른 지역으로 간다고 말하라고 권하고 있다. 유럽 국가들 사이에서 중국은 민감한 지역으로 떠오르고 있었기 때문이다. 선교사는 장거리 여행에 관한 상세한 정보와 여행 보고서를 작성하여 포교성에 보내어 나중에 같은 길을 가게 될 다른 선교사들에게 도움이 되도록 하라고 지시하고 있다. 포교성은 선교사들에게 되도록 혼자 여행하지 말고 여럿이 함께할 것을 권장하면서 여행 중에 동료 선교사가 병이 나면 신속히 대처하여 목적지에 늦지 않게 도달하고, 선교사의 병이 위중할 경우에는 그 지역의 믿을 만한 사람에게 부탁하고 나머지 선교사들은 목적지를 향해 출발할 것

75 Wojda P., *L'Istruzione di Propaganda Fide ai Vicari Apostolici dell'Asia Orientale(1659)*, in Giornata di Studio su "Chiesa ed incontro con le culture: a 350 anni dall'Istruzione di Propaganda Fide", 12 marzo 2009, p. 37.

을 명하고 있다.

셋째, '선교지'에서의 활동에 관해 적고 있다. 여기에는 대목구에서 해야 할 선교활동에 관한 길고 자세한 내용도 담겨 있다. 가장 먼저 다루고 있는 것은 '토착 성직자 양성'에 관한 것으로서 선교사는 모든 노력을 동원하여 그 지역의 젊은이들을 교육시켜 거룩한 직무를 수행할 사제직 동참자들을 확보하라고 권하고 있다. 토착 성직자야말로 자기네 국가의 방대한 지역에서 그리스도인 공동체를 형성하여 그들의 삶을 지속적으로 돌볼 수 있는 사람들이기 때문이다.

포교성은 성청에서 파견한 순찰사가 없는 상태에서, 혹은 포교성의 허가 없이 중국인들을 이해시킨다는 명목으로 중요한 교의적인 문제를 임의로 다루거나 결정하지 말 것을 대목구장들에게 명령하였다. 이것은 중국인들이 그리스도교를 받아들이는 것을 꺼리지 않도록 하기 위한 것이자 그리스도교가 중국에 깊이 뿌리를 내릴 수 있도록 하기 위한 조치였다. 가령 '중국인이 그리스도교에 관심이 있다고 하더라도 웬만한 거부반응 없이 순조롭게 신앙을 받아들이기란 쉽지 않기 때문에 결코 신앙을 강요하거나 협박하거나 겁을 주어서는 안 되며, 말을 듣지 않는다고 화를 내거나 적대시해서도 안 된다. 오히려 나약한 그를 가만히 두어 스스로 신앙을 받아들일 때를 기다려야 한다. 선교사는 이런 경우까지 포교성에 문의하여 어떻게 해야 할지를 알아보아야 한다'는 것이다.

대목구장은 선교지의 상황 가운데서 별로 중요하지 않은 것까지도 의무적으로 포교성에 자세히 그것도 자주 보고해야 했고, 이를 통해 포교성은 선교지의 상황을 하나도 놓치지 않고 알고 있었다. 그리하여 중국의 상황이 민감한지, 불안한지, 위험한지를 모두 파악하고 있었다. 게다가 지침서는 대목구장뿐 아니라 선교사 개인에게도 선교지의 상황을 포교성에 보고하도록 하고 있다. 대목구장에게도 이 점에 대해 도움을 요청했고, 대목구장은 선교사들에게 포교성에 서신 보고를 할 것을 독촉하는가 하면 때로 그것을 의무화하기도 하였다. 대목구장과 선교사들은 정치활동과 외교활동에서 멀리 떨어져 있도록 하는 동시에, 상대방이 아무리 강하게 요구해오더라도 공적인 행정을 맡아서는 안 된다고 명하기도 하였다.

토착 민족들에 대한 선교사들의 태도에 대해서도 언급하고 있다. 선교사들의 올바른 표양과 투명한 생활은 토착 민족들에 대한 교황청의 순수한 의도를 드러내는 것이므로 선교사들은 이 점을 유의하여 생활할 것을 촉구하고 있다. 선교사 개인의 생활이 그저 사생활에 해당되는 문제가 아니라 교회의 생활을 드러내는 징표라는 것이다. 하느님의 말씀은 선교사들이 토착 문화에 대한 존중과 사랑, 겸손함, 단순한 삶, 인내심, 기도와 그 밖의 모든 덕목을 통해 선포되어야 하기 때문이다. 선교사들은 사도직을 원활하고 순조롭게 수행하기 위해 해당 지역의 관료들과 좋은 관계를 유지하고, 되도록, 아니, 심지어 선교사들을 괴롭히는 관료까지 '온화한 태도'(modo soave)로 대함으로써 민족들을 향한 설교를 중단하는 일 없이 계속할 수 있도록 환경을 마련하라고 지시하였다. 그리고 진심으로 그들의 번영과 건강을 위해 기도해주고 비록 그들이 박해를 하더라도 결코 그들을 원망하거나 나쁘게 말하지 않도록 주의를 주었다.

『보편적 선교지침』이 나온 지 10년 만(1669년)에 포교성은 소위 『모니타』라고 불리는 새로운 『포교성성의 선교사를 위한 지침서』(*Monita ad Missionarios S. Congregationis de Propaganda Fide*)를 로마에서 공표하였다. 『모니타』에는 "시암의 수도 아유타야에서 회합을 가진 포교성성의 선교사들이 작성한 중국 · 통킹 · 코친차이나 · 시암 전교지에서 사도적 활동을 적합하게 수행하는 데 매우 유용한 지침"(Instructiones ad munera apostolica rite obeunda, perutiles missionibus Chinæ, Tunchini, Cochinchinæ, atque Siami accomodatæ a missionariis S. Congregationis de Propaganda Fide, Juthiæ Regia Siam congregatis)이라는 부제가 달려 있었다. 이 지침서는 파리외방전교회의 팔뤼(Francois Pallu)와 랑베르(Pierre Lambert de la Motte)가 선교사들의 행동지침을 규정한 『선교사 지침서』(거의 같은 내용이 담겨 있어 이것 역시 『모니타』라고 함) 1665년판에 근거하여 만들어졌다.

『모니타』는 모두 10개의 장으로 이루어져 있었다. 제1~2장은 선교사들이 갖추어야 하는 마음가짐과 생활태도에 대한 조언과 충고를 담았고, 제3장은 선교 사업에 세속적인 수단을 사용하는 문제에 관한 지적들을, 제4장은 설교에 관한 일반적인 교훈을, 제5장은 비그리스도인의 개종을 위한 접근 방법을, 제6장은 예비신자들의 교육 문제를, 제7장은 세례성사에 관한 규칙들을, 제8~9장은 새로 입교한 신자들과 구(舊)신자들에 대한 사목적 배려를 담았다. 그리고 제10장은 토착 성직자를 양성하는 방법을 제시하였다.

『모니타』에는 토착 민족들을 향한 복음화의 방법에 대해서 이렇게 적고 있다.

> 여러 나라의 예식이나 관습과 풍속이 우리의 신앙(믿을 교리)과 윤리에 분명하게 위배되지 않는 한, 그 나라의 사람들에게 그들의 예식, 관습 혹은 풍속을 바꾸라고 하지도 말고 그들을 설득시키려고 하지도 말아야 합니다. 중국 사람들에게 프랑스나 에스파냐, 이탈리아 및 유럽의 다른 나라에서 하고 있는 것을 그대로 전하려고 한다면 그것은 무리한 일입니다. 특정 국가에서 하고 있는 것을 다른 나라에 도입하려고 해서는 결코 안 됩니다. 오로지 신앙만을 전하도록 하십시오.
>
> 어떤 나라에서든지 그들의 예식이나 관행이 아주 잘못된 것이 아니라면 신앙은 그들의 관행을 배척하지도 해치지도 않아야 합니다. 오히려 그것들을 지키고

보존하도록 바라야 합니다. 말하자면, 모든 사람은 본성적(자연적)으로 자기 나라를 아끼고 사랑할 뿐만 아니라, 자기 나라의 전통이 우월하고 자기 나라가 다른 나라보다 우수하다고 생각합니다. 또 자기 나라의 고유한 관행을 특히 조상들로부터 오랜 동안 계승되어온 것들을 다른 사람이 바꾸려고 한다면 오히려 그들에게 배척과 증오를 불러일으키는 원인이 될 것입니다. 만일 여러분이 남의 나라의 전통을 없애고, 거기에 여러분 나라의 관습을 도입시키려고 한다면 어떻게 되겠습니까? 그러므로 선교사는 그 지역의 관습과 유럽의 관습을 비교하지 말아야 합니다. 오히려 여러분이 그 나라의 관습에 익숙해지도록 노력해야 합니다.

그리고 그들의 관습에서 칭찬할 만한 것은 높이 평가하고 칭찬해야 합니다. 만일 아부하는 마음으로 칭찬을 하지만 실제로는 칭찬할 것이 못 된다면, 여러분은 지혜롭게 처신해야 합니다. 함부로 판단하거나 과도하게 단죄하지 말아야 합니다. 만일 그 관습이 참으로 잘못된 것이라면 마음으로(머리로), 또는 말보다 침묵으로 대하십시오. 때가 되면 진리를 받아들이게 되어 그들이 느끼지 못하는 사이에 점차 이러한 관행은 사라지게 될 것입니다.[76]

『모니타』에는 또 하느님의 말씀 선포와 성사 거행에 관해서, 선교사 부재에 관해서, 대목구장과 선교사 간의 이견 충돌에 관해서, 사제와 선교사 간의 관계에 관해서, 선교사들의 삶의 양식 등에 관해서도 자세하게 언급하였다. 예컨대, 선교사들은 사도들을 본받아 모두 가난한 생활을 지향하며 음식, 의복, 각종 재화와 후원자들의 도움에 대해 금욕적인 삶으로 대해야 한다는 것이다. 현지인들이 선교사를 대할 때, 결코 물질로 인

---

76 *Monita ad Missionarios S. Congregationis de Propagande Fide*, Roma, Typis S: congr. de Prop. Fide, 1874, "처음으로 선교사를 파견하면서"라는 부제가 달린 훈령의 일부; *Collectanea S. Congregationis de Propaganda Fide seu Decreta Intructiones Rescripta Pro Apostolicis Missionibus*, Vol. 1, p. 30; *Acta Aspotolicae Sedis*, vol. 28(1936), pp. 406~407.

한 의구심을 갖게 해서는 안 되며, 선교사들과 특별히 영향력 있는 현지인이 필요 이상의 우정을 나누거나 깊은 관계를 유지하는 것에 대해서 복음화 활동에 방해가 되지 않도록, 공동의 선익에 장애가 되지 않도록, 그들의 잘못에 대해 말할 자유가 박탈되지 않도록 주의를 주고 있다. 지침의 마지막에는 각종 성인전과 교리서 등을 포괄하는 신앙 관련 서적의 집필과 확산에 대해서도 언급하였다.

아시아 선교 역사를 조명하는 교황청 포교성의 『보편적 선교지침』과 『모니타』에는 분명 대항해 시절의 식민지 정책과 함께 시작된 복음의 세계화에서 드러나는 선교활동과는 전혀 다른 차원의 선교활동에 대해서 언급하고 있다. 문화적으로 매우 다르고 종교적으로 대단히 민감한 환경에서 복음화를 전개하기 위해서는 거의 코페르니쿠스적인 선교 패러다임의 전환이 있어야 했을 것이다. 이런 점에서 이들 지침서에는 교육학적인 많은 내용을 함축하고 있다고 볼 수 있다. 혁신적이라고 할 수 있는 몇 가지 권고들은 신앙과 문화 간의 관계에 있어서 거의 2세기를 앞당긴 비전을 제시하고 있고 동서양 문화의 만남에서 야기되는 충돌을 극복하고 적절한 조화를 찾을 수 있는 길을 제시하고 있다.

프랑스 · 에스파냐 · 이탈리아나 그 외 다른 유럽의 국가들을 중국 땅에 심으려고 해서는 안 되고 오로지 신앙만을 심을 것을 권고하는 것을 통해 몇 세기 후에 본격적으로 추진되는 '복음과 신앙의 토착화'[77]의 단초를 보

77 대다수 선교학자들의 견해는 1622년에 설립된 교황청 포교성성의 선교 방향은 '적응주의'였고, 그것을 오늘날 '토착화'라고 부른다는 데 일치한다. "Adaptation", *New Catholic Encyclopedia*, vol 1(Washington D. C.: Catholic University of America, 1967), pp. 120~121; Stephen Neill, *A History of Christian Missions*, New York: Penguin Books, 1980, pp. 178~182; Wojda P., *L'Istruzione di Propaganda Fide ai Vicari Apostolici dell'Asia Orientale(1659)*, in Giornata di Studio su "Chiesa ed incontro con le culture: a 350 anni dall'Istruzione di Propaganda Fide", 12 marzo 2009, p. 22, 32.

기도 한다. 보편교회와 선교사들이 이 지침대로만 선교활동을 했어도 훗날 중국을 비롯하여 아시아 선교에서 겪게 되는 전례논쟁은 일어나지 않았을 것이다. 토착 성직자의 필요성과 양성에 대한 강조 역시 이후에도 지속적으로 거론되는 것으로서 20세기 초, 제1, 2차 세계대전을 겪으면서 다시 한 번 강조되었고, 제2차 바티칸공의회에서도, 그리고 지금도 계속해서 제기되는 교회의 문제라는 점을 생각할 때 적응주의 선교의 선구자적인 성격을 충분히 짐작할 수가 있는 것이다.

복음을 선포하는 선교사의 태도와 선교사의 말하는 자유와 진리의 옹호 역시 영구한 선교사의 자질로서 적응주의 선교에서 말하는 선교사의 자질이기도 했다. 포교성에서 채택한 이러한 보편적 선교 지침에는 예수회의 적응주의 선교 내용과 예수회 선교사들의 경험이 농축되어 있어 많은 부분에서 예수회의 영향을 받았다고 할 수 있다. 그러면서도 『모니타』에서 드러나듯이 포교성의 적응주의 선교정책과 예수회의 적응주의 선교정책 사이에는 몇 가지 다른 점이 있었다.

그것은 먼저, 신앙을 선포하는 수단으로서 철학과 세속적인 지혜와는 거리를 두었다. 『모니타』의 제3장은 선교 사업에 세속적인 수단을 사용하는 문제에 관한 지적들을 하면서 이 문제를 집중적으로 다루고 있다. 『모니타』에서는 선교사의 기본적인 마음가짐으로서 선교지에 도착하면 가장 먼저 피정을 하고, 악마와 싸울 준비를 하며, 상황을 파악하는 데 열정을 쏟고 언어 공부는 필수적이므로 게을리 하지 말 것을 당부하였다. 그러면서 삶의 기준을 절제, 기도에 두고 세속적인 수단은 멀리하라고 독려하였다. 한마디로 선교사는 마음가짐부터 세속적인 수단을 이용하여 선교를 할 생각을 하지 말라는 것이다. 그리고 인위적인 수단과 방법, 즉 선교사가 멀리해야 하는 구체적인 것들을 열거하고 있는데, 거기에는 '이 세상의 지혜'도 들어 있었다. 포교성은 '이 세상의 지혜'를 인심을 얻기 위해 선교사가 기교를 부리고 장사를 하고 폭력을 쓰는 것과 같은 것으로 보고 멀리해야 하는 것으로 간주하였다. 이것은 당시 프랑스 동인도 회사가 활동하던 인도의 일부 지역에서 선교사들이 생활 수단으로 상거래 행위를 했던 것에 대한 비판과 금지를 함의하고 있는 것으로 해석할 수 있다.

둘째, 정치권력으로부터 거리를 두었다. 포교성은 예수회가 라틴아메리카의 원주민들을 대상으로 선교활동을 할 때, 이베리아 반도 국가들이 자국의 이권을 위해 투쟁하는 것을 보았다. 제국들이 원주민들을 대상으로 폭력을 휘두르는 것에 대해 원주민들을 보호하고자 저항의 목소리를 내던 예수회 선교사들도 보았다. 또 포교성은 예수회가 제국들의 미움을 받고 그들의 식민 개척지에서 선교활동을 하던 선교사들이 희생되는 과정도 속수무책으로 지켜보아야만 했다.[78] 그래서 포교성은 『모니타』를 통해 제국의 세력으로부터 선교사들을 지키기 위해 선교사들에게 정치세력과 거리를 둘 것을 강하게 요구하였다.

> 무엇보다도 정치와 국정에서 거리를 두고, 그들이[국가에서] 아무리 간곡히 요청해도 행정 업무는 수락하지 마십시오. [……] 여러분이 그들을 참견하거나 간섭한다면 포교성에 크나큰 장애를 가져다주는 격이 됨을 명심하십시오. 그것은 신앙과 진리의 선포에 따른 희망을 주기보다는 오히려 신앙을 훼손하고 선교사들이 추방되는 상황을 초래하게 됩니다. 다른 종교 단체를 핑계로 자신을 변명하지도 마십시오! [……] 하느님의 말씀은 인위적인 수단으로 보존되는 것이 아니라 사랑, 인간적인 것들에 대한 부끄러움, 겸손, 절제, 인내, 기도와 다른 모든 사

78 이 부분에 대해서는 이 책 제4장의 마지막 부분 '예수회의 해산 과정'에서 자세히 보게 될 것이다.

도적인 사람의 덕행에 의해 보존됩니다.[79]

셋째, 사도직의 수단으로서 과학을 거부하였다. 이것은 『모니타』의 제3장 제6조에서 언급하고 있는 다양한 인간적인 능력과 관련한 것으로서, 인간적인 능력은 때로 그 자체가 매우 훌륭한 것이기는 해도 복음을 설교하는 자가 복음의 가르침보다는 자신의 평판과 명예에 더 급급해질 수 있기 때문에 조심해야 한다는 것이다. 그래서 학술적이고 예술적인 활동들이 선교사에게 실질적인 도움을 주기보다는 오히려 속박이 될 수 있다는 것이다.

그리스도와 사도들이 이런 방법들을 사용하지 않았기 때문에 우리는 그것들을 완전히 거부하거나 매우 신중하게 사용해야 합니다. 천문학과 그 밖의 자연과학은 물론 회화 · 기술 · 예술과 재능 등도 마찬가지입니다. 선교사들은 이런 모든 것들을 통해 활동에 도움을 받기보다는 부담과 방해를 받을 수가 있습니다. 기도와 사도직을 위해 바쳐야 하는 많은 시간을 거기에 투자함으로써 본질을 잃어버릴 수가 있습니다. [……] 게다가 그런 일들은 선교사들로 하여금 평판과 존경에 신경을 쓰게 만들어 덧없는 허영심으로 마음을 빼앗길 위험도 있습니다. 어떤 선교사들은 선교활동을 보장받기 위해서 이런 능력을 보이고 싶어 하고, 거기에서 오는 권위가 설교에 도움이 된다고 생각합니다. 그러나 실제로 그것들은 반대의 결과를 가져옵니다. 왜냐하면 그들의 우월주의가 사람들의 불신과 반감을 야기하기 때문입니다.[80]

---

79 Metzler, Sacrae Congregationis de Propaganda Fide memoria rerum III/2, p. 702; Schatz Klaus S. J., *Jesuits and the Propaganda Missionaries: Two Different Ways of Accomodation*, 『신학과 철학』 제19호(2011년 가을), 66~67쪽에서 인용.

80 Pallu François, Pierre Lambert de la Motte, *Monita ad Missionarios en 1665*, Paris, rédités par les Archives des Missions Etrangède Paris, 2000, p. 48; Klaus Schatz S. J.,

지침서의 이런 내용은 분명 예수회 출신의 천문학자들을 오해한 것이라고 할 수 있다. 그들은 자신의 능력을 뽐내려고 한 것이 아니라 중국의 지식층 인사들과 문화적인 만남을 위한 수단으로 그들의 수준에 맞게, 또 그들의 관심을 끌고 그들의 지적인 능력을 자극함으로써 더 쉽게 다가가기 위한 방법이었다.

넷째, 토착 공동체의 형성과 토착 교회의 설립을 적응주의의 목표로 삼았다. 포교성은 처음부터 낮은 사회 계층의 사람들을 대상으로 그리스도인 공동체를 형성하고, 토착 교계를 설립한 다음 최종적으로는 토착 주교를 탄생시키는 것을 목표로 삼았다. 포교성은 토착 교계와 토착 주교의 탄생을 선교활동의 최종 목표로 삼은 것이다. 그러나 예수회는 교육 사도직을 통해서 토착민들의 삶의 질을 높이는 동시에 사회 지도층 신자들을 배출시키는 것을 중국과 같은 가부장적이고 폐쇄된 국가의 상황에서는 일차적인 성과라고 보았다.[81]

포교성의 적응주의 선교와 예수회의 적응주의 선교에 대한 이러한 비교의 근저에는 선교활동에서 영성적인 측면의 수호, 토착 문화와 전통의 존중, 토착 교회(교계 제도)의 설립과 같은 중요하고도 원론적인 공통된 몇 가지 점이 내재한다. 반면에 『모니타』의 제3장 제6조와 같이 예수회의 선교사들이 표방하던 적응주의 선교 방침에 대한 명백한 거부의 태도를 담고 있는 내용도 있다. 그러나 이런 차이는 각자가 직면한 시대와 상황에 따라 나름대로 가장 적합한 선교 노선으로 확신하고 제시된 것이라는 점

Jesuits and the Propaganda Missionaries: Two Different Ways of Accomodation, 『신학과 철학』 제19호(2011년 가을), 68쪽에서 인용.

81 Schatz Klaus S. J., *Jesuits and the Propaganda Missionaries: Two Different Ways of Accomodation*, 『신학과 철학』 제19호(2011년 가을), 65~70쪽.

을 고려할 때, 그것 역시 '적응주의 선교'라는 틀 안에서 나온 것으로 해석할 수 있을 것이다. 다시 말해서 적응주의 선교에 대한 이해가 있었기에 과거와는 분명히 다른 포교성의 이러한 지침들이 나올 수 있었던 것으로 보는 것이다.

제4부

적응주의 선교의 실현과 마감

적응주의 선교 방식은 예수회 선교사들이 아시아 특유의 깊은 종교적이고 영성적인 뿌리에 대한 이해와 대화와 토론을 즐기던 아시아인의 특성을 잘 간파한 것에서 비롯된 새로운 선교 방법이었다. 이런 방식이 아니고서는 아시아인들에게 다가갈 수가 없다는 것을 일찍이 깨달은 덕분이었다. 아시아인들은 그들의 오래되고 전통적인 문화까지 외면하면서 외래 종교를 받아들일 만큼 종교적으로나 영성적으로나 궁핍하지 않았다. 아시아인들은 외래 종교가 아니고서도 아시아에는 서구인들이 '진리'라고 말하는 '진리의 종교'가 얼마든지 있다고 믿었기 때문이다.

따라서 이 지역에서의 선교를 위해서는 아시아인들이 원하는 방식에 따라 그리스도교 선교사들은 나름의 스펙을 갖추어야 했다. 적응주의 선교는 이러한 아시아 문화의 특수성과 이를 접한 예수회 선교사들이 대화를 모색한 독특한 방법론에서부터 출발한다. 그러므로 이 방법에는 많은 내용이 함축되어 있고, 이 방법의 적용을 주장한 사람들은 토착 문화에 대해 정확하고 바른 인식을 하고 있었던 예수회의 선교사들이었다.

적응주의 선교 방식을 가장 먼저 생각한 사람은 사비에르였다. 그는 인도에서 조개잡이 서민들을 대상으로 선교하던 방식이 일본에서는 전혀 설득력을 얻지 못한다는 것을 깨닫고, 자신의 소견이 담긴 편지를 남기고 상추안 섬(上川島)에서 46세를 일기로 숨을 거두었다(1552년).

사비에르 이후 아시아 선교는 발리냐노로 이어지면서 새로운 전기를 맞이하였다. 발리냐노는 8세기 네스토리우스 선교사들에 의해 시작된 중국 선교가 계속해서 맥을 잇지 못했고, 프란치스코 수도회의 몬테 코르비노가 시작한 중국 선교도 계속해서 이어지지 못한 이유를 살피는 동시에 사비에르의 기록을 면밀히 검토한 후 내린 결론은 '그리스도교의 현지화'였다. 그리고 일본 선교의 경험을 살려 몇 가지 원칙을 정하였다. 그것은 유교 문화권의 가부장적인 사회구조에 맞게 '엘리트적 선교' 방법을 취하고, 선교사들의 생활양식을 현지에 맞게 바꾸며, 토착 언어를 절대적으로 습득하는 것이다. 거기에 토착 성직자와 현지인 지도자를 양성하고, 문자를 숭상하는 민족의 특성에 맞게 문서선교를 시작하는 것이다.

발리냐노의 이러한 매우 구체적이고 주도면밀한 선교 방침도 처음에는 일본을 기준으로 했기 때문에 중국에서 그대로 실행에 옮기는 데에는 한계가 있었다. 그것을 수정 · 보완을 거듭하면서 성공적으로 수행했던 사람은 마태오 리치였다. 그는 발리냐노가 수립한 중국 선교에 관한 계획을 다시 설계했고, 발리냐노는 그것을 지체하지 않고 즉각 승인해줌으로써 중국 선교는 큰 무리 없이 진행될 수가 있었다.

발리냐노와 리치의 적응주의 선교 방침에서 드러나는 공통점과 차이점은 크게 일본과 중국의 문화적이고 종교적인 차이에서 기인하는 것이었다. 예컨대 일본은 무관(사무라이)이 사회의 지도층으로 있으면서 특권적인 지위를 누리며 군사적인 특성을 추앙하는 반면에 중국은 공자 이래로 책을 가까이 하는 독서층(문관)이 사회의 지도층으로 있어 이성을 바탕으로 한 토론을 즐기며 학문과 과학을 중시하였다. 또 일본에서는 불교를 숭상하고 불교 선사들에 대한 예우가 극진한 반면에, 중국에서는 유교가 중시되고 유생과 유생 출신의 관료가 대접을 받고 있었다.[1]

당시 일본은 조선과 전쟁을 치르고 있었기 때문에 무관이 중요한 위치를 차지하고 있었고 선교사들과 포르투갈 상인들을 통해 발전된 유럽의 무기를 필요로 하고 있었다.[2] 따라서 선교사들이 주로 만나던 계층이 무관과 일본에서 꽃을 피우고 있던 불교의 선사들이었고, 대화의 내용도 대개 종교 일반에 관한 내용이었다면, 중국에서는 책을 가까이 하던 독서인(사대부) 계층이다 보니 지리학 · 수학 · 천문학 · 서양 음악 등 전 학문에 걸친 대화가 이루어졌다고 할 수 있다. 한마디로 중국 선교를 위해서는 대화의 내용과 수준이 일본에서의 그것과는 근본적으로 달라야 했던 것이다. 그리하여 리치에 이르러 적응주의 선교정책은 꽃을 피우게 되었다. 비슷한 시기에 인도에서 또 다른 예수회원인 데 노빌리(Roberto de Nobili)도 역시 적응주의 선교 방식을 실현하고 있었다.

그러나 이들의 성공에 대한 시기와 질투는 교회 안에서부터 거세게 일어나기 시작했고, 적응주의 선교에 대한 각종 반대와 거기에 함의된 경쟁과 이권 및 다툼으로 결국 적응주의 선교정책은 종언을 맞이하고 예수회는 해산되기에 이르렀다.

제4부에서는 적응주의 선교가 최고조에 달하여 교회가 이민족들 사이에서 확산되는 모습과 그것이 어떻게 추락하는지에 대해서 살펴보기로 하겠다. 그리고 이런 격렬한 변화가 다름 아닌 교회 안에서, 더 구체적으로는 예수회 안에서부터 시작되어 들불처럼 확산되었고 그것이 순수한

---

1 Cfr. Moran JF., *The Japanese and the Jesuits: Alessandro Valignano in Sixteenth-Century Japan*, pp. 56~58.

2 Cfr. Moran JF., *The Japanese and the Jesuits: Alessandro Valignano in Sixteenth-Century Japan*, pp. 60~61.

신앙적인 논쟁에서 당시 서구 사회에 흐르고 있었던 사상적인 기류와 만나면서 정치적인 문제로 확대되어 예수회가 희생되는 과정을 몇 가지 사료에 입각하여 진단해보기로 하겠다.

제1장
적응주의 선교의 실현

1. 마태오[3] 리치

마태오 리치(Matteo Ricci, 利瑪竇, 1552~1610)는 사비에르가 명왕조의 쇄국정책에 길이 막혀 중국 선교의 간절한 열망을 품고 숨을 거두던 해에 이탈리아 마체라타에서 태어났다. 그의 집안은 마체라타에서 명망 있는 가문이었고 부친은 약사였다.

리치가 탄생(1552년 10월 6일)한 지 2개월여 만에 사비에르는 숨을 거두었는데(1552년 12월 3일), 여기에 대해 훗날 예수회의 아시아 관구장이었던

3 Matteo의 이름을 한국어로 표기할 때 두 가지, 즉 '마태오'와 '마테오'로 쓰고 있다. 이탈리아의 전통은 아기가 태어나면 주로 선조들의 이름을 물려받거나 성경에 등장하는 인물의 이름을 가져다 쓴다. 선조들의 이름도 그 원천을 거슬러 올라가면 대개 성경에 등장하는 인물의 이름이다. 그런 의미에서 리치 신부의 이름도 이탈리아에서 흔히 쓰는 복음사가 마태오의 이름을 차용한 것임을 충분히 짐작할 수가 있다. 따라서 리치 신부의 이름은 복음사가 마태오와 같은 이름으로 표기하는 것이 옳다고 생각한다. 이탈리아어로 Matteo라고 쓰는 이 이름은 현재 국립국어원의 외래어 표기에도 '마태오'로 쓰고 있다. 김혜경, 「16~17세기 동아시아 예수회의 선교정책: 적응주의의 배경을 중심으로」, 『신학과 철학』 제17호(2010년 가을), 서강대학교 신학연구소, 36쪽 '주 2'에서도 언급.

발리냐노는 "하느님께서 인간의 힘으로는 불가능한 중국 선교를 위해 일찌감치 준비에 들어갔다"고 하였다.

리치는 마체라타에 세워진 예수회 콜레지움에서 특별서원을 할 때까지(1566년) 문인으로서, 종교인으로서 양성 과정을 거쳤다. 철학 · 신학은 물론 라틴어 · 그리스어 · 수사학 등 인문학 분야 전 과목과 인문과학을 배웠다. 특히 수학 · 천문학 · 지도제작법 · 물리학 등의 인문과학과 관련해서는 당시 저명한 과학자였던 갈릴레오의 논문과 그의 친구이자 콜레지움 로마눔의 교수로 있던 예수회 신부 클라비우스가 정리한 교재들로 공부를 하였다. 클라비우스 신부는 훗날 로마에서 리치에게 직접 과학 분야의 과목들을 가르치는 스승이 되었다. 리치는 1572년에 르네상스가 시작된 도시 피렌체에서 잠시 문화적인 소양을 쌓기도 하였다. 훗날 리치가 중국의 난창(南昌)에서 피렌체에 대한 추억을 떠올리는 것을 보면 짧았지만 피렌체에서의 경험이 강렬했던 것으로 추정된다.

1577년, 예수회의 새로운 총장이 된 머큐리아노(Everardo Mercuriano) 신부는 인도 선교를 맡고 있는 포르투갈 출신의 다 실바(Martino da Silva)의 요청으로 동방 선교를 담당할 선교사들을 선출했는데, 아직 서품을 받지 않은 리치도 여기에 합류하였다. 포르투갈의 보호권이 시행되고 있는 시절이라 선교사들은 모두 코임브라에서 출발하도록 되어 있었기에 이탈리아 출신의 선교사들도 포르투갈어를 배울 겸 미리 코임브라로 모여들었다. 훗날 무굴제국 선교의 일익을 담당하는 루돌프 아콰비바와 리치보다 앞서 중국 선교에 투입되어 리치를 위한 길을 닦은 미켈레 루지에리, 그리고 리치와 함께 중국 선교를 시작하는 프란치스코 파시오 등 모두 13명의 선교사들은 1578년 9월 13일에 코임브라를 출발하여 인도 고아로 향하는 배에 올랐다.

리치는 인도 고아에 도착하여(1578년) 그곳의 예수회 학교에서 인문학을 강의했고, 오랜 여행과 환경의 차이로 손상된 건강을 회복하기 위해 코친으로 옮겨서도 그곳의 예수회 학교에서 인문학을 강의하면서 못다 한 신학 공부를 마무리하여 1580년에 코친에서 사제서품을 받았다. 1582년에 중국 선교를 위해 리치는 파시오와 함께 마카오에 도착하였다. 몇 년 간에 걸쳐 중국어와 중국의 관습과 문화를 공부하고 광둥 주변에 있던 자오칭을 시작으로 베이징을 향한 18년 동안의 대장정에 올랐다.

그는 가는 곳마다 중국 지식층 인사들로부터 고운 심성과 과학적 식견과 신앙의 깊이에 대해 찬사를 들었으며, 자신이 가진 자질들을 어떤 식으로든 아낌없이 중국에 전수하고자 하였다. 그가 중국에서 출판한 저서들은 이런 그의 열정을 대변한다고 할 수 있다. 델리아 신부가 주석을 단 『리치 원전』(*Fonti Ricciane*)을 토대로 그의 저서들을 표로 정리해보면 다

연도	중국어	이탈리아어
1584년	산해여지전도(山海與地全圖)	Mappamondo
1591~1594년	라틴어 사서(四書) 주석서	Parafrasi dei Quattro Libri
1595년 말	교우론(交友論)	l'Amicizia
1598년 11월	유럽-중국어 사전	Dizionario Europeo-cinese
1600년	산해여지전도(山海與地全圖) 재판	2ed. Mappamondo
1601년	사원행론(四元行論)	Trattato dei Quattro elementi
	서금곡의팔장(西琴曲意八章)	Le Otto Canzoni epl Clavicembalo
1602년	만국여지전도(萬國與地全圖)	Mappamondo
1603년	천주실의(天主實義)	Il Solido Trattato su Dio
	천주교요(天主教要)	Dottrina Cristiana
1605년	이십오언(二十五言)	Le Venticinque Parole
1607년	기하원본(幾何原本)	Sei Libri di Euclide
1608년	황제 예물용 만국여지전도(萬國與地全圖)	ed. imperiale dei Mappamondo
	기인십편(畸人十篇)	I Dieci Paradossi
1608년 말 ~1610년	중국전교사(中國傳教史)	Storia dell'Introduzione dei Cristianesimo in Cina

음과 같다.[4]

또한 리치가 제자들에게 명하여 발간하도록 한 책으로 그의 사후에 중국에서 출판된 책이 있다.

연도	중국어	이탈리아어
1607년 10월	혼개통헌도설(渾蓋通憲圖說)	l'Astrolabio
1614년	동문산지(同文算指)	l'Aritmetica
	환용교의(圜容較義)	Figure Isoperimetre

그밖에 리치가 제작하거나 발명한 과학적인 작품들도 매우 많은데, 가령 베네치아 유리로 만든 프리즘, 세계지도 및 지구본 · 천체관측기 · 해시계 · 자명종 등을 들 수 있다.

리치의 이런 저작과 선교활동의 이면에는 중국의 긴 강과 운하를 따라 마카오에서 베이징까지 18년간의 많은 이야기가 있다. 리치와 루지에리가 처음 세운 자오칭(肇慶)의 예수회 선교센터를 시작(1583년)으로 사오조우(韶州, 1589년), 난징(南京, 1595년), 난창(南昌, 1595년)을 거쳐 1598년에 베이징(北京)에 도착했지만 외국인에 대한 감시가 삼엄하여 다시 난창으로 되돌아와야 했다. 1600년에 리치는 다시 베이징으로 들어가려다가 리칭(Liqing)에서 환관 마탕에게 체포되어 톈진(天津)의 성(城)으로 이송되었고, 이듬해 1월, 황제 만력제의 교지를 통해 유럽의 대사 자격으로 베이징에 들어갈 수가 있었다. 당시에 중국은 강한 쇄국정책을 쓰고 있었기에 외국인이 중국에 들어갈 수 있는 유일한 방법이 유럽(혹은 교황청)의 특사(혹은 대사) 자격이었다.

4 루이지 리치, 김혜경 편역, 『동서양 문명의 만남: 예수회 선교사 마태오 리치 서거 400주년 기념 화보집』, 서강대학교 신학연구소 편, 2010, 106쪽.

리치는 오래전(1588년)에 교황청에 특사를 보내달라는 요청을 하기 위해 첫 동료였던 루지에리를 보냈지만 그는 영원히 돌아오지 않았고, 리치를 도와주기 위해 사오조우에 왔던 데 알메이다(1591년)와 데 페트리스(1593년)는 말라리아로 사망하고, 바라다스는 공강(贛江)의 급류에 휩쓸려 목숨을 잃고 말았다(1595년).

리치는 처음 중국에 들어올 때부터 발리냐노의 조언에 따라 일본 종교지도자를 본받아 머리를 삭발하고 불교의 승복을 입고 불교 사원에 머무르던 생활양식을 바꾸어 유가 문인 학자로 사회적 위치를 변경하고 수염과 머리를 기를 수 있도록 발리냐노의 허락을 받아냈다(1595년). 이로써 서승(西僧) 혹은 번승(番僧, 서역에서 온 승려라는 뜻)이라고 불리던 것에서 서사(西士)로 불리며 중국 사회에 자리를 잡아갔고, 동시에 1596년에 난창에서 예수회원으로서 종신서원을 하였다.

리치는 마카오에서 베이징까지 가는 18년의 여정 동안 선교사가 타문화에서 경험할 수 있는 모든 것을 경험했고 자신이 가진 모든 능력을 발휘하여 그 문화에 동화되고자 하였다. 그러다보니 정작 목적지인 베이징에 도달했을 때는 이미 온 중국에서 가장 잘 알려진 외국인이 되어 있었고, 그것은 그 자체로 이미 선교의 결실이 되고 있었다.

1) 마태오 리치의 선교 방향

리치가 중국에 들어와 추진한 선교의 방향은 발리냐노의 적응주의 방침에 따른 것이었지만 그것은 점차 리치의 판단에 따라 중국의 상황에 맞게 변경 · 적용해나가야 하는 과제이기도 하였다. 리치가 주목하여 실천한 선교의 방향은 크게 다음과 같은 내용들이었다.

① 생활양식의 변화

생활양식의 변화는 리치가 일본식의 불승에서 유교의 종교 지도자로 바뀌는 것이 아니라 문인 학자로서 선교사의 신분 자체를 바꾸는 것을 말한다. 리치는 절이나 사당처럼 종교적인 장소에 머무르지 않고 중국인들이 생활하는 현실적인 삶의 공간에서 선교활동을 하고자 하였다. 이것은 중국인들의 방식인 현세 중심의 삶 속에서 종교가 현실을 외면하는 것이 아니라, 오히려 현실을 올바로 직시함으로써 중국의 지식인 계층에 윤리적이고 도덕적인 삶을 확산시켰다.

이를 위해 리치는 중국의 문인 학자 지식인들과 관료들과 사귀면서 공개적인 미사 대신에 개인미사를 드리고 기도 시간을 늘렸으며, 만나는 사람들로부터 신뢰를 얻기 위해 학자들과의 만남을 자주 갖고, 직접적인 복음 선포보다는 학자들을 대상으로 서양 과학을 소개함으로써 그들의 호기심을 자극하였다. 그럼에도 불구하고 중국인들에게 접근하기란 쉬운 일이 아니었다. 많은 시간과 신중함이 드는 만큼 그에 따른 성과는 참으로 보잘 것 없었다. 1599년 8월 14일, 리치가 코스타(Girolamo Costa) 신부에게 보낸 편지에는 이런 고충이 그대로 담겨 있었다.

> 저희는 이곳에서 중국의 옷을 입고 신발을 신고 중국의 집에서 생활하며, 중국의 관습에 맞지 않은 것은 말하지도 먹지도 마시지도 않고 있습니다. 그럼에도 불구하고 하느님께서는 우리가 이렇게 힘들게 노력하는 것에 비해서 결과를 보여주지 않고 있습니다. 그러나 지금 우리가 하는 노력이 후에 선교의 결실로 드러난다면 지금 하고 있는 이것도 이미 하나의 결실이 아닐는지요. [……] 중국인은 다른 지역의 사람들과 매우 다릅니다. 중국인은 전쟁에 대해서는 잘 모르지만 학문에 대해서는 잘 알고 있고, 외국인들을 매우 경계합니다. 그들은 무척 영리하기 때문에 현재 자기네 종교와 미신에 대해 많은 의문을 가지고 있습니다. 이렇게 되면 제가 예상한 대로 그리 멀지 않은 시간에 많은 사람들을 개종시킬

수 있을 것입니다.[5]

리치의 이런 점진적인 신중한 태도는 "보다 깊고 건강한 결실을 가져올 것이고 그들과 신뢰를 쌓는 것이며 그들이 외국인에게 가지는 경계를 풀고 그들과 대화에 임할 수 있는 환경을 만드는 것"[6]으로써 리치의 '사도적 방식'이라고 할 수 있다. 리치의 이런 방식은 적중했고 그 덕분에 서광계(徐光啓)·이지조(李之藻)·양정균(楊庭筠) 등 중국인 사대부 인사들을 개종시킬 수 있었다.

② 중국어에 대한 인식

리치가 문인들과 가지는 긴밀한 유대관계는 철학·종교·과학에 관한 많은 토론과 다양한 분야의 서적을 집필하면서부터 본격적으로 형성되었다. 그가 집필한 저서들 가운데는 중국 문학사에 길이 남을 탁월한 작품도 있었다. 이런 활동은 중국인을 개종시키는 데 중요한 역할을 하며, 이를 위해서는 중국어 습득은 필수적이라는 점을 동료 선교사들에게 누차 강조하였다. 그가 1608년 8월 24일에 베이징에서 자신의 동생이며 법학자인 안톤 마리아 리치에게 보낸 편지에는 다음과 같은 내용이 적혀 있었다.

그들의 언어와 관습과 언행을 모르면 야만인 취급을 받고, 아무것도 할 수가 없습니다. [……] 몇 년 전에 유클레이데스에 관한 책을 중국어로 번역하여 출판했습니다. 그 책에서 나는 고대 중국의 문헌들을 많이 인용했고 그 덕분에 엄청난

5 Ricci M., *Al P. Girolamo Costa S. I. a Roma*, Nanchino, 14 Agosto 1599 in *Le Lettere dalla Cina*(1580~1610), vol. II., Opere Storiche del P. Matteo Ricci S. I., 1913, pp. 246~247.

6 Ricci M., *op. cit.*, p. 246.

공신력을 얻었습니다.[7]

리치는 또 복음을 전하는 사람이 '상대방을 모르고 나만 아는 것은 아무 소용이 없다'고 하면서, 이런 원칙은 특별히 중국 선교에서는 매우 중요하다고 역설하였다. 그리고 상대방을 알기 위해서 중국에서 절대적인 것이 언어라고 하였다. 호기심이 많고 지적 능력이 우수하며 대화하기를 즐기는 중국인들과 언어를 매개로 관계를 형성하는 것은 거의 원초적인 것이기 때문이다. 따라서 리치를 통해서 드러나고 있는 새로운 소식은 전통적인 복음 선포의 방식을 적응주의 선교의 토대로 삼고 있다는 점이다.

그는 당시에 흔히 보고하듯이 복음 선포의 결과를 양적인 것으로 보고 세례자 수를 늘리는 데 집착하지 않고, 토착 문화 속에 어떻게 하면 그리스도가 들어가 살아 있도록 할 것인가에 대해 고민하였다. 즉 그들이 가진 문화적인 가치를 발휘하여 선포하는 복음의 내용을 알아듣도록 하는 것이었다. 그는 자신이 만나는 새로운 민족들의 사회 · 문화 속으로 들어가 어떻게 하면 그리스도가 육화하도록 하느냐에 대해 끊임없이 생각한 것이다. 리치가 1608년 8월 22일에 아콰비바 총장에게 보낸 편지에는 "그리스도인들의 숫자만을 성과"라고 보지 말고 "더 원대한 것을 위해 지금 하고 있는 엄청난 토대 작업도 기억해달라"고 요청하고 있다.

③ 신앙선포를 위한 수단으로서 과학의 활용

리치는 콜레지움 로마눔에서 배운 지리학 · 지도제작법 · 천문학 · 기하학 등을 활용하여 중국인들의 관심을 모았다. 리치가 보기에 아직까지

---

7 Ricci M., *Al canonico Anton Maria Ricci suo fratello a Macerata*, Pechino, 24 Agosto 1608 in *Le Lettere dalla Cina*(1580~1610), vol. II., Opere Storiche del P. Matteo Ricci S. I., 1913, p. 376.

중국인들은 지리적으로 세계가 어떻게 생겼는지, 갈릴레오의 천문학적인 발견과 유클레이데스의 기하학에 대해서 잘 모르고 있었다. 일식과 월식에 대한 중국인들의 계산이 잘못되어 혼란이 생기는 것을 보면서 리치는 정확한 계산법을 알려주었다. 그것으로 인해 리치는 중국인들 사이에서 과학적 지식을 인정받고 그에게 수학을 배우러 오는 학자들이 생겨나기 시작하였다. 그 가운데는 훗날 중국 교회의 세 기둥 중의 한 사람인 서광계도 있었다.

리치는 또한 중국인들이 갖는 세계관이 서양인들이 갖는 직선적인 세계관과는 달리 둥글고, 명나라 말기 중국의 문인들 사이에서 도덕 · 종교 · 과학 · 신학과 철학적인 가르침들이 일원적이고 유기체적이라는 것을 간파하였다. '하늘의 가르침'을 근거로 하는 중국 문화의 특성은 결국 그리스도교의 일원론적이고 유기체적인 세계관과 크게 다를 바가 없는 것으로 이해하였다.

그러나 리치에게 있어 과학은 어디까지나 복음을 전수하고 신앙을 전파하기 위한 수단이지 그 자체가 목적은 아니었다. 리치는 자신이 중국에서 과학자로 얻는 명성에 휩쓸리지 않고 오히려 자신의 재능을 중국인을 대상으로 한 방대한 복음화 활동의 수단으로 삼고자 끊임없이 노력하였다. 그가 중국인에게 서양의 과학을 전수해주었지만 그는 어디까지나 그리스도교의 선교사였고 그런 자신의 정체성을 한 번도 잊은 적이 없었다. 그것은 마지막까지 발리냐노의 명령에 순명하여 쓴 『그리스도교와 예수회의 중국 진출기[傳教史]』(『중국 선교행전』)를 통해서 분명히 확인할 수가 있다.

④ **이성에 대한 가치 고양**

리치는 처음부터 현실 문제에 대해서 아리스토텔레스와 아퀴나스의 가르침을 따라 이성적으로 접근하였다. 리치는 자신의 편지와 과학과 견해는 모두 이성에 기초하여 나온 것이고, 그것은 그리스도교 신앙을 중국인들에게 더 쉽게 전수하기 위한 방법의 하나라고 말한 바 있다.[8] 그는 그리스도교의 진리와 하느님의 존재에 대해서도 아퀴나스 철학에 입각하여 이성적으로 설명하였으며, 초월적인 세계에 대해서는 고통의 존재와 끊임없는 인간의 불만족과 행복에 대한 목마름, 지상에서는 완전한 충만을 이룩할 수 없다는 것 등을 설명하였다. 일원론자들의 범신론을 비판하고 윤회사상과 동물 살생에 대한 두려움, 몇 가지 불교 개념, 천국과 지옥의 존재, 인간 본성의 선함, 예수 그리스도를 통한 하느님의 육화에 대해서도 설명하였다. 그리하여 계시의 신비에 대한 인간적인 접근을 시도하였다. 중국의 고전을 통해서 묵상한 진리에서 출발하여 순수 이성을 통해서만 인식할 수 있는 계시된 진리의 선포로 넘어가는 방법이었다. 이런 방법을 통해서 점차 중국인들을 설득시켜 나갔다. 리치는 자신이 가르치는 교리조차 예비 신자와 그리스도인들이 고백해야 할 모든 신앙의 신비를 담고 있지 못하다는 것을 고백하는 한편, 오히려 타고난 이성과 본성의 빛으로 인식할 수 있는 부분이 많다는 점을 강조하였다.

그는 창조주의 존재와 영혼의 존재, 상선벌악(賞善罰惡)과 같은 그리스도교의 기본적인 교리와 윤회사상에 대한 자신의 의견을 이성에 입각하여 논리적으로 설명했고, 그 과정에서 중국의 고전을 인용하였다. 그 결과 불교는 배척하고, 스콜라 철학과 유교를 잇는 가교를 형성할 수가 있었다. 유교의 개념을 통해 그리스도교를 전함에 있어서 당시 중국에 난무하던 혼합주의나 유교 이외의 다른 종교를 차용하지는 않았다. 단지 중국

8 Ricci M., *Al P. Francesco Pasio S. I.*, Pechino, 15 Febbraio 1609 in *Le Lettere dalla Cina*(1580~1610), vol. II., Opere Storiche del P. Matteo Ricci S. I., 1913, p. 384.

의 고유한 전통과 유교의 개념만을 차용하였다. 그리스도교의 진리 안에 견고하게 닻을 내리고 중국의 종교 문화를 존중하고 그들의 문화적인 눈높이에 맞추어 교리를 전수한 리치의 이러한 태도는 구원의 종교를 선포하기 위한 가장 효과적인 방법이었다고 하겠다.

⑤ 중국 고전들을 회복시키고 고대 유학을 재해석

중국 고전에 대한 리치의 면밀한 연구는 하느님에 대한 개념의 기원을 접하는 계기가 되었다. 일신교적인 본성에 다신적이고 범신론적인 다양한 성격은 유교 이전의 원시 종교에서 유래하였다는 것을 인식한 것이다. 리치의 『중국 선교행전』(1608년)에도 자주 언급되는 하느님에 대한 순수한 개념은 오로지 리치가 중국의 고대 사상에서 가져온 것이고, 그리스도교의 교리도 가능한 한 중국인들이 이질감을 느끼지 않는 방법으로 설명하고자 하였다. 중국의 건강한 전통에 깊이 매료되어 이를 적극 수용하였던 것이다.

1595년 11월 4일, 아콰비바 총장에게 보낸 편지에서 리치는 "중국인들의 고전을 통해 우리 성교회의 신앙을 설명하고자 합니다"[9]라고 자신의 의도를 밝히고 있다. 리치가 시작한 사도직은 이렇게 중국의 종교와 문화에 적응하려는 시도와 그 안에서 드러나는 좋은 것의 가치를 인정함으로써 그리스도교적인 개념으로 조명하고 그것을 복음 선포에 활용하는 것이었다.

리치는 고대 중국인들이 유일하고, 인격적이고, 전능하고, 모든 만물의 주재자로 간주해왔던 상제(上帝)와 천(天)을 복음의 메시지와 그리스도교의 기도의 시작에 넣는 것을 주저하지 않았다. 그리하여 중국인들에게 리

9 Ricci M., *Al P. Claudio Acquaviva S. I.*, a Roma(4 Novembre 1595) in *op. cit.*, p. 207.

치는 새로운 교리나 새로운 힘을 전하는 사람이 아니라 중국의 고전과 그들의 좋은 전통으로 다시금 되돌아갈 것을 촉구하는 사람으로 비추어졌다.

중국 고전에 대한 리치의 해석에 대해서 『중국과 그리스도교』를 쓴 제르네(Jacques Gernet)는 비판적인 견해를 보이기도 하였다. 리치의 그런 태도에는 서구의 오만한 태도가 들어간 것으로서 "중국 고전과 사서들에 대한 해설을 중국인들에게 한다는 것은 수세기 동안 중국의 학자들이 해온 수많은 해설에 대한 모독"[10]이라고 평가 절하하였던 것이다. 가톨릭교회의 오만함을 극명하게 드러내고 있다고 날카롭게 비판한 것이다. 게다가 중국어의 구체적이고 상징적인 문어체는 시대의 변화에 따라서 달라지는 사상에 대해서 지속적으로 재해석해야 하는 특성을 지니고 있기에 유교와 고전 텍스트와 스승들의 말씀을 제대로 해석했는지에 대해 의문을 제기하였다.

그러면서도 리치는 중국인 학자들 사이에서조차 중국의 고전 사상들이 잘못 해석되고 있다는 것을 잘 알고 있었고, 그래서 리치는 중국인들이 말하는 천(天)과 최고의 주재자 상제(上帝)를 한 번도 성경의 하느님에서 찾으려고 하지 않았다고 리치 주변의 인물들의 말을 빌려 변호하기도 하

10 Gernet Jacques, *China and the Christian Impact*, Janet Lloyd, trans. Cambridge: Cambridge University Press, 1985. 이 책에서 제르네는 리치가 중국어와 문화에 대한 이해 부족으로 중국에서 그리스도교의 선교가 실패한 것으로 평가했다. 코헨 역시 중국의 지방 관리들이 선교사들에게 반감을 가져 리치가 유학자의 신분을 획득하지 못했다고 하였다. Paul Cohen, *China and Christianity: The Missionary Movement and the Growth of Chinese Antiforeignism 1860~1870*, Cambridge: Harvard University Press, 1963. 한편 주르케는 중국에서 불교가 확산될 수 있었던 몇 가지 성공 요인을 언급하면서 동시에 그리스도교가 성공하지 못한 이유에 대해서 중국인의 보수주의, 외국인 배척, 중화주의가 있지만 동시에 불교 승려들에 대항하여 성급한 선교를 하려고 한 그리스도인 선교사들의 선교 방식을 들었다. Erik Zürcher, *Bouddhisme et christianisme. Bouddhisme, christianisme et société chinoise*, Paris: Conférences, essays et leçons du Collège de France, 1990, pp. 11~42.

였다. 리치는 그리스도교의 주요 개념어를 언제나 중국의 고전에서 찾음으로써 오히려 성경의 개념에 더 가깝다고 느꼈고, 그것이 하느님의 의미를 더 풍성하게 한다고 보았던 것이다. 그래서 리치는 중국의 전통에서 그리스도교의 개념과 유사한 개념이 발견되면 그것을 이용하여 만나는 사람들에게 그리스도교의 진리를 알렸다는 것이다. 그러나 반대로 그리스도교의 신앙과 전혀 맞지 않는 민간의 신심이 발견되면 주저하지 않고 단죄하기도 하였다.

리치는 중국의 현실을 조작하지도, 오만한 해석을 강요하지도 않았다. 오로지 중국의 원시 종교(유교)를 회복하고 그 의미를 그리스도교적으로 해석함으로써 진정한 토착화를 꾀했던 것이다. 그리하여 그리스도교에서 선포하는 주요 교리가 외래적인 것이 아니라 이미 중국의 문화 전통 안에서 기인한다고 하였다.[11]

리치의 이러한 적응주의 선교의 노력에도 불구하고 중국 선교의 어려움은 여러 방식으로 다가왔다. 낯선 사람을 경계하고 의심하던 중국인들로 인해 부당한 의심을 받기도 했고, 리치에게 협조한 현지인에게 누명을 씌워 억울하게 매질을 하여 감옥에서 죽는 일까지 있었다. 심지어 어떤 경우에는 지방 총독이 보낸 사람에 의해 감시를 받기도 했고, 느닷없이 들이닥친 치안관들에 의해 선교센터가 압수 수색을 당하기도 하였다.[12]

---

11 Cfr. Ricci M., Al P. Claudio Acquaviva S. I., a Roma(4 Novembre 1595) in op. cit., pp. 207~208.

12 이 사건들은 1583~1587년 자오칭(肇慶)에서 일어난 각종 사건과 박해와도 관련이 있다. *Al P. Fabio De Fabii S. I. – Roma*(12 Nov. 1592), *Opere Storiche del P. Matteo Ricci S. I.*, Edite a cura dal P. Pietro Tacchi Venturi S. I., Volume Secondo *Le Lettere dalla Cina*(Macerata: 1913), pp. 92~93; 서양자, 『16세기 동양선교와 마태오 리치 신부』, 서울: 성요셉출판사, 1980, 73~76쪽 참조.

이런 일련의 사건들은 언어와 문화의 장벽 외에도 중국 선교의 특수한 어려움을 반영하는 일로서, 발리냐노, 리치, 루지에리로 구성된 '중국 선교단'[13]으로 하여금 어떤 식으로든 선교사의 안전과 활동을 보장받기 위한 강력한 제도적이고 근본적인 장치를 마련하도록 하는 계기가 되었다.

그리하여 루지에리는 당시 서양인들이 생각할 수 있는 최고 권력자인 교황에게 청하여 명 황제 앞으로 특사를 파견해달라는 요청을 하기 위해 로마로 갔고,[14] 리치는 선교에 가장 효과적인 관료를 대상으로 수학 강의와 토론 등 새로운 선교의 길을 모색하였다.

2) 마태오 리치의 문서선교

리치가 마카오에 도착한 것은 1582년 8월 7일이다. 그리고 14년 후인 1596년부터 발리냐노는 리치에게 루지에리가 번역하여 큰 반향을 불러일으킨 바 있는 『천주성교실록』(天主聖教實錄)을 보완하여 '새로운 교리서'를 번역할 것을 명하였다. 발리냐노가 여론의 좋은 반응에도 불구하고 루지에리가 아니라 리치에게 『천주성교실록』의 수정본을 내도록 한 배경에는 앞의 제3부에서 이미 언급한 바 있듯이 발리냐노와 루지에리의 관계가 자리하고 있었다.

리치는 루지에리의 『천주성교실록』 수정본으로서 훗날 저 유명한 『천주실의』(天主實義)가 될 필사본을 1596년에 발간하여 마카오에서 중국 선교를 준비하는 서양 선교사들이 중국어 공부를 할 수 있는 자료로 활용하

13 1585년 8월까지 자오칭(肇慶)에서 선교활동을 하던 사람은 루지에리와 리치밖에 없었고, 이들은 계속해서 발리냐노와 모든 일을 상의하여 진행하고 있었다. *Al P. Claudio Acquaviva S. I.*, a Roma(12 Nov. 1592), Le Lettere dalla Cina, p. 92.

14 Grisondi F. A., *M. Ruggieri, Missionario in Cina e primo sinologo europeo*, Milano, Jaca Book, 1999, pp. 37~41. 김혜경, 「16~17세기 동아시아 예수회의 선교정책: 적응주의의 배경을 중심으로」, 59쪽 각주 36에서 인용.

마태오 리치

도록 하였다. 이 책은 루지에리의 것과 함께 선교사들 사이에서 수많은 필사본들이 나왔지만 정식 출판은 마태오 리치가 1601년에 베이징에 도착한 뒤 재수정하여 1603년에야 이루어졌다. 따라서 리치에게 『천주실의』 저술의 역사는 베이징을 향한 자신의 여정처럼 마카오에 도착하면서부터 시작된 길고 긴 여정의 하나라고 할 수 있다.[15]

15 『천주실의』는 1603년에 베이징에서 출간되자 중국에서는 이를 둘러싸고 격렬한 반론들이 나왔는데, 그 대표적인 것이 종진지(鍾振之)의 『천학초징』(天學初徵), 『천학재징』 등이었다. 천주교 내에서 나온 『천주실의』에 대한 비판은 오히려 반(反)가톨릭적인 중국 사상에 치우쳤다는 것이다. 책은 바로 조선에도 전해져 지식인들 사이에서 논란의 대상이 되었다. 유몽인(柳夢寅, 1559~1623)의 『어우야담』과 이수광(李睟光, 1563~1628)의 『지봉유설』을 통해서

리치는 르네상스로 인해 서양에서 휴머니즘의 대두와 함께 식자층들만의 언어에 머물렀던 라틴어 대신에 당시에 '속어'라고 불리던 각국어로 문학서가 나오고, 이들 문학서를 통해서 시대를 풍자하며 시대의 권력이 자유 국가의 시민들 속에 전파됨으로써 르네상스의 꽃이 피어나기 시작했다는 것을 잘 알고 있었다. 르네상스로 인해 인쇄술이 발달하면서 사상적인 기류가 완전히 바뀌고 지리상의 대발견과 종교개혁으로까지 그 영향이 미쳤다는 것도 잘 알고 있었다. 휴머니즘이 단테, 보카치오, 페트라르카로 불리던 피렌체의 삼총사들을 통해 문학에서부터 출발하여 정치와 사상의 변화로 나아가고 르네상스와 지리상의 대발견과 종교개혁으로까지 이어졌다는 것도 잘 알고 있었다. 당시에 글자를 안다는 것은 엄청난 힘이자 권력이었다. 피렌체의 문인들을 중심으로 일어난 휴머니즘은 특정 계층을 중심으로 한 중세의 답답한 세상에서 벗어나고자 몸부림치는 과정에서 현실을 비판적으로 바라보고 열린 시각으로 역사를 재점검하며 잘못된 현실 정치와 권력과 시대를 풍자하며 점차 그 영역을 확장해나간 지적 운동이었다.

리치가 보기에 명말 중국의 현실과 종교개혁 이전의 유럽의 상황이 별반 다를 바가 없었다. 중국에서도 글자를 아는 식자층이 권력을 쥐고 있었고, 그중의 많은 탐관오리들이 백성들을 착취하며 망국을 부추기고 있

내용이 요약, 소개된 뒤 실학자들 사이에서 논평과 반론이 끊이지 않았다. 이익(李瀷, 1681~1763)의 『천주실의발』, 신후담(愼後聃, 1702~1761)의 『서학변』, 안정복(安鼎福, 1712~1791)의 『천학고』, 이헌경(李獻慶, 1719~1791)의 『천학문답』, 홍정하(洪正河, 1684?~?) 의 『실의증의』(實義證疑) 등은 비판적인 관점을 취한 반면에 이벽(李檗) · 권철신(權哲身) · 정약종(丁若鍾) 등은 긍정적으로 수용하여 천주교인이 되었다. 이 책의 초창기 한글본은 절두산 순교자박물관에 소장되어 있다. 최근에 새로 번역되어 나온 대표적인 『천주실의』 판본에는 다음과 같은 것이 있다. 이수웅 역, 『천주실의』, 분도출판사, 1984; 송영배 외 역, 『천주실의』, 서울대학교 출판부, 1999/2010.

었기 때문이다. 리치는 서양의 역사를 통해 이런 시기에는 글자가 얼마나 중요한지를 잘 알고 있었고, 쇄국정책으로 외국인 선교사에게 철저하게 막힌 길이 문자에게는 뚫려 있다는 것도 잘 알고 있었다. 중국에서 글자는 최고로 존중받는 스승이었다. 이것이 그가 지속적으로 중국어를 공부하고, 그것을 선교의 수단으로 활용하고자 했던 이유였다고 하겠다.[16]

리치는 자신보다 앞서 중국에 들어와 문서선교를 시작했던 루지에리의 경우를 보았다. 루지에리가 번역하여 소개한 「주의 기도」, 「성모송」, 「신경」, 「십계명」(1583년)[17]과 『천주성교실록』(1584년)의 출간 이후 중국의 문인들 사이에서 일어나고 있는 각종 반응에 주목하였던 것이다. 『천주성교실록』에 대한 반응이 중국인들 사이에서보다는 중국 선교를 준비하는 서양 선교사들 사이에서 더 크게 일어나고 있었을 뿐 중국인들 사이에서는 성공적이었다고 할 만한 수준은 아니었던 것이다. 그 점에 대해서 발리냐

16 마태오 리치는 발리냐노의 명에 따라 문서선교를 위해 중국어에 관해서도 많은 연구를 하였다. 그 결과 그는, 중국에는 지역에 따른 방언이 많고 표준어라고 할 수 있는 관화(官話)는 '만다린'이라는 단어가 암시하는 바와 같이 주로 중국의 관료들이 쓰던 표준중국어로서 구어(口語)인 관화와 문어(文語)인 (한문, 漢文) 자(字)는 다르다는 사실을 알았다. 그리고 그는 자(字)는 중국의 전 지역은 물론 인접국들인 중국 · 일본 · 한국 · 베트남 등에서도 사용하고 있어서 민족 간 혹은 인접 국가 간에 구어적 소통은 되지 않아도 자(字)를 통해 문어적 소통이 가능함을 알고 있었다. 나아가 그는 중국에서 구어를 '만다린어'라고 부르고 일본에서는 '가타가나'(katakana)라고 부른다고도 하였다. 중국어의 오성(五聲) 체계의 어려움과 관련해서는 각 성(聲)에 따라 의미가 완전히 달라 비교적 발음이 좋다고 하는 중국의 학자들 사이에서도 단어를 반복해서 말할 때가 많고, 경우에 따라 더 정확하게 하기 위해 붓으로 글자를 쓰거나 붓이 없을 때는 손가락에 물을 묻혀 공중이나 손바닥에 쓰기도 한다고 하였다. 중국어는 말하는 것보다 쓰는 것이 더 정확하기 때문이다. 중국어의 글쓰기 방식은 왼쪽에서 오른쪽으로, 위에서 아래로 쓰며 서양인들이 문자를 대하는 것에 비해 중국인들은 예를 갖추어 대하고 글쓰기에도 임한다고 기록하고 있다. *Fonti Ricciane*, n. 47, 51, 54.

17 1584년 9월 13일 이전에 출간되어 그해 11월 30일에 로마에 보냈고, 그 가운데 십계명만 현재 Archivium Romanum Societatis Iesu(Jap. Sin. I 189)에 남아 있다. Ricci Matteo, *Lettere(1580~1609)*, Edizione realizzata sotto la direzione di Piero Corradini(Macerata: Ed. Quodlibet, 2001), p. 115 각주 5에서 인용.

노는 이면에 깔린 루지에리에 대한 생각을 접고 내외적으로 루지에리의 언어 실력을 핑계 삼았지만, 리치는 중국인들의 '관심사'가 무엇인가에 대해 주목하였다.

그리하여 리치는 중국인들에게 다가가기 위한 방법으로써 그들이 인간 관계에서 중요하게 생각하는 '벗'(친구)에 관한 책인 첫 중국어 저서 『교우론』(交友論)을 1595년 말에 출판하였다.[18] 리치는 루지에리의 저작들을 통해 중국인들의 반응을 보며 중국인들이 관심을 가지는 것이 무엇인지에 초점을 맞추어 점진적인 접근을 시도하였다. 리치에게 있어서 그것은 이미 새로운 모험이자 선교 방법이었다. 아마도 그는 이전에 집필한 라틴어

18 *Fonti Ricciane*, n. 482 각주 1 참조. 이 책은 로마 공화정 시절의 정치인이자 뛰어난 문필가이기도 했던 키케로(Marco Tùllio Ciceróne, BC 106~BC 43)가 기원전 44년에 쓴 『우정론』을 모델로 하고 있다. 『우정론』은 답하기 힘든 친구 간의 문제들에 대해 예화를 통해 질문하고 그에 답하는 식으로 씌어 있다. 여기에서 키케로는 우정의 제1법칙으로서 "도의에 어긋나는 것은 요구해서도 안 되고, 요구받더라도 들어주어서는 안 된다"고 하였다. 우정은 도덕적인 인간관계를 기반으로 한다는 것을 강조하는 것이다. 우정(amicitia)이라는 단어는 본래 라틴어의 사랑(amor)이라는 단어와 같은 사랑하다(amare)라는 동사에서 유래한다. 이를 통해 '우정은 사랑의 윤리적 형태'라는 것을 알 수 있고, 감성과 이성이 조화를 이루는 윤리적 영역이라는 것을 알 수 있다. 동양의 '우정'이라는 말에서 사용하고 있는 '정'(情)의 의미를 담고 있는 것과 같은 맥락에 있다고 하겠다. 김용석, 『철학정원』, 한겨레출판사, 2007, 250~256쪽 참조. 리치의 『교우론』 역시 서양 고전의 철학자나 문인들 및 성인들의 문장을 인용하여 교우 관계에 대해 질문하고 답하는 대화체로 쓴 일종의 윤리서이다. 『교우론』에서 인용한 저술가들은 키케로가 15회, 플루타르코스 14회, 아리스토텔레스 6회, 세네카 6회, 디오게네스 5회, 아우구스티노 11회, 에라스무스 2회 등이다. 리치는 그리스도교의 성인들의 어록보다는 고대 서양의 이교도들의 고전을 더 인용하고 이를 더 비중 있게 다루었다. 리치는 서양 고전이 중국의 고전과 그 내용이 매우 유사하다고 본 것이다. 『교우론』의 핵심은 첫 장에 나오는 바, "친구는 남이 아니다. 나의 반이고, 제2의 나이다. 따라서 마땅히 친구보기를 나와 같이 해야 한다[1항]. 친구와 나는 비록 몸이 둘이지만, 두 몸 안에 마음은 하나일 뿐이다[2항]"라고 하면서 원론적으로는 '신의'를 강조하였다. 친구 관계에서 서로에 대한 믿음은 모든 윤리적 관계의 기초를 이룬다. 여기에는 당시 리치가 중국에 호의를 갖고 중국인들과 좋은 관계를 맺고자 하였으나 중국인들이 자신에게 보이고 있는 극도의 반감과 경계심을 누그러뜨리고 의심하지 말아달라는 당부도 담긴 것으로 판단된다.

번역서 『사서주석』(四書註釋)을 발간하면서(1591~1594년) 『논어』에서 강조하고 있는 붕우관(朋友觀)에 대해 충분히 주목했을 것이다. 그의 예상은 적중했고, 『교우론』에 대한 반응은 가히 폭발적이었다.

그러나 리치는 여기에서 멈추지 않고 자신의 후배들이기도 한 서양인 선교사들을 위해서 루지에리와 함께 처음으로 『유럽-중국어 사전』을 발간하였다(1598년 11월). 이것은 어떤 의미에서는 다소 늦은 감도 있고, 아직까지 세련된 형태도 아니었지만 배우기가 거의 불가능하다[19]고 하는 중국어 학습을 하는 선교사들에게는 참으로 중요한 것이었다. 이것은 『교우론』의 성공으로 리치의 중국에서의 입지가 좋아지고 있는 상황에서 베이징을 향한 그의 여정에 거쳐 가는 지역마다 건설하게 될 선교센터와 거기에 파견되는 선교사들을 위해 꼭 필요한 책이었다. 미래의 유능한 중국 선교사 양성을 위한 토대 작업이었던 것이다. 따라서 리치의 문서선교는 중국인을 대상으로 중국 고전을 통한 그리스도교 사상(윤리)의 전수와 서양인 선교사들을 위한 토착 문화(언어 포함)의 전수가 같은 맥락에 있는 것이었다.

리치가 제작한 『산해여지전도』(山海輿地全圖)와 『만국여지전도』(萬國輿地全圖) 등의 지도는 중국인들로 하여금 자신들이 세계의 중심이라는 사상에서 벗어나도록 하려는 의도가 컸다. 리치는 서양에서 이미 사라진 우주관이 중국에서는 아직도 남아 있다는 것을 알았고, 지도들과 나중에 만들게 될 지구의(地球儀)를 통해서 그들의 우주관을 바꾸는 데 기여하였다. 그는 난징에서 아랍인들이 남긴 우수한 천체 관측기구들이 환관으로서 천

19 중국 선교에 투입된 예수회 선교사들조차 중국어의 습득을 거의 '불가능한 일'이거나 '소용없는 일' 혹은 '절망적인 일'로 여겼다. 루지에리가 쓴 1580년 11월 8일자 편지에도 "일부 예수회원들도 불가능한 중국어를 배우느라 시간을 허비하지 말고 차라리 다른 일을 하는 것이 좋지 않겠습니까?"라는 말을 하고 있다. *Fonti Ricciane*, LXXXVII, nota 2; n. 204.

문 관측을 담당하던 태감(太監)들이 사용법을 몰라 유물처럼 진열해놓은 것을 보고 『사원행론』(四元行論)이라는 소책자로 서양 천문학을 소개하였다(1595년). 그리하여 리치는 난징에서 중국인 학자들을 대상으로 수학(數學)을 강의하는 동시에 유불도 삼가(三家)의 서적을 읽어가면서 여러 측면에서 천주교 교리와 유사한 유가의 학설과 제휴하는 것만이 앞으로 중국 선교를 가능하게 하리라는 확신을 가지기 시작하였다.

리치는 중국인들이 숭상하는 예악(禮樂)에 관한 지식을 토대로 서양 음악을 전수하는 데도 게을리 하지 않았다. 리치가 직접 제작한 클라비코드와 8장(章)으로 이루어진 노래가사 「서금곡의팔장」(西琴曲意八章)은 명말 서양 음악과 서양 악기가 중국에 처음 전래된 흔적으로 남아 있다. 리치는 이 악기를 만력제(萬曆帝)에게 진공(進貢)하였고 리치와 함께 있던 판토하(Diego de Pantoja) 신부가 궁중에 들어가 환관들에게 서양의 악보와 연주법을 가르치기도 하였다. 리치는 「서금곡의팔장」을 『기인십편』(畸人十篇)에 부록으로 싣기도 하였다.

리치가 천주교 교리와 관련하여 집필을 하기 시작하는 것은 그가 베이징에 들어온 후부터였다. 마카오에서 베이징을 향한 18년 동안의 여정 중에서 그는 중국인들을 대상으로 한 천주교 교리와 관련한 저서의 집필보다는 천문 · 지리 · 도덕과 관련한 저작을 중국에 소개하는 데 주력했고, 후배 선교사들을 위해서 라틴어 『사서주석』으로 중국의 사상을 알리고 『유럽-중국어 사전』으로 선대 선교사들 사이에서는 불가능한 언어로 간주되었던 중국어 습득에 도움을 주었다. 리치의 이러한 토대 작업이야말로 상호 적응주의 선교의 선(先)-모델이라고 할 수 있다. 그리고 그 토대 위에서 직접적인 선교의 방편이라고 할 수 있는 종교 서적이 확산되어 나갔다.

중국의 사대부들은 리치가 『천주실의』, 『천주교요』(天主教要), 『이십오언』(二十五言) 등을 집필하기 전에 이미 그를 저명한 서양인 저술가로 알고 있었기 때문에 그가 천주교 교리와 관련된 저서들을 내놓았을 때는 많은 부분에서 충분한 설득력을 얻을 수 있었고 부정적인 요소를 불식시킬 수도 있었다. 그러므로 리치의 적응주의적 문서선교의 과정은 '언어 · 문화 장벽 극복 → 서양 문물, 학문 소개 → 철학과 종교 소개'의 순서로 진행되었다고 할 수 있다.[20]

문어 소통에 대한 기록은 달레의 『조선천주교회사』에도 나온다. 이승훈이 베이징 천주당을 찾았을 때 만난 원(原) 예수회 소속의 선교사 방타봉(de Ventavon)은 이승훈과 문자로 서로 의견을 주고받았던 것으로 보인다. 방타봉 신부가 1784년 11월 25일자로 서양에 있는 자기 친구들에게 보낸 편지에는 다음과 같은 대목이 있다.

> 우리는 조선 사람들과 글자로 이야기할 수밖에 없습니다. 그들의 글자와 중국 글자는 모양과 뜻이 같습니다. 다른 점이 있다 하여도 아주 미미합니다. 그러나 발음은 전혀 다릅니다. 조선 사람들이 말하고자 하는 것을 글자로 써놓으면, 우리는 그 글자를 보고 뜻을 이해하였고, 그들도 우리가 대답으로 써놓은 것을 보고 그 뜻을 즉시 알아들었습니다.[21]

3) 마태오 리치의 문서선교의 특징

적응주의 선교에서 리치가 어떠한 상황에서도 변함없이 지속적으로 한 것은 문서선교의 분야이다. 그는 자신이 알고 있는 모든 지식을 동원하여

---

20 이경구, 「서학의 개념, 사유 체계와 소통 · 대립 양상: 마테오 리치의 저작과 논쟁을 중심으로」, 『한국사상사학』 제34집(2010), 한국사상사학회, 158쪽.

21 *Nouvelles lettras édifiantes*, Paris, 1818, t. 2, p. 20. 샤를르 달레, 안응렬 · 최석우 역, 『한국천주교회사』 상권, 한국교회사연구소, 1996, 305~307쪽에서 인용.

그리스도교 교리에 바탕을 둔 교리교육적인 방식으로 일부다처제 사회에서 일부일처제를 정착시키는 등 중국인 관료들의 삶을 윤리적 도덕적으로 변화[22]시킴으로써 동서양 문명을 잇는 가교가 되었다. 서양 사상의 토대 위에 중국의 사상과 문화를 그들의 언어로 설명하고, 서양 선교사들을 위해 중국 문화를 라틴어와 포르투갈어로 알리며, 중국인들에게 서양의 사상과 문화를 아낌없이 전수하였다. 이러한 그의 활동은 모두 선교사로서의 정체성을 잃지 않는 가운데 진행되었기에 선교활동이라고 말할 수 있다.

리치가 베이징에 들어와서 집중적으로 집필하기 시작하는 그리스도교 교리와 윤리에 관한 저서들은 중국인 문인 학자나 회심자 및 예비 신자와 그리스도교에 관심이 있는 사람들을 위해서 뿐 아니라 그리스도교 신앙을 반대하는 사람을 위해서도 쓴 것이다. 철학적 사유와 문화적인 배경을 토대로 접근한 그의 문장은 대단히 합리적이고 논리 정연한 것으로 받아들여졌다.

따라서 그의 문서선교의 특징에는 다음과 같은 것들을 꼽을 수 있다.

첫째, 리치는 토착 문화에 대한 깊은 이해와 인식에 따라 책을 출판하였다. 선교사가 토착 지역의 문화에 대해 타자(他者)로부터 들은 정보에 입각해서가 아니라, 혹은 통역자나 번역자가 대신 기록한 것을 출판하는 것이 아니라, 자신이 직접 체험한 문화에 관한 것만을 기록하여 출판하였다. 번역자나 해설자의 도움을 받을 경우에는 함께 충분한 대화와 토론을

22 서광계(徐光啓, 1562~1633)는 리치가 쓴 『천주실의』를 읽고 세례를 받았다. 그는 그리스도교 신앙을 받아들이기에 앞서 한 명뿐인 아들이 아직 손자를 출산하지 못하자 자신이 축첩을 통해 아들을 얻을 생각을 하고 있었다. 그러나 마태오 리치를 만나면서 서광계는 축첩을 포기하고 바오로라는 세례명으로 세례를 받고, 그의 집안은 중국 그리스도교의 중추적인 역할을 하였다. 당시 중국인 관료들에게 있어 그리스도교를 쉽게 받아들이기 힘들었던 이유 중에는 서광계의 경우처럼 아들선호사상에 입각한 축첩 제도가 큰 장애가 되었기 때문이다.

거치는 것을 원칙으로 하였다. 예컨대 리치가 임종하기 얼마 전에 나온 『기하원본』(幾何原本) 상권 6책(1607년)과 그 외 기초수학 이론들은 리치와 서광계(徐光啓, 1562~1633)가 함께 번역한 것으로서 리치가 구술하고 서광계가 그 자리에서 받아 적은 것이다. 서광계와 이지조(李之藻)는 『유클레이데스』 상권 6권을 완전히 이해하였고, 이 책이 1607년에 출간되었을 때 중국의 독서계는 흥분의 도가니였다. 중국인들은 자국어로 쓰인 책에 그들 스스로도 이해하지 못할 만큼의 학문적 깊이가 있음에 자존심 상해하면서도 새로운 학문에 경탄을 금치 못했다.[23]

둘째, 리치가 낸 많은 서학 관련 도서들은 원칙적으로 선교를 목적으로 하였다. 그는 수학 · 물리학 · 천문학에도 조예가 깊은 과학자였고, 그의 스승인 예수회의 클라비우스는 당시에도 콜레지움 로마눔에서 왕성한 활동을 하고 있었다. 그의 스승이 1607년에 보낸 지구의(地球儀)도 황제를 알현하거나 태감들을 만나는 수단으로 활용하였다. 그리고 그 만남은 오로지 선교를 목적으로 하거나 아니면 적어도 종교의 자유를 얻기 위한 것이었다.

리치는 중국인들이 아무리 천주교 관련 서적보다는 서양 과학 관련 서적에 관심을 보여도 그것이 선교의 수단으로서 활용도가 낮다고 생각되면 거기에서 멈추었다. 그에게 서학서 활용은 중국인에게 서양의 발달한 과학을 알려주고 그들 문명의 발전에 보탬이 되도록 하려는 것이 아니라 어디까지나 선교를 위한 수단에 불과하였다. 예컨대 『기하원본』 상권 6책과 여러 기초 수학이론들을 번역한 서광계는 수학에 천부의 재능이 있어서 『유클레이데스』 전권을 번역하기를 원했지만, 하권은 중국인이 연구하기에는 너무 깊은 내용일 것이라는 것과 그것이 선교에는 그리 유용하

23 *Fonti Ricciane*, n. 772.

지 않을 것이라는 판단에 따라 리치는 번역을 하지 않았다.

중국인들이 그토록 호감을 보였던 『유클레이데스』 하권을 번역하지 않은 것이나 황제의 요청으로 『곤여만국전도』를 제작한 일, 각종 반구와 지도를 중국인들에게 소개한 까닭은 모두 중국인들이 설사 그리스도교에 호의적인 반응을 보이지 않더라도 조금이라도 관심을 가져주기를 바라는 마음에서 한 것이었다. 그가 그린 지도에서 비록 중국을 비롯한 아시아를 세계지도의 중심에 두기는 했어도 그것이 곧 중국이 세계의 중심이라는 뜻은 결코 아니며 오히려 중국인들로 하여금 중국도 세계의 일부에 속한다는 것을 깨닫고 외국인에게 품는 극도의 오만함과 경멸감을 조금이라도 누그러뜨리기를 바라는 의도에서였다.[24]

셋째, 리치는 중국인의 외국인 배척 및 쇄국정책으로 인해 선교사들의 왕래는 자유롭지 못해도 서적은 자유롭게 유통되는 것에 주목하였다. 리치는 문서선교의 이점을 활용하여 문(文)을 숭상하는 중국 어디에서나 전국적으로 선교활동을 할 수 있다고 믿었다. 이것이 리치가 문서선교를 지속적으로 한 이유이자 선교사가 도달할 수 없는 곳에서도 중국인들을 만날 수 있는 유일한 방법이었다. 그래서 리치는 그들에게 유용할 것이라고 생각되는 다양한 책들을 계속해서 출판하였다. 그가 1608년 초에 『기인십편』을 출판했을 때 중국의 유생들과 기타 독서층들의 반응은 대단하였다. 바로 이듬해에 난징(南京)과 난창(南昌)에서 고관 사대부들에 의해 5판, 6판이 나올 정도였고, 중국 문학사에 길이 남을 걸작이라고 칭송을 받을 정도였다. 임종할 즈음에 그는 중국 전역에서 모르는 사람이 없을 정도로 유명한 작가가 되어 있었다.

그러므로 마태오 리치가 추진한 문서선교의 의의는 선교의 방향이 관

---

24 Cronin Vincent, 『서방에서 온 현자』, 312쪽.

화를 사용하는 수도권 중심의 일부 중국인들에게만 그치는 것이 아니라 문어를 공용어로 사용하는 인근 지역과 국가로도 향했다는 데 있다. 나아가 이러한 선교 방식은 선교의 주체가 서양 선교사들에게만 그치는 것이 아니라 문자를 숭상하여 글 읽기를 즐기고 토론하기를 좋아하던 중국인 학자들이 서학서를 통해 그리스도인으로 변화되어 그들로 하여금 선교의 주체가 되도록 하는 저력을 발휘하였다. 문자를 숭상하는 학자들의 자부심을 높이고 그들의 사상과 학문적 업적을 대중과 소통할 수 있도록 그들의 능력을 재촉했던 것이다. 리치는 바로 그런 점에서 그들의 모델이 되기도 하였다.

리치에 의해 시작된 문서선교의 이러한 비전은 교회의 선교에서 시공에 한정되던 커뮤니케이션 선교가 시공을 초월하여 진행될 수 있는 가능성을 여는 동시에 과거 교계(hierarchy) 중심으로만 한정되던 선교의 주체가 트렌토 공의회 이후 선교의 질적 변화를 꾀함으로써 '하느님의 선교'로 이동한 첫 모델이라고 할 수 있다.

2. 로베르토 데 노빌리

리치가 중국에서 자신의 운명을 다해가고 있을 무렵 인도에서는 사비에르 이후 인도를 진정으로 사랑한 또 다른 예수회 선교사가 활동을 했는데, 그가 바로 로베르토 데 노빌리(Robert de Nobili, 1577~1656)였다. 그는 1577년에 로마 교황청 근위 장군인 피에르 프란체스코 데 노빌리(Pier Francesco de Nobili) 백작의 아들로 태어났다.

로마 대학에서 교육을 받던 데 노빌리는 예수회 선교사가 되려고 했지만 가족들의 반대가 심해 결국 로마를 떠났다. 그러나 선교사가 되려는 그의 뜻에 가족들은 마지못해 허락했고, 데 노빌리는 예수회에 입회할 수 있었다. 그리하여 1600년에 데 노빌리는 신학 공부를 하기 위해 다시 로마로 돌아왔고 3년 뒤에 사제 서품을 받았다.

그는 1604년 리스본에서 포르투갈 왕의 신하 신분으로 배를 타고 인도로 향했다. 1605년에 고아에 도착했고, 피셔 해안에서 몇 개월 체류하면서 타밀어를 공부한 다음 이듬해 마두라이로 파견되어 그곳에서 선교활동을 시작하였다.

마두라이에서는 이미 예수회의 곤살로 페르난데스(Gonçalo Fernandez) 신부가 선교를 하고 있었는데, 그는 원주민들에게 모든 것을 포르투갈식으로 바꾸도록 강요하였다. 곤살로의 선교 방식은 기존의 유럽 선교사들이 취하고 있던 전형적인 방식으로서 개종자들을 가능한 한 포르투갈화하는 것이었다. 당시 인도의 상류층 카스트인들은 이를 "파랑기들"(Paranghis)라고 불렀다. 그래서 인도 현지의 문화를 무시하고 포르투갈식으로 바꾸려는 포르투갈인 선교사들의 선교정책을 '파랑기 선교정책'이라고 하였다.

파랑기 선교는 포르투갈 상인들의 퇴폐한 생활습관, 곧 술과 여자를 즐기고 인도에서 신성시하는 소고기를 먹는 등의 생활과 동일하게 간주되어 인도인들은 극도의 혐오감을 가지고 있었다. 즉 그리스도교 신앙이 혐오스러운 관습과 밀접히 연결되어 있다고 본 것이다. 인도의 상류층 카스트인들은 스스로가 존경받을 만한 지위에 있는 사람이라는 자부심을 가지고 있었기 때문에 그런 혐오스러운 생활을 하는 그리스도인이 된다는 것은 불가능한 일이었다.

데 노빌리는 이런 상황을 극복할 수 있는 유일한 길은 자신이 토착화되는 것, 즉 스스로 인도의 관습에 맞추는 것이라고 생각하였다. 이에 브라만 카스트의 복장을 착용하고, 1610년에 발표한 저서 『그리스도교 신앙

데 노빌리

선언』(*Menifesto*)을 통해 자신은 파랑기가 아니라 '브라만 산야시'(Brahman Sanyasi), 즉 '인도의 성자'라고 공식적으로 선포하였다.

1608년, 마두라이에 도착한 지 2년째 되던 해에 약 10명의 브라만 청년들에게 세례를 주었고, 1609년에는 브라만 산스크리트 학자이며 데 노빌리에게 베다와 우파니샤드를 산스크리트어로 가르친 시바달마(Sivadharma)를 개종시켰다. 그리고 같은 해 말에는 브라만 개종자가 약 60명에 이르렀다. 그가 사망하기 2년 전에는 개종자가 무려 4,183명에 이르렀다.

데 노빌리는 리치가 중국에서 적용한 선교 방법론에 대하여 잘 알고 있었으며 그와 같은 한도 내에서 또는 그 이상으로 확대해서 그 방법들을 시도해보고자 하였다. 개종자들에게 포르투갈 문화를 따를 것을 강요하는 기존의 선교 방식에서 벗어나 카스트 제도의 장단점을 면밀히 검토한 후에 자신을 인도인에게 맞추었고 브라만 계급에게 나아가 선생으로서 인정을 받게 되었다. 데 노빌리는 마두라이에 파견되면서 산스크리트어와 타밀어를 배워서 인도인에게 익숙한 언어로 설교하고 인도의 고행자들처럼 금욕적인 생활을 솔선수범하면서 인도인의 눈에 부정한 것으로 보이는 것을 피하기 위해 유럽인과의 관계마저 끊었다.

그의 선교 원칙은 카스트의 제한적인 제도를 수용하고 인도의 어떠한 사회적 관습이나 개념도 거부하지 않는다는 것이었다. 그는 머리카락도 조금만 남겨두고 모두 잘랐다. 그는 타밀어만 사용했고 브라만 출신의 요리사와 집사를 고용했으며 채식주의자가 되었다. 다른 모든 브라만처럼 그는 하루 한 끼의 식사만 하였다. 그는 자신이 늘 입고 다니던 검정색 성직자의 옷과 가죽신발을 벗어버리고 사프란으로 만든 긴 인도식 의복과 나막신을 신었다. 가죽신발도 소를 신성시하는 힌두교 정신에 위배되는 것이었기 때문이다. 이마가 노출된 것을 가리기 위해 그는 구루 혹은 스승을 상징하는 백단의 표식을 그려 넣었다. 그 결과 드디어 그를 향해 문을 여는 브라만들과 함께 식사를 할 수 있게 되었고, 잠시 동안이지만 브라만으로서의 지위를 나타내는 확실한 표식인, 어깨에서 허리까지 내려오는 솜으로 만든 새끼줄 세 가닥을 감고 다니기도 하였다. 그는 매일 목욕을 했으며 미사를 집전하기 전에 자신을 정결하게 만드는 의식을 거행하였다.

그러나 데 노빌리의 이러한 혁명적인 적응주의 선교 방식은 예수회 선교사들 안에서부터 논란이 되기 시작했고 급기야 교황청에까지 비난과 고소가 들어갔다. 이전부터 데 노빌리의 선교 방식을 부정적으로 보아오던 곤살로가 고발 문서를 작성했는데, 거기에는 비그리스도교적이라는 둥, 토착 문화에 대한 존중은 신학적으로 문제가 있는 사안이라는 둥, 데 노빌리의 선교신학과 방법론의 적합성에 대해 이의를 제기한 것이다.

1611년부터 시작된 데 노빌리의 선교신학과 방법론에 대한 찬성과 반대의 논란은 1623년까지 인도의 선교 현장과 로마 예수회 본부가 친(親) 데 노빌리와 반(反) 데 노빌리로 양분되는 현상을 야기하면서 금지 → 단죄 → 관용 → 완화 → 해제 등의 공방이 오갔다. 이에 1617년, 교황 바오로 5세는 이듬해 2월에 고아에서 회의를 개최하도록 허락했고, 그래서 유명한 1618년 12월 코친에서의 "고아 종교회의"(Goa Conference)[25]가 개최되기에 이르렀다. 여기에는 20여 명의 신학자들과 사제들이 참석했으며 2명의 교황 심문관도 참석하였다. 이들에게 데 노빌리의 선교활동의 미래를 결정짓는 책임이 주어졌다. 데 노빌리의 선교신학과 방법론에 대한 치열한 신학적 공방이 오갔고, 모든 토론이 매듭지어졌으며 마침내 결정이 내려졌다. 교황 심문관 1명, 다른 대표 2명, 그리고 데 노빌리 자신을 포함하여 모두 4명이 옹호하고 나머지 16명은 반대하여 데 노빌리의 선교 방법론은 금지되고야 말았다.

그러나 5년 후인 1623년에 새로 교황이 된 그레고리우스 15세(재임 1621~1623)가 데 노빌리의 선교 방법론을 찬성하면서 교서 『로마의 최고좌』(*Romanae Sedis Antistes*, 1623. 1. 31)를 통해 규제를 해제하여 그의 선교신학이 공식적으로 인정받기에 이르렀다. 그리하여 데 노빌리는 다시 마두라이로 돌아가 남인도와 실론 일대에서 선교활동을 계속할 수가 있었다. 그러나 말년의 데 노빌리는 질병과 투옥, 거기에 실명까지 겹쳐 고초를 겪다가 1656년 1월에 밀라포어(Mylapore)에서 사망하였다.[26]

---

25 여기에 관해서는 Cronin Vincent, *A Pearl to India: The Life of Roberto de Nobili*, New York: E. P. Dutton & Company, Inc., 1959, pp. 210~220에서 비교적 자세히 다루고 있다.

26 http://www.kamat.com/kalranga/people/pioneers/nobili.htm; Cfr. Cronin Vincent, *A*

데 노빌리는 그의 적응주의 선교 방식으로 인해 교회 밖에서보다는 교회 안에서 더 고단한 삶을 살았다. 당시에 그토록 많은 논란을 야기했던 그의 선교신학은 몇 가지 부분에서 그 의미를 도저히 축소할 수 없는 귀중한 요소들을 담고 있어 이를 간략하게나마 정리하지 않을 수가 없다.

첫째, 인도식 생활양식을 따랐다. 데 노빌리는 인도인들을 구원하기 위해서는 자신이 인도인이 되지 않고서는 불가능하다고 보았다. '인도에서는 인도인처럼'(indus inter indos)이라는 노선에 따라 그는 브라만의 관습과 그들이 외국인에 대해서 가지는 선입견을 면밀히 검토한 후 동서 문화의 교류가 오히려 선교에 장애가 된다는 것을 발견하였다. 인도인들은 유럽 사람들을 멸시하고 극도로 혐오하고 있었는데, 그 이유가 인도인들이 하지 않는 소고기를 먹고 소의 가죽으로 만든 신발과 각종 도구들을 만들어 사용한다는 데 있음을 깨달았다. 그래서 데 노빌리는 육식과 가죽으로 만든 모든 도구들을 포기하고 인도의 성자(Sanyasi)들이 입는 옷을 입고 카스트의 최고 계급인 브라만 행세를 하였다. 그는 또 포르투갈어를 버리고 타밀어를 사용하였으며, 자신의 이름도 타밀어로 타투바보다카(Tattuva Bodhakar, '스승'이라는 뜻)라고 지었다. 의식주 등 모든 생활양식을 철저하게 토착화하였던 것이다.[27]

둘째, 신학의 논증 방법을 인도식으로 재조정하였다. 그는 인도의 고대어를 연구한 최초의 유럽인으로 인정될 정도로 타밀고전 · 텔루구 · 산스크리트에 통달하였고, 힌두경전도 심도 있게 연구하였다. 그는 자신이 가톨릭신학교에서 배운 신학적인 논증 방법론을 인도의 방식으로 재조정하고, 그리스도교의 가르침을 인도 고전에서 실례들을 찾아내어 전함으로

Pearl to India: The Life of Roberto de Nobili, pp. 229~230; 김상근, 『동서문화의 교류와 예수회 선교역사』, 한들출판사, 2006, 181~190쪽 참조.

27 Cfr. Cronin Vincent, *A Pearl to India: The Life of Roberto de Nobili*, pp. 70~71.

써 인도인들의 설득력을 얻어냈다. 특히 하느님의 유일성과 창조성과 같은 그리스도교의 핵심 주제들에 대해서는 공개 토론을 벌이기도 하였다. 힌두경전에 대한 데 노빌리의 연구는 많은 힌두교도들을 모으는 힘이 되었고, 그리스도교 신학을 인도식으로 재조정하였기에 인도인들이 그리스도교를 더 쉽게 이해할 수가 있었으며, 그 덕분에 많은 개종자를 낼 수가 있었다.

셋째, 선교활동을 양분화하였다. 데 노빌리의 첫 번째 선교 대상은 브라만 계급이었다. 그러나 그의 활동이 확장됨에 따라서 낮은 카스트의 계급에서도 개종자가 늘어나기 시작하였다. 그는 처음에는 카스트를 단순히 사회적인 특징으로만 보고 선교사로서 그것을 그대로 수용하면 되는 것으로 알았지만 이것은 종교적인 면에서 인도인들에게는 매우 중요한 것임을 깨달았다. 카스트는 종교와 불가분의 관계에 있기 때문에 신분이 낮은 계층과 높은 계층을 한꺼번에 수용하는 데서 오는 문제들이 발생하였던 것이다. 이것은 인도의 그리스도인들이 엄격하게 카스트를 유지하면서도 복음적 생활을 할 수 있는가 하는 문제와도 직결되는 것이었다. 그래서 데 노빌리는 그것을 해결하는 방법으로서 선교활동을 양분화하기로 결정하였다. 즉, '브라마나산냐시스'(Brahmanasannyasis, 브라만 성자들)는 신분이 높은 카스트를 위해서 활동하는 선교단체로, '판다라스와미스'(Pandaraswamis)는 브라마나산냐시스의 사업에 대한 선입견을 가지지 않고 하류계급의 사람들 사이에서 일하는 선교단체로 나누었던 것이다.[28] 이것은 인도 사회의 특성을 고려하여 계층에 따라 선교 방법을 달리함으로써 이후 인도 선교를 결정짓는 새로운 분수령이 되는 것을 의미하였다.

28 Stephen B. Bevans, Roger P. Schroeder, *Constants in Context: A Theology of Mission for Today*, Orbis book, Maryknoll, New York, 2004, pp. 189~190; Cfr. Cronin Vincent, *A Pearl to India: The Life of Roberto de Nobili*, pp. 251~261.

데 노빌리의 분명한 상황 판단과 그에 대한 적절한 대응을 통해 인도의 선교는 남인도 지역에서 비교적 순조롭게 진행될 수가 있었다. 데 노빌리의 선교 전략인 생활양식의 인도화, 신학의 논증 방법, 선교사업의 양분화 정책은 지금까지도 매우 진보적인 선교 방법론으로 간주된다.

데 노빌리는 선교사가 철저히 토착인과 같이 되지 않고서는 진정한 선교는 이루어질 수 없고, 아무리 좋은 신학적 논증 방법이 있어도 토착인이 이해하지 못하는 범위의 논증이라면 그것은 또 다른 하나의 철학일 뿐이라는 것을 실제로 보여주었다. 토착인의 사회 · 문화를 이해한 후에 계층에 맞는 선교 방법을 선택하는 것은 꼭 필요한 선교 전략이라는 점에서 데 노빌리는 시대를 앞서간 선교사였다고 할 수 있다.

제2장
적응주의 선교에 대한 비평들

리치가 추진한 다양한 형태의 '문화 적응'의 노력에도 불구하고 여기에 대한 평가는 긍정적이지만은 않았다. 특히 문서선교의 분야에서 적응주의 선교정책은 교회 내·외부로부터 많은 공격을 받기 시작하였다. 거기에는 가장 먼저 리치의 뒤를 이어 예수회 중국 선교를 이끌었던 롱고바르디(Niccolò Longobardi, 1565~1655)가 있었다. 롱고바르디는 디아스(Manuel Dias, 1559~1639)와 함께 리치의 보유론적인 입장에 가장 먼저 반기를 든 예수회 선교사이다. 그는 '하느님'을 '천주'라고 부르는 데는 찬성하지만 천(天)과 상제(上帝)의 이름을 사용하는 것에 대해서는 동의하지 않았고,[29] 리(理)를 절대적 실체라고 하면서도 데우스(Deus)와 동일시하는 데도 반대

29 마태오 리치는 유학을 원초 유학과 송대 유학으로 나눠서 원초 유학의 전적에는 비교적 강한 종교적 색채가 있는 상제 관념을 가지고 있으며 원초 유학이 가지고 있는 종교성은 천주교의 교의와 근접한다고 여겼다. 그러나 이후 '천'의 종교적·신비적 성격을 제거한 송대 유학은 원초 유학의 전통을 변질시켜, 천주교와 크게 달라졌다. 이로써 마태오 리치의 '보유론'을 통한 해석은 비평의 여지를 가지고 있었다. 마태오 리치의 유학에 대한 관점과 인식은 선교의 공리적 색채를 띠고 있고 당시 서양인의 유학에 대한 최초의 이해를 대표하지만, 그에 대한 다방면에서의 공격은 이후 전례논쟁의 불씨가 되었다.

하였다. 그는 중국인들에게 세계의 모든 사물은 필연적으로 물질적이기 때문에 그들에게는 진정한 정신적인 것이 존재하지 않는다고 보면서 리치가 실행한 보유론적인 방법은 복음에 대한 혼합주의적 태도와 고대 중국 철학을 스콜라 철학과 섞어놓는 것으로 간주하였다.

롱고바르디는 "중국인은 지성을 갖춘 정신이 하늘에서 살고 있다고는 생각하지 않으며, 단지 활동과 작용을 하는 공기[氣]의 실체만이 있을 뿐이라고 생각한다"[30]고 함으로써 주희(朱熹)의 정신[神]들의 힘(혹은 활동)뿐 아니라 지성마저 무시하고 말았다.[31] 롱고바르디는 마태오 리치가 유학이 중국 문화의 주도적인 지위를 차지하고 있음을 알고 유학자의 복장을 하고 영향력 있는 사대부와 적극적으로 교제하며 유가 경전을 연구하고 그가 신학자이며 유학자임을 알리려고 했고, 이로써 중국 사대부와 심리적 거리를 단축하고 중국 사대부의 선교에 대한 인식을 증가한 데 대해서도 견해를 달리하였다.[32]

예수회 안에서부터 일어난 이러한 상반된 견해[33]는 점차 교회 안의 다

30 Leibniz, 『라이프니츠가 만난 중국』, 이학사, 2003, 142쪽에서 인용.

31 Leibniz, 같은 책, 85~165쪽 참조. 이 부분은 전체적으로 '롱고바르디의 견해에 대한 라이프니츠의 반박 논문'의 형태를 띠고 있다.

32 利瑪竇, 『中國傳教史』, 台湾光啓出版社 1986年, 第83頁: "儒教是中國古代原有的宗教, 故此古代和現在, 這些人(指通過科擧考試而進入統治机构的官僚士大夫)一直握有政權, 也是最盛行, 最受重視, 經典最多的宗教"; 轉引自孫尙揚: 《基督教与明末儒學》, 東方出版社 1996年, 第17頁: 在他穿上儒服自称"儒家"后, "顯貴和官吏多喜歡和我們往來而不太和僧人交往, 不但南京如此, 中國其它各地也莫不如此. 自我開始自称儒家后, 現在很少人再以僧人看待我們了."

33 마태오 리치의 중국의 예의, 풍속, 유가적 관습, 신앙 등의 문제에 대한 전반적인 관용적 태도는 중국에서 유학자들의 지지를 받고 천주교가 뿌리를 내리는 데는 매우 중요한 역할을 했으나 이것은 예수회 내에서 중국의 전례에 관한 논쟁의 도화선이 되었다고 전하기도 한다. 赫德遜, 『歐洲与中國』, 中華書局 1995年, 第278頁, 第283頁, 第287頁: "利瑪竇對待中國礼儀風俗和儒家習慣, 信仰(如尊孔祭祖)等問題, 采取了灵活寬容的讓步政策. 同其它世界性宗教一樣, 天主教具有挹强的排他性, 容忍教徒尊拜天主之外的其它偶像, 顯然是离經叛道的异端行爲. 但利瑪竇深知儒學在中國社會所處的地位, 深知"三綱五常", "忠孝節義", "礼義廉耻"等在

른 수도회로 확산되어 적응주의 선교의 다양한 측면에도 불구하고 전례에만 초점이 맞추어지면서 문제가 커지기 시작하였다. 지역의 상황을 전혀 알지 못하는 교황이 문제의 해결자가 되면서 교황청은 수도회들의 견해에 따라 흔들리는 양상을 보이고, 이렇게 약 100년 간 분쟁이 지속되는 가운데 교회 밖에서는 중국 선교사들의 영향을 받은 사상가들에 의해 사상적인 논쟁으로 이어져 중국을 한 번도 밟아본 적이 없는 학자들의 판단을 받아야 하는 상황이 되었다.

최근에도 반중국파로 간주되는 뵈머(Harald von Böehmer, 1942~)는 리치의 '교육학적인 방법론'은 그리스도교와 중국 종교를 섞어놓는 결과를 초래했다고 주장했고, 유럽의 도교학자인 쉬퍼(Kristofer Schipper, 1934~)는 리치와 예수회가 중국의 엘리트 계층을 대상으로 선교활동을 한 것을 비판하면서 정권의 하수인이 되어 유럽의 국가 종교인 그리스도교를 축소시키고 『중국 철학자 공자』(*Confucius Sinarum Philosophus*)라는 저술을 통해 공자의 사상과 이미지를 홍보하는 데 주력했다고 평가 절하하였다.

계몽주의 시대 대표적인 반중국파로는 몽테스키외(Baron de La Brde et de Montesqu, 1689~1755)가 있었다. 그는 뒤 알드(Jean-Baptiste Du Halde, 1674~1743)가 편찬한 『중국제국전지』(*Description de la Chine*, 전4권, 1735년)에서 "중국을 다스리는 것은 몽둥이다"라는 구절을 발견하고 중국을 전제주의 국가로 단정하였다. 법의 지배가 없는 나라는 전제주의 국가라는 것이다. 그의 『법의 정신』(*De l'esprit des lois*, 1748년) 제9권 21장에 나오는

中國人心中的影響, 因此, 他選擇了灵活的手段, 适應中國國情, 尊重中國人關于尊孔, 祭祖等傳統的礼儀習俗. 他認爲尊孔和祭祖只具有"敬其爲人師范", "盡孝思之誠"的世俗道德的意義, 而不是宗教崇拜行爲, 因而中國教徒可以參与尊孔祭祖的祭祀習俗, 這并不背离神圣的天主教信仰, 并不是對自己宗教的不忠[4]. 這种做法顯然　得了大多數儒士們的支持, 爲天主教在中國站穩脚跟起了十分重要的作用. 但這一做法也引起耶穌會士內部關于中國礼儀問題的分歧及其它基督教派的反對, 成爲引發后來持續近一个世紀的"中國礼儀之爭"的導火線."

'중국 제국에 관해서'에는 이런 말을 적고 있다. "중국은 전제주의 국가이다. 그 기초를 공포심에 두는 것이다." 몽테스키외는 중국의 최고 권력자에 대한 불경죄가 국민을 사형에 처할 수도 있고 정적을 몰살하기도 하지만, 정작 그 '불경죄'에 대한 정의는 애매하다며 이것만 보더라도 중국의 정치가 얼마나 전제정치로 전락할 수 있는지를 알 수 있다고 하였다. 몽테스키외가 17~18세기 예수회 선교사들의 각종 통신을 기초로 중국에 대해 내린 결론은 리치를 비롯한 예수회 선교사들도 중국의 전제군주의 권위를 잘 알고 있었고, 그래서 위로부터의 선교를 추진한 것으로 보았다. 동시에 이러한 중국을 옹호한 선교사들은 중국의 질서정연한 것처럼 보이는 외관에 속은 것으로 단정하였다.[34]

한편 중도의 입장을 취하면서 자신들의 저서나 사상에서 중국을 반영하던 데카르트(René Descartes, 1596~1650), 파스칼(Blaise Pascal, 1623~1662), 피에르 베일(Pierre Bayle, 1647~1706), 퐁트넬(Bernard Le Bovier de Fontenelle, 1657~1757) 등도 있었다.

그리고 끝으로 친중국파로 분류되는 뒤 알드(Jean-Baptiste Du Halde, 1674~1743), 몽테뉴(Michel de Montaigne, 1533~1592), 라이프니츠(Gottfried Wilhelm Leibniz, 1646~1716), 볼테르(François-Marie Arouet, 1694~1778) 등이 있었다. 이 중에서 프랑스인 예수회 선교사로 있다가 예수회가 해산되는 바람에 파리외방전교회 선교사가 된 뒤 알드는 자신의 저서 『중국통사』(전4권, 1737년)에서 당시 선교사들의 중국에 대한 시각을 반영이라도 하듯이 중국에 대해 매우 긍정적이었다. 유럽의 철학과 제도의 모순을 지적하고 도덕정치를 이룩하는 모델로서 중국을 꼽았으며, 당시 유럽에서 일고 있던 지적 활동에 대한 부정적인 비판과 단죄와는 달리 중국의 제도와 사

34 平川祐弘, 『마테오 리치, 동서문명교류의 인문학 서사시』, 770~773쪽 참조.

상과 지적 활동의 자율성에 대해 부러워하였다.

라이프니츠는 예수회 선교사 부베(Joachim Bouvet, 1656~1730)와 지속적인 서신을 통해 중국어 문자 분석에 대한 도움을 받으면서 중국 문자들이 사물에 대한 글자 그대로나 상형적인 표상이기보다는 훨씬 더 철학적이라는 생각을 하였다. 그는 부베의 정보를 토대로 기(氣)와 역(易)에 대한 연구를 통해 새로운 실체 개념인 단자(monads)[35]를 정의하였고, 단순 실체(Simple Substance), 예정조화(Pre-Established Harmony) 등의 개념 발전에도 영향을 받았다. 특히 「중국철학논고」(Abhandlung über die chinesische Philosophie, 1715)[36]에서 드러나는 유기체적인 철학사상은 그의 중국 자연관 이해와 예수회 롱고바르디 신부의 영향에 의한 것으로 아리스토텔레스-스콜라 철학에서 드러나는 것과도 유사한 자연관이라고 할 수 있다.

라이프니츠는 자신의 이러한 철학 체계 안에서 중국어에 관한 분석도 시도하고 있다. 그의 저서 『신인간오성론』(*Nouveaux essais*)에서는 이 점을 잘 묘사하고 있다. 그는 이 책에서 중국어를 '인공적 언어'로 정의하고, "비록 지금은 그 언어가 많이 변했지만 원래는 중국이라고 부르는 넓은 지역에 살던 여러 나라들이 서로 소통하기 위해 한 유능한 인물(복희씨로 추정되는)이 특정 시점에서 발명하였다"[37]고 결론을 내렸다. 라이프니츠의

---

35 그가 『단자론』 1, 2절에서 설명하는 단자의 세계는 이렇다. 먼저 단자는 부분이 없는 단순한 실체이다. 이런 단순한 실체들이 모여(복수) 단순실체들의 적(積)이 된다. 적이란 개체들의 단순한 합이 아니라 구조를 함의한 합이다. 이런 합은 모든 부분이 분리 가능하고 독자적으로 존재할 수 있는 반면에 조직에서의 부분은 조직 밖에서 스스로 존재할 수가 없다. Holz H. H., *Leibniz*, Stuttgart, Kohlhammer, 1958, p. 30. 이것은 라이프니츠의 개체(개별 · 영혼)의 특성을 공동체의 특성보다 강조하는 이론적 토대가 되었다. 이것은 또한 근대에 나타난 개체주의 사상(개체성)을 반영하는 것이라고 할 수 있다.

36 이 텍스트가 Leibniz, 『라이프니츠가 만난 중국』의 제2부 「중국인의 자연신학론」이다. Leibniz, 『라이프니츠가 만난 중국』, 이학사, 2003, 85~165쪽.

37 Leibniz, *Nouveaux essais*(book III, ch. 1: "On words or languege in general") VI, p. 274; Mungello David E., 『진기한 나라, 중국』, 335~336쪽에서 인용.

이러한 중국어 연구는 보편 문자를 찾기 위한 개인적인 시도에서 출발하였지만, 그에게 정보를 제공한 부베와 같은 예수회 선교사들은 굳이 말을 하지는 않았지만, 그에게 거는 기대가 있었다. 선교사들은 라이프니츠, 뮐러, 멘첼 등이 연구하던 『중국어 열쇠』(*Clavis Sinica*)에 직접적인 도움을 줌으로써 중국어의 쓰기, 베이징 표준어(만다린어) 발음에 대한 연구, 중국어 문법 등 중국어의 숨겨진 구조를 밝혀내어 중국 문자를 공부하는 서양인들에게 보다 쉽게 배울 수 있는 가능성을 기대하였던 것이다.[38]

볼테르는 친중국파의 또 다른 대표적인 인물로서 역사를 관통하는 하나의 맥을 예술과 정신의 진보에서 찾았다. 그는 원리를 알고 있는 철학자만이 역사를 논할 수 있다고 보았고, 그의 역사관에는 중국 · 페르시아 · 인도도 포함되었다. 당시 유럽의 지식층에서는 폼페이의 발견으로 인해 유럽의 역사만 역사이고 그래서 자신들의 뿌리인 로마에 대한 새로운 역사적인 조명이 이루어지고 있던 터라 볼테르의 이러한 생각은 당시 역사 해석에 커다란 도전이 아닐 수 없었다.

그가 쓴 『중국 고아』(*L'Orphelin de la Chine*, 1755년)라는 희곡에는 그의 이러한 사상이 잘 반영되어 있다. 이 작품의 주제는 중국의 극에서 따온 것으로 프레마르(Prémare) 신부에 의해 번역되고 1735년에 뒤 알드 신부가 발행한 『중국에 관한 서술』(*Descrption de la Chine*)에 실린 『조씨 고아』(*L'Orphelin de Tchao*)가 모델이다. 볼테르는 평소에 예수회 중국 선교사들의 영향으로 중국에 대한 지대한 관심을 가지고 있었다. 그의 『중국 고아』에는 굳이 그가 『조씨 고아』를 모방했다거나 개작했다는 말이 없어도 당시에 유럽에 나온 『조씨 고아』의 다양한 번역과 판본을 보았는지, 그것이 볼테르의 작품에 얼마나 영향을 미쳤는지를 충분히 알 수가 있었다.

---

38 Mungello David E., 『진기한 나라, 중국』, 310~337쪽 참조.

그의 또 다른 작품인 『자디그』(1748)에서도 중국의 정치 · 종교 · 철학은 합리적인 원칙에 근거하고 있다고 극찬하면서 비합리적인 유럽의 세습적 귀족 제도를 질타하였다. 또 볼테르는 그리스도교는 이제 미신적이고 부패한 종교가 되었지만 유교는 이성적 자연관에 기초한 조상에 대한 공경을 잘 드러내는 종교라고 주장하였다. 그는 중국의 오랜 역사를 밝히고 옹호하기 위해 많은 책을 읽었고 유교 철학과 중국의 '사대부'(literati)에 대한 찬사도 아끼지 않았으며, 또 다른 저서 『철학서간』(1734년)과 그 밖의 저서들에서도 '중국인은 이 세상에서 가장 현명하고 중국은 이 세상에서 가장 잘 통치되고 있다'며 중국에 대한 열렬한 지지를 보냈다. 그의 이러한 맹목적인 지지에 대해 계몽주의적인 정열이 만들어낸 환상의 일부분이라는 비판을 받기도 하였다.[39]

이렇게 18세기 유럽의 백과전서파에 속하는 일련의 사상가들의 중국관은 다양했고 주로 프랑스 사상가가 중심을 이루었다. 그들은 중국을 주제로 이런저런 논쟁을 했지만 그들 중 누구 한 사람도 중국에 간 적이 없었고 중국어를 배우려고 하지도 않았다. 그들이 중국을 논쟁의 대상으로 삼은 것은 무엇보다도 서양 자신의 문제를 논의하기 위함이었던 것이다.

그렇다고 해서 서양이 예수회 선교사들의 중국 소개 저서들을 통해 불교로 개종을 하거나 공자의 학파가 된 사람이 있었던 것도 아니다. 여기에 대해 스케히로는 예수회 선교사는 '하느님의 보다 큰 영광'을 위해 동양으로 향했지만, 그들을 통해 사람들은 그리스도교 신앙과는 상관없이 자립하여 존재하는 도덕을 발견함으로써 결국 리치가 그리스도교 선교를 위해 중국으로 온 것이 결과적으로는 '인간의 보다 큰 영광을 위한' 사업이 되었다고 평가하였다. 동시에 중국이라는 다른 문명세계를 발견한 것

39 平川祐弘, 『마테오 리치, 동서문명교류의 인문학 서사시』, 753~764쪽 참조.

은 그리스도교 선교사들의 주관적인 의도와는 달리 서양에서 무신론 사상을 발전시키는 강력한 계기가 되었다고 밝히고 있다.[40]

1. 위로부터의 선교에 대한 비판

적응주의에 대한 비판은 이런 인물들 외에도 적응주의 선교정책이 담고 있는 여러 가지 내용과 관련해서도 얼마든지 있었다. 그 대표적인 것이 '위로부터의 선교'이다. '위로부터의 선교'는 필자가 누차 강조하듯이 예수회 설립 동기와 초기 사도직 활동을 고려하건데 '엘리트적'이라는 의미가 강하다. 예수회의 교육 사도직이 서양의 교육을 선도하고 있었다는 것이 이 점을 잘 입증해준다. 그러나 중국이라는 특수한 선교지에서, 즉 가부장적인 사회구조 속에서 선교를 하다 보니 선교사들은 자연스레 사회 고위층 인사들을 많이 접하게 되었고, 중국의 교육이 유생들을 중심으로 이루어지다보니 본래의 의미를 잃고 사회 고위층만을 대상으로 하는 '엘리트 선교'로 이해되어버리고 말았다.

이런 현상은 예수회 선교사들이 자초한 일이기도 하였다. 적응주의 선교에서 교육이 차지하는 비중은 매우 높다. 그런데도 중국 선교사들은 유럽에서 초기 교육 사도직을 시작할 때처럼 무상의 보편적인 교육으로 확장시키지 못했다. 어떤 의미에서는 선교사들이 만나고 있던 관료들을 독려하여 더 나은 발전을 이룩할 수가 있었음에도 불구하고 관료적인 안락함에 주저앉고 말았던 것이 아닐까 싶다. 그 결과 중국의 상황에 잘 맞는, 즉 사회 고위층과 하위층을 모두 아우를 수 있는 '엘리트적 선교'라는 좋

40 平川祐弘, 같은 책, 748쪽.

은 노선을 가지고도 실행 과정에서 한 걸음 더 나아가지 못하는 바람에 적응주의 선교 방식에 오점을 남기고 말았다.

2. 문서선교에 대한 비판

리치에 의해 주도적으로 진행된 문서선교는 적응주의 선교 내용 가운데 중국에서 가장 성공을 거둔 선교 방식이었지만 동시에 그로 인해 예수회가 해산되는 수모를 겪는 원인이 되기도 하였다. 리치 이후에도 계속된 라틴어 번역, 즉 중국 철학 · 종교 · 문화 등에 대한 서양 사회로의 소개는 중국에서 일어나고 있던 전례논쟁과 함께 동서양에서 공격을 받는 원인이 되었다.

문서선교의 일환으로 중국에서 발간된 다양한 형태의 소위 '서학서'[41]는 크게 두 가지 점에서 비판의 소지가 있었다.

① 서적의 범주가 불명확하다는 것이다. 서학서는 서양 선교사들의 한문 저술과 서양인의 저술을 중국인이 한역했거나 서양 학문의 영향을 받은 중국인이 저술한 그리스도교 관련 문헌 또는 서양 문화에 관한 문헌, 서양 선교사에 의한 서양어로 된 중국 소개 관련 서적을 모두 포괄하다보니, 그래서 중국의 지식인들 사이에서나 선교사들 사이에서 각기 이편(理篇) 중심, 혹은 기편(器篇) 중심으로 발간하다보니 원래의 목적인 선교활동과 문화 활동의 한계가 불분명해졌다는 것이다.

---

41 서학서의 개념과 그에 관한 연구는 다음의 책과 논문을 참조하라. 최소자, 『동서문화교류사: 명 · 청시대 서학수용』, 서울: 삼영사, 1987, 251~255쪽 참고; 김혜경, 「마태오 리치의 적응주의 선교와 서학서 중심의 문서선교의 상관성에 관한 고찰」, 『선교신학』 27집, 한국선교신학회, 2011, 125쪽에서 인용.

② 기편 중심의 서적을 발간한 선교사의 경우는 기계의 사용에 대해서 잘 알고 있는 선교사가 관료가 됨으로써 선교활동과 행정직분 사이에서 혼란이 야기되었다는 것이다. 명말에서 청초 시대에 중국의 흠천감정(欽天監正)으로는 아담샬(Johann Adam Schall von Bell, 湯若望, 1591~1666), 페르비스트(Ferdinand Verbiest, 南懷仁, 1623~1688) 신부가 있었다. 특히 페르비스트 신부가 흠천감정으로 있을 때 강희제는 그에게 불랑기(佛狼機)라고 하는 화포(火砲)를 만들어줄 것을 요청했고 페르비스트는 선교사가 무기를 만드는 것이 과연 옳은지에 대해 많은 갈등을 했다고 한다. 그러나 강희제의 강력한 요청과 흠천감정이라는 직분 때문에 페르비스트는 화포를 만들어주었다.[42]

3. 전례논쟁의 불씨

예수회 선교사들에 의해 진행된 문서선교는 이렇게 예수회 안에서, 교회 안에서, 서양 사회 안에서, 또 중국 현지에서 많은 파장을 몰고 왔다.

그러나 뭐니 뭐니 해도 문서선교가 적응주의 선교정책을 송두리째 질식시키고 종국에는 그것을 추진한 예수회 자체를 사라지게 만든 것은 그것이 전례논쟁의 불씨가 되었기 때문이다. 이 사실만큼 적응주의 선교(혹은 문서선교)가 극명하게 비판적일 수는 없을 것이다. 적응주의 선교의 최대의 비극은 그것으로 인한 소모적인 논쟁과 교회 안팎에서의 분열과 적응주의 선교의 금지 명령 및 예수회의 해산에 있다고 하겠다. 이 문제는 이어지는 장 '적응주의 선교의 종언에서 예수회의 해산까지'에서 자세히

42 平川祐弘, 앞의 책, 683~684쪽 참조.

보기로 하고, 여기에서는 전례논쟁의 원인과 결과에 대해서만 간략히 언급하기로 하겠다.

전례논쟁은 잘 알려지다시피 종교상의 문제뿐 아니라 중국 문화와 서양 문화가 만나 이해와 충돌 사이에서 일어나는 문화사적인 중요한 의미를 지닌 사건이었다. 전례논쟁은 그리스도교 선교에 분열을 초래하고 천문학을 중심으로 한 다양한 서양 학문의 중국 도입으로 예수회의 활동 영역이 매우 넓었던 데서부터 시작되었다. 순수한 종교적인 행위와 문화적인 행위 사이에서 예수회의 선교 방침은 탄력적으로 대응했고, 그에 대해 교황청은 타수도회들의 의견만 들어 예수회의 선교 방침을 금지하자 중국이 로마 교황청과 대립하면서 본격적인 논쟁에 휩싸였다.

교황청에서는 두 차례에 걸쳐 중국에 사절을 파견하고 1715년에는 칙서(勅書)를 통해 중국 의례에서 문화적인 요소와 미신적인 요소를 가려낼 수 없다며, 1742년에 중국 의례를 금지하였다. 그러나 이를 두고 중국은 내정간섭 행위로 단정하여 결국 전례 문제는 천주교 박해 및 선교사 추방으로까지 이어지는 중대 문제로 발전하였다.

서양은 중국을 알기 시작하면서 다양한 종교로 인한 갈등과 근대 국가 성립을 둘러싼 유럽의 정치적이고 경제적인 갈등에 직면하여 새로운 인식을 하기 시작하였다. 곧 다양성을 인정하고 존중하며 그 속에서 공존의 철학을 모색하기 시작한 것이다. 이것은 계몽주의를 통한 근대로 가는 여정에서 개체성을 근거로 한 타자와의 공존이 이제는 실존의 문제가 되었다는 것을 입증하는 것이기도 하였다. 앞에서 언급한 계몽주의 시대에 서양 사상가들에 의한 긍정적 · 부정적, 혹은 중립적인 입장들은 이 과정에서 나타나는 자연스런 현상이라고 할 수 있다.

유럽은 이제 지금까지 자신들을 지탱해오던 신학적인 체계에만 머무르지 않고 사회학적이고 사상사적인 관점의 지평을 열기 시작하였다. 동시에 동양에서도 서양의 사상이 서학이라는 이름으로 들어오면서 단순한 선교의 차원에만 머무르지 않고, 책이 닿는 모든 지역의 지식인들을 계몽함으로써 학문적이고 실용적인 다양한 계층의 발전을 독려하여 근대주의를 앞당기는 역할을 하였다. 리치의 27년에 걸친 중국에서의 선교활동(1583~1610)은 이런 점에서 동서양 문명의 교섭사에서 중요한 하나의 접점이 되었던 것이다.

제3장
적응주의 선교의 종언에서 예수회의 해산까지

적응주의 선교정책 안에는 앞에서도 언급했듯이 다양한 내용이 포함되어 있다. '적응주의'는 선교의 대상이 되는 모든 지역의 문화와의 대화를 의미하기 때문에 그 지역 문화에 대한 깊은 이해와 지역민들을 향한 애정을 토대로 하고 있다. 그리고 그 위에서 현지의 생활양식을 수용하고, 그들의 언어를 습득하며, 예수회의 대표적인 사도직이 되었던 교육 사도직을 통해 토착 성직자와 사회 지도층 인사들을 양성하는 엘리트적인 접근을 시도하고, 문서선교의 방법 등을 실행하는 것이기에 특별히 부정적인 판단을 받을 이유는 없었다. 반대파의 다른 주장이 있다면 그 주장대로 하는 것도 적응주의에 포함되기 때문이다. 따라서 적응주의 선교가 부정되는 데에는 선교의 본질과는 다른 어떤 요인들이 이면에 작용하고 있다고 생각할 수밖에 없는 것이다.

리치를 선두로 한 예수회의 동아시아 선교는 진보적인 선교 방법으로 인해 그 어느 때보다 현지인들과 좋은 유대관계를 형성하고 있었고, 그만큼 선교의 효과도 긍정적으로 평가할 수 있을 정도가 되었다. 그러나 점차 시간이 흐르면서 중국이라는 거대한 선교지에 여러 수도회 소속의 선교단체들이 들어와 활동하기 시작하면서 예수회에서 추진하고 있던 적응주의 선교 방법론에 대한 이견이 제기되기 시작하였다. 각자 너무도 다른 환경에서 선교활동을 하다 보니 지역에 따라 선교 방식이 모두 달라지지 않는 한 리치 식의 적응주의는 한계에 직면할 수밖에 없었던 것이다.

예수회의 적응주의 선교는 다양하고 긍정적이며 탄력적인 선교정책이었음에도 불구하고 타수도회들은 그것을 중국인의 조상제사와 국가 의례인 공자공경 의식이라는 한 분야로 축소시켜 비판을 가하고 논쟁의 대상으로 삼아버렸다. 여기에는 이미 학계에서 진단한 것처럼 수도회들 간의 경쟁적인 선교활동과 교황청의 무지와 유럽 각국의 이권이 개입되는 등 여러 가지 원인이 있었다.

중국이라는 선교지를 두고 100여 년 동안에 걸쳐 벌어지는 소모적인 전례논쟁은 교회 안팎에 많은 상처를 남기고 결국 적응주의 선교의 금지 명령과 종국에는 예수회가 해산되는 상황까지 초래하고야 말았다.

적응주의 선교정책과 예수회의 생존은 이미 같은 배를 타고 있었으며, 교회의 본성인 선교활동이 곧 선교 수도회로서의 예수회의 정체성을 갖게 하는 계기가 되었다.

그러므로 이제부터는 적응주의 선교정책이 교황청으로부터 금지되는 전체 과정을 살펴보고 1742년 교황 베네딕토 14세의 적응주의 선교 금지 교서 『각 경우에 따라서』(*Ex quo singulari*)의 내용과 1773년에 클레멘스 14세 교황에 의해 발표된 소위 '예수회 해산 교서' 『주님이며 구원자』(*Dominus ac Redemptor*)에 담긴 내용을 고찰해보기로 하겠다. 이것은 훗날 예수회가 부활하고 제2차 바티칸공의회를 기점으로 적응주의 선교가 토착화와 복음화라는 이름으로 부활하게 되는 정황을 밝히기 위해서이다.

1. 적응주의 선교정책의 종언

1643년에 도미니코 수도회의 모랄레스(J. B. de Morale, O. P., 중국 선교 1633~1644)는 처음으로 중국 의례에 대한 부정적인 17개항의 질의서를 교황청에 제출하였다. 이에 교황청에서는 1645년 9월 12일 포교성을 통해 조상 제사와 공자 공경 의식을 금하는 훈령을 내렸다.[43] 당시 교황은 인노첸시오 10세(Innocentius X, 재임 1644~1655)였다. 당황한 예수회는 1651년에 마르티니(Martino Martini, S. J., 중국 선교 1643~1661)를 급히 로마로 불러 모랄레스의 견해가 잘못되었음을 지적하고 자신들의 입장을 설명하였다. 마르티니의 설명을 자세히 검토한 교황 알렉산더 7세(Alexander VII, 재임 1655~1667)는 1656년 3월 23일에 조상 제사와 공자 공경 의식에 대한 예수회의 적응주의적 선교 방침을 허용하는 훈령을 내렸다. 훈령에는 다음과 같은 내용이 담겨 있었다.

> 선교지에 있는 민족들의 예식과 관습과 도덕이 신앙과 윤리에 분명하게 위배되지 않는 한 선교사들은 그것을 바꾸려고 하지 말 것이며, 그들을 회유하여 바꾸도록 해서도 안 된다. 그들의 예식과 관습은 개인적인 것으로서 억지로 바꾸려고 하면 반발만 사게 될 것이다. 인간은 본성상 자기의 것과 자기 민족 고유의 것을 다른 것보다 더 소중히 여기고 사랑하게 마련이다. 따라서 특정 민족의 관습을 바꾸려는 시도는 반드시 큰 증오와 반발을 불러올 것이다. 어떤 관습이 참으로 좋지 않을 경우에는 말로써 보다는 절제와 침묵으로 할 것이며, 그들이 진

43 *Collectanea S. Congregationis de Propaganda Fide seu Decreta Intructiones Rescripta Pro Apostolicis Missionibus*, Vol. 1, pp. 30~35; George Minamiki, S. J., *The Chinese Rites Controversy from Its Beginning to Modern Times*, Chicago: Loyola University Press, 1985, pp. 25~28.

리를 받아들일 마음의 때를 기다려 점차 그들이 의식하지 못하는 사이에 근절하도록 할 것이다.[44]

프랑스 · 이탈리아 · 스페인 혹은 다른 유럽 국가를 중국에 옮겨놓으려고 한다면 이보다 더 어처구니없는 일이 있겠는가. 그들에게 오직 그리스도교 신앙만을 전할 것이지 유럽 국가를 이식시키지 말라. 그리스도교 신앙은 어느 민족의 의식이나 관습을 조금도 나쁘다고 하거나 배척 또는 침해하지 않을 뿐 아니라 오히려 옹호하고 보호해야 한다.

조상 대대로 내려오는 전통적인 관습을 바꾸려고 할 경우에는 더 말할 나위도 없다. 특히 철폐시킨 관습 대신 선교사 고국의 풍속을 대치해 넣으려고 한다면 사태는 더욱 심각해진다. 그들의 관습과 유럽인의 관습을 절대로 비교하지 말라. 오히려 선교사들이 최선을 다해 그들의 풍습을 익히도록 하라. 칭찬할 만한 것은 경탄하고 칭찬해주어라. 그러나 칭찬할 수 없는 것에 대해서는 아첨 섞인 찬양을 하지도 말고 그렇다고 판단을 하거나 경솔하게 혹은 지나치게 단죄하지도 않는 것이 현명한 처사일 것이다.[45]

이러한 교황청의 적응주의적 토착화 선교정책은 1622년에 설립된 교황청 포교성성의 선교 방향이기도 하였다. 포교성도 중국 선교사들에게 '신앙을 전할 것이지 유럽의 관습이나 풍속을 이식하지 말며, 선교지 문

44 Minamiki, *op. cit.*, pp. 29~30; *Collectanea S. Congregationis de Propaganda Fide seu Decreta Intructiones Rescripta Pro Apostolicis Missionibus*, Vol. 1, pp. 30~35.

45 Minamiki, *op. cit.*, pp. 31~32. 이런 진취적인 적응주의 토착화 선교정책에 관한 훈령은 제례에 관한 금지명령 이후 약 250년 동안 은폐되었다가 1936년 "일본제국에서의 신사참배 허용" 훈령 『여러 경우에』(*Pluries instanterque*)에서 재인용되었다. 교황 비오 11세는 이 훈령을 인용하면서 토착화가 가톨릭교회의 지속적인 기본 선교정책임을 강조하였다. *Acta Aspotolicae Sedis*, vol. 28(1936), pp. 406~407.

화와 전통을 존중하고 비록 비난받을 만한 악습을 바꾸려고 해도 절제와 침묵으로써 하되 그들이 진리를 받아들일 마음의 자세를 가질 때에 하라고 지시'하였던 것이다.

모랄레스와 마르티니의 견해를 모두 들은 교황청의 입장은 조상 제사와 공자 공경 의식이 사회적이고 국가적인 성격이냐 종교적인 미신 행위냐 하는 것에 있었다. 그들의 의식에서 미신적인 면이 제거된다면 죽은 이에 대한 공경 의식을 행할 수 있을 뿐 아니라, 자신의 신앙에 지장이 없음에도 협조를 안 함으로써 타인의 적대감을 불러일으킨다면 미신적인 의식에도 참여할 수 있다는 관용적인 태도를 취하였다.

교황청의 이러한 관용적 태도에 불만을 품은 도미니코회는 다시 이의를 제기하여 1656년의 결정이 1645년의 금지 명령을 무효화시키는지를 질문하였다. 이에 교황청은 1669년 11월 20일자 훈령을 통해 "먼저 훈령이 나중 훈령에 의해 무효화된 것이 아니라 둘 다 각각 제기된 문제점과 환경에 따라 지켜져야 하고 훈령에 언급된 모든 것은 다 지켜져야 한다"[46]고 명하였다. 그리하여 예수회의 입장과 적응주의 선교가 유지되는 듯했고, 도미니코회와 프란치스코회도 만족스럽지는 않지만 교황청의 분명한 입장을 들은 것으로 여겼다. 그 결과 조상 제사와 공자 공경 의식 문제는 해답을 찾은 듯하였다.

그런데 1684년에 파리외방전교회가 중국으로 진출하면서 전례논쟁은 다시 불이 붙기 시작했다. 파리외방전교회의 중국 책임자이며 복건성(福建省)의 주교였던 매그로(C. Maigrot)가 1693년 3월 26일자로 자신의 관할 구역에 있는 사제들에게 '천'(天)이나 '상제'(上帝)의 호칭 사용을 금하고 공

46 "Decretum S. Congregagtionis Sancti Officii super Instantia Patris Joannis Polanco Ordinis Praedicatorum Chinae", *Bullarium Pontificum Sacrae Congregationis de Propaganda Fide*, Tomus I(Roma: Typis Collegii Urbanii, 1859), pp. 174~175.

자와 선조들에게 드리는 제사 의식을 금하는 명령을 내리면서 이 문제에 대한 확실한 결정을 교황청에 요구하고 나선 것이다.[47]

교황청의 답을 기다리는 동안 예수회도 중국 황제 강희제에게 중국 의례의 근본적인 의미에 대해 명확한 유권해석을 내려줄 것을 요청했고, 황제는 중국인을 대표하여, 또 국가의 최고 통치자로서 공적인 해석을 내려 1700년에 로마 교황에게 발송하였다. 그러나 예수회의 이러한 행위는 문제의 핵심인 조상 제사와 공자 공경 의식이 종교적인 성격이 없는 국가적인 효도와 공경의 관습이고 천과 상제는 유일신적 개념일 뿐 특정 신의 이름이 아니라는 대답과는 별도로 교회 문제에 외부인을 끌어들였다며 반대자들에게 오히려 좋지 않은 빌미를 제공하는 꼴이 되고 말았다.

예수회 선교사들은 중국의 지식인 · 관료들을 대상으로 선교를 하고 있었고 그만큼 유교 지식인들과의 교류가 많았다. 유교 지식인들은 조상제사를 인격 수양의 요건으로 생각하고 있었던 것과는 달리, 파리외방전교회가 주로 활동을 하던 복건성과 산동성(山東省) 일대의 시골은 조상제사나 공자 공경 의식이 많은 부분에서 미신적인 요소를 내포하고 있었다. 그래서 매그로는 이러한 의식들을 미신 행위로 보았던 것이다.[48] 교황청은 1704년 11월 20일자 훈령을 통하여 공자와 선조에게 드리는 제사와 죽은 이의 신위(神位)는 금하고, 죽은 이의 이름을 쓰는 것은 허락하였다.[49] 이때 교황은 클레멘스 11세(Clemens XI, 재임 1700~1721)였다.

---

47 "Mandatum seu Decretum Domini Caroli Maigrot Vicarii Fokiensis in Regno Sinarum nune Episcopi Canonensis", *Bullarum Diplomatun et Privi Legiorum Sanctrorum Romanorum Pontificum*, Tomus 21(Augustae Taurinorum: A. Vecco et Sociis Editoribus, 1871), pp. 204~207.

48 方豪, 『中西交通史』 卷五, 臺灣: 華@出版有限公司, 1977, pp. 122~123.

49 *Bullarum Diplomatum et Privilegium Sanctrorum Romanorum Pontificum*, Tomus 21(Augustae Taurinorum: A. Vecco et Sociis Editoribus, 1871), pp. 217~220.

교황은 이 훈령을 특사인 투르농(Charles de Tournon) 주교로 하여금 중국 황제 강희제(康熙帝)에게 전달하게 하였는데(1705년), 투르농은 유럽 우월주의와 토착 문화에 대한 경시적인 태도와 미숙한 외교로 불행을 가중시키고 말았다. 강희제는 처음에는 특사를 환대했으나, 그가 대화를 하러 온 것이 아니라 일방적으로 명령을 하러 왔다는 것을 알고는 크게 노하여 그를 마카오로 추방시켜버린 것이다. 그리고 이듬해(1706년)에 칙령을 내려 중국 의례에 관한 한 마태오 리치가 제시한 관용 방침을 따르겠다고 서약하는 선교사에게만 중국에 거주할 수 있도록 허락하는 인표(印表)를 주고 그렇지 않은 선교사는 모두 추방을 명하였다. 이러한 황제의 칙령을 들은 투르농은 난징(南京)에서 교황 훈령을 발췌하여 자기 이름으로 "명령"(Mandatum)을 내려(1707년) 모든 선교사는 이 "명령"에 따라야만 하고 만일 따르지 않는 자는 파문을 당할 것이며, 황제의 인표를 받지 말라고 지시하였다.

투르농의 명령에 따라야 하느냐, 아니면 중국 선교를 위해 황제의 인표를 받아야 하느냐는 문제로 선교사들 사이에 또 다시 심한 분열이 일어났다. 매그로 주교를 위시한 파리외방전교회원들과 대부분의 도미니코회원들과 소수의 프란치스코 회원들은 투르농의 명령에 따라 황제의 인표를 거부하여 추방되었고, 예수회원들과 그 밖의 일부 선교사들은 인표를 받고 투르농 주교의 "명령"을 재고해달라고 교황청에 탄원서를 제출하였다. 강희제도 1704년의 제사 금지 명령을 철회하고 의례 문제를 해결하기 위해 1711년에 사절을 교황에게 보냈다.

그러나 교황 클레멘스 11세는 투르농의 "명령"을 추인하고 예수회의 탄원을 거부하면서 1715년 3월 19일에 강경한 금지 명령을 내렸는데, 그것이 바로 칙서 『그날들』(*Ex illa die*)이다. 칙서는 1704년에 검사성성(檢邪聖省)이 제시한 답변들을 사도좌에서 확증하고 승인한 것이었다. 거기에

는 다음과 같은 내용이 들어 있었다.[50]

● 지고하신 하느님은 중국에서 유럽식 용어로 적절하게 표현될 수 없으므로, 참 하느님을 의미하기 위하여 천주(天主)라는 용어가 허용되어야 한다. 이 용어는 하늘의 주인이라는 뜻으로, 중국의 선교사들과 신자들에 의해 오랫동안 사용되고 검증된 후 받아들여졌다. 그러나 하늘을 뜻하는 천(天)이라는 용어와 가장 높은 황제를 뜻하는 상제(上帝)라는 용어는 전적으로 배척되어야 한다.

● 경천(敬天: 하늘을 공경함)이라는 한자가 새겨진 현판(懸板)을 그리스도교 교회에 달거나 교회 안에 걸려 있는 기존 현판을 그대로 보존하는 것이 용인되어서는 안 된다.

● 그리스도교 신자들이 대제(大祭)를 관장하거나 그에 봉사하거나 혹은 참여하는 것은 어떤 이유로든 결코 용인되어서는 안 된다. [……] 마찬가지로 그리스도교 신자들이, 매달 초승과 보름에 중국 이름으로 묘(廟)라고 불리는 공자의 사당(祠堂)에서 공자를 공경하며 예식 · 의례 그리고 제사를 거행하는 것은 용인되어서는 안 된다.

● 사원, 즉 조상들에게 바쳐진 사당에서 조상들에게 제사를 드리는 것은 그리스도교 신자들에게 용인되어서는 안 된다. 또한 제사를 관장하거나 어떤 식으로든 시중을 들거나 혹은 다른 의례와 예식을 거행하는 것도 그리스도교 신자들에게 용인되어서는 안 된다.

---

50 "Ex illa die", *Bullarum Pontificum Sacrae Congragationis de Propaganda Fide*, Tomus 1(Roma: Typis Collegii Urbani, 1859), pp. 305~313; "Ex quo singulari", *Collectanea Constitutionum, Indultorum ac Institutionum Sanctae Sedis*(Hong Kong: Typis Societatis Missionum ad Exteros, 1898), pp. 776~791. 위의 내용에 관한 보다 자세한 내용은 이 책 [부록]에 있다. Minamiki, *op. cit.*, pp. 58~62에서도 교서의 일부를 언급하고 있다.

• 그리스도교 신자들이 그들의 조상들을 공경하여 위패(位牌) 앞에서 이 같은 제사 · 의례 그리고 예식을 거행하는 것은 용인되어서는 안 된다. [……] 제사 · 의례 그리고 예식에 대한 다양한 측면에서의 검토와 신중하고도 적절한 논의를 통해 볼 때, 이들은 그 자체로 우상 숭배와 분리될 수 없는 방식으로 이루어진다는 것이 명백히 드러났다. 따라서 비록 그리스도교 신자들이 공적이나 사적인 확언을 통해 종교적이 아니라 단지 죽은 자에 대한 국민적이고 사회적인 예절로서 이들 제사 · 의례 그리고 예식을 관장하며, 죽은 자들에게 어떠한 것도 청하거나 바라지 않음을 밝힌다고 하더라도 그리스도교 전례법에 따라 결코 용인되어서는 안 된다.

• 그리스도 신자들이 이들 제사 · 의례 그리고 예식에 함께하는 것, 즉 단지 물리적으로 참석하는 것은 단죄되지 않는다. [……] 동향인이 우상 숭배를 행할 때, 그들의 우상 숭배 행위에 대해, 그것을 인정하는 어떠한 외적 표현이나 몸짓도 하지 않고, 또 그들이 행하는 것을 전혀 거들지 않고 단순히 그들과 함께 있어야 하는 경우가 있는데, 이는 어떠한 미움과 반감도 피하기 위함이다.

• 돌아가신 조상들의 위패를 자신의 집에 모시는 것은 그리스도교 신자들에게 용인되어서는 안 된다.

이것을 통해 교황 클레멘스 11세는 중국 지역에 있는 교황청 파견 선교사들 안에서 발생한 격렬한 논쟁을 종식시키고자 하였다. 날이 갈수록 기세를 더해가고 있는 이 논쟁은 하느님의 이름을 표현하기 위해 어떤 중국말을 사용할 것인가 하는 문제와 중국 민족들의 일부 의례에 관한 것이었다. 그리스도교 신앙의 전파를 방해하는 이런 의견의 불일치에 대해 교황청의 고심은 날로 커가고 있었던 것이다.

중국의 모든 선교사들은 이 칙서를 준수할 것을 맹세해야 했으며, 이에 불응하는 선교사는 파문과 함께 중국에서 선교활동을 할 수 없다고 선언하였다.

교황의 이러한 강경한 명령을 알게 된 강희제는 몹시 노하여 그리스도교를 금하는 칙령을 내리고(1717년), 일부 지방에서는 서교(西教)에 대해 적대적인 감정을 가지고 있던 많은 관리들에 의해 그리스도인들의 박해가 가해지기 시작하였다. 강희제는 거듭 그리스도교의 신(神) 개념과 중국인의 신(神) 개념 사이에는 차이가 없으며 전통적인 전례를 단죄하는 것은 무식한 짓이라고 역설하였다.

> 로마 교황의 유시를 보건대 서양인들은 소인들이라. 어찌 중국의 대리(大理)를 말할 수 있으랴. 서양인들 치고 단 한 사람도 한서에 통달한 자가 없으니 논의하는 중에 웃음거리가 되는 경우가 많았다. [……] 지금 사신이 가져온 고시(告示)를 보니 필경 화상(和尙), 도사(道師) 등의 이단소교(異端小教)와 다를 바가 없구나. 이는 함부로 말하는 자들과 비교하건대 그들보다 더 지나침이 없도다. 그러므로 이후 서양인들이 중국에서 전교함을 필요로 하지 않으니 금지함이 가하다.[51]

강희제를 분노케 한 것은 중국 문자도 제대로 모르는 서양인들이 재판관과 같이 중국의 전통적인 대도(大道)를 자기네 마음대로 판단하고 이단(異端) 사설(邪說)로 규정하여 단죄하는 행위였다.

중국 교회의 이러한 어려움을 덜어주기 위해 교황은 알렉산드리아의

---

51 陳垣, 「康熙硃筆刪改 嘉樂來朝日記」, 『康熙與羅馬使節關係文書, 乾降英使觀見記』, 臺灣: 學生書局, 1973, p. 75: 1720年 12月 17日 "覽此告示(指教皇諭令), 只說得西洋人等小人, 如何言得中國之大理. [……] 今見來臣告示, 竟与和尙道士异端小教相同. 彼此亂言者, 莫過于此. 以后不必西洋人在中國行教, 禁止可也, 免得多事"; 方豪, 『中西交通史』 卷五, 臺比: 中華文化事業部, 1973, p. 140.

총대주교이자 교황 권한 대리인이자 총사도순시관으로 메차바르바(Ambrosio Mezzabarba) 주교를 파견하였다. 메차바르바는 칙서의 범위 안에서 8개의 허용 사항을 만들어 황제에게 제시하였다. 메차바르바의 8개조 허용안에는 다음과 같은 내용이 있었다.

첫째, 중국의 그리스도교 신자들에게 그들의 사가(私家)에서 망자의 이름만 새겨진 장례용 신주를 사용하는 것을 허용한다.

둘째, 망자에 관한 중국인의 예식들이 우상 숭배적이지 않고 국민적 · 사회적인 것이라면 허용한다.

셋째, 공자에 대한 국민적 · 사회적인 예절과 우상 숭배적이지 않은 신주와 그 앞에서 촛불을 켜고 향을 태우고 음식을 진설하는 것은 허용한다.

넷째, 서면으로 합당한 설명을 덧붙인 초와 향을 제공하는 것은 허용한다.

다섯째, 정정(正定, 우상 숭배의 성격을 뺀 단순한 이름의 성격)된 신주나 관, 시신 앞에서 공경의 표현으로 무릎을 꿇는 것과 엎드려 절하는 것은 허용한다.

여섯째, 망자에 대한 사랑과 존경으로 관 주변이나 그 앞에 과자 · 과일 · 고기 등의 관습적인 음식을 차리고 그에 대한 설명을 곁들인 우상 숭배적인 기미를 전면 배제한 신주를 두는 것은 허용한다.

일곱째, 신년과 한 해의 다른 시기에 정정된 신주 앞에서 고두(叩頭)라고 하는 공경의 표현은 허용한다.

여덟째, 정정된 신주 앞에서 초를 켜고 주의를 기울여 향을 피우는 것은 허용한다.[52]

---

52 "Ex quo singulari", *Collectanea Constitutionum, Indultorum ac Institutionum Sanctae Sedis*(Hong Kong: Typis Societatis Missionum ad Exteros, 1898), p. 786. 메차바르바의 허용안은 베네딕토 14세의 『각 경우에 따라서』(*Ex quo singulari*)에 수록되어 있다.

한편 선교사들 사이에서는 메차바르바의 허용안을 둘러싸고 다시 의견 대립이 생겼다. 이에 교황청에서는 이 문제에 대해 재검토하게 되었고, 1742년 7월 11일에 베네딕토 14세는 과거 어느 때보다도 강한 어조로 메차바르바의 허용안을 "마치 존재하지 않았던 것처럼"[53] 배격하고, 클레멘스 11세의 11월 20일자 훈령 『그날들』(*Ex illa die*)을 포괄하는 『각 경우에 따라서』(*Ex quo singulari*)를 발표하였다. 여기에서는 중국 의례에 대한 더 이상의 논쟁마저도 금하였다.

논쟁에 개입된 당사자들은 중국 의례에 대한 자신들의 해석이 교회로부터 승인받기를 원했다. 교회의 승인은 궁극적으로 자신들이 선택한 선교 방법의 정당성을 드러내는 표지가 되고 또 자신들이 수행하는 선교활동에 활력을 불어넣는 원동력이 되기도 했기 때문이다. 논쟁 초기에 사안의 심각성을 올바로 파악하지 못한 교황청은 그 해결을 위해 적극적으로 나서지 않았으며, 논쟁에 개입된 선교사들이 제시하는 자료에만 근거하여 중국 의례에 대한 허용과 금지 결정을 번복하는 한계를 드러냈다.

예수회와 도미니코회 선교사들 사이에서 계속되던 전례논쟁이 파리외방전교회의 중국 진출로 다시금 격화되고 그 자체가 선교의 커다란 걸림돌이 되자, 교황청은 논쟁의 조속한 결정을 위해 적극적으로 개입하지 않을 수가 없게 되었다. 특히 교황 클레멘스 11세(1700~1721)는 1704년에 중국인들이 공자를 공경하여 거행하는 의식과 조상 제사 행위가 우상 숭배에 물들어 있으므로 이들을 단죄하고 금지한다는 교도권의 입장을 분명히 하고, 자신의 재위 기간 동안 전례논쟁이 더 이상 확산되지 않고 빨리 종결되도록 노력하였다. 1705년과 1719년 두 차례에 걸친 교황특사의 중국 파견과 중국 의례를 금하는 교황령(Constitutio Apostolicae) 『그날들』의

53 같은 문헌; 『각 경우에 따라서』(*Ex quo singulari*).

선포(1715)는 그 단적인 예라고 할 수 있다. 교황 클레멘스 11세는 교황령 『그날들』을 통해 모든 선교사가 중국 의례를 금지하는 교도권의 명령에 철저히 순명할 것을 권하며 맹세문 양식까지 제시하였다.

그러나 교황의 이러한 적극적인 개입에도 불구하고 중국 의례 논쟁은 선교활동에 큰 장애를 가져왔고 그 영향은 계속해서 진행되었다. 교황의 명령을 단순한 권고의 일종으로 보는 선교사들이 여전히 있었고, 명령의 특정 진술에 대한 해석을 두고 선교사들 사이에서 논쟁도 계속되었다. 이에 교황 베네딕도 14세는 교황령 『각 경우에 따라서』를 통해 의례 논쟁의 종결을 위해 적극적으로 개입하였다.

교황 베네딕토 14세는 중국 의례가 그리스도교 신자들에게 금지된 우상 숭배의 한 형태이므로 단죄하고 금지한다는 교회의 입장을 재천명함으로써 교황 클레멘스 11세의 교황령 『그날들』을 다시금 확증하는 한편, 그 안에 제시된 맹세문을 보강하여 교도권의 가르침을 따르지 않는 선교사들에게 교회법적인 제재를 엄격하게 가함으로써 마침내 중국 의례 논쟁에 종지부를 찍는 데 성공하였다. 혼란과 논쟁을 매듭짓기 위해 그때까지 각 수도회에 주었던 특권이나 부분적인 허용마저 모두 취소하고 모든 논쟁을 종식시킨 것이다.

2. 베네딕토 14세의 적응주의 선교 금지 교서

교황 베네딕토 14세(Benedictus XIV, 재임 1740~1758)는 그의 선임자들, 즉 바오로 5세, 알렉산더 7세, 인노첸시오 8세 등이 예수회에 행한 관대한 처사에 대해 위험하다고 보고, 1742년 7월 11일자로 그동안의 로마 교황청의 조치를 총정리하여 교황령 『각 경우에 따라서』라는 교서를 통해 선교에 있어서 문화 적응의 노력을 모두 금지하였다. 이것은 17세기 중엽부터 18세기 중엽에 이르기까지 약 100여 년에 걸쳐 계속되던 중국 의례 논쟁을 종식시키기 위한 것이었지만, 결국 복음 선포를 위축시키고 전통문화나 풍습을 복음의 교리에 따라 단죄하는 결과를 초래하였다.

논쟁의 핵심은 그리스도교의 하느님을 어떻게 부를 것인가에 대한 용어상의 문제와 중국인들에게 중요한 조상과 공자 공경의 전통적인 의례에 대해 선교사들이 어떤 입장을 유지해야 하는가에 있었다. 논쟁에는 가장 먼저 중국 선교를 시작한 예수회(1582), 도미니코회(1631), 프란치스코회(1632), 파리외방전교회(1684) 선교사들이 개입되었다. 따라서 이 논쟁은 중국 의례를 둘러싼 중국인과 서양 선교사들 사이의 논쟁이 아니라 서양 선교사들끼리의 논쟁이었던 것이다. 이것은 지리상의 대발견 이후 교회가 접하게 되는 다양한 형태의 비그리스도교의 종교 · 문화 · 전통을 어떻게 이해하고 선교 사명을 수행해나갈 것인가에 대한 문제로서 지극히 교회의 내부적인 문제라고 할 수 있다.

베네딕토 14세는 『각 경우에 따라서』를 통해 그때까지의 모든 결정이나 허가를 무효로 하고, 새로운 규정으로서 국민적 · 사회적인 생활과 일반 예식에 관한 것 외의 모든 전례에 대해 특권을 인정치 않고 그것에 관한 논의조차 하지 못하게 하였다. 『각 경우에 따라서』는 중국 의례 논쟁의 역사를 개관하며 중국 의례를 금하는 교도권의 공식적인 가르침을 제시하고 있다. 교서는 서언을 비롯하여 30개 항으로 구성되어 있는데, 당시 교황청에서 이 문제로 얼마나 골치를 앓았는지를 1항에서부터 여실히 드러내고 있다.

이러한 분열은 중국인들이 철학자 공자(孔子)와 그들의 조상들을 공경하여 거행해오던 예식들과 의례들로부터 비롯되었다. 선교사들 중에서 어떤 이들은 이러한 예식들과 의례들이 순전히 국민적 · 사회적인 것이기 때문에 우상 숭배를 멀리하고 그리스도교를 받아들인 이들에게 허용될 수 있다고 주장하였다. 그러나 다른 한편에서는 이에 반대하는 이들도 있었다. 우상 숭배의 징후는 어떤 식으로든 방치될 수 없으며, 이를 방치하는 것은 중대한 종교적 불의(不義)라는 것이 그들의 주장이었다. 사도좌는 사실 여러 해 동안 이 논쟁에 대하여 걱정과 염려를 표시하였는데, 그것은 주님의 밭에 가라지가 그 뿌리를 내리지 못하게 하고, 만약 가라지가 뿌리를 내리고 있다면 가능한 한 신속하게 그것들을 제거하기 위해서였다.[54]

죽은 이에게 드리는 의식이 종교적이 아니라 단지 사회 · 정치적 의례이며 죽은 이에게 무엇을 기원하거나 청하지 않는다는 것을 공적으로 또는 묵시적으로 표명한다고 하더라도 허용될 수 없다는 교회의 입장은 지금까지 적응주의 선교 노선을 밟아온 예수회로서는 대단히 충격적이었다. 그리고 만일 이 결정에 순종하지 않고 또 다시 중국 의례 문제를 거론하면 교황청에서는 더 강력한 처벌이 내려질 것이라는 선언도 있었다. 그 결과 유교 문화권의 동양 선교지에 파견된 모든 수도회의 선교사들은 하나같이 교황청의 이 명령에 순명하지 않으면 안 되었다.

중국 의례에 관한 교황청의 판단 기준은 중국 의례에 대한 근본적인 의미에 있다기보다는 조상 제사와 공자 공경 의식이 종교적 · 미신적이냐 아니면 사회적이냐에 있었다. 단순히 사회적 관습에 따른 것이라면 용인할 수 있다고 보는 것이다.[55] 그래서 1656년의 허용 결정에서는 이 의식

---

54 "Ex quo singulari", *Collectanea Constitutionum, Indultorum ac Institutionum Sanctae Sedis*(Hong Kong: Typis Societatis Missionum ad Exteros, 1898), pp. 776~791.

55 *Bullarum Diplomatun et Privi Legiorum Sanctrorum Romanorum Pontificum*, Tomus 21(Augustae Taurinorum: A. Vecco et Sociis Editoribus, 1871), p. 207.

들이 단순히 국민적 · 사회적(civilis et politicus) 예식이라고 판단하여 허용한 반면에,[56] 1645년, 1704년, 1715년, 1742년의 금지 결정에서는 미신적(superstitiosus)인 의식이라고 판단하여 금했던 것이다.[57] 비록 그 의식들 자체는 미신적이 아니라고 하더라도 중국인의 종교 심성으로 볼 때 미신과 혼합되어 있어서 미신적 요소를 분리해낸다는 것은 현실적으로 불가능하다는 것이다.[58]

그러나 이런 결정의 이면에는 선교단체들 간의 경쟁의식과 국가 간의 알력, 언어의 장벽, 중국 사상에 대한 몰이해 등 여러 요인이 작용했으나, 결정적으로는 유럽인의 우월의식과 비그리스도교 문화에 대한 경시와 함께 정복적인 획일주의 선교정책이 작용했고, 교황청의 선교정책에 토착화보다는 전통적인 신앙고수와 통일성을 중시하는 면과 유럽화된 그리스도교와 보편적 그리스도교 신앙과의 혼동 등 많은 요인들이 작용하고 있었다.[59]

동양 의례에 관한 이해 부족은 인도에서도 있었다. 예수회 선교사 데

---

56 *Collectanea S. Congregationis de Propaganda Fide seu Decreta Intructiones Rescripta Pro Apostolicis Missionibus*, Vol. 1, p. 38; 최기복, 「교황청의 선교정책과 동양제례의 영광」, 『가톨릭사상』 제4집(1991. 4), 148쪽에서 인용.

57 *Ibid.*, p. 34; *Bullarum Diplomatum et Privilegiorum Sanctrorum Romanorum Pontificum*, Taurinensis Editio, Tomus 21, p. 218; *Bullarum Pontificum Sacrae Congragationis de Propaganda Fide*, Tomus 1, pp. 306~307; 최기복, 같은 논문, 148쪽에서 인용.

58 Ex quo singulari; *Bullarum Diplomatum et Privilegiorum Sanctrorum Romanorum Pontificum*, Taurinensis Editio, Tomus 21, p. 218; Bulllarum Pontificium Sacrae Congregationis de Propaganda Fide, Tomus 1, p. 306; Sanctissimi Domini Nostri Benedicti Papae XIV *Bullarium*, Tomus 1, pp. 163~168; 최기복, 같은 논문, 145~148쪽에서 인용; "Chinese rites Controversy", *New Catholic Encyclopedia*, Washington D. C.: The Catholic University of America, 1967, Vol. 3, p. 613; Minamiki, *op. cit.*, pp. 69~76.

59 Franzen August, 최석우 역, 『세계 교회사』(*Kleine Kirchengeshichte*), 왜관: 분도출판사, 2010, 372쪽.

노빌리가 적응주의적 관점에서 인도인의 생활양식과 사고방식을 수용한 것을 두고 많은 논란이 있었지만, 1623년 교황 그레고리오 15세에 의해 그의 선교 방식과 바라문 예식이 일정한 조건 하에서 허용되었다. 그러나 1710년, 1727년, 1734년, 1739년에 걸쳐 지속적으로 제기되었던 인도 전례에 대한 조사는 1744년에 이르러 결국 1704년의 인도 전례에 대한 단죄를 확정하고야 말았다. 이로써 중국에 이어 인도에서도 모든 전례논쟁(The Rites controversy)이 종식되고, 이후 그리스도교는 이들 지역에서 기반을 잃고 말았다. 교황청의 조상제사와 공자공경 의식을 포괄하는 동양 의례 금지령은 유럽적인 그리스도교의 통일성을 유지하는 데는 기여하였으나 아시아의 유교-힌두교 문화권에서 그리스도교의 선교에는 큰 타격을 주었고, 그리스도교 복음의 토착화와 세계화는 완전히 차단되고 말았다.[60]

그러므로 『각 경우에 따라서』를 통해 엿볼 수 있는 중국 의례에 대한 교황청의 기본자세는 "주님의 밭에 가라지가 뿌리 내리지 않도록 최대한 경계해야 하며, 만일 뿌리가 내리고 있다면 가능한 한 속히 뽑아버려야 한다"[61]는 단죄적이고 정복적인 노선이었다. 이러한 교황청의 자세와 금령에 대해 W. 프랑케는 "그것은 국가주의 · 식민주의적(領土擴張的) 제국주의 사상에 지배된 '유럽 중심주의적 태도'(the europocentric attitude)의 결과"이며, "19세기와 20세기 초를 통하여 꾸준히 추구해왔던 제국주의적 선교 전략의 일환"이라고까지 비판하였다.[62]

---

60 윤선자, 「1939년의 조상제사 허용훈령」, 『종교문화 연구』 창간호, 한신 인문학연구소, 1999, 114쪽.

61 Ex quo singulari; Ex illa die, *Bullarum Pontificum Sacrae Congragationis de Propaganda Fide*, Tomus 1, p. 308.

62 W. 프랑케, 김원모 역, 『동서문화교류사』, 서울: 단국대학교 출판부, 1978, 81~82쪽; 최기복, 「교황청의 선교정책과 동양제례의 영광」, 『가톨릭사상』 제4집, 1991, 149쪽에서 인용.

3. 클레멘스 14세의 예수회 해산 교서

『각 경우에 따라서』를 통해 명령한 적응주의 선교의 금지에도 불구하고 아시아를 중심으로 한 선교지의 현장에서는 여전히 예수회의 선교 방식에 대한 지지와 특히 교육 사도직에 대한 요청이 계속되고 있었다. 이에 교황청은 다른 수도회들의 견제가 극도로 심화되고 있는 상황에서 예수회의 팽창을 제한하기로 하고 아시아의 일정 지역을 다른 수도회에 위탁하는 조치를 취하였다.

그러는 동안에도 예수회는 아시아에서는 전례논쟁의 중심에 서고 라틴 아메리카의 파라과이에서는 1707년에 30개가 넘는 레두시온으로 파라과이 원주민인 과라니(guarani)족들의 문명화를 선도하면서 '파라과이의 예수회 국가'라는 별명까지 얻을 정도로 발전하고 있었다. 그들은 반유목민들이어서 하루 일과를 나누어 정해진 노동을 하고 시간을 계획에 따라 나누어 사용하는 것에 대한 개념이 없었다. 예수회 선교사들은 일과표를 만들어 종(鐘)과 음악 같은 수단을 이용하여 노동을 유도하였고 효과는 매우 긍정적이었다. 역사학자들이나 인류학자들은 토착 문화와 유럽 문화를 혼합하여 만든 레두시온의 긍정적인 기능에 대해서 비판할 내용이 많겠지만 선교학적인 측면에서는 유럽 제국주의 국가들에 의한 식민주의적인 선교가 아니라, 즉 정치적이고 교계에 의한 권력이 아니라 오로지 선교사들에 의한 사회가 만들어진 것으로 평가할 수 있다.

그러나 1750년 1월 13일, 포르투갈의 후안 5세와 에스파냐의 페르디난도 6세가 이른바 마드리드 조약(treaty of Madrid)이라는 영토 협정조약을 체결하여, 에스파냐가 우루과이 강 동쪽 지역을 포르투갈에 양도하면서 7개의 레두시온에서 생활하던 29,000명의 인디오들과 예수회원들이 위기를 맞이하였다. 조약의 내용은 에스파냐가 실제로 포르투갈이 소유하고

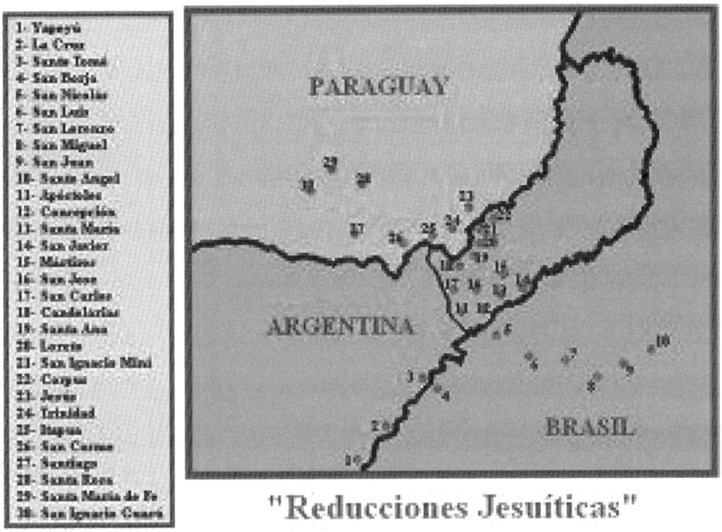

"Reducciones Jesuíticas"

있던 땅을 공식적(de jure)으로 인정하는 것이었고, 그것은 "실질적으로 가진 자가 공식적으로 가지라"(uti possidetis, ita possideatis)라는 원칙에 부합하는 조약이었다. 이것은 또한 두 나라가 서로 탐내던 상대방의 영토를 바꾸는 것이기도 했다. 즉 '교환 조약'(Tratado de Permuta)이었던 것이다. 포르투갈이 얻은 땅은 미시오네스 오리엔탈레스(Missiones Orientales), 곧 예수회의 동방 선교지 레두시온이었던 것이다. 에스파냐 지배 하에서는 나름대로 엔코미엔다(Encomienda)에 저항해 독립을 보장받고 레두시온을 꾸려갈 수 있었지만 노예 사냥꾼으로 알려진 포르투갈의 지배 하에서는 모든 것이 불안정했다.

예수회는 포르투갈과 협상을 시도했고, 포르투갈은 과라니족에게 다른 지역으로 이사할 것을 제안했고, 이사할 지역의 땅값을 엄청나게 요구하자, 예수회는 여기에 반기를 들었다. 이에 과라니 군은 에스파냐 통치 시절에 훈련된 4천 명의 군대를 앞세워 여러 해 동안 포르투갈 군대에 맞서 싸웠다. 그러나 1756년 2월, 에스파냐-포르투갈 연합군 3천 병력이 과라니족을 침략하여 레두시온은 파괴되고 1,511명에 달하는 과라니족 원주민들이 대량 학살당하고야 말았다. 당시 파라과이 선교의 책임을 맡았던 비스콘티(Ignazio Visconti, 1751~1755)나 그의 대리인인 알타미라노(Lope Louis Altamirano)조차 이 7개의 레두시온을 지키기 위한 외교에서 성공하지를 못하였다. 결국 예수회는 7개의 레두시온을 지켜내지 못했고 파라과이 선교를 접고야 말았다.[63]

그러나 1761년 2월 12일의 엘 파르도 조약(Treaty of El Pardo)으로 마드리드 조약이 부정되고 예수회가 다시 명맥을 유지하는 듯했으나, 국경 설정의 어려움과 원주민의 저항으로 조약이 난항을 겪으면서 결국 엘 파르도 조약은 취소되고 예수회가 설자리는 사라지고 말았다.

제국들의 영토 확장이 계속되는 가운데 선교지에서의 교황의 권한은 점차 줄어들고, '교황의 군대'로 알려진 예수회는 제국의 왕들의 눈 밖에 나기 시작하였다. 1759년에 포르투갈이, 1764년에 프랑스가, 그리고 1767년에는 에스파냐의 왕 카를로스 3세까지 나서서 짧은 교서를 통해 자신의 식민지 영토에서 예수회를 추방하고야 말았다. 카를로스 3세의 교서에는 "1월 29일부터 가장 고매한 자들과 함께 근래의 이 문제에 대해서 임시 왕실 의회에서 협의한 결과 [……] 예수회는 에스파냐는 물론 인도제도(아메리카)와 필리핀, 그리고 그에 인접한 다른 지역에서 사제와 보좌주교, 평수사와 수련수사들을 막론하고 모두 추방할 것을 명령했노라"[64]라는 내용이 담겨 있었다.

---

63 Pavone Sabina, *I gesuiti dalle origini alla soppressione*, Editori Laterza, 2004, pp. 108~116.

64 1767년 2월 27일자로 교황 클레멘스 13세에게 도달한 Pragmática Sanción라는 이름의 서신이다. 이 서신의 제목은 ≪Pragmática sanción de su Magestad en fuerza de ley para el estrañamiento de estos Reynos a los Regulares de la Compañía, ocupación de sus Temporalidades, y prohibición de su restablecimiento en tiempo alguno, con las demás

교황 클레멘스 13세는 에스파냐 왕 카를로스 3세가 보낸 통보를 듣고 통곡을 하였다고 한다. 사실 교황은 이런 분위기를 이미 감지하고 여러 방면에서 예수회를 구제할 방안을 찾고 있던 터였다. 예수회를 공격하는 사람들에게 1765년 1월 7일자 "교회에 생긴 중대한 편견"(la grave injuria hecha a la Iglesia)에서 교황은 "예수회는 최상의 사랑과 성덕을 호흡하고 있습니다. 비록 일부 회원들이 표현을 잘못하여 예수회를 퇴색시키긴 했어도 그토록 비신앙적이거나 불경건하거나 하느님의 교회를 손상시키지는 않습니다"라고 답하였다. 에스파냐 왕 카를로스 3세의 교서에 대해서도 "나의 불운한 9년 동안의 재임 기간 중 가장 충격적이고 비참한 것은 지금 폐하로부터 받은 편지에 적힌 내용입니다. [……] 폐하는 나의 고통의 잔을 채우고 눈물과 슬픔으로 늙어가는 나를 무덤으로 밀어 넣고 있습니다"[65]라며 침통한 심정을 표현했다고 한다. 교황은 끝까지 예수회를 보호하고자 노력했으나 1769년에 유명을 달리하고 말았다.

라틴아메리카에서 일어난 사건과 같은 시기에 중국의 전례논쟁을 두고 일어난 사건은 예수회의 존재를 침식시키는 첫 번째 사건이 되었다. 이것은 종교적인 논쟁이 정치적인 논쟁으로 완전히 변질되어버린 것이며, 그 속에서 논쟁자들의 주장은 제국의 왕들과 교황의 일치를 깨고 신학은 영

---

prevenciones que expresa≫라고 적혀 있었다. Enrique Planas, *Los jesuitas en el Río de la Plata: historia de las misiones en la época colonial*, Colección Antorcha, Atlántida Editor, S. A., 1941, p. 116; T. Egido, "La expulsión de los Jesuitas de España", *Historia de la Iglesia en Espania*, Vol. IV., Madrid, 1979, p. 753; 같은 저자의 다음 논문도 참조. "Actitudes regalitas de los obispos de Carlos III", *Actas del I Symposium Internacional: Estado y Fiscalidad en el Antiguo Régimen*, Murcia, junio de 1988, pp. 67~83; Sergio Ortega Noriega, Sinaloa, Historia breve, Editorial Fondo de cultura e economica(FCE), 1999, pp. 80~81.

65 Ortiz Antonio Domínguez, *Carlos III y la España de la Ilustración*, Madrid: Alianza Editorial, 2005, pp. 140~141; http://www.vocacionesjesuitas.org/conferencia-jesuitas: Jorge Atilano González Candia, "La_expulsion_de_los_jesuitas_de_1767.doc" pp. 5~6.

성적인 것과 세상적인 것 사이에서 길을 잃고 방황하게 만든 계기가 되고 말았다. 여기에는 유럽 국가들의 정교 분리론자들이 예수회의 교육 사도직과 복지사업에 간섭하면서 예수회의 사상과 활동에 대해 교황청에 이의를 제기하기 시작한 것도 한몫을 하였다.

친중국파 계몽주의 학자였던 볼테르가 반(反)봉건주의와 반(反)교회운동을 펼치면서 엘베시우스(Claude Adriene Helvetius, 1715~1771)에게 보낸 편지에는 예수회에 대한 당시 유럽 사회의 분위기가 잘 담겨 있었다. "우리가 예수회를 제거하고 나면 혐오스러운 그것(가톨릭교회)과의 싸움에서 한층 유리한 위치를 차지하게 될 것입니다."[66] 이것은 계몽주의자들이 지니고 있던 태도와 다를 바가 없었다. 사르피(Paolo Sarpi)는 이미 한 세기 전에 교회의 프랑스화를 주장하던 사상을 통해 이 점을 간파하고 있었다. 로마 교회의 입장에서는 모더니즘화에 대항한 최후의 가장 강한 보루가 되어야 할 예수회가 가장 골칫거리로 떠올랐던 것이다.

예수회에 대한 역사적이고 문화적인 역할에 대한 논쟁이 본격적으로 시작된 것은 18세기 중반이다. 예수회는 이런 상황에 대해 전혀 예상하지 못했고, 그래서 1701년에 리용 근교의 트헤부에서 랄레만트(Jacques-Philippe Lallemant)와 텔리에(Michel Le Tellier)가 트헤부 저널(Journal de Trevoux)을 발행하기도 하였다. 예수회 내부에서는 "트헤부의 기억"(Mémoire de Trevoux)으로 잘 알려진 이 저널에서는 문학비평 · 과학 · 역사 · 지리학 · 인류학, 종교적인 최근의 현상들을 담아내고 있었다. 그러나 예수회가 궁지로 몰리면서 이 저널의 시각마저 반얀센주의와 반계몽주의로 몰려 논쟁의 대상이 되었다.

---

66 Pavone Sabina, *op. cit.*, p. 118.

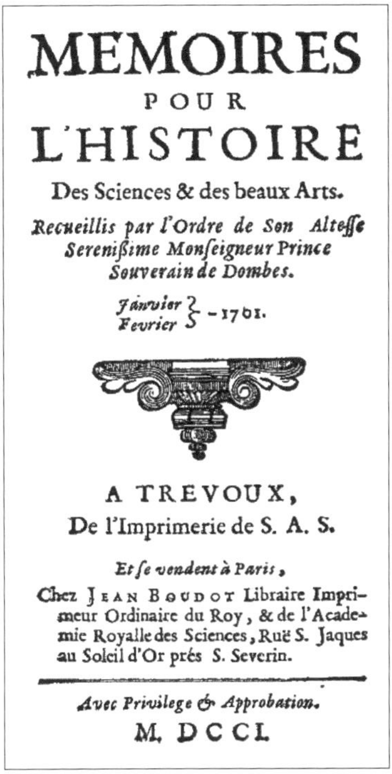
MEMOIRES
POUR
L'HISTOIRE
Des Sciences & des beaux Arts.
Recueillis par l'Ordre de Son Altesse Serenißime Monseigneur Prince Souverain de Dombes.
Janvier Fevrier – 1701.

A TREVOUX,
De l'Imprimerie de S. A. S.
Et se vendent à Paris,
Chez JEAN BOUDOT Libraire Imprimeur Ordinaire du Roy, & de l'Academie Royalle des Sciences, Ruë S. Jaques au Soleil d'Or prés S. Severin.

Avec Privilege & Approbation.
M. DCCL

1750년에 발간된 한 트헤부 저널(Journal de Trevoux)의 표지

특히 디드로(Diderot, 1713~1784)와 함께 집필한 『백과사전』(*Encyclopédie*)에서 다랑베르(Jean Le Rond d'Alembert, 1717~1783)는 예수회의 해산을 유도하는 글 「예수회의 몰락」(*Descrution des jésuites*)을 적어 보다 날카롭게 예수회를 비난하였다. 다랑베르는 교회 내에서 예수회가 펼친 개혁에 대해서 비난하였다. 거기에는 예수회 선교사들의 도덕성과 그동안 말이 많았던 적응주의 선교에 대한 내용이 핵심을 이루고 있었다. 그는 한때 있었던 예수회의 성공은 모두 착각에 지나지 않고, 이미 수세기 전부터 있었던 원초적인 문제들이 수면 위로 떠오른 것에 불과하다고 주장하였다. 한마디로 18세기 후반, 유럽에서의 일반적인 분위기는 예수회가 위험한

존재라는 것이었다.[67]

1773년 7월 21일, 결국 클레멘스 14세 교황은 소위 '예수회 해산 교서' 『주님이며 구원자』(*Dominus ac Redemptor*)를 발표하였다. 전체 45개의 단락으로 구성된 이 교서는 두 부분으로 분류되는데, 첫 부분은 해산의 당위성에 대한 것이고 두 번째 부분은 해산 이후의 지침을 담고 있었다. 교서에서 교황은 이전 교황들도 교회의 평화를 위해 수도회를 해산한 적이 있었다고 하면서 예수회를 겨냥한 직접적인 비난은 회피하였다. 그러면서도 예수회가 교회 안에서 일으킨 여러 가지 사건들, 곧 신학적인 논쟁에서부터 정치적인 간섭과 선교지에서의 약간의 불순종 등을 나열하여 수도회 해산의 당위성에 대해서 말하고 있다.

> 사도좌는 종교적 명령이 빛나도록 지원할 의무가 있다. 사도좌는 명령을 인정하고, 교훈과 사례로서 경건한 신앙을 촉진하고, 관습에 따라 신앙의 일치와 보존에 기여할 수 있도록 다양한 예외와 특권과 능력을 명령에 부여하기도 하였다. 그러나 종교적 명령들 가운데 풍성한 열매를 맺지 못하고, 그 명령의 목적을 달성하지 못하며, 명령이 대중의 평화에 기여하지는 못할망정 오히려 방해하는 것처럼 보이면 언제나 자체의 권위로서 그것을 인정할 때와 마찬가지로 법을 개정하거나, 개정 당시로 명령을 되돌려놓거나, 주저하지 않고 완전히 해산시킬 수가 있다.

교서에서는 그리스도인들의 선과 행복에 기여하는 것들, 그 중에서도 종교적 명령을 첫 번째 자리에 놓으면서 이에 적합하지 않을 때는 교회의, 아니 더 정확하게는 교황의 권한에 따라 이를 언제든지 해산시킬 수

67 Pavone Sabina, *op. cit.*, pp. 117~124.

있다는 점을 강조하였다.

예수회의 설립과 관련하여, 1540년 9월 27일자로 선임 교황 바오로 3세가 발표한 칙서 『교회의 특사』(*Regimini Militantis Ecclesiae*)를 통해 승인한 것은 설립자 이냐시오가 주창한 대로 영혼의 구원, 이단자와 이교도들의 개종, 거룩한 신앙의 발전을 목적으로 하고 있었기 때문이다. 교회는 예수회 대학들의 사유재산을 인정해주었고 거기에서 예수회원들은 고상하고 다양한 학문을 발전시켰지만, 다른 한편에서는 회원들 내부에서는 물론 교회의 다른 수도회들과 거기에 속하지 않은 성직자들, 학계, 대학과 공립학교들, 그리고 예수회를 받아들인 나라의 군주들 사이에서 많은 불화와 의견차가 일어난 것에 주목하였다.

의견의 차이와 논쟁은 때로는 예수회 입회자들의 서약, 입회 시기, 퇴출과 관련한 것으로서 충분한 자격이 없는데도 불구하고 입회시켜 트렌토 공의회와 선임 교황 비오 5세(Pius V)의 교령의 취지와는 반대로 권한을 행사하고 있다고 하였다. 이것은 때로 예수회 총장이 지닌 절대적인 권위와 수도회의 성실한 관리 및 엄격한 규율에서 비롯된 문제이기도 하지만, 때로는 예수회 학교에서 주교와 교도권의 가르침과는 다른 관점에서 가르치거나 면제와 특권 같은 민감한 사항 때문에 일어나기도 한다고 하였다. 다시 말해서, 그리스도인들의 평화를 저해하는 중대한 고발들이 예수회와 관련하여 지속적으로 접수된 것이다.

예수회에 대한 계속된 상소와 항의는 많은 군주와 권력가들이 바오로 4세(Paul IV), 비오 5세(Pius V), 식스투스 5세(Sixtus V)를 거치면서 지속적으로 해왔다. 예수회의 소신이 식민 제국 건설에 혈안이 된 군주들의 눈에 좋게 보였을 리가 없었을 것이고, 오히려 지속적인 방해꾼이 되었을 것이 분명했기 때문이다. 그런 와중에도 교회는 계속해서 예수회를 옹호해왔고 선임 교황들의 뜻대로 후임 교황들은 예수회에 부여한 모든 특권을 그대로 인정하였으며, 선교지에서 올라오는 각종 사건의 진상에 대해서도 당사자들을 직접 로마로 불러서 해명하도록 했고 어떤 방법으로든 예수회의 조직과 규칙에 함부로 손을 댈 수 없도록 하였다.

그럼에도 불구하고 아직도 중세의 고전적인 교도정책에서 벗어나지 못한 타수도회들의 눈에 비친 예수회의 선포 방법은 정통적인 믿음과 건전한 도덕과는 반대로 가고 있었고, 그것은 계속해서 격렬한 논쟁거리가 되었다. 이에 교황 바오로 5세는 예수회의 제5차 총회를 계기로 1606년 9월 4일자 훈령에서 다음과 같이 선언하였다.

> 예수회는 신앙선포와 영혼의 구원을 위해 하느님의 뜻에 따라 수도회의 규정을 영적 무기로 봉헌한다. [……] 그러나 예수회는 세속적이고 정치적인 문제에 연루되어 원래의 고귀한 가치가 위협받기에 이르렀다. 따라서 예수회의 현행 규정에 따라 회원들은 한 명도 빠짐없이 모든 공적인 문제에 개입할 수 없다.

이런 상황에서도 예수회에 대한 고발과 불평은 계속되었고 교회는 평화를 회복하기 위해 노력했지만 모든 것이 허사라고 판단하였다. 선교에 있어 지역의 주교들과 다른 수도회들과의 마찰은 참으로 큰 문제가 아닐 수 없었다. 한마디로 가톨릭교회가 합당하게 승인한 의식(儀式)들을 무시하고 특정 지역에서 택한 우상 숭배적인 의식을 거행한다는 것과 그와 관련하여 예수회 내부에서도 반대가 커져서 많은 영혼들을 잃고 분노하게 만들었다는 것은 교회의 입장에서는 실로 난감한 문제가 아닐 수 없었다.

예수회를 승인하고 적극 추천했던 클레멘스 13세 교황의 뜻과는 달리 대중에게 유익을 가져오지 못하고 있는 예수회를 어떻게 처리해야 하는지가 커다란 고민거리로 떠오른 것이다. 프랑스 · 에스파냐 · 포르투갈 · 시칠리아의 왕들이 자신의 영토에서 예수회를 추방하기로 했고, 예수회

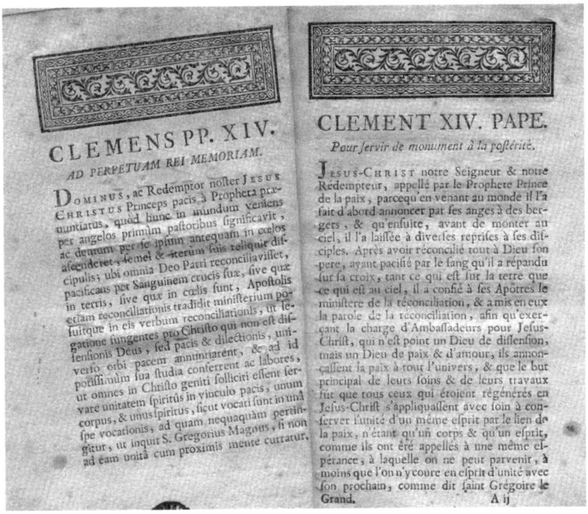

CLEMENS PP. XIV.

AD PERPETUAM REI MEMORIAM.

DOMINUS, ac Redemptor noſter JESUS CHRISTUS Princeps pacis à Propheta prænuntiatus, quòd hunc in mundum veniens per angelos primùm paſtoribus ſignificavit, ac deinum per ſe ipſum antequam in cœlos aſcenderet, ſemel & iterum ſuis reliquit diſcipulis; ubi omnia Deo Patri reconciliaviſſet, pacificans per Sanguinem crucis ſuæ, ſive quæ in terris, ſive quæ in cœlis ſunt, Apoſtolis etiam reconciliationis tradidit miniſterium poſuitque in eis verbum reconciliationis, ut legatione fungentes pro Chriſto qui non eſt diſſenſionis Deus, ſed pacis & dilectionis, univerſo orbi pacem annuntiarent, & ad id potiſſimùm ſua ſtudia conferrent ac labores, ut omnes in Chriſto geniti ſolliciti eſſent ſervare unitatem ſpiritûs in vinculo pacis, unum corpus, & unus ſpiritus, ſicut vocati ſunt in unâ ſpe vocationis, ad quam nequaquàm pertingitur, ut inquit S. Gregorius Magnus, ſi non ad eam unitâ cum proximis mente curratur.

CLEMENT XIV. PAPE.

Pour ſervir de monument à la poſtérité.

JESUS-CHRIST notre Seigneur & notre Rédempteur, appellé par le Prophete Prince de la paix, parcequ'en venant au monde il l'a fait d'abord annoncer par ſes anges à des bergers, & qu'enſuite, avant de monter au ciel, il l'a laiſſée à diverſes repriſes à ſes diſciples. Après avoir réconcilié tout à Dieu ſon pere, ayant pacifié par le ſang qu'il a répandu ſur ſa croix, tant ce qui eſt ſur la terre que ce qui eſt au ciel, il a confié à ſes Apôtres le miniſtere de la réconciliation, & a mis en eux la parole de la réconciliation, afin qu'exerçant la charge d'Ambaſſadeurs pour Jeſus-Chriſt, qui n'eſt point un Dieu de diſſenſion, mais un Dieu de paix & d'amour, ils annonçaſſent la paix à tout l'univers, & que le but principal de leurs ſoins & de leurs travaux fût que tous ceux qui étoient régénérés en Jeſus-Chriſt s'appliquaſſent avec ſoin à conſerver l'unité d'un même eſprit par le lien de la paix, n'étant qu'un corps & qu'un eſprit, comme ils ont été appellés à une même eſpérance, à laquelle on ne peut parvenir, à moins que l'on n'y coure en eſprit d'unité avec ſon prochain, comme dit ſaint Grégoire le Grand.

A ij

라틴어로 쓴 『주님이며 구원자』 교서 첫 페이지

가 완전히 해산되지 않는 한 전체 그리스도인의 세계를 화해시킬 수 있는 치유책이 없다는 결론에 이르게 되었다.

결국 교황은 예수회가 설립 당시에 기대했던 것과는 달리, 여러 명의 선임 교황들이 승인하며 옹호했던 특권에 따른 풍성한 열매와 선익(善益)이 더 이상 돌아올 수 없다고 판단하였다. 다시 말해서 예수회가 계속해서 존속하더라도 지속적이고 확고한 평화를 가톨릭교회에 가져다줄 가능성은 매우 적다고 본 것이다. 이에 교회는 "깊이 심의한 결과, 사도적 권한에 따라 학신을 가지고 예수회를 해산한다"고 선언하였다. 동시에,

> 교회는 예수회의 모든 활동을 금지하고 소유하고 있던 집 · 학교 · 대학 · 병원 · 토지 등을 압수한다. 예수회의 규범과 규정, 관습을 무효화하고 조직과 기구가 성좌 혹은 지역 주교에 의해 승인되었다고 하더라도 모든 것을 해산한다. [……] 나아가 총장 · 원장 · 감찰사 및 그 밖의 장상이 가진 모든 종류의 권한에 대해 그 성격이 어떤 것이든, 영적이든 세속적이든, 모두 무효로 처리하고 그것을 해

당 지역의 교구장에게 이임할 것을 명령한다.

라고 천명하였다.

예수회원들에 관해서는 더 이상 수련자를 비롯한 어떤 지원자도 받아들여서는 안 되고, 이미 받아들인 사람 중에서 서원을 하지 않은 사람은 즉시 집으로 돌려보내고, 서원은 했지만 성품성사를 받지 않은 사람도 가능하면 집으로 돌아갈 것을 권고하였다. 그러나 성품성사를 받은 사람은 예수회의 수도원과 대학을 그만두고, 성좌에서 승인한 다른 정규 수도회로 들어가거나 해당 지역의 교구장에게 절대 복종을 맹세하고 재속성직자로 살도록 허락하였다.[68]

이런 모든 결정에 대해 교황은 교회의 선익과 국가의 평화라는 위대한 목적 때문이며, 동시에 예수회원들 각자의 능력에 따라 필요한 도움과 위로를 주는 것이기도 하다고 믿었다. 그들을 오랫동안 혼란스럽게 한 박해

---

68 교서 『주님이며 구원자』는 전체 45개의 단락으로 이루어졌다. 교서는 클레멘스 14세 교황의 "우리 주님께서는 이 땅에 평화를 주시기 위해서 오셨습니다"라는 어조로 시작된다. 주님의 사명은 사도들에게로 전수되어 성 베드로의 후계자들의 의무가 되었고, 교황은 이 책무에 따라 모든 (수도)단체들이 평화를 위해 일을 하고 평화를 저해하는 요소들은 걷어낼 것을 독려한다고 밝히고 있다. 그러나 이런 일을 하지 못하는 수도회가 있다면 교황은 교회 내의 조화와 평화를 위해 그 수도회를 해산할 수 있다. 교서는 크게 두 부분으로 나뉘어볼 수 있는데 첫 부분은 해산의 당위성에 대한 것이고 두 번째 부분은 해산 이후의 지침을 담고 있다. 첫 부분에 해당되는 '해산의 당위성'은 서두를 길게 이야기한 다음 이를 세 부분으로 나누어 정리하고 있다. 첫째, 예수회의 존재에 반대하는 항소 리스트가 많다는 것(그러나 그것들의 유효성에 대해서는 아무런 평가가 없음), 둘째, 예수회의 역사에서 비판이 끊이지 않았다는 것(이런 비평들에 대한 어떠한 교회의 입장이나 판단도 없음), 셋째, 가톨릭교회 안에서 예수회원들의 신학적 경향이나 교의에 대한 교황의 우려(그러나 예수회는 이 문제에 대해서 양심의 가책을 느끼지는 않았다고 함)에 대해서 말하고 있다. 그리고 끝으로 클레멘스 14세는 예수회의 해산을 선언하고, 이후 어떻게 정리가 되어야 하는지에 대해서 언급하고 있다. *Bref de N. S. P. le Pape Clément XIV en date du XXI juillet 1773 portant suppression de l'Ordre régulier dit Société de Jésus*, sans date.

와 분열의 고통으로부터 구출하고 주님의 포도밭에서 더 열심히 일하여 영혼의 구원에 기여하도록 하기 위해서라는 것이다. 그리고 이 모든 일을 위한 처리 기간으로 1년을 주었다.

그동안 예수회 소속으로 있던 대학이나 그 밖의 학교에서 교육을 담당하던 사람들에게서도 모든 기회와 권한을 박탈하였다. 젊은이 교육은 교회 내의 평화와 세계의 평화를 유지할 수 있는 사람에게만 줄 수 있다고 판단했기 때문이다. 예수회원들은 교육에 있어서도 이교도의 개종과 논쟁의 중심에 있다고 판단한 것이다.

이렇게 예수회의 모든 특권과 법령은 폐지되고 집과 대학들은 모두 압수되며, 더 이상 예수회와 관련한 논란이나 분쟁의 발생을 철저하게 금지했고, 혹시라도 발생하게 되면 관련자 모두를 파문시키겠다고 선포하였다.

교회의 이런 결정에 대해 라틴아메리카를 비롯한 선교지에서 원주민들의 반란도 만만치 않았다. 과라니족이 살던 파라과이와 칠레 중남부 일대에서 원주민들은 예수회에 의존하고 살았기 때문에 그들에게는 생존과도 관련한 문제였다. 그밖에도 수많은 인디언들과 흑인들이 그들의 사제를 잃게 되었고 예수회가 운영하던 모든 학교는 문을 닫아야 했다. 그들이 가졌던 교육과 종교적인 가르침에 대한 희망이 사라졌고, 그들의 미래가 사라지게 되었다. 식민지에서 예수회의 해산은 원주민들에게 최악의 영향을 미쳤다. 무엇보다 예수회의 레두시온에 있던 원주민들에게는 치명적이었다. 예수회의 레두시온은 그들을 더 이상 식민지 착취로부터 지켜줄 수가 없게 된 것이다.[69]

---

69 Cfr. Karin Frammelsberger, "Dominus ac Redemptor", Die Aufhebung des Jesuitenordens im 18. Jahrhunder, in *Geist und Leben, Zeitschrift für christliche Spiritualität Begründet als Zeitschrift für Aszese und Mystik*, Echter Würzburg, München, 1990, p. 382.

그뿐만이 아니다. 갈 곳을 잃은 42개 관구에 23,000명의 예수회원들도 큰 문제였다. 그래서 교황에게 도움을 청하기 위해 로마로 향했지만 모든 것은 부질없는 일이 되고 말았다. 이미 교황은 세속의 권력에 굴복했고 찾아오는 예수회원들을 차갑게 대했으며 이에 예수회원들은 고통 속에서 발길을 돌려야만 했다.

그런 상황 속에서 예수회원들은 자신들이 보고 듣고 느낀 것을 모두 기록하기 시작하였다. 그들은 교황의 편도 국왕도 편도 아닌 오로지 인간의 편에서 기록(역사)을 써 내려갔다. 라틴아메리카 지역에서는 클라비헤로(Xavier Clavihero)가 『멕시코 고대사』를 썼고, 몰리나(Juan Ignacio Molina, 1740~1829)는 『칠레의 지질, 자연, 국가사회사』(*Compendio della Storia geografica, naturale, e civile del Regno del Chili*)를 썼다.[70] 중국의 전례논쟁에는 르 콩트(Louis Daniel Le Comte, 1655~1728)의 『중국의 현재 상황에 대한 새로운 회고』(*Nouveaux memoires sur l'etat present de la Chine*, 1696)라는 두 권의 책과 르 고비엥의 『그리스도교에 대한 중국 칙령의 역사』(*Histoire de l'edit de l'empereur de la Chine en faveur de la religion chretienne*, 1698)가 파리에서 출판되면서 전례논쟁의 중심에 섰다. 그밖에도 마르티니는 『신중국지도』(*Novus atlas Sinensis*, 1655), 『중국 상고사』(*Sinicae historiae decas prima*, 1658)를, 쿠플레(Couplet Philippe, 1624~1692)는 『중국 황조 편년사』를, 뒤 알드는 『중국제국전지』(*Description de la Chine*, 전4권, 1735년)를 발간하였다.

---

70 예수회원들의 글은 이전에 탐험가들이 쓴 에스파냐어와 포르투갈어 문학들과는 확연히 달랐다. 가령 에르시야(Alonso de Ercilla, 1533~1594)의 『라 아라우카나』(*La Araucana*)만 하더라도 칠레에 대한 에스파냐의 정복을 영웅적인 것으로 보고 노래하는 글이었다. 그러나 예수회원들은 최대한 원주민들의 관점에서 원주민들의 눈으로 마치 자신들의 역사를 기록하는 것처럼 써 내려갔다. 원주민들의 땅에서 권력을 행사하던 제국의 왕들도 교황도 예수회원들의 역사관까지는 막지 못하였다.

LA ARAVCA
na de don Alonſo de Er-
cilla y çuñiga.
DIRIGIDA A LA SACRA
Catholica Real Mageſtad del Rey
don Philippe nueſtro Señor.

EN SALAMANCA,
En caſa de Domingo de Portonarijs, Impreſ-
ſor de ſu Catholica Mageſtad.

Con priuilegio de Caſtilla, y de Aragon.
A coſta de Vicente, y Simon de Portonarijs.
Eſta taſſado a maraued is el pliego.

『라 아라우카나』의 표지

예수회의 해산은 로마에서 총장 리치(Lorenzo Ricci, 1703~1775) 신부를 1773년 8월 16일, 성(聖) 천사의 성(Castel Sant'Angelo)에 투옥시킴으로써 마무리되었다. 리치 신부는 감옥생활 2년 후에 감옥에서 세상을 떠났다. 그리하여 클레멘스 14세 교황의 예수회 해산 교서가 발표된 지 25일 만에 '교회와 더불어 느끼는'(sentire cum Ecclesia) 공동체 예수회는 해산되고, 예수회원들은 유럽에서는 물론 모든 선교지에서 추방되었다. 이런 폭풍이 몰아친 지 약 40년 후, 1814년 8월 7일, 교황 비오 7세가 사도좌 서간 『온 교회의 관심』(*Sollicitudo omnium Ecclesiarum*)을 통해서 예수회를 부활시키기까지 예수회는 수도회 명부에서 삭제된 채 죽음의 시간을 보내야 했다.

적응주의 선교의 금지와 예수회의 해산으로 근대 교회의 선교는 일부

성인 선교사들의 영웅적인 희생과 성덕에도 불구하고 식민지 개척에 혈안이 된 제국주의적이고 시대에 맞지 않는 선교 방식으로 후퇴하고, 서양의 계몽주의 시대에 반(反)그리스도교적인 사조 앞에서 교회는 어떠한 신학적인 논리도 제시하지 못한 채 인류가 세계대전을 준비하는 모더니즘을 방관하고만 있었다.

휴머니즘과 르네상스라는 위대한 정신을 꽃 피우고 그 속에서 인간에 대한 사랑을 바탕으로 토착 지역의 문화에 대한 존중의 자세가 그리스도교 선교의 지평을 확장하는 지름길이라는 것을 예수회는 알고 있었고, 그러한 방향에서 선교정책을 추진했지만 시대의 기류에 비해 너무도 진보적인 방법론이었던 것 같다. 왜냐하면 그들의 선교정책이 제2차 바티칸 공의회에 이르러서야 그것도 많은 진통을 겪은 끝에 교회의 기본 노선으로 채택이 되었기 때문이다.

제5부
적응주의 선교의 의의와 영향

중국에서 리치가 실행하고 인도에서 데 노빌리가 실행한 새로운 방식의 선교활동이 성공적으로 이루어지고 있을 즈음에 유럽에서는 계몽주의와 얀세니즘이 대두되었다. 예수회는 계몽주의와 얀세니즘과는 근본적으로 상반된 입장을 취하고 있었다. 얀세니즘과 예수회의 충돌에 대해서는 파스칼(Blaise Pascal, 1623~1662)의 저서 『향촌서한』(*Lettres Provinciales*)을 통해 잘 엿볼 수가 있다. 이 작품은 고향 친구에게 보내는 편지 형식으로 부당한 것에 대한 명확한 진단과 분석보다는 교회의 세력으로 간주되는 예수회를 풍자하고 비평함으로써 예수회에 치명타를 가했다. 이것은 일가에서 일고 있던 소위 '예수회의 오만'에 대한 반대의 분위기를 조성하는 기능을 하였다.

포르투갈 · 에스파냐 · 프랑스 등의 왕국은 아메리카 지역에 개발한 자신들의 식민지에서 원주민들을 난폭하고 잔인하게 착취하고 있었고, 예수회는 그들의 비양심적인 태도에 비판의 목소리를 내고 있었다. 그러면서도 그들은 식민 지역의 원주민들의 요청에 따라 예수회의 활동을 억지로 참고 있었다.

1700년대 중반 예수회는 포르투갈 · 에스파냐 · 프랑스는 물론 당시 에스파냐의 식민지로 있던 나폴리와 라틴아메리카 국가들에서 추방 명령을 받은 지 얼마 안 가서 수도회가 완전히 해산되는 폭풍의 시기였다. 예수회를 열의를 다해 옹호했던 교황 클레멘스 13세도 이들 국가의 추방 명령에서 예수회를 지켜내지 못했고, 그의 뒤를 이은 클레멘스 14세는 결국 '교회의 평화'를 위해 1773년 7월 21일 교서 『주님이며 구원자』(*Dominus ac Redemptor*)에 서명을 함으로써 예수회를 해산시켰다.

당시 교황들의 재임 시기는 대체로 짧았고, 그들 중 누구도 예수회를 단죄하지 않았으며, 예수회 역시 교황들의 결정에 대해서 반발하거나 이견을 보이지도 않았다. 제국들이 몰아붙인 정치적인 이권 다툼에 선교의 본질을 주장하던 예수회가 희생된 것임을 교회는 이미 알고 있었기 때문이다. 이것을 입증해주는 것이 예수회 총장 리치(Lorenzo Ricci) 신부의 죄명이다. 그의 죄는 예수회의 '보화'(tesori)를 지키지 못했다는 것이었기 때문이다. 이것은 사실상 없는 죄를 만들기 위한 구실이었고, 그것을 아는 총장 역시 교황에 대한 순명의 정신으로 성 천사의 성(Castel Sant'Angelo) 감옥에 갇혀 1775년에 생을 마감하였다. 총장은 감옥에서 종부성사를 받으면서 성체 앞에 엎드려 고백하기를 예수회는 해산될 만큼 누구에게도 어떤 손해도 입히지 않았다고 천명하였다. 예수회의 해산은 아시아 · 아프리카 · 아메리카 지역의 복음화에 엄청난 충격이 되었고 이후 일부에서 이루어진 선교사들과 제국 간의 타협을 제외하고는 모든 복음화의 노력이 무산되고 말았다.

가톨릭 국가들이라고 할 수 있는 유럽을 비롯한 제국들이 개척한 식민지 국가에서 예수회가 파괴되는 것과는 달리 프리드리히 2세(Friedrich der Grosse, 1712~1786: 프로이센의 왕 재위 1740~1786) 통치 아래에서의 프러시아와 예카테리나 2세(Екатерина II Великая, 1729~1796: 러시아 제국의 여

제 재임, 1762~1796) 통치 아래에서 러시아에서의 상황은 달랐다. 러시아에서는 정치적 조건들로 인해 예카테리나 2세가 예수회 활동을 금지시키려는 교회법 실행을 반대함으로써 예수회의 해산이 시행되지 못했다. 예수회가 담당하고 있던 교육 사도직을 통한 선교활동에 대한 요구가 있었기 때문이다. 그리고 그 요구는 이후에도 계속해서 대두되었고, 그 분야의 일을 예수회가 맡아야 한다고 끈질기게 요청했고, 1814년에 결국 교황 비오 7세는 예수회를 재건하는 커다란 구실을 교회 밖에서 찾을 수가 있었다.

이것은 교황으로서는 교회 안팎에서 일어날 수 있는 예수회 재건에 대한 반대 의견을 무시할 수 있는 중요한 포인트가 아닐 수 없었다. 게다가 한때 예수회원이었던 사람들이 많이 처형당한 프랑스혁명 이후, 나폴리 왕국에서도 예수회에 대한 재건의 움직임이 보이기 시작하였다. 그리하여 나폴레옹의 폭풍이 지나간 후 교황 비오 7세는 1814년 8월 7일에 교서 『온 교회의 관심』(*Sollicitudo omnium Ecclesiarum*)을 통해 예수회를 부활시켰다. 교서에서 교황은 1801년과 1804년에 러시아와 나폴리 왕국에서 예수회 재건을 요청한 사실을 상기시키면서 예수회 재건의 당위성을 설명하였다. 그리하여 러시아와 나폴리를 중심으로 예수회의 재건은 이루어지기 시작했고, 점차 그 여파는 전 유럽과 세계로 확산되었다.

예수회의 재건은 매우 천천히 힘겹게 진행되었다. 그러나 해산 당시에 남아 있었던 일부 훌륭한 예수회원들에 의해 재건 작업은 그런대로 과거의 정신과 규범을 토대로 새로운 힘을 받을 수가 있었다. 많은 나라에서 콜레지움을 다시 세우고 미국과 같은 신생 국가에서 예수회의 선교활동이 재개되면서 1815년에 조지타운(Georgetown) 대학과 1829년 미주리(Missouri)에 세인트루이스(Saint-Luis) 대학이 설립되는 등 교육 사도직 덕분에 비교적 빠른 시간 안에 예수회의 재건은 이루어질 수가 있었다. 라틴아메리카와 중국 · 아프리카 · 마다가스카르에서도 예수회가 재건되었다. 그 결과 1844년에 44개의 콜레지움과 37개의 선교센터가 세계 도처에 설립되고 거기에서 활동하던 예수회원들이 4,136명에 이르렀다.

그러나 이러한 예수회의 재건 과정이 결코 순조롭게 진행된 것이라고 볼 수만도 없었다. 이미 시대가 과거와는 매우 달라졌기 때문이다. 계몽주의와 프랑스혁명의 영향으로 혁명적인 자유주의가 시대를 지배하고 있었고, 1815년의 비엔나 회담 이후 새로 들어선 각국 정부는 교회, 특히 교황과 교황청에 냉소적인 자세를 취하고 있었다. 칸트(Immanuel Kant, 1724~1804)의 사상, 독일 철학자들의 이상주의, 콩트(A. Comte, 1798~1857)의 실증주의, 생시몽(Comte de Saint-Simon, 1760~1825)과 푸리에(Jean Baptiste Joseph Fourier, 1768~1830)의 뒤를 이어서 엥겔스(Friedrich Engels, 1820~1895)와 마르크스(Karl Heinrich Marx, 1818~1883)의 사회주의 시대가 된 것이다.

예수회는 정치와 사상에서 달라지고 있는 이런 현실을 직시하고 있었고, 그런 가운데서 예수회가 새로운 측면으로 수용할 수 있는 부분은 수용하지만 그렇지 않은 것에 있어서는 과감하고 담대하게 반대의 목소리를 냈다. 예수회는 계몽주의 시대 '계몽'의 표어인 '과감히 분별하라!', '너 자신의 지성을 사용할 용기를 가져라!'[1]라는 정신을 교회적인 관점에서 받아들여 예수회가 해산되던 시기에서부터 드러나기 시작한 세속주의에 맞서 복음적으로 대처하고자 하였다. 그리하여 예수회는 정치 분야에서는 자유주의와 사회주의를 반대했고, 철학 분야에서는 새로운 무분별한

---

1 Immanuel Kant, *Beantwortung der Frage: Was ist Aufklärung?* In: Werke in sechs Bänden Hrsg. v. Wilhelm Weischedel Darmstadt 1998, Bd. VI. Schriften zur Anthropologie, Politik und Pädagogik, S. 53; 백종현, 『시대와의 대화 칸트와 헤겔의 철학』, 대우학술총서 599, 아카넷, 2010, 50쪽에서 인용.

사상적인 흐름에 대항하였다. 특별히 교회와 교황에게 무차별적인 공격을 가하고 있는 신(新)사상에 대해 예수회는 교황을 옹호하는 세력을 지지하였다.

이에 1849년 교황 비오 9세는 예수회에 새로운 사상적인 흐름에 대항할 수 있는 그리스도교적인 철학 잡지를 만들 것을 주문했고, 정치에 대해서는 프리메이슨 자유주의와 사회주의에 맞서줄 것을 요청하였다. 그 결과 1850년 4월 6일, 나폴리에서 『가톨릭 문명』(La Civiltà Cattolica)[2]이 탄생했고, 1856년에는 파리에서 『에튀드』(*Études*)가 탄생하였다. 이후 다른 국가에서도 이와 유사한 잡지들이 연이어 발간되기 시작하였다.

예수회의 이런 활동은 자유주의 정부 입장에서는 또다시 눈에 가시로 떠올랐고, 예수회의 활동은 이들 국가의 각종 제재를 받기 시작하였다. 프랑스 · 이탈리아 · 에스파냐에서는 예수회의 재산이 몰수되고, 예수회 소유의 콜레지움과 학교, 대학이 정부 소유로 돌려지고, 교도소 · 법원 · 병원 사목이 박탈당했지만 이미 한 번 해산되었다가 부활한 예수회 선교사들의 강력한 선교활동을 막을 수는 없었다. 오히려 예수회에 대한 이런 지속적이고 잔인한 추방과 몰수, 박해와 말살은 예수회원들의 증가를 불러왔고 예수회가 전 세계로 확산되는 계기가 되었으며, 그들의 활동이 중요한 것이라는 인식을 하게 만들었다. 이것은 교회 안팎에서 예수회를 바라보는 새로운 시각이 달라졌다는 것을 의미하였다. 그리하여 로마의 그레고리오 대학의 교수들이 중심이 되어 제1차 바티칸공의회가 진행되었

2 이 잡지는 이탈리아를 통틀어 가장 오래된 가톨릭교회 내 잡지다. 예수회에서 발간하지만, 가톨릭계에서 발행되는 모든 잡지들 가운데 교정 단계에서부터 교황청 국무원의 심의를 거쳐 최종 승인을 받아 출판되는 유일한 잡지기도 하다. 이탈리아가 통일되던 1870년 9월 20일 이후에는 잠시 발행이 중단되기도 했지만, 그 참에 편집부가 피렌체로 자리를 옮기는 계기가 되었고, 잡지는 그해 12월 24일에 다시 발행되기 시작하였다. 로마에 자리를 잡은 것은 1887년 12월 26일부터다. 지금도 발행 부수가 가장 많은 가톨릭교회의 잡지 중 하나로 손꼽힌다.

고, 교황 비오 10세 재임 때 예수회는 모더니즘에 대항하여 진중한 활동을 할 수가 있었다.

결국 예수회의 부활은 시대적인 요청이었고, 이후 보편교회가 가야 할 방향을 잡는 데 중요한 하나의 계기가 되었다. 예수회의 부활은 제국들로 하여금 역사의 흐름을 직시하게 하는 계기가 되는 한편, 보편교회에 대해서는 세상을 대하는 자세를 바꾸어놓는 계기가 되었다. 이것이야말로 적응주의 선교의 핵심이고, 곧 적응주의 선교의 부활을 의미하는 것이기도 하였다. 왜냐하면 예수회의 부활 이후 교회 역시 예수회가 지향했던 적응주의 선교 노선에 입각한 대(對)문화 정책으로 방향 전환을 해오면서 토착화(육화)와 복음화의 길을 지속적으로 걸어왔기 때문이다.

그러므로 제5부에서는 예수회와 적응주의 선교가 부활하는 과정과 내용에 대해서 살펴보고, 이를 통해 적응주의 선교가 갖는 문화사적인 의미를 동서양에서 각각 찾아보고자 한다. 그리고 그것이 교회의 선교활동과 문화 교류 사이에서 어떤 선교신학적인 의미를 지니는지에 대해서 평가해보고자 한다.

제1장
예수회와 적응주의 선교의 부활

1740년부터 1773년까지 예수회를 강타한 폭풍은 적응주의 선교의 금지와 예수회의 해산으로 이어졌다. 라틴아메리카와 아시아에 정치적인 거점을 마련했던 프랑스 · 포르투갈 · 에스파냐 등의 국가들의 식민지적인 야심에 예수회가 반기를 들었기 때문이다. 그로 인해 많은 예수회의 콜레지움과 학교, 센터들이 하루아침에 문을 닫게 되었고, 선교사들이 길거리에 나앉게 되었다.

그러나 이런 예수회의 자체적인 문제보다도 더 충격적이었던 것은 예수회 선교사들이 활동을 하던 선교의 현장인 라틴아메리카와 아시아 지역에서였다. 라틴아메리카의 레두시온에서 생활을 하던 수많은 인디오들이 삶의 구심점을 잃었고, 아시아에 세운 예수회 학교들에서 공부를 하던 수많은 학생들이 스승을 잃었다. 그러나 제국이든 교회든 어느 곳도 이들에 대한 배려나 관심은 없었다. 이런 점에서 예수회의 생명력이 끊이지 않고 지속되었던 프러시아와 러시아의 경우는 어떤 의미에서는 하느님의 뜻이라고 할 만하다. 이들 국가에서는 예수회의 적응주의 선교의 중요한 활동 가운데 하나였던 교육 사도직을 통한 '엘리트적' 선교가 예수회 해산으로 인해 중요한 기로에 직면하게 되면서 다른 지역과는 전혀 다르게 전개된 것이다.

교육 사도직으로 인한 러시아와 프러시아에서의 예수회의 명맥 유지는 결국 예수회가 부활하는 중요한 동기가 되었고, 예수회의 부활은 곧 적응주의 선교정책의 부활로 이어졌다. 예수회와 적응주의 선교의 부활은 달라지고 있는 시대와 세상에서 보편교회가 새로운 결정을 내리는 중요한 동기가 되었다.

보편교회가 허용한 적응주의 선교정책은 일제 식민지 아래에서 신생국가로 부상된 몽골의 공자공경 예식과 일본제국의 신사참배 허용으로 드러났지만, 그리고 이후 계속해서 나온 교황들의 선교 회칙의 공통된 견해였지만, 이것은 근원적인 측면에서 시대의 흐름에 맞추려는 교회의 의지이기도 하였다. 따라서 예수회의 부활이 갖는 의미는 수도회 자체의 영성과 사도직이 재인정을 받았다는 것도 있지만, 선교신학적인 의미에서는 적응주의 선교의 부활과 선교에 대한 교회의 전면적인 태도 변화를 예고하는 것이라는 데 있다고 할 수 있다.

1. 예수회의 부활

앞에서도 언급했듯이 예수회가 유럽 지역은 물론 이베리아 반도 국가들이 식민지로 개척한 토착 지역에서 쓰나미 현상을 겪고 있을 당시에 프러시아에는 13개의 예수회 콜레지움과 7개의 (선교)센터에서 약 220명의 선교사들이 활동을 하고 있었다. 프러시아의 왕 프리드리히 2세는 3년 동안 교황청의 예수회 해산조치를 받아들이지 않았고, 예수회 선교사들의 교육 사도직은 계속되어야 한다며 그들을 옹호하였다. 그러면서 지속적으로 교황청과의 외교적인 노력을 했고, 그 결과 1776년에 로마에서는 수도회로서 예수회는 해산하지만 예수회 선교사들은 프러시아의 왕립재단의 학교에서 교육 담당 사제로 계속해서 일을 할 수 있도록 허용하는 결정을 내렸다.

당시에 예수회 선교사들의 교육 사도직을 옹호하던 프러시아 · 러시아 · 나폴리와 같은 국가들은 예수회원들이 교회 안에서 어떤 법적인 지위를 가지는지에 대한 관심은 없었다. 그들에게는 자기 국가에 있는 학교에서 예전처럼 계속해서 교육을 담당하는 것만이 커다란 관심사였기 때문에 교황의 이러한 허용조치에 대해 흔쾌히 수용할 수가 있었다. 그리하여 예수회원들은 프러시아에서 그 상태로 1800년까지 계속해서 활동을 하였다.

한편 러시아에서는 이러한 상황이 더 복합적으로 전개되었는데, 1772년 폴란드와 나뉘면서 러시아가 가져온 과거 폴란드의 영토 내 예수회원들이 201명에 달하고 그들은 4개의 콜레지움과 2개의 센터에서 활동을 하고 있었다. 일각에서는 이들을 받아들이면 안 된다고 했지만, 예카테리나 2세는 반대하던 사람들의 의견을 무시하고 예수회를 받아들여 러시아 전역에서 교육을 담당하도록 하였으며, 이제 막 새로 독립된 지역에서는 평화의 중재자로 활동해줄 것을 주문하였다.

그러나 제정 러시아의 황후는 자신의 영토에서 예카테리나 2세의 교서가 발효되는 것을 거부했고 1783년에 자신이 선출한 백러시아(벨라루스)의 첫 번째 주교 시에스트르젠체비츠(Stanislaw Jan Siestrzencewicz Bohusz, 1731~1826)에게도 예카테리나 2세의 교서를 거부하고 교황의 명령에 순명할 것을 강요하였다.

예카테리나 2세

바르샤바의 교황대사인 가람피(Giuseppe Garampi, 1725~1792)는 러시아의 새 주교에게 교황의 명령에 순명하라고 압력을 행사했고, 당시 러시아 예수회의 관구장이었던 체르니예비츠(Stanislaw Czerniewicz, 1728~1785: 관구장 재임 1782~1785)에게 직접 편지를 써서 백러시아 관구에서도 예수회의 해산을 선포하라고 종용하였다. 18세기 중엽, 프러시아와 러시아는 유럽과 이베리아 반도의 국가들과는 달리[3] 시베리아와 폴란드를 중심으로 식민 세력을 키워가고 있었고, 이 지역을 정치적으로 통합해야 하는 과제

3 당시에 아프리카는 프랑스와 영국이, 라틴아메리카와 아시아는 이베리아 국가들이 앞 다투어 식민지를 건설하고 있었다. 필리핀은 에스파냐가 중국의 관문인 마카오를, 일본은 포르투갈이, 그리고 나중에 포르투갈이 일본에서 철수되자 네덜란드가 차지하는 등 오랫동안 아시아 지역도 유럽 국가들의 세력에서 벗어나지 못했다.

를 안고 있었다. 그리고 이 시기를 이용하여 러시아는 절대왕정 체제의 패권주의 통치구조 속에서 유럽 국가로서의 정체성을 확립해나가고자 하였다. 예카테리나 2세가 교황청의 예수회 해산 명령에 불복하고 예수회를 매개로 교황청과 대등한 입장에서 외교적인 노력을 한 이면에는 폴란드를 식민지화하는 과정에서 가톨릭의 정체성을 확립하고 이 기회에 유럽에서 정치적인 입지를 굳히고자 한 야심이 함의되어 있었다고 할 수 있다.[4]

이런 상황을 누구보다 잘 알고 있던 시에스트르젠체비츠 주교와 체르니예비츠 관구장은 예카테리나 2세와 교황 비오 6세(Pio VI, 재위 1775~1799) 두 세력 사이의 진퇴양난 속에서 어떠한 조치나 행동도 취할 수가 없었다. 그러나 놀랍게도 바로 그 '아무것도 하지 않는 것'이 역사에 운명을 맡기는 결과를 초래하였다. 즉, 적어도 신심이 깊다고 하는 예수회원들은 이런 오만한 형식주의와 정치적인 논리를 거부했고 각자 자신들의 자리를 지키면서 예수회의 중심에 생명을 불어 넣었던 것이다. 그리고 주어진 활동에 더욱 충실함으로써 활동 범위를 확대해나갔다. 이것이 훗날 씨앗이 되어 예수회는 부활할 수가 있었다.[5]

러시아 예수회원들이 내린 결정은 유럽의 모든 지역에서 논쟁이 일어난다고 해도 자신들에게 주어진 현재의 일을 외면할 수가 없다는 것이었다. 교서 『주님이며 구원자』(*Dominus ac Redemptor*)에서 천명한 내용에는 "어떤 지위나 상태나 조건에 있는 수도회와 재속회에 있던 개인이 현재 예수회 명부에 올라 예수회원으로 되어 있으면서 해산에 대해서, 혹은 그 원인과 동기에 대해서 옹호하거나 이의를 제기하거나 기록하거나 말하는

---

4 Cfr. А. Г. Брикнер, *История Екатерины второй*, Москва: Издательство АСТ, 2002, pp. 680~684.

5 Cfr. Pavone Sabina, *op. cit.*, p. 137.

것을 금지한다. 비록 아직도 정부기구의 형태로 예수회와 예수회의 규범과 회칙이 남아 있어도 말이다"[6]라는 구절이 있다. 여기에서 주목할 부분은 마지막 문장이라고 할 수 있다. 이것은 교서 『주님이며 구원자』에서도 정부기구의 형태로 러시아와 프러시아에 남아 있는 예수회에 대해서는 이미 인식을 하고 있었다는 의미이기 때문이다.

이런 상황에서 문제가 되기 시작하는 것은 예수회의 정체성과 결부된 '교황에 대한 순명'의 정신이었다. 러시아의 예카테리나 2세의 주장은 어디까지나 정치적인 명령이었기 때문이다. 훗날 계몽주의자들에 의해 교회가 공격을 받을 때 예수회가 교황을 옹호하고 교회의 대변인으로 자처하는 데는 교황청의 요청에 따른 것이기도 했지만 이때의 부채의식이 내면에 자리하고 있었던 것도 일정 부분 작용했으리라고 추측해볼 수가 있다.

그러나 러시아는 이런 행동을 통해 국제적으로 자신의 정체성을 부각시키고자 하였다. 러시아가 아시아의 정체성을 버리고 유럽의 정체성을 확립해나가는 과정에서 정교회와는 다른 유럽의 종교인 가톨릭교회를 의식해야 하는 상황이었고, 또 3차에 걸친 폴란드 분할을 통해 점진적으로 폴란드를 점령해나가고 있던 터라 폴란드 병합을 위해서는 그들의 종교인 가톨릭과 어떤 식으로든 연결고리를 만들어야 했다. 그 덕분에 예수회는 러시아 사회에서 자신에게 주어진 직무를 충실히 수행하는 것은 물론, 1800년에 상트페테르부르크에 새로운 콜레지움을 설립하기도 하였다. 그 결과 러시아 예수회는 1801년에 교황 바오로 1세의 『가톨릭 신앙』(*Catholicae fidei*)을 발표하는 데 기여하였고, 교황 비오 7세(Pio VII, 재위

6 *Bref de N. S. P. le Pape Clément XIV en date du XXI juillet 1773 portant suppression de l'Ordre régulier dit Société de Jésus*, sans date.

1800~1823)는 러시아에서 예수회의 존재를 공식적으로 인정하기에 이르렀다.

예수회가 해산된 시기에도 예수회의 정신을 계승하려는 움직임은 계속해서 있었고, 그것은 예수회에 미련을 못 버린 과거 예수회원들만이 아니었다. 처음 해산의 충격이 어느 정도 가시자 예수회원들은 조직을 다시 정비하기 시작하였다. 지역에 따라서, 상황에 따라서 회원들은 나름대로 활동을 계속한 것이다. 가령 오스트리아 제국의 예수회원들은 개별적으로 프리메이슨 비밀결사의 집회소에 참석하여 거기에서 교회의 목소리를 냄으로써 신학적인 개입을 시도하는가 하면, 일부 학자들 중 데니스(Michael Denis, 1729~1800)는 오스트리아 국립 도서관장으로 활동을 계속하였고, 그루버(Gabriel Gruber, 1740~1805)는 러시아 예수회의 총장으로 있으면서 기계공학 교수로 활동하였다. 이런 상황이 지속되는 가운데 프랑스혁명이 터졌고, 예수회로서는 새로운 호기를 맞이하기에 이르렀다.

가장 보수적인 사람들도 프랑스에서 예수회가 해산되지만 않았어도 이런 엄청난 혁명은 일어나지 않았을 것이라는 말을 하면서 예수회의 재건과 공교육의 필요성[7]을 거론하기 시작하였다. 그리하여 1814년에 예수회가 재건되기 전부터 이미 예수회의 정신과 관습을 존중하는 여러 단체가 교회 안에서 설립되었고, 그로 인해 성 이냐시오의 메시지와 영성이 새롭게 조명되고 알려지기 시작하였다. 그중에는 1801년에 아미앵에서 마들렌 소피 바라(Madeleine-Sophie Barat, 1779~1865)가 세운 '예수성심수녀회'(Société du Sacré-Cœur de Jésus)가 있고, 파카나리(Nicolò Paccanari, 1793~1820)는 '예수의 신앙회'(Société de la Foi de Jésus)를 설립하였다. 프랑

7 Louis Abel Bonafons라는 사람이 기고했다는 1800년의 한 무명 한 잡지에 실린 글의 제목이 「예수회의 재건과 공교육」(Restauration des Jésuites et l'éducation du public)이었다. Pavone Sabina, *op. cit.*, p.137에서 인용.

스에서는 한때 예수회원이었던 드 클로리비에(Pierre Joseph Picot de Clorivière, 1735~1820)가 '예수의 성심 사제회'(Prêtres du Cœur de Jésus)를 설립하였고, 드 클로리비에와 드 치체(Adélaïde-Marie Champion de Cicé, 1749~1818)가 공동 설립한 '마리아의 성심 딸회'(Société des Filles du Cœur de Marie)도 있었다. 드 클로리비에는 예수회 시스템에서 영감을 얻어 공동생활을 하지는 않지만 수도복을 입고 공동의 사도직을 수행하는 단체를 만들어 평신도건 수도자건 예수회의 영성에 따라 살도록 하였다. 드 클로리비에는 예수회가 해산된 이후에도 계속해서 이냐시오 영성을 계승한 인물로 예수회 재건의 중요한 구심점이 되었다.

예수회의 재건은 파르마에서 1793년에, 나폴리에서 1804년에, 영국에서 1803년에, 미국에서 1805년에 이미 시도되었다. 이들은 러시아에서 생존하고 있던 예수회와 긴밀한 관계를 형성하고 있었다. 예수회의 재건을 둘러싼 이런 빠른 변화는 그 이면에 몇 가지 요소를 내포하고 있었기 때문으로 간주된다. 먼저 교서 『주님이며 구원자』에서 강조했던 해산 조항들이 사실은 예수회의 정체성과는 상당히 먼 것이었다는 점이 이미 역사를 통해서 밝혀졌기 때문이고, 그 다음으로는 재건을 통해 엿볼 수 있듯이 예수회원들을 대하는 세상의 태도가 달라졌다는 것이다.

교황 비오 7세의 교서 『온 교회의 관심』에는 예수회 재건의 목적으로서 계몽주의와 프랑스혁명의 여파가 남아 있는 상황에서 교회에는 두려움 없는 강건한 수도회, 교회의 방패가 되어줄 수 있는 수도회를 필요로 하고 있음을 언급하고 있다. 실제로 1814년 9월 1일에서 1815년 8월 9일까지 비엔나에서 열렸던 '비엔나 회담'은 내용적으로는 1800년대를 통틀어 예수회가 보수파를 가장 잘 대변한 것으로 평가받았고, 그로 인해 한동안 많은 논쟁에 시달리기도 하였다. 오늘날까지도 예수회와 예수회의 정신은 교회 안팎에서 매우 강한 자리를 차지하고 있지만 여기에 대한 사학자

들의 관심은 의외로 적은 것 같다.[8]

그러므로 프러시아와 러시아를 기반으로 일어선 예수회의 부활은 예수회 내부적으로나, 교회적으로나, 그리고 당시의 정치적인 흐름으로나, 여러 가지 정황이 복합적으로 맞물려 일어난 변화의 흐름에 따른 것이라고 할 수 있다. 예수회 내부적으로는 수도회는 비록 이미 오래전에 해산되었지만 이냐시오의 영성에 대한 대중의 갈망은 앞에서도 언급했듯이 다양한 형태의 형제자매회가 나올 만큼 여전히 살아 있었고, 교회적으로는 거의 종교개혁에 버금가는 프랑스혁명을 겪으면서 예수회와 같은 강력한 수도회의 필요성이 다시금 요구되었으며, 정치적으로는 프러시아와 러시아의 처지가 이베리아 반도 국가들을 위시한 유럽의 국가들과는 다른 입장에 처해 있었기 때문이다.

2. 적응주의 선교의 부활

예수회의 부활에도 불구하고 적응주의 선교를 바라보는 관점이 본격적으로 달라지기 시작한 것은 20세기에 들어와서부터라고 할 수 있다. 토착화를 뜻하는 용어 '적응'(Adaptation), '조정'(Accomodation)과 함께 20세기에 들어와서 문화인류학의 발전으로 인해 '지역화'(Localization), '본방화'(Indigenization), '내용화'(Contextualization), '문화접변'(Acculturation), '문화적응'(Enculturation), '전(前)복음화'(Prevangelization), '문화순응'(Inculturation, 현재 '토착화'로 사용되고 있음) 등의 새로운 다양한 용어들이 신학계에 들어오기 시작하면서부터이다.

---

8 Cfr. Pavone Sabina, *op. cit.*, pp. 134~138.

19세기 말부터 20세기에 들어오면서 동아시아의 정치적인 상황이 보다 구체적인 교회의 변화를 요구하기 시작하였다. 몽골 · 일본 · 중국 등지에서 자국의 정치적인 통합을 이루기 위해 공자 공경 의식과 신사참배를 국가적인 행사로 치르고자 하는데 그리스도인들의 경우 국가적이고 사회적인 전통의례로 인해 과거에 박해를 받은 기억이 있기 때문에 신중할 수밖에 없었다. 이에 국가 차원에서 자국의 그리스도인들을 위해 교황청에 적응주의 선교의 관점을 요청한 것이다. 이에 교황청은 1935년에 몽골 정부에서 요청한 공자공경 의식을 허용했고, 1936년에 일본 정부가 요청한 신사참배를 허용했으며, 1939년에 중국을 향해 조상제사를 허용하였다. 교회는 이 의례들이 모두 종교적(혹은 신앙적)인 행사가 아니라 국가적이고 사회적인 예식이기 때문에 선교의 방법인 적응주의 선교 노선에 따라 허용한다고 밝혔다.

교황청의 동양 의례에 대한 이런 일련의 허용조치는 몇 가지 점에서 시대적인 배경이 뒷받침되었기 때문이다. 첫째, 계몽주의의 여파로 무신론과 공산주의 사상이 대두되고 나치즘과 파시즘이 유럽을 휩쓰는 가운데 세속주의와 자유주의가 기존의 그리스도교 국가들을 교회로부터 떠나게 하였다. 이런 상황에서 교황청은 동양 선교지의 문화와 사상에 대해 계속해서 닫힌 자세로 신앙의 정통성만을 고집할 수는 없는 노릇이었다. 둘째, 마카오를 거점으로 포르투갈이 중국과 외교관계를 수립하고, 이어서 프랑스가 중국과 외교관계를 수립하면서 1921년에 교황청도 중국과 외교관계를 수립하게 되었다. 교황청으로서는 중국 의례에 대해 보다 긍정적이고 열린 자세로 대할 수밖에 없는 상황이 된 것이다. 셋째, 제1차 세계대전을 겪으면서 교황청은 토착화를 역설하기 시작하였다. 토착화는 적응주의 선교 방법의 다른 표현이라고 할 수 있다. 전쟁을 통해 토착성직자를 양성하지 않은 국가의 경우 외국인 선교사가 추방되고 본토인 성직자들이 전쟁의 희생자가 되자 지역교계가 송두리째 흔들리는 것을 보면서 교회는 토착화야말로 외국인 선교사들이 해야 할 최종 선교 목적이라고 생각하기 시작하였다. 넷째, 몽골 · 중국 · 일본 등 당시 동양의 거대세력이었던 이들 국가에서 공자공경, 신사참배, 조상제사 등의 전통적인 의례는 민족과 사회의 결속을 다지기 위한 것임을 교황청에 보고하고 이를 허용해줄 것을 요청하였기 때문이다.

이 중에서 눈여겨보아야 할 것은 세 번째와 네 번째의 경우인데, 전자에 해당되는 교황청의 토착화 정책은 교황 베네딕토 15세(Benedictus XV, 1914~1922)의 회칙 『가장 위대한 일』(*Maximum illud*, 1919)에서 현지인 사제 양성과 토착교계의 설립 및 외국인 선교사들의 토착 언어에 대한 공부를 강조하는 것으로 표면화되었다. 그리고 이어서 교황 비오 11세(Pius XI, 1922~1939)의 회칙 『교회의 일』(*Rerum Ecclesiae*, 1926)은 중국 · 일본 · 인도의 주교들에게 본방인 성직자의 양성과 지역 교계제도를 구축하는 것의 중요성을 이야기함으로써 드러났다. 특히 『교회의 일』에서는 본방인 사제의 중요성은 선교지에서 전쟁이나 그 밖의 정치적인 사건으로 자기네 나라와 이해관계가 있는 국가의 선교사들을 추방하는 사태가 벌어졌을 때 큰 힘을 발휘하며, 외국인 선교사들이 이룬 업적을 지속적으로 유지, 발전시켜 보편교회와의 창구가 될 수 있기 때문에 선교에 있어서 우선적으로 이루어야 하는 중요한 과제라고 하였다.[9] 이것은 비오 11세가 제1차 세계대전을 겪으면서 느꼈던 점을 토대로 한 것으로서, 이 회칙들의 정신에 따라 1926년 10월 28일에 처음으로 중국인 신부가 주교로 임명되고, 그 다음해에는 일본인 주교가 탄생하였다.

9 AA. VV., 「선교회칙」, 『선교학 사전』(*Dizionario di Missiologia*), 성바오로, 2010, 208~210쪽 참조.

그러므로 적응주의 선교와 직접적인 관련이 있는 이들 아시아 국가들의 국민적이고 사회적인 의례의 허용에 관해서 살펴보기에 앞서, 잠시 언급하고 넘어가야 할 것은 라틴아메리카에서 추진된 레두시온에 관한 것이다. 앞에서도 언급했듯이 레두시온은 예수회 선교사들의 적응주의 선교의 관점에서 추진된 것이 아니라, 하나의 새로운 문명을 건설하는 차원에서 진행된 것이었다. 즉, 라틴아메리카에서는 '적응'할만한 뿌리 깊은 문화를 갖춘 사회 집단이 아직 형성되지 않았던 것이다.

따라서 이제부터는 적응주의 선교의 부활과 연관된 제사 허용 교서인 『이제는 분명히』에 대해서 살펴보고, 그 뒤를 이어 아시아에서 진행된 적응주의 선교가 어떻게 동서양 문명의 가교가 되었는지에 대해서 문화사적인 측면에서 그 의미와 영향을 고찰해보기로 하겠다.

1) 교서 『이제는 분명히』(*Plane compertum est*)

『이제는 분명히』는 1939년 교황 비오 12세가 발표한 '중국 제사의 일부 예식과 맹세에 관한 허용' 훈령이다. 이것은 성명서의 형태로 발표되었는데, 포교성성의 장관 푸마소니 비온디(Fumasoni Biondi) 추기경과 포교성 소속 의원들의 의견을 모아 1936년에 교황 비오 11세가 중국 제사와 공자공경 예식을 승인한 것을 재확인하는 차원의 것이었다.[10]

훈령에서는 먼저 과거에는 중국 제사의 일부 예식이 비록 국가적이고 사회적인 행사라고 하더라도 미신적인 요소와 따로 떼어 생각할 수 없기 때문에 금지했던 것을 허용하는 이유를 밝히고 있다. "시대가 지남에 따라 사람들의 풍속이 변하고 정신이 변했기" 때문이라는 것이다. 이것은

---

10 Sacra Congregatio De Propaganda Fide, *Plane compertum est*, Circa quasdam caeremonias et iuramentum super ritibus sinensibus, pp. 24~26 in AAS 32(1940); 경향잡지, 제34호(1940. 2), 49~53쪽.

과거에 '이 예식들이 비록 그 자체는 미신적인 것이 아니라고 하더라도 중국인의 종교 심성으로 볼 때 미신적인 요소와 혼합되어 있어 그것을 따로 떼어내기가 현실적으로 불가능하여 그리스도교의 신앙과 병행할 수 없어 금지한다'는 것에 정면으로 대치되는 것으로서, 그 이유를 '사람들의 정신이 변했기 때문'이라고 밝히고 있다. 과거에 했던 금지의 기준인 그 예식들이 국가적 · 사회적인 것이냐, 종교적 · 미신적인 것이냐에 대해서 논쟁했던 모든 것을 불식시키는 것이었다. 그러면서 교황 비오 12세는 선임 교황 비오 11세가 허락한 1935년의 몽골제국의 공자공경 의식과 1936년 5월 26일 일본제국의 신사참배 예식에 대한 『여러 경우에』(*Pluries instanterque*) 허용을 상기하면서 교회법전 제22조를 거론하고 있다. 교회법전 제22조는 새로 반포된 법령의 내용이 그전에 반포된 법령과 상반되면 그전 법령은 자연히 취소되고 새 법령이 효력을 가진다는 것이다. 다시 말해서 1935년, 1936년에 이어 1939년의 허용조치는 1742년의 금지조치를 취소한다는 것이다.

그러므로 포교성성의 교부들의 이름을 빌려 훈령에서 허용하고 있는 내용은 다음과 같다.

첫째, 중국 정부에서 독려하는 관청에서 행하는 공자 공경 의식은 종교적인 것이 아니라 공자에 대한 존경과 그가 미친 영향에 대해 경의를 표시하는 것이므로 가톨릭 신자들은 공자의 사당이나 학교에서 공자의 영정이나 위패(位牌) 앞에서 거행되는 공경 행위에 참여할 수 있다.

둘째, 가톨릭 학교에도 공자의 영정이나 위패를 안치할 수 있고, 그 앞에서 머리를 숙여 예를 표시할 수 있다.

셋째, 만약에 이러한 공적인 예식에 미신적인 요소가 내포되어 있을 경우 가톨릭 신자 교사와 학생들은 교회법 제1258조에 따라 수동적으로만 처신하여 오해를 받지 않도록 한다.

넷째, 시신 혹은 죽은 사람의 영정이나 위패 앞에서도 머리를 숙여 예를 표시할 수 있다.

훈령의 셋째 조항에서 말하는 교회법전 제1258조는 비가톨릭 신자의 장례, 혼배 기타 예식에 피치 못하게 참여해야 할 중대한 이유가 있을 경우에 그로 인해 오해받을 염려가 있을 때 수동적으로 참례하여 인간적인 예모와 경의만을 표시할 수 있다는 내용이다.

훈령에 대한 당시 한국 천주교 주교회의의 해석은 '18세기경만 하더라도 중국 예식을 행하는 정신이 다르고 일반적으로 인정하는 바도 달라 교황청에서는 근동의 모든 신부들에게 교황청에서 지도하는 대로 가르치고 실행할 것을 천주대전에 서약 · 맹세하도록 하여 지금까지 내려오더니 이제 주위 환경이 현저히 변한 금일에 이르러 그 서약을 행할 의무를 없앤 것'이라는 점을 강조하였다.[11] 동시에 '중국 예식'이라는 것은 중국만을 가리키는 것이 아니라 교서의 서두에서도 언급하듯이 '극동의 여러 나라에 예전부터 일반적으로 내려오는 풍속이나 예식'을 모두 포괄하고 있다고 하였다.[12]

그러나 이렇게 달라진 보편교회의 태도 이면에는 이들 국가에 대한 교황청과 포교성의 고민도 깔려 있다고 할 수 있다. 당시에 중국과 일본은 아시아의 강대국으로 떠오르고 있었고, 그들은 어떤 식으로든 국가 의식을 고취시켜 정치적인 결집을 이루고자 하였다. 이에 중국은 공자 공경 의식을, 일본은 신사참배를 강요했고, 이들 국가의 지역 교회는 해당 정부에 예식들의 성격에 대해 문의하였다. 일본 정부의 경우 돌아온 대답은 이러한 의례가 종교적인 의식이 아니라 단순히 사회적인 관습이라고 했

11 경향잡지, 제34호(1940. 2), 53쪽.

12 경향잡지, 제34호(1940. 2), 50쪽.

고, 보편교회는 신사 참배가 과거의 민족적인 종교와의 본질적인 관계를 잃고 이제 사회적인 관습으로 변했다는 것, 가톨릭 신자들이 그 의례에 참가하는 것을 거절하게 되면 사회적으로 냉정한 비난을 받게 될 것이고, 그것은 그 지역 신자들을 고통스럽게 할 뿐만 아니라 다른 사람의 구원까지 방해하는 것이므로 교회의 선교에도 결코 좋을 것이 없다는 이유로 신사 참배를 허용하였다. 그리고 이런 허용의 배경에는 '선량한 국민의 본분과 충실한 신자의 본분이 완전히 일치'되기 위하여 각국의 전통적인 관례를 존중하라는 것이라고 언급하였다. 1936년에 교황청이 한국을 포함한 일본제국 내의 가톨릭 신자들에게 신사 참배를 종용하는 교서[13]에는 이렇게 씌어 있다.

> 신사(神社)에서 정부가 행하는 의식(儀式)은 국민으로서의 의무이다. 신사의식은 애국의 표현이요 황족(皇族)과 유책자(有責者)에게 존경을 표현하는 것이다. 따라서 의식은 국민적 · 사회적으로 가치 있는 것이므로 가톨릭 신자는 이에 참석하는 것을 허용한다.[14]

그러므로 1939년의 교서는 정황상 교회의 자발적이고 능동적인 적응주의적 행동에서 나온 것이라기보다는 몽골 · 일본 · 조선 · 중국과의 마찰을 피하기 위해 정책적으로 활동한 결과라고 할 수 있다. 교회는 이들 국가의 노력에 응하는 것으로 교서를 발표했고, 그것이 일본에서는 신사 참배의 허용 이유를 장황하게 밝히고, 중국에서는 조목조목 허용 한계를

---

13 이 교서는 「조국에 대한 가톨릭 신자들의 의무에 대한 지침」(Iniaponia, circa catholicorum officia erga patriam)이라는 제목이 붙어 있었다. 국민의 본분과 충실한 신자의 본분을 이미 교서의 제목이 대변한다고 할 수 있을 것이다. Pluries instanterque, *Acta Apostolicae Sedis* 28, no. 12(15 October 1936), pp. 406~409.

14 Pluries instanterque, *op. cit.*, p. 407.

제시하는 것으로 나타났다고 하겠다. 이러한 장황한 이유와 한계에 대한 설명은 필자가 보기에 교황청의 변명으로밖에는 간주할 수가 없는 것이다. 중국과 일본은 공자 공경 의식과 신사 참배를 통해서 민족적이고 국가적인 의식을 고취시키고 조상제사를 통해 질서를 마련하고자 했고, 교황청은 이들 국가의 그리스도인들 사이에서 일어날 수 있는 반발을 불식시키는 데 일조하였다고 할 수 있기 때문이다.

(조선의 경우처럼) 이들 국가의 그리스도인들은 이미 민족적인 예식이 원인이 되어 박해를 경험했기 때문에 중국과 일본의 국가적인 예식의 강요에 종교를 내세워 거부할 수 있는 충분한 소지가 있었다. 이런 거부는 식민지 지역인 몽골과 조선의 경우 더욱 강하게 일어날 수도 있었다. 이런 상황에서 보편교회가 중국과 일본 제국의 정치적인 외교에 손을 들어준 셈이 되는 이러한 조치는 당시 이들의 식민지 국가였던 몽골과 한국의 입장에서 볼 때 참으로 어이없는 일이 아닐 수가 없는 것이다.[15] 자신들을 짓밟고 있는 제국들에게 교회가 나서서 순명하라는 뜻으로 밖에는 이해되지 않기 때문이다.[16]

한국천주교회가 일제 지배 아래에서 민족을 위해서 특별히 한 것이 없다는 배경에는 오히려 일제의 식민지 아래에서 일본의 국가 의식을 강화

15 여기에 관해서는 손동훈의 논문, 「일제 강점기하의 한국 천주교회와 신사 참배에 관한 고찰」, 『교회사 연구』 제11집, 한국교회사연구소, 1996, 59~107쪽을 보면 된다. 교황청의 신사참배에 대한 결정이 한국 교회가 당면한 어려움과는 상관없이 제국주의의 수단으로 전락한 일본 교회를 위한 결정이었음을 잘 보여주고 있다.

16 그러나 일제 침략의 강화와 민족의식이 고무되는 과정에서 천주교 신자들은 이와 같은 교황청의 선교정책이나 선교사들의 방침을 거부하고 자신의 양심에 따라 무장 투쟁에 종사하는 사람들이 나오기 시작했다. 간도와 연길 지역의 일부 교우촌에서 일어난 일제에 대한 저항 사례나 안중근의 사례는 이러한 무장 투쟁의 초기 양상을 잘 보여주는 경우라고 하겠다. 조광, 「일제하 무장 독립 투쟁과 조선 천주교회」, 『교회사 연구』 제11집, 한국교회사연구소, 1996, 177쪽; 같은 저자, 『한국근현대 천주교사 연구』, 영인문화사, 2010, 160~174쪽 참조.

하는 데 유리하도록 한 교황청의 이러한 태도에 대한 비판이 깔려 있는 것이다. 그러나 한국개신교의 경우는 달랐다. 민족적인 감정에 더하여 보다 근본주의적 기독교 신앙의 입장에서 적극적인 태도로 신사참배를 우상숭배로 간주하여 거세게 반발했고, 그것은 독립운동에 능동적으로 가담하는 것으로까지 확대되었다.

2) 적응주의 선교의 훼손

초기 예수회의 선교에서 보여준 순수한 의미에서의 문화와의 대화와 이를 통해 이민족들에 보다 쉽게 다가가기 위해 고안되었던 적응주의 선교정책은 20세기의 문턱을 넘으면서 보편교회가 스스로 퇴색시키고 만 셈이 되었다.

이베리아 국가들의 폭력적인 정치 행위에 예수회는 토착 지역에서 원주민들의 입장을 옹호하며 적응주의 선교를 펼쳤고, 그로 인해 예수회가 정치에 관여했다는 누명을 쓰고—정확하게는 그들의 정치활동을 방해한 것이지만— 종국에는 수도회가 해산되는 수모를 겪었건만, 이제 오히려 교황청이 동양 열강들의 정치논리에 따라 '적응주의'라는 이름으로 오히려 적응주의 선교정책을 퇴색시키고 있는 것이다. 따라서 선교신학적인 관점에서 볼 때, 교황청의 이러한 태도 변화는 적응주의 선교정책과는 거리가 먼, 과거에 예수회를 해산시켰던 바로 그 이유를 교황청이 스스로 실행하고 있는 것이다.

제2차 바티칸공의회를 통해 교회가 쇄신된 토착화 정책을 내놓기 이전까지, 1939년부터 1962년까지, 비록 많은 교황들에 의해 선교 회칙이 다량으로 쏟아져 나오기는 했지만, 그리고 그 회칙들이 제각기 커다란 의미를 지니고 있다고는 하지만, 교회가 열강들의 정치논리에 손뼉을 쳐준 것에 지나지 않았다는 불명예로부터 벗어나기란 쉽지 않은 일이었다. 교회가 1939년의 교서 『이제는 분명히』를 통해 토착화를 이야기할 때 적응주의 선교의 진정한 의미는 이미 퇴색되고 말았기 때문이다. 이런 점에서, 제2차 바티칸공의회는 또 하나의 선교사(宣教史)적인 의미를 지닌다고 할 수 있는 것이다.

제2장
적응주의 선교의 동서양 문화사적 위상과 평가

오늘날 적응주의 선교에 대한 여러 가지 평가에도 불구하고, 과거 예수회에서 동아시아 선교를 위해 고안되고 실행되었던 적응주의 선교정책은 이유를 불문하고 그리스도교에 대한 동서양에서의 인식을 새롭게 하는 계기가 되었다. 적응주의 선교가 대두되기 이전에 동서양에서 가지고 있던 그리스도교에 대한 선입견을 불식시키고, 가능한 한 긍정적인 방향으로 돌려놓는 계기가 되었다. 적응주의 선교 방식으로 인해 동양에서는 서양 문물을 처음으로 접하고 받아들이는 계기가 되었고, 이를 통해 근대 세계로 나아가는 발판을 마련하는 데 일정한 자극을 받았다. 서양에서는 역사의 흐름에 따라 운명 지어진 근대 사상의 거대한 물결에 직면하여 교회가 받을 충격을 완화하고 시대에 맞는 방식으로 출구를 마련하여 새로운 문명을 개척할 수 있는 틀을 만들었다.

여기에서 동양 문화라 함은 당시 중국 문화의 영향을 입은 중국 · 한국 · 일본 문화를 의미하는 것으로서 적응주의 선교가 고안되고 기획되고 실행된 장(場)인 동시에, 또 적응주의가 금지되는 불씨를 제공하고, 그로 인해 원래의 의도와는 다른 방향에서 발전이 모색되는 복합적이고 구체적인 장(場)이다. 동시에 바로 여기에서 20세기 이후 보편교회의 선교의식이 강화되고 적극적인 의미에서 교회의 선교정책이 무더기로 쏟아져 나오기도 하였다. 1939년에 모든 동양 전례에 대한 허용조치가 내려지고 두 차례에 걸친 세계대전을 겪은 후 교회의 선교 방향이 어떻게 달라져야 하는지가 여러 교황들의 회칙을 통해서 확연히 드러나게 되었다. 20세기 초부터 보편교회의 선교 노선에서 드러나기 시작한 적응주의 선교는 구체적으로 지역 문화와의 대화, 토착 성직자의 양성, 지역 교계 제도의 설립 등으로 담론화되었다.[17]

교황 비오 12세(Pius XII, 1939~1958)는 『복음의 선포자들』(*Evangeli praecones*, 1951)에서 "선교에 대한 쇄신된 박차를 위한"(부제) 시대적 요청에 따른 교회의 입장을 표명하였다. 그는 회칙에서 선교의 목적을 "새로운 지역에 교회를 세우고, 선교센터의 지원 없이도 유지 · 발전시켜나갈 수 있는 튼실한 뿌리를 내리도록 하는 데 있다"(5항)고 하였다. 동시에 토착 성직자의 양성에 대해서 선임 교황의 회칙 『교회의 일』(*Rerum ecclesiae*)을 상기하기도 하였다. 『복음의 선포자들』은 적응주의 선교와 관련하여 선교에서 속지주의적이고 법적인 독점주의를 배척하고 있는데(11항), 이것은 과거 선교의 역사에서 보듯이 여러 단체들과 수도회들이 같은 지역

17 특히 베네딕토 15세 교황(재위 1914~1922)의 선교 회칙 『가장 위대한 일』(*Maximum illud*, 1919. 11. 30)은 '근대 선교의 대헌장'이라고 불릴 정도로 근대 선교의 다양한 측면을 다루고 있다. 회칙에서 드러나듯이 교황 베네딕토 15세의 가장 큰 관심은 현지인 성직자들의 양성과 선교를 지도할 수 있을 만큼 그들을 준비시키는 것이었다. 그는 "선교를 총괄하는 사람은 가장 시급한 과제로서 현지인 성직자의 양성에 주력해야 합니다"라고 하면서, "그럴 때 비로소 새로운 그리스도교국의 전망을 가져볼 수 있다"고 하였다. 교황은 현지인 성직자만이 자신의 민족과 환경 속에서 그리스도교 메시지를 진정으로 심을 수 있다고 보았다. "현지인 사제는 동족들과 기원, 본성, 사고방식, 포부가 같기 때문에 동족들의 마음에 신앙을 심는 데 최적임자입니다. 다른 어떤 사람보다도 동족을 설득하는 방법을 잘 알고 있고, 그래서 외국인 선교사가 도달할 수 없는 곳까지 의외로 쉽게 도달할 수 있습니다." AA. VV., 김혜경 역, 「선교 회칙」, 『선교학 사전』(*Dizionario di Missiologia*), 성 바오로, 2010, 208~209쪽 참조.

에서 선교활동을 펼치고, 토착 성직자들이 수도회별로 다른 양성 과정을 밟던 교회의 특수한 상황에서 벌어진 문제에 대해서 교회의 새로운 입장을 표명한 것이다.

나아가 민족들의 문화와 관습에 내포된 좋은 것에 대한 존중도 강조하고 있어 초창기 예수회의 적응주의 선교 노선을 상기시키고 있다고 할 수 있다.

> 교회는 초창기부터 오늘에 이르기까지 여러 민족들의 고유한 관습 속에 내포된 좋은 것, 진실한 것, 아름다운 것들을 파괴하거나 억압하기보다는 수용해왔습니다. 즉 이방인들의 생각을 전적으로 무시하고 거부하기보다는 잘못된 것들에 대해서는 정화하여 그리스도교적인 지혜로써 이를 보완하고 완전하게 하고, 민족들의 오래된 관습과 제도를 받아들여 그리스도교적으로 활용하고 이방인들의 축제와 의례를 통해 순교자들을 기념하고 신적 신비를 거행해왔습니다. 따라서 수천 년에 걸쳐 형성된 각 민족들의 문화는 그리스도적 생활과 관습을 이해하는 데 크나큰 도움이 됩니다.[18]

20세기에 새롭게 대두되는 이러한 교회의 적응주의 선교 노선은 이후 지속적으로 발전하여 제2차 바티칸공의회로 이어졌다. 그리고 예수회의 운명과 마찬가지로 긍정과 부정이 거듭되는 논란 속에서 탄생과 죽음과 부활로 인해 제2차 바티칸공의회 이후 교회의 주요 선교정책인 복음화로 자리 잡는 데 지대한 공헌을 하였다.

그러므로 적응주의 선교에 대해서 지금까지 살펴본 바, 이제 그러한 선교의 방법론이 동서양의 문화사적인 측면에서 어떤 위치를 차지하는지에

18 Pius XII, Lettera Enciclica *Evangeli praecones*, 1951, 12항.

대해서 고찰해보기로 하겠다.

1. 동아시아에서 적응주의 선교의 의미와 영향

동아시아 문화에서 적응주의 선교의 빛나는 성과는 적응주의 선교정책의 내용 중 하나로 간주되던 문서선교의 영향을 받아 근대화가 재촉되었다는 데 있다. 엘리트적 교육과 토착 성직자 및 사회지도자 양성 등은 예수회 선교사들의 고유한 직무였고, 그것은 정치적인 상황에 따라 많은 시간이 걸리기도 하고 결과도 성공이냐 실패냐가 분명히 갈리지만, 문서선교의 경우는 달랐다.

동아시아 의 바로 이런 불안정한 정치적인 상황 때문에 선교사의 활동이 제약되고, 그로 인해 그동안 다른 지역에서는 전혀 유래를 찾아볼 수 없었던 방식으로 적응주의 선교가 전개되었는데, 그것이 문서선교인 것이다. 여기에는 몇 가지 근본적인 배경이 토대가 되었는데, 그것은 동아시아 삼국은 모두 문화적으로 중국의 영향을 받고 있었고 중국에서부터 시작되는 문화적인 변화에 민감했고, 나라나 지역마다 말[語]은 달라도 문자[字]는 공통적으로 쓰고 있었다는 것이다. 문서선교는 쇄국정책으로 선교사가 도달하지 못하는 곳에서 문자[字]가 선교의 주체가 되는 선교 방식이다.

당시 동아시아 국가들의 입장에서 볼 때, 굳이 서양의 종교를 필요로 할 만큼 문화적으로나 종교적으로 궁핍하지 않았다. 특히 외세의 압박과 커다란 문화적인 충격을 받아가면서까지 외래 종교를 절실히 요구할 만한 하등의 이유가 없었다. 오히려 서양 선교사들끼리 중국의 문화를 두고 오래 동안 (전례)논쟁을 하는 것을 보면서 모두 추방시켜버릴 만큼 중국의 문화는 견고했고 흔들림이 없었다. 한마디로 중국은 서양의 문화를 대변하는 고등 종교가 필요하지 않은 상황이었고, 그런 환경에서 리치와 같은 선교사들은 활동을 해야 했다.

그러므로 선교사의 입장에서는 적응주의 선교 방식이 아니고서는 그들에게 쉽게 다가갈 수 있는 방법이 없었다고 해야 옳을 것이다. 이것이 리치가 문서선교를 하면서도 종교 · 윤리서보다는 과학 · 기술서를 통한 우회적인 방법으로 접근을 시도한 이유였다. 여기에는 그들이 필요로 하는 부분을 제공해준다는 것과 선교사 자신이 그들의 호기심의 대상이 되는 두 가지 의미가 내포되어 있었다.

예수회 선교사들에 의한 문서선교는 커뮤니케이션 선교의 중요한 모델이 되었다. 게다가 책을 통해 전해진 내용이 유럽을 중국에 소개하는 것과 중국을 유럽에 소개하는 것, 양자 모두에게 유익한 동서양 문명의 교류 차원이었기 때문에 그 자체가 문화사적인 커다란 의미를 지닌다고 하겠다. 이것은 적응주의 선교는 곧 상호(문화) 교류의 다른 이름이라는 것을 의미하는 것이기도 하였다.

적응주의 선교의 최대 수혜자였던 중국은 예수회 선교사들이 한창 활동을 하던 명말청초에 과학 혁명기를 이룩하였다. 아담 샬(Adam Schall)이 태유력에 태양력의 원리를 적용하여 이십사절기와 하루의 시간을 정밀하게 계산하여 만든 역법, 순치 2년 시헌력(時憲曆)을 반포함으로써 1644년에 동양에서는 최초로 서양 역법을 참조한 태음태양력을 시행하기 시작했고, 예수회 선교사들의 영향을 입은 중국인 학자들에 의해 여러 분야에서 실용학문이 발전하기 시작하였다. 일본이 1872년에 처음으로 태양력을 사용한 것을 생각할 때 중국의 태양력 이해는 매우 빠른 시기부터 진행되었고, 예수회 선교사들을 통해 일본이 서양의 발달한 무기에 관심을 가질 때 중국은 과학 문물을 적극적으로 수용했던 것이다.

중국 교회의 삼대 기둥으로 불리는 서광계 · 이지조 · 양정균은 이런 의미에서 중국 근대사에 커다란 영향을 미쳤다고 할 수 있다. 예컨대 서광계는 리치가 살아 있을 때, 그와 함께 유클레이데스의 『기하원본』과 『측량이동』(測量異同)을 번역하고, 리치가 『천주실의』를 저술하자 거기에 심취하여 '이 책이야말로 그리스도교를 중국에 퍼지게 할 수 있는 유일한 수단'이라고 하며 리치에게 문서선교의 필요성을 역설, 리치에게 계속해서 다른 책을 쓸 것을 권유하며 리치의 설교문을 적어 회람시키기도 하였다.[19] 그리고 리치가 세상을 떠나자 리치의 뒤를 이은 선교사 판토하, 우르시스(Sabatino de Ursis)와 아직 개종하지 않은 이지조와 함께 다양한 역서(曆書)를 편찬하기도 하였다.

서광계는 우르시스의 도움으로 서양식 수력장치에 관한 책 『태서수법』(泰西水法)을 편찬하고, 후에 관직에서 잠시 물러나 있던 시기에는 농민들의 고충을 목격하고 서양 과학을 이용한 관개시설, 물시계, 작물재배법, 홍수방지책, 비단 직조술 등을 담은 일종의 농업 백과사전인 『농정전서』(農政全書)를 편찬하기도 하였다. 이것들은 모두 농민들의 생활 개선과 노동생산성 향상을 목적으로 한 것이었다. 그리고 그는 일종의 미신으로 타락한 불교가 농민들을 수탈하는 데 분개하여 『벽망』(闢妄)을 집필했고, 1616년에 남경교난(南京敎難)으로 그리스도인들이 박해를 당하자 이지조와 함께 선교사들을 보호하는 데 힘을 쓰는 한편 『변학장소』(辨學章疏)라는 호교론적인 글을 올리기도 하였다.[20] 그는 관직에서 아주 물러난 뒤에도 삼비아시(Francesco Sambiasi, 1582~1649) 선교사와 함께 아리스토텔레스의 『영혼론』(*De Anima*)을 번역하여 『영언려작』(靈言蠡勺)이라는 이름으

19 Cronin Vincent, 『서방에서 온 현자』, 252쪽 참조.

20 *Fonti Ricciane*, n. 680.

로 출간하는 등 모두 30여 편의 저 · 역서를 냈다.[21]

이지조의 경우는 개인적인 사정으로 세례를 미루다가 리치가 임종한 이듬해에 세례를 받고, 관직에 있는 동안 선교사들에게 여러 가지 편의를 봐주었다. 1629년 7월 6일, 베이징에 처음으로 역국(曆局)을 설립했을 때 서광계와 함께 역국의 책임자와 부책임자가 되어서 서양 선교사들을 추천하여 국가의 중요한 보직을 맡겼다. 그리고 1629년, 그때까지 서양 선교사들이 출판한 20여 권의 책을 『천학초함』(天學初涵)이라는 전집으로 엮어 편찬했는데, 이것이 중국 최초의 '서학전집'이다.

이 전집은 크게 종교적이고 윤리적인 내용을 담은 이편(理篇) 10종 『서학범』(西學凡), 『당경교비부』(唐景教碑附), 『기인십편』(畸人十篇), 『교우론』(交友論), 『이십오언』(二十五言), 『천주실의』(天主實義), 『변학유독』(辯學遺牘), 『칠극』(七克), 『영언려작』(靈言蠡勺), 『직방외기』(職方外紀)와 과학 · 기술적인 내용을 담은 기편(器篇) 10종 『태서수법』(泰西水法), 『동문산지』(同文算指), 『환용교의』(圜容較義), 『기하원본』(幾何原本), 『측량이동』(測量異同), 『혼개통헌도설』(渾蓋通憲圖說), 『표도설』(表度說), 『천문략』(天問略), 『구고의』(句股義)로 구분된다.[22] 그러나 그가 관심을 가진 것은 특별히 서학의 기(器)에 해당하는 서양의 과학 지식과 기술이었다. 세계 지도에 대한 관심이 계기가 되어 리치와 가까워졌고, 리치를 통해서 자신이 생각하고 있던 천(天)

21 서광계의 저술 모음집은 중국에서 1963년에 처음으로 출판된 이래 1984년에 재판으로 나온 왕중민(王重民)의 『서광계집』(徐光啓集)이 있다. 여기에 관해서는 김상근, 「서광계의 기독교 신앙과 상제(上帝)에 대한 제한적 이해」, 『한국기독교와 역사』 제21호, 한국기독교역사연구소, 2004, 215~221쪽에서 자세히 설명하고 있다. 김혜경, 「마태오 리치의 적응주의 선교와 서학서 중심의 문서선교의 상관성에 관한 고찰」, 『선교신학』 제27집, vol. II/2011, 한국선교신학회편, 144~145쪽에서 인용.

22 *Fonti Ricciane*, n. 628 각주 참조; 최소자, 『동서문화교류사: 명 · 청시대 서학수용』, 97쪽 참조; 노대환, 「조선 후기의 서학유입과 서기수용론」, 『진단학보』 83호(1997), 진단학회, 135쪽 각주 52; 김혜경, 같은 논문, 145쪽에서 인용.

이 물리적인 자연 세계만이 아니라 진심으로 알고[知天], 충심으로 섬기는[事天] 대상으로 바뀌었다. 이지조에게 서학은 다른 유학자들과 마찬가지로 의리와 도덕의 원천으로서 천(天)과 천문 현상으로서 천(天)을 동일하게 담고 있을 뿐만 아니라, 그리스도교의 유신론적 신앙을 통해 이 두 가지를 포괄하는 광범위한 가르침이며 합리적이고 실용적인 과학 · 기술까지 포함하는 보편적인 학문이었다.[23]

중국 교회의 세 번째 기둥으로 거론되는 양정균은 앞의 두 사람과는 달리 실용적 지식에는 관심이 없었다. 그는 불교에서 개종한 뒤 『성수기언』(聖水紀言), 『대의편』(代疑篇)을 저술하여 불교를 반박하고, 알레니(Giulio Aleni, 艾儒略, 1582~1649)와 친분을 가져 그의 『서학범』(西學凡)에 서문을 쓰는가 하면 판토하의 『칠극』(七克)에도 서문을 썼다. 그는 '사회 · 도덕적 질서와 체제의 수호자'라는 별명처럼 가족 및 향촌의 도덕성 강화를 통해 사회 · 국가의 안정을 도모하고자 했던 개명파 관료의 전형이라고 할 수 있다. 그는 현실주의적인 개명 관료로서 민생을 중심으로 하는 정책을 펴고 강학 활동에 적극적으로 참여했고, 빈민을 구제하고 향촌 단위의 도덕성을 고양시켜 무너져가고 있는 명 왕조체제의 재건을 도모하고자 하였다.[24] 양정균의 이런 노력에도 불구하고 역사의 흐름은 이미 명 왕조의 몰락을 향해 빠른 속도로 치닫고 있었다.

이들 세 사람 외에도 예수회 선교사들을 통한 적응주의 선교의 영향으로 중국에 과학기술을 도입한 왕징(王徵)이 있었다. 그는 1620~1626년에 독일인 예수회원 테렌스(Johannes Schreck Terrenz, 1576~1630)가 구술하여

23 김선희, 「천학의 지평과 지향」, 『시대와 철학』 제20권(2009), 20쪽 참조; 김혜경, 같은 논문, 145쪽에서 인용.

24 葛谷 登, 「奉教士人揚廷筠」, 『一橋研究』, 95호(1992); 김선희, 「천학의 지평과 지향」, 23쪽에서 재인용; 김혜경, 같은 논문, 145~146쪽에서 인용.

받아 적은 『기기도설』(奇器圖說)을 출판하여 중국에 처음으로 유럽의 기기와 기술을 도입하였다. 1628년에 발간한 『농천애민인극론』(農天愛民人極論)에서 왕징은 자신이 20여 년 동안 종교를 연구하여 처음에는 불교를, 그 다음에는 도교를, 그리고 마지막으로 천주교를 받아들이게 되었다고 고백하고 있다. 그 후 왕징은 트리고(Nicolas Trigault, 1577~1628) 신부가 보유하고 있던 7천여 편의 과학서에 깊은 관심을 보였고, 이에 트리고 신부의 도움으로 물리학과 기계공학 등 서구의 자연과학을 중국에 소개하는 역할을 하였다. 그러나 명 왕조가 멸망하자 1644년에 자결하였다.[25]

이렇게 리치 이후에도 서학은 실용주의를 표방하던 중국인 학자들에 의해 지속적으로 계승되었다. 비록 그들의 초기 관심이 대부분 서양의 종교보다는 과학문물에 있었다고 하더라도 그것을 위해 서양 선교사들과 교분을 쌓는 과정에서 교회에 호의적인 입장을 가지게 된 것은 틀림없는 사실이고 그들에 의해 중국의 과학이 발전하는 동시에 그리스도교 신앙도 확산되어갔다고 할 수 있다.

1601년에 마태오 리치가 베이징에 거주하기 시작한 이래 1773년에 예수회가 해산되기 전까지 서양 선교사들이 중국에서 간행한 서학서들[26] 외에도 중국인 학자들에 의해 여러 방면의 저서들이 지속적으로 편찬되어 중국의 문명에 큰 자극을 준 것은 적응주의 선교가 갖는 커다란 의의라고 할 수 있다.

---

25 Baichun Zhang and Miao Tian, *Wang Zheng(1571~1644) Distinguished Figures in Mechanism and Machine Science, Their Contributions and Legacies, Part 2*, editor Marco Ceccarelli, *History of Mechanism and Machine Science* Volume 7(ed. Springer, 2010), pp. 247~250; 최소자, 『동서문화교류사: 명 · 청시대 서학수용』, 90~91쪽 참조; 김혜경, 같은 논문, 146쪽에서 인용.

26 인문과학서와 자연과학서를 합친 전체 서적은 총 400여 종에 이르며, 그 가운데 종교서가 251종(57%), 인문과학서가 55종(13%), 자연과학서가 131종(30%)을 차지하는 것으로 추산된다. 김혜경, 같은 논문, 148쪽.

서학서는 리치가 예견하고 바랐던 대로 문자[字]의 위력을 등에 업고 중국 전역뿐 아니라 조선을 비롯한 일본 · 베트남 등 한자를 사용하는 동양 여러 나라들로 유포되어 선교의 수단이 되는 동시에 그것을 통해 계몽된 사상가 및 과학자들이 생겨나고 근대 의식이라는 엄청난 변혁을 일으키는 데에 일조하였다.

리치가 서학서를 활용한 것은 어디까지나 선교를 위한 수단이었지만, 그 파급력은 대단히 광범위하게 일어났던 것이다. 이런 성공이 가능했던 것은 대항해 시기 백지화 선교정책에서 벗어나 토착 지역의 문화에 대한 적응주의 선교 방식을 채택한 이래 문서선교라는 예수회 특유의 선교 방식이 중국과 중국 문화권에 놀랍도록 잘 맞았기 때문이라고 하겠다. 거기에 리치의 방식이라고 할 수 있는 점진적인 선교 방식, 즉 시간이 더 걸리고 지루하더라도 우회적인 선교 방식을 택한 것도 중국에는 적합한 방식이었다.

리치가 추진한 문서선교의 방식이 윤리서 → 과학서 → 종교서 순으로 편찬됨으로써 본래의 의도를 곧바로 드러내지 않고 인간이 가지는 보편적 진리(혹은 양심)인 윤리적 잠언(箴言)을 선포하고 서양 과학을 소개함으로써 문인 지식인들의 공신력을 얻었다. 그리고 그런 뒤에야 조금씩 그리스도교의 진리를 전하기 시작하였다.[27] 예컨대 리치의 대표적인 윤리서인 『교우론』이 사람 사이의 도의(道義) 관계를 중시하는 유가사상에 역점을 두었고, 과학서인 『사원행론』이 중국인들이 관심을 가지는 우주관에 주안점을 둔 것이라는 점과 이것들이 모두 리치의 대표작 『천주실의』에 앞서 낸 것이라는 점은 의미하는 바가 크다.

27 陳少明 · 單世聯 · 張永義, 김영진 역, 『근대 중국사상사 약론: 경학 · 불학 · 서학으로 본 중국인의 사유 실험』(『近代中國思想史略論』), 서울: 그린비, 2008, 316쪽.

지금까지 살펴본 바, 서학의 수용과 그 발전 여부에 따라서 근대화의 성패에 영향을 주었고, 그 시기가 앞당겨지고 늦추어질 수 있다고 충분히 생각해볼 수 있다. 왜냐하면 서학은 인간의 사유양식에서부터 실생활 전반에 이르는 실용학문은 물론 다양한 과학기술 분야까지 총망라하고 있어 그 수용 여부에 따라서 생활의 질이 달라질 수 있기 때문이다.

중국이 비록 쇄국정책으로 외국인 선교사들의 활동을 제재하기는 했어도 완전히 막지는 않았고, 중국인들이 외국인에 대해 품고 있는 극도의 오만함과 의심에도 불구하고 훗날 중국 그리스도교의 삼대 기둥이라고 할 수 있는 서광계 · 이지조 · 양정균 등과 같은 인물들을 얻을 수 있을 만큼의 틈은 있었다. 그 결과 중국은 서학의 범위를 확장하여 서양의 새로운 지식인 서양의 제도와 기술과 역사까지 적극적으로 수용하여 19세기 중국의 담론 공간에서 화두가 되는 중체서용론(中體西用論)[28]을 구성하는 서양 지식으로서의 신(新)학문 형성의 기틀을 마련할 수가 있었다. 정치 · 경제 제도와 기술 전반에 걸친 서양의 근대적 지식인 서학을 기반으로 새로운 자체적인 학문을 시작할 준비가 된 것이다.

그러나 일본의 경우, 적응주의 선교정책을 세우고 추진할 수 있는 역량 있는 선교사 발리냐노가 있었지만, 당시에 일본은 문화적으로 중국의 영향을 받고 있었고, 조선과 임진왜란을 계획하여 실행하고 그 여파로 정치적인 어려움을 겪고 있었던 만큼 적응주의 선교가 계기가 되어 이후 일본 사회에 미친 영향은 다소 제한적이었다고 할 수가 있다. 다시 말해서 발리냐노가 일본에서 선교를 하면서 적응주의 선교를 고안하고 처음으로 적응주의 선교 방식을 적용했지만, 일본인 신자의 입장에서는 이후 도요

28 중체서용(中體西用)과 관련하여 다음의 논문을 참조하면 좋다. 송인재, 「근대 중국에서 중학(中學), 서학(西學)의 위상 변화와 중체서용: 장즈둥의 『권학편』을 중심으로」, 『개념과 소통』 제6호(2010. 12), 103~131쪽.

토미 히데요시(豊臣秀吉, 1536~1598)와 도쿠가와 바구후(德川幕府, 1603~1867) 정권 시기에 일어난 박해로 인해 거의 모든 선교의 씨앗이 사라지고 말았다. 그러나 이미 한 번 맛을 본 서양의 과학과 기술은 일본 박해의 빌미를 제공하는 이베리아 반도 국가들이 아닌, 비가톨릭 국가인 네덜란드와의 교류를 통해 난학(蘭學)의 수용과 발전으로 이어져 새로운 길을 걷게 되었다. 이 부분에 대해서는 뒤의 '동아시아 삼국에서 서학의 변용'에서 보다 자세히 살펴보기로 하겠다.

조선 역시 일본과 크게 다르지 않아서 비록 중국과 같이 서학서를 통한 발전의 기회는 얼마든지 있었지만 장기간의 박해 과정에서 이를 발전의 토대로 삼지 못한 채 서학 연구의 공백 시대를 자초하고 말았다. 게다가 적응주의 선교가 조선에서는 '보유론적' 입장으로 대변되어야 하지만 이미 중국에서도 사라지고 있는 보유론적인 입장이 조선에서 살아 있기란 만무했다. 1791년에 윤지충에 의한 진산사태는 조선에서 천학(天學)으로 발전된 서학의 형태와 그것이 얼마만큼 예수회의 적응주의 선교정책에서 멀어졌는지를 여실히 보여주는 사건이었다고 할 수 있다. 그리고 그로 인해 서학의 기(器)에 해당되는 많은 발전적인 부분까지 좌초되고 말았다. 그 결과 조선은 동아시아 삼국에서 돌이킬 수 없을 만큼 가장 뒤쳐지고 말았다. 조선이 서학을 통해 더 일찍 계몽될 수 있었음에도 불구하고, 오히려 이미 들어온 서학으로 인해 달라져가고 있는 세상마저 외면하고 차단시키고 말았다. 여기에 대해 이원순은 그의 저서 『조선서학사연구』(朝鮮西學史硏究)에서 다음과 같이 말한 바 있다.

> 서학(西學)의 理(종교 · 윤리)와 器(과학 · 기술)를 가리는 혜안(慧眼)과 분별(分別)을 가리지 못한 박해자들의 강력한 탄압으로 조선후기 사회의 근대화에 기여할 서구의 과학 · 기술마저 전면 거부하는 역사적 과오를 범하게 되었다. 설사 그리스

> 도적인 종교와 윤리를 배격 · 거부하더라도 물질문명의 발전을 위하여 선진적인 과학과 기술은 수용되고 활용되어야 했던 것이 당시의 역사적 당위였다. 그러나 이를 전적으로 외면 · 거부함으로써 조선왕국은 전통의 고수에 침잠하여 근대화로의 도약이 늦어지기만 하였다.[29]

이런 가운데서도 서학이 조선 사회에서 발휘한 여러 가지 순기능도 적지 않았다. 변화하고 있는 조선 사회를 인정하고 그런 사회적인 변화를 촉진하며, 당시에 혼란스러운 신분제도에 맞서 그것을 타파하고, 민중의 의식이 높아져가던 상황에서 새로운 인간관과 평등사상[30]을 고취시켜나간 것이다.

그러므로 뿌리 깊은 문화적인 전통과 대규모의 정치 · 사회 조직을 갖춘 동아시아 삼국에서 적응주의 선교, 그중에서도 특별히 문서선교는 최선의 방법이었다고 할 수 있다. 그 결과, 발달한 유럽의 문물이 적극적으로 소개되고 사회지도층 인사들의 지적인 호기심을 자극하여 자발적인 참여를 유도하는 한편, 문화적인 충격을 최소화하고 선교의 효과를 극대화하였다. 다른 대륙에서 있었던 유럽 문화와 동일한 것으로서 그리스도교의 일방적인 전수가 아니라, 그래서 문화 제국주의적인 태도로 임한 것

29 李元淳, 『朝鮮西學史研究』, 一志社, 1986, 17~18쪽.

30 남존여비 사상이 팽배하고 신분제를 통해 질서를 강요하던 당시에 천주교의 교리서는 남녀의 관계를 통해 새로운 인간관계를 규정해주었다. 19세기 중엽 천주교인들 사이에서 많이 읽혔던 한글본 교리서 『성찰기략』(省察記略)과 같은 양심성찰서에는 남녀는 상호 수평적이고 협조적인 관계라고 강조하고 엄격한 일부일처제를 요구하며, 결혼할 때 여성의 동의는 필수적이고 과부의 재혼을 허용하고 있다. 이것은 새로운 인간관과 사회적 평등의 한 단면이라고 할 수 있다. 그 외에도 『한국천주교회사』에 등장하는 백정 출신의 황일광(黃日光), 중인 출신의 최필공(崔必恭) 등의 일화도 이러한 면을 대변한다. 샤를르 달레, 『韓國天主敎會史』 上, 安應烈 · 崔奭祐 譯註, 왜관, 분도출판사, 1979, 473~474쪽, 601~602쪽 참조. 서학서의 영향으로 인한 조선후기 인간관에 대해서는 조광, 『조선후기 사회와 천주교』, 영인문화사, 2010, 423~458쪽을 참조하라.

이 아니라, 선교활동이 유럽과 타 대륙에서 겪을 만큼 겪은 후에 나온 새로운 선교 방법론이었던 것이다.

2. 적응주의 선교가 서양에 미친 영향

명대 중기부터 청대 순치(順治) · 강희(康熙) · 건륭(乾隆) 시기까지 중국에서 활동을 하던 서양 선교사들은 예수회 · 도미니코회 · 프란치스코회 등이었다. 이 중 예수회의 적응주의 선교 방식인 문서선교는 앞에서 언급했듯이 동아시아 국가는 물론 서양인들을 대상으로 한 중국의 소개를 통해서도 큰 반향을 불러 일으켰다.

서양인들을 대상으로 한 중국의 소개는 적응주의 선교를 하려는 예수회 입장에서는 중국인에게 서양을 소개하는 것 못지않은 중요한 과제였다. 왜냐하면 적응주의 선교는 서로를 알고 서로에 대한 이해를 토대로 상호(문화) 교류를 전제로 하는 것이기 때문이다. 적응주의 선교는 선교의 대상이 되는 문화와 대화를 하고 그 문화의 범주에 들어가는 언어 · 종교 · 관습 등을 알기 위해 대상을 깊이 연구하고 소개해야 하는 것이다.

예수회 이전에 중국 선교를 시도했던 역사를 깊이 관찰한 발리냐노가 선교사들에게 중국어와 중국 문화를 배울 것을 독려하고 거기에 따른 배려를 아끼지 않았던 것은 과거의 선교가 대개 토착민들을 대상으로 하기보다는 거기에 있던 외국인들을 대상으로 했기 때문이었다. 그래서 선교의 성패를 선교사들이 얼마만큼 중국어와 중국 문화를 알고 있는가에 두었다. 이런 배경에는 포르투갈과 에스파냐 등의 국가들이 점차 중국과 교역을 늘리고 있었고, 선교사들이 계속해서 유입되는 반면에 정작 서양에서는 중국에 대한 정보가 너무도 한정되어 있었다. 사실 그때까지만 해도 중국에 대한 가장 큰 정보는 마르코 폴로의 『동방견문록』에 전적으로 의지하고 있었다. 그러나 알려져 있다시피 『동방견문록』에서 얻을 수 있는 중국에 대한 정보는 한계가 있었고, 마카오에서 상업 활동을 하던 포르투갈 상인들이 중국의 문화를 몰라서 일으킨 각종 사건 · 사고들도 심심치 않게 들리고 있었다.[31] 그러다보니 중국 정부는 더욱 강한 쇄국정책과 외국인 경계정책을 쓰고 있었다. 여기에는 물론 조선과 일본이 전쟁 중에 있었던 탓도 배제할 수 없을 것이다.

이런 복잡한 상황을 누구보다 잘 알고 있었던 발리냐노-루지에리-리치로 이어지는 중국 선교의 주역들은 일찌감치 서양 선교사들을 위한 각종 사전 편찬과 교리서 및 중국 고전 번역서들을 발간하였다. 서양 선교사들과 중국의 주변에서 상업 활동을 하던 유럽인들을 대상으로 한 이러한 형태의 중국 소개는 여기에 머무르지 않고 본격적으로 서양 세계를 향해서도 이루어지기 시작하였다. 그리고 그 방식은 대체로 세 가지 형태로 전개되었다. 하나는 중국의 서적을 그대로 서양으로 가져가는 것이었고, 다른 하나는 글을 통해 중국 문화와 역사 · 철학 등을 소개하는 것이었으며, 마지막 하나는 중국의 서적들을 번역하는 것이었다.

선교사들이 서양으로 가져간 중국의 서적은 대단히 방대하였다. 1682년에 쿠플레(Philippe Couplet, 1624~1692)는 400여 권을 가져갔고, 1694년에 부베(Joachim Bouvet, 1656~1730)는 『통지』(通志), 『문헌통고』(文獻通考), 『영락대전』(永樂大典), 『고금도서집성』(古今圖書集成) 등의 서적 300여 권을 가져갔다.

31 선교사들이 중국에서 "노상 전교를 한다는 것은 중국인들에게는 포르투갈인들이 쳐들어올 전주곡으로 보이기 십상이었고, 그렇게 되면 당연히 그들은 마카오로 되돌려 보내질 것이었다"라는 내용을 통해 중국의 입장에서 포르투갈의 출현은 그 자체로 달갑지 않은 존재라는 것을 알 수 있다. Cronin Vincent, 『서방에서 온 현자』, 87쪽 참조.

선교사들이 집필하여 중국의 상황을 소개한 책도 대량으로 발간되었다. 그리고 그 선두에는 리치의 『중국 선교행전』 2권이 있었다. 뒤 알드의 46권에 이르는 방대한 저작 『중화제국지』는 18세기 서양에서 편찬한 중국에 관한 '백과사전'으로 불리면서 큰 영향력을 발휘하였다.

1687년에 파리에서는 쿠플레가 편집한 『중국 철학자 공자』(*Confucius Sinarum Philosophus*)가 출판되었는데 이는 계몽주의 철학 시대의 대표적인 논쟁서가 되었다. 이 책은 전례논쟁의 중심에 서서 서양 사회에 커다란 충격을 준 중국 철학 소개서로서, 중국의 입장에서는 17세기 유가 철학을 서양에 소개한 가장 훌륭한 저서로 간주되지만, 서양에서는 자신의 문제를 자신과는 전혀 다른 중국이라는 거울에 비추어 치열하게 분석하고 논의하는 계기가 되었다. 이 책에서 쿠플레는 자신이 편찬한 『중화제국연대기』(*Tabula Chronologica Monarchiae Sinicae*)와 중국의 15개 성(省)과 115개 대도시를 표기한 지도를 부록으로 실었다.

그 외, 선교사들이 번역하여 서양에 소개한 책들로 유가 사상을 중심으로 한 중국 문화 관련 도서들이 많았다. 가령 쿠플레는 『논어』를 라틴어로 번역했고, 인토르세타(Prospero Intorcetta, 1626~1696)는 『대학』, 『중용』 등을 번역하였다. 쿠플레는 이 번역서들을 모두 편집하여 『중국 철학자 공자』에 실었다.[32]

이렇게 선교사들을 통해 여러 방면으로 서양에 소개된 중국은 계몽주의, 곧 신적인 것 대신에 '인간적'인 것을 가치 척도로 내세우면서 교회로 간주되는 타자의 지도 없이 자신의 지성을 사용하지 못하는 무능력의 미성숙 상태에서 벗어나 자신의 지성을 주체적으로 사용하고자 하는 결단과 용기를 부르짖던 계몽주의 시대[33]에 지대한 영향을 미쳤다. 앞의 제4

32 Mungello David E., 『진기한 나라, 중국』, 401~417쪽 참조.

부에서도 살펴보았던 사상사적인 측면에서 한 걸음 더 나아가 몇 가지 면에서 중국은 서양 사회에 문화사적인 거대한 의미가 되었던 것이다.

그것을 살펴보면, 먼저 유가 문화는 근대 유럽에 '이성'이라는 관념의 형성을 촉진하고 무신론 개념을 확산시키는 계기가 되었다. 아직까지 유럽에 남아 있던 신학적인 분위기에서 탈피하여 맹목적인 '신앙'에서 자연적 '이성'으로 이동하도록 하는 전환점이 되었다.[34] 유럽의 계몽주의는 중국 문화를 통해서 그들이 찾고 있던 이성주의를 찾아냈고, 중국 정치를 통해서 요동치는 유럽의 정치적인 국면을 극복할 수 있다고 생각하였다. 그들이 보기에 중국인은 순수한 이성을 지닌 민족이었고, 그래서 이제 막 '이성의 시대'에 접어든 유럽으로서는 중국이 우상이 되었다. 예컨대 볼테르에게 있어 '동양은 서양의 모든 것이 기인하는 문명'이었고, 몽테스키외에게 있어 '법률은 곧 이성이고, 이성은 중국에서 비롯되며',[35] 토인비에게 있어서 '서양과 동양의 조우는 우리 시대의 가장 의미심장한 세계사적인 사건 가운데 하나'였던 것이다.[36] 볼테르와 디드로가 편찬한 『백

---

33 Cfr. Immanuel Kant, *Beantwortung der Frage: Was ist Aufklärung?* In: Werke in sechs Bänden Hrsg. v. Wilhelm Weischedel Darmstadt 1998, Bd. VI. Schriften zur Anthropologie, Politik und Pädagogik, S. 53; "Selbstverschuldet ist diese Unmündigkeit, wenn die Ursache derselben nicht am Mangel des Verstandes, sondern der Entschließung und des Mutes liegt, sich seiner ohne Leitung eines andern zu bedienen. Sapere aude! Habe Mut, dich deines eigenen Verstandes zu bedienen! ist also der Wahlspruch der Aufklärung."

34 볼테르는 중국인들의 제례의식은 성상을 숭배하는 미신적 실천이나 기적을 팔아먹는 장사꾼이 없으며, 절기에 맞춰 황제가 주관하는 제례의식과 고인들에 대한 존경의 표현이 있을 따름이라고 주장하였다. 사회에 도덕적 질서를 부여하고 그것을 유지하는 데 성공한 유교는 유럽의 종교보다 훨씬 효과적인 체계였다. 볼테르에게는 위대한 그리스도교의 신학적 구조물이 그저 미신적 신앙, 현란한 예배의식, 부패한 제도에 불과했던 것이다. Clarke J. J., 앞의 책, 73쪽.

35 朱謙之, 『中國哲學對歐洲的影響』, 上海: 人民出版社, 1999, 196쪽.

36 Clarke J. J., 앞의 책, 12쪽; 김기봉, 「독일 역사철학의 오리엔탈리즘: 칸트, 헤르더, 헤겔을

과전서자전』의 중국 부분에서도 이와 유사한 생각을 찾아볼 수가 있다. "유럽 정부는 중국을 배우지 않으면 안 된다",[37] "우리가 중국 사람과 똑같이 될 수 없는 일은 참으로 불행한 일이다"[38]라고 주장하고 있다. 그러나 중국을 한 번도 방문한 적이 없고 실제 현실을 전혀 모르고 있던 이들 학자들이 바라본 중국의 '낭만'은 그리 오래가지 못했다. 오히려 중국의 정신과 철학, 사회 정치적인 현실을 단순화하고 왜곡함으로써 종국에는 중국 열풍에 대한 비판을 자초하고야 말았던 것이다.

두 번째, 중국을 통해 유럽이 '자기성찰'의 계기로 삼았다는 점이다. 한때 예수회원이기도 했던 포스텔(Guilaume Postel, 1510~1581)은 동양을 통해 타락한 유럽의 제도를 개혁하고, 그리스도교를 비판하고 쇄신하고자 했고,[39] 1739년에 나온 아르장스(Jean-Baptiste Boyer d'Argens, 1704~1771)의 『중국인의 편지』(*Letters chinoises*)와 1762년에 나온 골드스미스(Oliver Goldsmith, 1730~1774)의 『세계의 시민』(*The Citizen of the World*)에도 이교도 국가인 중국을 빌려 그리스도교 국가인 유럽의 관습을 풍자하고 있다.

당시 중국은 여러 가지 면에서 유럽인들의 호기심의 대상이었다. 그것은 유럽과는 전혀 다른 국가여서, 그리스도교가 아닌 '유교'라는 전혀 다른 종교를 신봉하고 있어서, 예수 외에도 공자라는 분이 있어서 거의 숭배의 대상이 되고 있다는 것이다. 1642년에 보와이에(François de La Mothe Le Vayer, 1588~1672)는 『이교도의 미덕』(*La vertu de payens*)이라는 팸플릿에서 공자를 서양의 성인들과 같은 반열에 올려놓았고, 100년 후

중심으로」, 『담론』 201 7(1), 2004, 248~272쪽도 참조.

37 朱謙之, 앞의 책, 273쪽.

38 朱謙之, 앞의 책, 284쪽.

39 H. Bernard-Maître, "Le passage de Guillaume Postel chez les premiers jésuites de Rome", in *Mélanges d'histoire littéraire et de littérature*, Paris, 1951, pp. 227~243.

에 아르장스도 공자를 '지금까지 세계가 낳은 가장 위대한 인물'로 추앙하였다.[40]

그러나 이 모든 중국 숭배에도 불구하고 1770년대에 이르러 중국이 그리스도교 선교사들을 추방하고, 이탈리아에서 폼페이 유적지가 발굴되면서 헬레니즘이 부흥하고, 그림(Friedrich Grimm, 1723~1807)이 1776년에 동양에서는 정치적 자유라는 개념이 알려지지 않았다고 믿었던 몽테스키외의 영향을 받아 중국은 미개한 전제국가인 만큼 그런 나라를 숭배하는 것은 옳지 않은 취향이라고 선언하면서 그동안 중국이 유럽의 애호가들에 의해서 과장되었다는 것을 인식하기 시작하였다. 니덤(J. Needham)은 아예 "유럽은 중국이 하지 못한 르네상스와 종교개혁, 그리고 경제 변화를 이룩하였다"[41]며 중국을 비하시키기까지 하였다. 루소의 소설 『신(新)엘로이즈』(*Nouvelle Heloise*)에서도 중국을 야만인의 자연성과 대조를 이루는 타락한 문명의 또 하나의 전범으로 표현하였다.[42]

세 번째, '다양성'의 위상이 달라졌다. 예수회 선교사들이 소개하고자 한 중국은 유럽보다 모든 면에서 더 훌륭하다거나 위대해서가 아니라 그때까지 유럽의 '타자'(the Other)[43]로 분류되던 중국(동양)의 현실을 알리고

---

40 정진농, 『오리엔탈리즘의 역사』, 살림, 2003, 45~46쪽; Clarke J. J., 앞의 책, 69쪽.

41 Needham J., *Science and Civilization in China*, vol. 2, Cambridge, Cambridge University press, 1956, p. 294; Clarke J. J., 앞의 책, 57쪽에서 인용.

42 정진농, 같은 책, 46~47쪽에서 인용.

43 오늘날 '타자'와 '차이'(difference)는 나와 유기적인 관계에 있고 나의 존재를 가능하게 해주는, 그래서 내가 포용하고 받아들여야만 하는 대상을 함축하는 긍정적인 뜻으로 사용되고 있지만, 근대 이전에는 나와 다른 사람을 구별하고 차별화한다는 부정적인 의미를 함축하고 있었다. 김상률 외, 『에드워드 사이드 다시 읽기, 오리엔탈리즘을 넘어 화해와 공존으로』, 책세상, 2006, 49쪽. 이런 사상은 이베리아 국가들의 제국주의와 식민주의에 내포되어 있는 문화적 우월주의와 맥을 같이하는데, 단순히 자기네들의 이익을 위한 행위로서 제국 혹은 식민활동이 아니라 타자들을 대상으로 그들의 야만적이고 열등한 상태에서 해방시켜준다는 그럴듯한 명분이 내재한 탓이다.

유럽인들이 선교사든, 상인이든, 탐험가든 자신들이 가진 유럽의 문화만 우세한 것으로 간주하여 '타자'를 무시하던 관행에서 벗어나 토착 지역의 민족과 그들의 문화를 존중하기를 바라는 마음에서였다. 유럽 못지않은 훌륭한 문화가 유럽 밖에도 있다는 사실을 인식시키고자 했던 것이다.

사실 근대 이전까지만 해도 유럽인에게 있어 '다름' 혹은 '다양함'은 대체로 부정적이었다. 종교재판이나 마녀사냥과 같은 것은 '진리'는 하나만 존재 가능하고 그것만이 절대적이어야 하는 상황에서 다른 사고를 한다는 것은 곧 진리에 위배되는 것이므로 절대 공존할 수가 없다는 사고방식에서 나온 것이었다. 적응주의 선교는 필연적으로 상호(문화) 교류를 요구하므로 스스로를 알고 타자를 알지 않고서는 '문화와의 대화'로 대변되는 적응주의 선교는 꿈조차 꿀 수가 없다. 그러므로 적응주의 선교로 인해 동양과 서양, 오리엔트와 옥시덴트가 서로에 대해서 대극적인 타자의 존재를 부정하던 데서 서로를 인정하고 '타자'(혹은 '차이')와의 관계가 대화의 조건으로서 '서열'이 아니라 '평등'으로 인식이 전환되기 시작한 것이다.

끝으로 유럽인들의 생활양식이 달라졌다. 프랑스의 루이 14세는 중국 미술품 애호가로서 베르사유 궁전 안에 '중국 미술관'을 설립하고 자신은 중국식 의복을 입고 일부 모임에까지 나갈 만큼 중국의 열렬한 팬이었다. 그는 예수회 선교사 인토르체타를 비롯하여 쿠플레 등에게 명하여 중국의 고전인 『대학』, 『중용』, 『논어』를 라틴어로 번역하도록 했고 그것을 파리에서 간행하게 함으로써 처음으로 프랑스 지식인 계층이 공자의 사상과 만날 수 있게 하였다.

루이 14세가 파견한 16명의 프랑스인 예수회 선교사들은 중국의 풍물을 연구하여 본국에 보고했고, 그것이 『예수회 역사 서간집』으로 파리에서 출간되면서 프랑스를 중심으로 한 유럽에 중국 붐을 일으키는 결정적인 계기가 되었다. 이런 분위기 속에서 점차 중국풍의 정원이 영국에서

서양에서 유행한 본차이나

등장(Anglo-Chinese garden)하기 시작했고 화려한 중국의 도자기가 17세기 프랑스의 상류사회에 수입되면서 차이나 양식의 자기그릇이 유행하였으며, 중국 미술 전반에 걸친 환상과 열광의 유행은 바로크와 로코코 시대의 유럽에 깊은 인상을 주었다. 음악에서도 푸치니(Giacomo Puccini, 1858~1924)의 오페라 투란도트(Turandot)는 고대 중국의 베이징을 배경으로 하고 있다.

이렇게 중국의 문화는 유럽인들에게 매우 신선하고 자극적으로 받아들여졌고, 관심이 크고 논란이 뜨거웠던 만큼 소진 또한 빨리 진행되었다. 중국의 영향으로 유럽 근대인들은 자신들에게만 고품격의 지적 전통이 있는 것은 아니라는 것을 깨달으면서 사유양식이 달라졌고 그로 인해 프랑스혁명이 일어나는 기폭제가 되었다.

그러나 프랑스혁명 이후 유럽이 새로운 활력을 되찾고 다방면에서 진보를 거듭하고 있을 때 이미 열린 중국은 예나 지금이나 나름 없는 정체된 모습이 부정적으로 다가왔다. 이제 중국은 숭배의 대상이 아니라 비판의 대상이 되어가고 있었다. 이에 유럽의 동양 학자들은 중국을 향해 가졌던 지대한 관심을 점차 인도로 옮겨가기 시작하였다. 인도 연구를 통해 불교에 대한 연구가 본격화되고 19세기를 전후로 불교 역시 서진(西進)을 시작하였다. 이는 동양에 대한 서양의 학문적인 관심이 고조되는 것과 맥락을 같이하는 것이었다.[44] 이제 동서양의 관계는 니체가 예견한 것처럼 "자기 자신과 타자를 아는 자는 또한 동양과 서양이 분리될 수 없다는 것을 알게 되는"[45] 상황이 된 것이다.

---

44 "최초의 활동"(the first act)으로 대변되는 서양 불교 연구의 창시자인 영국의 호즈슨(Brian Hodgson, 1800~1894)은 네팔의 동인도회사의 관리로서 산스크리트, 티베트어로 씌어진 400권의 불교 원전을 입수하여 1837년에 캘커타 · 런던 · 파리에 보냈다. 남방 불교의 전통이 유럽인들에게 우세하게 평가받으면서 19세기 중엽에는 불교사상을 논하고 해설하는 글들이 쏟아져 나오고, 19세기 후반, 불교학의 팽창, 부흥, 다양한 불교 경전의 서양 유입이 본격화되었다. 처음으로 불교 철학을 서양에 소개한 것으로 알려진 뮐러(Max Müller, 1823~1900)의 『동방성전』(東方聖傳, *The Sacred Books of the East*)도 이 시기에 나왔다. 빅토리아시대에 불교를 발견한 유럽인들은 몹시 흥분하였다. 당시에 '미신적인' 그리스도교에 비해 불교는 이성과 과학을 긍정하고 과학의 기본 가정들과 양립할 수 있는 종교를 표현한다고 보았기 때문이다(Clarke J. J., 앞의 책, 38~39쪽). 그 시절에 붓다는 영웅으로 추앙받았다. 불교가 그리스도교 신앙과 의식의 기원이라는 주장도 나오고, 불교의 무신론적 성격을 과학적 · 합리적 · 도덕적 · 비형이상학적 종교로 추앙하기도 하였다. 지적 · 학문적 차원에서는 가령 철학자 야콥슨(Jacobson)이 '서양이 불교를 만난 것은 우리 시대의 가장 중요한 사건의 일부로서, 인간의 역사적 발전에 있어서 전례가 없는 사건'이라고 했고, 토인비는 『역사연구』에서 '동서양의 지적 · 문화적 만남은 새로운 역사의 신기원을 선도할 것'이라고 하였다.

45 Clarke J. J., 앞의 책, 11쪽에서 인용.

제3장
선교인가, 문화 교류인가?

예수회 선교사들이 추진한 적응주의 선교는 교회와 세상, 제국과 식민 국가, 유럽인과 원주민, 선교활동과 문화 교류 사이의 불편한 경계에서 세속적으로 어디에도 속하지 않은 하느님의 진리를 선포하기 위한 방식이었다. 적응주의 선교는 복음의 핵심으로 다양한 문화와 풍습들을 복음화함으로써 다양한 민족 안에 말씀이 성육화하도록 그리스도의 보편성을 확장하는 신학적 명령이다. 그리스도의 기쁜소식(복음)은 모든 유형의 문화 안에서 능력을 발휘한다는 것을 입증하는 것이다.

적응주의 선교를 통해서 선교사들은 끊임없이 지역의 문화를 탐구하고 그 눈높이에 맞추어 복음을 재해석하고 그들이 간직해온 전통적인 종교심성을 통해서 길이요, 진리이며, 생명이신 그리스도를 전달하고자 하였다. 선교사란 모름지기 인간을 향해 하느님의 진리를 말하는 실천적 신학자여야 한다는 점을 잊지 않을 때, 자신을 특정 국가나 민족주의적 이론의 틀에 가두는 위험한 일은 하지 않을 것이다. 그는 하느님의 파견자로서 "이역(異域)을 자신의 조국처럼 생각하고 모든 조국을 이역처럼 생각하는 사람, 지상에 살고 있으나 하늘의 시민"[46]이기 때문이다.

선교는 어디까지나 인간을 대상으로 한 하느님의 일이다. 이 일을 행함에 있어서 교회는 인간을 둘러싼 환경, 즉 문화와의 접촉을 필연적으로 겪게 된다. 문화가 선교활동에서 중요한 위치를 차지하는 것은 바로 이 때문이다. 문화와의 대화인 적응주의 선교에 대해서 우리가 이렇게 장황하게 논하는 것도 특정 문화와 그런 문화적인 환경에서 살아온 인간과의 관계가 정체성의 근원이라고 할 만큼 큰 비중을 차지하기 때문이다. 따라서 인간을 구원에로 인도해야 하는 사명을 본성으로 가지고 있는 교회로서는 인간 삶의 총체적인 모습이라고 할 수 있는 문화에 대한 인식을 하지 않을 수가 없는 것이다.

그러므로 이 마지막 장에서는 예수회가 동아시아 지역에서 펼친 적응주의 선교정책이 교회의 선교활동과 (동서양) 문화 교류의 차원에서 어떤 역할을 하였으며, 어떤 의미를 지니는지에 대해서 고찰해보기로 하겠다.

1. 동서양의 대화

적응주의 선교는 '대화'에 대한 새로운 비전을 제시한 탁월한 선교 방법론이라는 것은 누차 강조했다. 여기에서 이번에는 '대화'의 방식에 대한 동서양의 차이에 대해서 살펴보기로 하겠다. 이를 통해 리치의 『천주실의』(天主實義)의 기술 방식을 이해하고 어떤 의미에서 동서양 문화의 가교가 되는지, 또한 적응주의 선교의 의의는 어떤 것인지 생각해보기로 하겠다.

---

46 서공석 역주 · 해제, 『2세기 무명 교부의 신앙 해설 디오그네투스에게』, 분도출판사, 2010, 50쪽.

서양인들에게 있어서 대화의 가장 오래된 모델은 고대 그리스 철학자들이 아고라에서 펼쳤던 논쟁을 통해 엿볼 수 있고, 동양인들에게 있어 대화의 대표적인 모델은 논어에서 찾을 수 있다고 본다. 두 모델이 모두 대화체로 기록되어 있어서 대화의 방법을 잘 보여주고 있기 때문이다.

대화는 사랑하기 위한 전제조건이다. 대화의 단절은 미움을 조장하고 사랑을 파괴하는 힘으로 작용한다. 그래서 대화는 개인의 차원이든, 사회의 차원이든 혹은 정치의 차원이든 모든 세력들 사이에서 언제나 존재해야 하는 기본 원칙이다. 대화는 어떤 상황에서든 '사이'[間]에서 작용하는 윤리적인 사고의 중심이자 긴장과 반대와 갈등 속에서 공통점이 무엇인지를 찾아가는 방법이다.[47] 그리스도교의 역사는 끊임없는 하느님과 인간 사이, 민족 사이, 문화 사이, 이념 사이, 종교 사이에서 이루어지는 대화의 노력이었다.

적응주의 선교 방법을 통해 발리냐노와 리치가 보여준 것은 이전에는 시도하지 않았던 동서양 문명의 대화를 시도했다는 것이다. 백지화(Tabula rasa)로 대변되는 라틴아메리카 대륙에서 보여준 유럽인 선교사들의 태도는 타문화 속에서 근거 없는, 아니 그들이 만들어낸 소위 유럽식 그리스도교의 정체성을 찾고자 하는 것이었다. 이에 토착민들이 주장한 '너희의 정체성은 너희 집에서나 찾아라'라는 것은 문명 사이의 충돌로 가

47 윤병상은 종교 간의 대화의 방법론으로 역사적인 측면에서 논쟁적인 대화, 교육적인 대화, 경험 교류의 대화 등을 제시하고 오늘날의 대화 형식으로 강연과 토론식 대화, 원탁의 대화, 연단식 대화, 공개토론, 논쟁 등을 꼽고 있다. 윤병상, 『종교간의 대화』, 연세대학교 출판부, 1999, 275~284쪽 참조. 그 외 '종교 간의 대화'와 관련하여 이 분야의 고전으로 손꼽히는 파니카의 저서 Panikkar R., *The Intereligious dialogue*(Paulist Press, New York, 1978)를 권한다. 여기에서 파니카는 배타주의 · 수용주의 · 평행주의의 세 가지 태도와 심리적인 모델로서 무지개 원리, 기하학적인 모델로서 불변성, 인류학적인 모델로서 언어를 제시하고 있다.

주되어 많은 희생을 야기하였다. 이것은 양자 모두에게 전혀 득이 될 것 없는 소모적인 충돌이었고, 그로 인해 그리스도교의 이미지는 추락할 대로 추락하고 말았다.

그러나 예수회 선교사들이 중국에서 시도한 '대화의 방법론'은 현지의 상황을 파악하고 토착 문화 속에 담겨 있는 '말씀의 씨앗'을 발견하여 복음적으로 재해석하는 것으로서 신학적으로나 문화적으로 양자 모두를 풍성하게 해주는 혁신적인 '자기 전달' 방법이었다. 그리고 그것은 휴머니즘과 르네상스의 영향으로 시작된 고전에 대한 탐구가 중국에서 활동한 예수회 선교사들에 의해 구체적으로 재현되는 것이기도 했다.

리치가 한자를 배우고 가장 먼저 쓴 책 『교우론』(*De amicitia*, 1601)은 키케로의 라틴 스타일을 모방하면서도 『논어』의 첫 구절인 "벗이 먼 곳에서 찾아오니 또한 즐겁지 아니한가"를 토대로 중국인들이 관심을 가지는 '관계', 그중에서도 '친구 사이의 관계'에서 존재해야 하는 '우정'이라는 덕목을 주제로 삼고 있다. 한편 『천주실의』는 르네상스 인문주의자들이 표방한 플라톤 스타일의 '대화'를 모방하여 중국인 사대부와 그리스도교 철학 및 스콜라 철학의 대변자 사이에서 이루어지는 대화체로 구성되어 있다. 이런 경향은 판토하(D. Pantoja, 龐迪我, 1571~1618)의 저서 『칠극』(七克)에서도 마찬가지로 나타나는데, 그는 죄악의 근원이 되는 일곱 가지의 뿌리와 그것을 극복하는 일곱 가지 덕행(德行)을 중세 그리스도교의 수덕서(修德書)에 나오는 '일곱 가지 승리의 길'로 번역하여 그 시대를 풍미했던 성리학의 수양체계와 조화를 모색하였다.[48] 이러한 대화체 방법은 사실 동서양의 고전에서 공통적으로 발견되지만 면밀히 살펴보면 분명한 차이가

48 최기섭, 「유학따라 떠나는 신앙여행: 칠극[七克] 이야기(1~9)」, 『평화신문』(981~983호, 985~990호) 참조.

있음을 리치는 일찍이 간파하였다. 그래서 여기에서는 리치의 대표작인 『천주실의』를 통해 동서양 대화의 방법론적인 측면에 대해서 말해보고자 한다.

『천주실의』(天主實義)는 루지에리가 1584년에 자오칭에서 『천주실록』(天主實錄)(후에 『천주성교실록』[天主聖敎實錄]으로 개칭됨)을 발간할 때부터 발리냐노의 명에 의해 계획된 것이었다. 『천주실록』과 『천주실의』의 근본적인 차이는 『천주실록』은 불교 용어가 많은 것으로 보아 불교를 의식하고 썼고, 육화 · 속죄 등의 계시 신학의 내용을 전해주고 있다는 점이고, 『천주실의』는 유교를 의식하고 썼고, 그래서 자연 이성(ratio natura)에 기반을 두고 있다는 점이다. 그러다보니 『천주실록』은 중국에서는 보편적이지가 못하고 유가 사상과의 연관성을 이끌어내지 못했다는 한계가 있었다. 이에 리치는 루지에리의 『천주실록』을 대폭 수정하여 전체 8편의 상하 2권으로 된 『천주실의』를 발간하였다.

『천주실의』는 자연 이성을 토대로 한 아퀴나스의 신학,[49] 아리스토텔레스의 만물유혼설과 인간의 영혼불멸설,[50] 불교와 도교의 교리에 대한 비판,[51] 수덕신학에 대한 이해[52] 등으로 구성되어 있다. 그리고 그 전달 방

49 『천주실의』의 제1편과 제6편은 아퀴나스의 신학에서 말하고 있는 이성의 빛에 의해 제시된 신의 존재 증명을 소개하고 있다. 이는 중국의 고전인 『서경』(書經), 『시경』(詩經) 『역경』(易經)의 유교 경전에서 드러나는 인격신, 즉 상제(上帝)와 천(天)과 다를 바가 없고, 이 개념들은 그리스도교의 천주(天主)와 연관할 수 있으며 바로 고대 중국인들이 공경하고 제사를 지낸 '그분'과 동일한 분임을 설파하고 있다. 송영배, 『동서 철학의 교섭과 동서양 사유 방식의 차이』 논형, 2004, 25~26쪽.

50 『천주실의』의 제3편은 인간의 영혼은 무형적 정신체로서 불멸하다는 것에 대해서 설명하고 있다. 이를 위해 아리스토텔레스의 만물유혼(萬物有魂)설을 원용하여 식물의 생혼(vegitative soul)과 동물의 각혼(sentient soul)은 물체에 종속되어 그 물체와 함께 소멸하지만, 인간의 무형적인 영혼(immaterial soul)은 불멸한다는 것이 인간이 금수와 다르다는 것을 설명하고 있다. 나아가 제4편에서는 인간의 영혼과 귀신의 혼이 다르다는 것을 말하고 있다. 송영배, 같은 책, 25쪽.

법으로서 플라톤의 대화 양식을 원용하였다. 플라톤의 대화에서 나타나는 인식 비판과 탐구 방법은 모든 대화에 앞서 문제가 되는 사태가 '어떤 것'인지를 먼저 확인하고 '존재'와 '경험'을 분명히 구분하였다. '존재'는 '어떤 것으로 존재 하는가'를 의미하는 것이 아니라 '어떤 것'임을 의미하는 것이다.[53] 존재를 경험에 앞서 인식하고 가설을 규정한 다음 다시 그 가설을 넘어 적극적인 지식의 획득에 나서는 것이다. 이것은 오직 상대방의 생각과 의견을 파괴하는 데만 전력을 기울이던 많은 다른 학자들의 대화법과는 사뭇 다른 것이었다.

"그것은 무엇인가?", "그것이 도대체 무엇이기에 그것이 어떻다는 것인가?"라는 두 가지 질문은 플라톤의 초기 대화편에 줄기차게 나오는 것으로서, 특히 '무엇'에 대한 질문은 플라톤 철학의 방향과 목적을 특징적으로 보여주는 측면이기도 하다. '무엇'에 대한 탐구는 그 탐구의 '결과'에 대한 가설을 이미 세워놓고 그것을 추론함으로써 '목적'에 도달하는 것이다.[54] 이러한 대화의 방법은 자신의 의도가 상대방의 의견에 대한 '난폭한' 비판이 아니라 상대방의 의견에 대한 '부드러운' 검토와 논증을 요청하고 있다는 것을 어떤 식으로든 드러내 보여야 하기 때문에 두 대담자의 평등성이 필연적이다.

『플라톤의 대화』(*Dialogue*) 편에는 「에우튀프론」(Euthyphro), 「소크라테스의 변명」(Apologia Sokratous), 「크리톤」(Crito), 「파이돈」(Phaidōn), 「향연」

---

51 『천주실의』의 제2편과 5편에서는 리치가 미신으로 치부한 불교와 도교에 대해서 강력하게 비판하고 있다. 송영배, 같은 책, 25~26쪽.

52 『천주실의』의 제7편과 8편에서 소개하고 있다. 제7편은 인간의 도덕 수양론을 논하는 것으로서 인간의 타고난 본성이 선하지만 인간은 이성적 존재이기 때문에 언제든지 악습에 빠질 수 있으므로 부단한 수양을 통해 본성을 유지해야 하는 것이다. 송영배, 같은 책, 26쪽.

53 이상인, 『플라톤과 유럽의 전통』, 이제이북스, 2006, 158~161쪽 참조.

54 이상인, 같은 책, 164~167쪽 참조.

(Sumposion)이 있다.[55] 이 작품들은 플라톤이 남긴 25편의 대화편에 나오는 대표적인 것으로서 이것을 통해 플라톤은 소크라테스의 모습을 재현하고 있다. 여기에 등장하는 소크라테스는 상대방이 질문을 하면 곧바로 답하지 않고 계속해서 질문을 던져 스스로 답을 찾아가도록 유도하고 있다. 그 과정에서 소크라테스는 적당한 사례를 들어 상대방으로 하여금 결론에 도달할 수 있도록 설득해나간다. 이것이 소크라테스의 대화술로 잘 알려진 산파술(産婆術)이다. 산파술은 또 상식에 속하는 의견을 하나 골라잡은 다음 그 의견이 거짓이 될 수 있는 예를 찾아내어 계속해서 질문을 던짐으로써 그 상식을 수정해가는 방법이기도 하다. 이런 형태의 대화는 너무도 논리적으로 전개되기 때문에 다른 의견이 끼어들 소지가 없다. 게다가 소크라테스-플라톤의 대화를 통해서 드러나는 것은 스승이 정답을 찾아서 주려고 하기보다는 스승은 제자가 스스로 답을 찾아가도록 길을 제시하는 역할을 한다. 스승은 제자에게 질문을 던짐으로써 제자가 스스로 자신이 무지하다는 것을 깨닫고 점차 진리의 출산을 할 수 있도록 돕

55 「에우튀프론」은 신을 모독한 독신(瀆神) 죄로 자기 아버지를 바실레우스에게 고소하고 나오는 길에, 그리고 소크라테스는 같은 죄로 고소당해 바실레우스에게 호출되어 가는 길에 서로 만나 나누는 대화이고, 「소크라테스의 변명」은 소크라테스가 자신의 사명이 무엇인지를 밝히는 내용이다. 여기에는 영혼을 소중히 여기고 자신의 정신을 더욱 연마하여 훌륭한 것이 되게 하며 지혜를 사랑하여 자신과 남을 생각하면서 사는 것이 사람다운 생활임을 역설하고 있다. 「크리톤」은 소크라테스의 어릴 적부터 친구이자 부유하고 강직한 농민인 크리톤과 변명을 한 재판소에서 재판이 끝나고 난 후에 사형선고를 받고 크리톤이 몰래 소크라테스를 국외로 망명시키기 위해 몰래 들어와 나눈 대화이다. 여기에서 소크라테스는 그저 사는 것이 아니라 잘 사는 것이 중요하다고 역설하였다. 「파이돈」은 소크라테스의 최후의 모습을 목격한 그의 젊은 친구 파이돈이 플리우스라는 소도시에서 친구들의 요청으로 소크라테스가 죽음을 맞아 친구들과 나눈 이야기와 그때의 상황을 전하는 형식의 대화이다. 「향연」은 기원전 416년에 아가톤이 연극대회에서 자신의 비극으로 우승한 것을 축하하기 위해 친구들이 연회를 베풀었다. 이 대화편은 그때의 일을 아폴로도로로스가 아리스토데모스에게서 들은 대로 다시 자기 친구에게 전하는 형식이다. Plato, 최명관 역, 『플라톤의 대화』, 종로서적, 1981; 플라톤, 최현 역, 『소크라테스의 대화록』, 집문당, 1997 참조.

는다. 물고기를 잡아서 주기보다는 잡는 방법을 가르쳐주는 것이다.

리치에게 있어서 그리스도교의 제일 교리인 천주존재에 대한 설명을 하자면 그분은 최고 진리를 담지하고 있는 존재이며, 불변하고 영원하며 부동한 분이심을 믿어야 한다고 말해야 한다. 가시적인 척도로는 증명할 수 없는 분을 이성적인 논리로 설명하여 '외적인 초월적 존재'의 현존을 입증해야 하는데, 이를 위해서는 동양적인 방법보다는 서양적인 대화의 방법이 더 설득력 있다고 판단한 것으로 여겨진다. 왜냐하면 동양에서는 존재의 절대성 자체가 존재하지 않기 때문이다.

동양에서는 아무리 절대적인 존재라고 하더라도 그 존재는 스스로 끊임없이 변화를 거듭하고 움직이는 '동사적'인 존재이다. 시공간을 초월하여 불변하고 독립적이며 정지된 서양의 형이상학적인 실체론의 주체가 아니라, 지금도 끊임없이 변화를 거듭하며 서로에게 상관적이며 항시 운동 중에 있는 존재인 것이다. 그것이 태극(太極)이든, 천(天)이든, 도(道)이든, 일(一)이든 모든 음양오행의 존재양식이 그렇다는 것이다. 그리고 그것들의 지위는 객관적인 초월자가 아니라, 일(一)이 이(二)를 낳고 이(二)가 사[四象]를 낳고, 사(四)는 팔(八卦)을, 팔은 16을, 그리고 64로 나아가 그 자체가 만물의 생성 과정이 되는 것이다. 그 속에서 태극(혹은 聖, 天, 道 등)의 동력과 동자는 구분이 없어지고 마치 하나인 듯, 둘인 듯이 존재하는 것이다. 선진유가의 우주관에서 드러나는 사상 · 팔괘 등의 구분도 완전한 정체성을 지니는 태극의 임시 분화의 결과로 간주될 뿐이다.[56] 따라서 각각의 분화된 영역에서는 상호 침투가 가능하고 상호 변화가 가능한데, 이것이 중국 철학의 기본적인 우주론이자 역동적인 중국 철학의 중심이라고 할 수 있다. 그 변화의 세계에서 인간의 역할은 사(事)로 대변된다.

---

56 김교빈 · 최종덕 외, 『동양철학산책』, 한국방송통신대학교 출판부, 2010, 275쪽.

사(事)의 개념은 절대적인 것에 대한 사유인식이 아니라 행동인식인데, 이것은 원시 유가에서부터 도가 · 불가에 이르기까지 동양 철학의 중심 주제라고 할 수 있다. 주자학과 조선의 성리학에서 강조했던 것도 바로 이런 인간의 행위인식이었다. 행위인식은 서양의 '존재론적인 인간'과는 달리 '관계적 인간'에서 도덕의 척도가 된다.[57] 동양 사회의 '관계'에 기반한 인간관은 행위인식의 근거가 되는 것이다. 반면에, 서구는 '더 이상 쪼개지지 않는 원자'(in-dividual)인 개인을 기초로 하는 인간관으로서 사유인식의 근거가 된다고 할 수 있다.

그러므로 유가를 포함하여 동양 사상에서 드러나는 절대 존재에 대한 인식은 주관적인 경험과 세계를 하나로 통합한 통일적이고 연속적인 세계관 속에서 가능하며, 그것을 인식하는 목적이 절대자를 믿기 위해서가 아니라 자연적인 도덕관을 설정하기 위해서이다. 여기에서 말하는 도덕관이란 단순히 인간이 지녀야 하는 예절이 아니라 자연을 바라보는 격물치지(格物致知)의 방법론을 의미하는 것이다. 그런 의미에서 격물치지는 인간 · 자연 · 세계 · 사회 · 역사를 대하는 총체적인 마음이다. 격물치지의 사(事)는 진리를 인식하는 방법이 아니라 행동의 준칙과 같은, 넓은 의미의 수양인 것이다.[58]

리치는 바로 이런 수양의 종교인 동양 종교, 곧 유교를 통해서는 믿음(Credus)의 종교인 그리스도교의 '천주존재'를 설명할 수 없다고 보았다. 그래서 우회적인 방법인 동양의 철학적 사유를 이용하여 천주존재를 설명한 것이다. 동시에 리치는 『논어』를 비롯한 중국 고전을 탐구하면서 내용적인 면에서는 차용할 수 있는 부분이 많이 있지만, 그리스도교의 진리

57 김교빈 · 최종덕 외, 같은 책, 275~276쪽 참조.

58 김교빈 · 최종덕 외, 같은 책, 274쪽.

를 전하는 방법론적인 측면에 있어서는 얻을 것이 별로 없다는 것도 깨달았다.

흔히 공자의 어록(Analects of Confucius)으로 소개되는 『논어』는 공자가 사람들과 어떤 일에 대해서 논(論)하고 말[語]한 것을 기록한 것이다. 공자가 사람들과 주고받은 대화(dialogue)의 기록물이라고 할 수 있는데, 리치는 『논어』가 한(漢)대 이후 여러 학자들의 주석과 해석을 거치면서 동아시아 정신의 중심축을 긋는 유가의 대표 저서로 오랫동안 읽혀왔고, 그래서 중국인과 중국 문화를 잘 대변해주는 대표적인 고전으로서 중국인 학자들 사이에서 갖는 위상과 그 중요성을 잘 알고 있었다. 그래서 중국 선교를 준비하는 단계에서부터 『논어』는 당시 예수회 선교사들의 필독서였다. 따라서 리치는 '논어적' 대화의 구조에 대해서 잘 이해하고 있었고, '제자는 묻고 스승은 답하는' 단순한 전달 방식으로는 그리스도교의 천주 존재를 입증할 수 없다고 판단한 것이다.

그러므로 리치의 대표적인 저서 『천주실의』는 동양의 심오한 철학적 사유를 매개로 동양 고전에 대한 지식을 토대로 서양의, 가장 서양적인 방법으로 중국에서는 받아들이기 힘든 형이상학적인 존재의 실존을 증명함으로써 동서양 문명 간의 대화를 모색했다고 할 수 있다. 그런 의미에서 『천주실의』는 『천주실록』이 가지고 있는 그리스도교의 교리서 그 이상의 의미를 지니며, 뿌리 깊은 문화 속에서 선교를 해야만 했던 예수회 선교사들의 적응주의적 토착 신학의 탁월한 모델이라고 할 수 있다.

2. 동아시아 삼국에서 서학의 변용

중국에서 서학이 '학문'으로서 자리를 잡기 시작하는 것은 중국 최초의

'서학 전집'이라고 할 수 있는 이지조가 『천학초함』(天學初涵)을 집대성하면서부터였다. 『천학초함』은 『이편』(理篇) 10편과 『기편』(器篇) 10편으로 구성되었는데, 『이편』에 대해 일각에서는 그리스도교의 신앙을 가르치기 위한 교리서의 성격을 가진 것으로 평가하기도 하지만 엄밀히 말하자면 인문 · 사회의 여러 분야를 망라하는 교양서라고 할 수 있다.

『기편』에는 리치가 중국에서 펴낸 첫 과학서인 『기하원본』이 당시 유럽에서 전개되고 있던 수학과 천문학의 기초가 유클리드에 있었다는 점을 고려할 때, 대단히 진보적인 유럽의 과학을 중국에 소개한 것이라고 할 수 있다. 여기에는 서광계의 능력과 열정이 크게 기여한 덕분이기도 하다. 아무리 리치가 중국어를 잘 알고 있다고 하더라도, 유클리드 기하학의 내용을 중국의 천문학과 수학에 정통하지 않고 기하학의 원리를 알지 못하면 불가능한 일이었을 것이기 때문이다. 그런 점에서 리치-서광계로 구성된 과학서 번역팀은 중국 과학의 발전에 기여한 바가 크다고 하겠다.

리치가 사망한 후에도 서광계는 테렌스, 아담 샬 등의 과학자 선교사들의 협조를 얻어 역국(曆局)을 설치하고 『숭정역서』(崇禎曆書) 편찬에 몰두하였다. 그 결과 서광계는 조정에서 자신의 입지를 확보하는 한편 선교사들에게 안정적인 체류 허락을 보장해주었다. 명말 실학의 한 줄기가 선교사들의 적응주의와 맞물려 '서학'이 중요한 한 분야로 자리매김을 하게 된 것이다.

그러나 청대에 들어오면서 주변 국가들과의 갈등이 중국 지식인들의 정치 · 사회 의식을 지배하게 되면서, 또 강희제의 통치(1661~1722)가 오래 계속되면서 서학은 윤리서로서의 역할은 감소하고 흠천감(欽天監)의 수장으로 예수회 선교사들이 있으면서 역학 분야에서만 책이 나오고 정치 · 사회 · 윤리 등의 인문서들은 더 이상 나오지 않게 되었다. 이것이 청

대 서학의 한계였다.[59]

그러나 서학으로 인해 중국인 학자들 사이에서 일어났던 각종 과학·기술에 대한 관심으로 발간된 서적들은 『천주실의』와 마찬가지로 모두 중국 고전을 근거로 서양의 윤리와 과학을 접목한 것이고 중국 고전에 대한 탐구를 새롭게 하였다. 그리하여 이후 중국에서는 일각에서 고증학, 선진 유학이 재발견되고, 다른 일각에서는 양명학과 같은 신유학이 발생하는 계기가 되었다.

조선에서 서학은 서양 학문으로 들어와 젊은 유학자들 사이에서 활발하게 연구가 진행되는 가운데 학문적인 논쟁의 핵심이 되고 사회 변혁을 지향하는 가운데 점차 (서학) 사상으로, 종교로 발전하였다. 그러나 유교적인 체제 속에서 이런 외래적인 경향들은 벽이단론(闢異端論)의 대상이 되었고 기존의 사회질서를 위협하고 미풍양속을 저해하는 사학(邪學)으로 내몰려 박해를 받았다. 근대 유럽이 중국을 통해 자신을 성찰하는 계기로 삼았던 것과는 달리 조선은 서학을 통해 자신을 성찰하고 되돌아보는 계기로 삼기보다는 대립적인 사상으로 보고 배격하기에만 급급하였다. 그런 가운데서도 조선 사회의 변화를 요구하는 일부 지식인들과 민중들 사이에서 지속적인 교세의 성장이 이루어졌다.

이런 역설적인 상황의 배경에는 의식 있는 젊은 유생들을 중심으로 부패한 정치현실과 두 차례에 걸친 전란(임진왜란과 병자호란)을 겪은 이후 회복되지 못하고 있던 조선 후기 백성들의 어려운 상황을 당시의 정치논리였던 성리학으로는 해결할 수 없다는 의식이 있었다. 그래서 성리학을 대

59 김기협, 「예수회 선교의 적응주의 노선과 중국·일본의 서학」, 『역사비평』 25, 1994(여름), 318~320쪽 참조.

체할 수 있는 다른 새로운 것을 찾고 있었는데, 그것이 서학이었다. 비록 정치적으로 핍박을 받아도 르네상스 시대 유럽의 과학기술을 담은 내용과 보유론적인 입장에서 써진 종교 서적들을 한 번 읽은 일부 지식들 사이에서는 조선을 변화시킬 수 있는 '기쁜 소식'으로 받아들여졌고, 그것이 계기가 되어 민중들 사이로 퍼져나갔던 것이다.

그러나 잘 알다시피 서교(西敎)로 일컫는 천주교가 조선에 유입될 당시에 중국에서 보유론은 이미 폐지되고 있었고,[60] 그 영향을 1791년의 진산사건 이후 조선 교회도 받기 시작하였다. 여기에서 말하는 보유론적인 입장은 달리 말해서 조상제사를 허용하느냐, 반대하느냐의 문제였고, 그것이 폐지되었다는 것은 교회가 공식적으로 조상제사를 거부했다는 뜻이다. 당시 조상제사는 양반을 중심으로 한 특정 계층만 지내던 것이어서 교회의 조상제사 거부 입장은 양반층 신자들의 대거 이탈을 야기했고, 그 결과 신자 계층이 양반에서 중인, 상인 계층으로 확대되는 계기가 되었다.

중인, 상인 계층은 어차피 조상제사를 드리는 계층이 아니었기 때문에 이제 막 사회 변화를 꿈꾸며 수용된 천주교를 외면할 특별한 이유가 없었다. 그들은 오히려 허례허식이 많아 답답함을 느끼던 조선 후기의 전체적인 시스템을 조상제사를 매개로 변화를 요구하고 나섰다. 그리고 그것은 인간 평등에 대한 자각으로 신분 제도를 타파하고, 일부일처제를 실시하며, 결혼할 때 여성의 동의 요청 및 과부의 재가를 허용하는 등 그때까지 시행되어오던 유교적인 모든 관습을 뒤집음으로써 봉건사회를 해체하는 기능을 하였다.

한편, 적응주의 선교가 학문적인 차원에서 조선에 미친 영향은 서학의

60 조광, 「조선후기 서학의 수용층과 수용논리」, 『역사비평』 25, 1994(여름), 287쪽 참조.

유입으로 실학이 힘을 받기 시작했다는 것이다. 학문의 방법론적인 측면에서 실증성을 강조하고 목표를 실용성에 둠으로써 사회적인 면에서 민주주의를 표방하고, 경제적인 면에서 자본주의와 상통하며, 자연관과 인간관에서는 서구의 근대 사상에도 근접하는 요소를 보였다. 따라서 주자학을 거부하고 경세치용,[61] 이용후생,[62] 고증학[63]을 근간으로 주자 중심의 성리학적 세계관을 흔들어놓았다.

이러한 분위기 속에서 정약용과 최한기가 등장하였다. 정약용은 근기남인이면서 근기남인실학과 북학을 집대성한 인물로서 지주소작제와 양반 중심의 신분제 철폐, 백성들의 주권 주장 등 억압된 체제의 전면적인 개혁을 표방하였다. 실학을 집대성한 것으로 평가받고 있는 정약용은 방대한 저서를 통해 주자의 개별 학설에 조목조목 이의를 제기하는 탈주자학적인 경향을 띠면서 원시 유학 및 그 이전의 육경의 정신 회복을 주장하고 나섰다. 이런 바탕에는 젊은 시절 천주교 신앙에 빠져들 만큼 심도 있는 서학 연구를 한 경험이 있었고, 비록 불운한 시대를 만나 혁신적인 자신의 뜻을 제대로 펼치지는 못했어도 거기에 주저앉지 않고 서학(혹은 천학)에서 말하는 인문학적 가치관을 적용하여 유교 경전을 새롭게 해석

61 성호 이익을 중심으로 스승과 제자들, 그중에서도 남인 중심의 사람들로 이루어졌다. 이익이 사망한 후에 서학의 수용 문제로 좌 · 우로 분열되었다. 김교빈 · 최종덕 외, 앞의 책, 246~250쪽 참조.

62 박지원을 중심으로 한 노론, 소론계 지식인들을 중심으로 박지원과 시국관 · 인생관 · 세계관을 공유하면서 서울 북촌 일대에 모여 살았다. 김교빈 · 최종덕 외, 같은 책, 244~245쪽 참조.

63 추사 김정희를 중심으로 조선 후기 세조정치 하에서 주로 중앙의 세도가문과 경화사족 출신의 관료학자들이 연구하였다. 개혁적이고 경세치용적인 학문적 특성을 거부하던 집권세력이 그 대안으로 받아들인 고증학은 말 그대로 유학을 고증하는 학문이었기 때문에 실질적이고 개혁적인 사상은 배척되고 현실 모순을 해결하는 데는 전혀 기여하지 못했다. 그럼에도 불구하고 조선사상계의 고증학 수용은 성리학의 자체적 반성에서부터 시작된 것으로 받아들여진다.

하는 것은 물론 그것을 현실 정치에 반영시키고자 하였다.

19세기 중반에 활동한 최한기 역시 북학 · 고증학은 물론 서양의 자연과학까지 수용하였다. 그는 과학적 진리의 인식론적인 근거로서 기(氣) 개념(기학)을 사용하였다. 그의 기학(氣學)은 가치론 중심이며 직관적인 방법에 의존하는 성리학적 사고에서 탈피하여 근대적 사유방식에 다가가는 것이었다.

이들의 선진적인 이러한 학문적 성과는 서학의 풍토에서 시작되어 근대를 향해 발전을 모색하던 과정에서 일어난 귀중한 결과라고 할 수 있다.

일본의 경우는 1549년에 사비에르가 일본 선교를 시작한 이래 동아시아 삼국에서는 가장 먼저 선교가 시작되었지만 전래 시기인 1549~1622년부터 이미 간헐적으로 그리스도교의 금교령이 내려져 그 의미가 감소되는 듯했다. 사실 일본은 사비에르가 일본에 오기 훨씬 전인 13세기 말에 마르코 폴로의 『동방견문록』에서 이미 '지팡구'라는 이름과 그곳에 사는 '하얀 동아시아인'에 대해 소개가 되었던 곳으로 유럽인들에게는 황금이 많이 나는 신비의 섬으로 알려져 있었다.[64]

예수회 선교사들의 일본 선교활동은 포르투갈 상인들을 중심으로 한 상업적인 교역과 함께 이루어졌다. 다이묘들은 선교사들을 통해 포르투

64 마르코 폴로, 김호동 역주, 『마르코 폴로의 동방견문록』, 사계절, 2000, 416쪽. 폴로가 일본에 대해서 알고 있는 것은 원나라에서 전해들은 내용이 전부인 것으로 보인다. 그가 한 일본에 대한 묘사는 원나라가 일본 원정에 실패한 대목을 이야기하는 서두에 나온다. "지팡구는 육지에서 동쪽으로 해상 1,500마일 떨어진 곳에 있는 섬이다. 매우 큰 섬이고, 주민들은 피부가 희고 깨끗하며 잘생겼다. 우상 숭배자들이고, 다른 어느 누구의 지배도 받지 않고 자기들끼리 독립해 있다. 또한 [……] 그곳에서는 헤아릴 수도 없이 많은 금이 나기 때문에 금이 대단히 많다. [……] 순금으로 뒤덮인 멋진 궁전을 갖고 있는데, 우리가 집이나 교회를 납판으로 덮듯이 거기에는 금으로 씌워놓았다."

갈과의 무역을 유지하고 그것으로 자신의 세력을 확장하였으며 선교사들은 그들의 보호와 지원을 받았다.[65] 그러나 1587년에 도요토미 히데요시(豊臣秀吉, 1536~1598)가 "바테렌[66] 추방령"을 내린 이후 1597년에 그리스도교의 금교령이 내려지고, 1598년에 나가사키 순교자들이 대거 나오게 되었다. 그리스도교에 대한 반감이 커지게 된 경위에 대해서 엘리슨은 1596년에 일본에 도착한 에스파냐의 산 펠리페 호 선원 중 하나가 그리스도교가 에스파냐의 세계 정복을 위한 선봉 역할을 한다고 떠벌려 도요토미 히데요시의 심기를 건드린 사건을 전한다.

도요토미 히데요시는 분명 적지 않은 기간 동안을 두고 그리스도교를 관망하면서 정치적으로 이용하려는 노력을 해왔을 것으로 보인다. 오다 노부나가(織田信長, 1534~1582)가 불교를 견제하기 위해 그리스도교를 이용했던 것도 염두에 두었을 터였다. 그러나 산 펠리페 호 사건이 도요토미 히데요시에게 깨우쳐준 것은 그리스도교는 분명 외부의 힘에 근거를 둔 것이고 일본의 통치자가 자기 뜻대로 이용할 수 있는 세력이 아니었다는 점이다. 전국시대에는 지방 영주들의 힘을 북돋아줄 수 있는 외부의

65 정하미는 저서 『일본의 서양문화 수용사』(살림, 2005, 10쪽)에서 선교사 루이스 프로이스가 당시 일본 정계의 실력자 오다 노부나카와의 첫 만남에서 별사탕과 양초를 선물하였다고 하면서 당시 선교사들을 통한 새로운 물건의 수용 통로를 '별사탕 로드'라고 이름붙이기도 하였다. 이것은 일본의 입장에서 그리스도교와의 만남이 새로운 물건들의 유입을 동반하는 것이었으며 서양인이라는 타자는 신기한 물건이 나오는 근원으로 인식되었다는 것을 상징한다고 할 수 있다. 방원일, 「일본과 기독교의 만남의 과정에서 일어났던 타자의 인식: 예수회의 초기 일본 선교를 중심으로」, 『종교학 연구』, 27, 2008, 164~165쪽에서 인용.

66 '바테렌'은 신부(神父)를 뜻하는 포르투갈어 파드레(Padre)의 일본식 伴天連 발음이다. 익명의 저자, (tr.) Elison George, 『기리시탄 모노가타리』(*Kirishitan Monogatari*, 切支丹物語) in Elison George, *Deus Destroyed: The Image of Christianity in Early Modern Japan*, Cambridge: Harvard University Press, 1973, p. 321. Elison George은 언급한 저서에서 『기리시탄 모노가타리』를 송두리째 번역하여 실었다. 엘리슨의 책 319~374쪽 참조. 그 외에도 이 책에서는 *Ha Daiusu*(『破提宇子』), *Kengiroku*(『顯僞錄』), *Ha Kirishitan*(『破切支丹』)도 번역하여 소개함으로써 초기 일본 그리스도교의 역사에 대해서 많은 정보를 제공하고 있다.

힘으로서 그리스도교가 유익하게 작용했다면, 통일된 일본의 정치적 맥락에서 그리스도교는 '통제되지 않는 위험한 타자의 힘'이라는 것이 도요토미 히데요시의 정치적 감각에 의한 판단이었을 것이다. 국가 내에 통제되지 않는 힘이 존재한다면 그것은 제거되어야 한다는 것, 그러기 위해서는 『기리시탄 모노가타리』(切支丹物語)와 같은 것을 통해 반그리스도교적 담론을 형성하여 이를 정치적으로 이용하여 그리스도교의 탄압에 대한 국민의 정서를 한데 모으는 것이 중요했다. 이것이 초기 일본 그리스도교의 박해에 함의되어 있는 중요한 논리였다고 보고 있는 것이다.[67]

『기리시탄 모노가타리』는 에도시대인 1639년에 저자거리에서 유행하던 저자 미상의 대중적인 소책자로서 일본 정부가 그리스도교를 박해하기 위한 명목으로 그리스도교 '흠집 내기'에 이용했던 책이다. 여기에는 일본인이 처음으로 서양 선교사를 만난 장면을 이렇게 묘사하고 있다.

> 배에서 처음으로 이름 붙이기 힘든 생물이 나왔다. 모습은 인간하고 좀 비슷하기도 했지만, 얼굴은 코가 긴 도깨비나 거대한 악귀 미코쉬 뉴도(みこしにゅうどう)에 더 가까웠다. 가까이 가서 조사하자 그것은 바테렌이라고 불리는 존재임이 밝혀졌다. [……] 무엇보다 눈길을 끄는 것은 그 코의 길이였다. 그것은 (표면에 혹이 난 것은 아니었지만) 마치 코에 소라껍데기가 달라붙어 있는 것 같았다. [……] 이 존재가 가장 난폭한 도깨비보다도 더 무서운 존재라는 데는 모두가 동의했다. 그의 이름은 우루간 바테렌[오란티노 신부(Padre Oratino Hnecchi-Soldo)를 가리킴]이었다. 그의 품속에는 기리시탄 종교를 퍼뜨릴 계획을 하고 있었지만, 그는 먼저 일본 사람들의 지혜를 알아보고자 하는 것 같았다. 그는 남부 바바리로

67 Elison George, 같은 책, 332~334쪽 참조; 방원일, 「일본과 기독교의 만남의 과정에서 일어났던 타자의 인식-예수회의 초기 일본 선교를 중심으로」, 『종교학 연구』 27집, 2008, 168쪽 주 23에서 인용.

부터 각종 신기한 물건들을 가져왔다.[68]

일본인들이 처음 접한 서양 선교사들은 괴물, 혹은 도깨비의 모습처럼 다가왔고, 정치적으로는 통제되지 않는 힘을 가진 타자에 대한 두려움으로 박해의 구실로 이용되었다.

16세기에 일본 선교를 시작하면서 사비에르가 처음으로 적응주의의 시도로서 불교 용어를 차용하여 하느님 개념[69]을 쓴 이후, 또 발리냐노의 성공적인 선교활동에 대한 보고에도 불구하고 적응주의 선교의 결과는 일본인과 일본 문화에 별다른 흔적을 남기지 못한 채 거의 완전히 사라지고 말았다는 것을 의미하는 것이다.

그러므로 선교학적인 측면에서 볼 때 초기 예수회 선교사들에 의해 추진된 적응주의 선교는 일본에 길게 뿌리를 못 내리고 소멸되는 듯했다. 그러나 이후 적응주의 선교의 영향은 종교 외에 다른 분야에서 꽃을 피우기 시작하였다.

일본 역시 조선과 다를 바 없는 유교문화권에 속하고, 다함께 서양에 대해서 강력한 쇄국정책을 고집했지만, 근대 이후 일본은 조선과는 달리 적응주의 선교를 통해 맛을 본 서양의 문물을 자기네 구미에 맞게 선별하여 받아들이면서 서학과는 다른 새로운 학문의 발전을 가져왔다. 명 · 청을 통해 조선에 유입된 서학과 그로 인한 서양 문물에 대한 유학자들의

68 Elison George, 같은 책, p. 321.

69 하비에르는 야지로의 조언에 따라 그리스도교의 '하느님'을 다이니치(大日, だいにち)로 표기하였다. 다이니치는 대일여래(大日如來)의 일본식 표기로서 불교를 넘어서는 신도의 최고신 아마테라스 오미카미(天照大神)와 동일시되는 존재이다. 김상근, 『동서문화의 교류와 예수회 선교역사』, 79쪽. 이것은 적응주의에서 말하는 새로운 용어를 고안하는 부담을 피하고 토착 문화 속에 기존해 있는 용어를 사용한다는 원칙에 따른 번역이었다. Elison George, 같은 책, p. 33.

『기리시탄 모노가타리』에서 묘사하고 있는 괴물 같은 바테렌(가운데)

학문적 · 종교적인 연구가 진행될 때, 일본은 난학(蘭學)이라는 서구의 근대 과학기술의 연구와 수용의 학문적 활동이 시작되었다.

난학이란 넓은 의미로 서양 학술(Western Science)을 의미하지만 보통 1623년에 네덜란드 문물을 수용하던 시기의 네덜란드의 학문, 곧 네덜란드의 과학기술을 의미한다. 서학은 그 안에 종교성을 내포하고 있지만, 난학은 종교성이 배제된 채 오로지 과학기술만을 말한다. 난학의 기원에는 사비에르가 일본에 첫발을 디딘 이후 포르투갈과 에스파냐의 상인들을 통해 총의 제작술과 총상의 치료를 위한 의료기술을 배웠는데, 이를 남만학[70]이라고 하였다. 이것은 1639년에 일본의 쇄국령으로 외국 선박

70 남만(南蠻)은 원래 남방의 야만인(바바리)을 가리키는 말이었다. 일본의 전국시대에 입국했던 에스파냐인 · 포르투갈인 · 이탈리아인들까지 포함하여 남방(南方)에서 왔다는 의미로 '남만인'이라고 불렀다. 이후 점차 '남부 유럽의 천주교 국가 사람'을 뜻하는 용어로 쓰였다. 남

의 내항이 금지될 때까지 약 80년 동안에 걸쳐 일어난 서양 연구였다. 그러나 쇄국령은 가톨릭 국가인 이베리아 반도 국가들에 한한 것이었지 비가톨릭 국가인 네덜란드에 대한 것은 아니어서 이들의 무역 활동과 내항은 허락되었다. 한마디로 이베리아 반도 국가들을 통한 인문학의 이(理) 분야만 거부한 것이지 네덜란드를 통한 자연과학과 기술의 기(器) 분야까지 거부한 것은 아니었다. 그것은 조선의 쇄국령처럼 전면 봉쇄가 아니라 탄력적인 봉쇄령이었음을 말해준다.

여기에는 포르투갈과 에스파냐 출신의 선교사들에 의해 가톨릭 신자가 된 시마바라와 아마쿠사 지역의 농민들이 지방 관리들의 횡포와 과중한 징세에 불만을 품고 일으킨 반란(Shimabara Rebellion, 島原叛亂, 1637~1638년)이 큰 원인이 되었다. 이에 정부는 반란자들의 요새를 치기 위해 네덜란드 포함(砲艦)을 끌어들였고, 이후 포르투갈과 에스파냐를 중심으로 한 모든 선교활동은 금지되고 그리스도인들은 반란자로 간주되어 전면적인 억압과 박해를 받았다.

일본이 쇄국정책을 펼치던 도쿠가와 시대 260년여 동안 네덜란드의 상관은 일본에 장기 체류할 수 있고 통사들에 의해 횡문자의 학습이 허용되어 네덜란드어가 유행하고 이에 힘을 받아 네덜란드 의학이 발달하는 등 난학(蘭學), 곧 네덜란드의 과학(Dutch science)은 꽃을 피웠다.[71] 가령 나가

만학은 이들이 일본에 올 때 가지고 들어온 서양 문물 전반을 가리키는 말로 '남만 문화'를 근간으로 하고 있다. 남만학은 의학 · 천문학 · 예술 등과 총포의 제조법 등이 대표적인 남만 문화들을 연구하는 학문이다. 국립진주박물관, 오만 · 장원철 역, 『프로이스의 ≪일본사≫를 통해 다시 보는 임진왜란과 도요토미 히데요시』, 부 · 키, 2003, 132쪽.

71 일본에 네덜란드 선박이 처음 도착한 것은 1600년에 영국인 윌리엄 아담스(William Adams, 1564~1620)와 네덜란드인 얀 요스텐(Jan Joosten, 1560~1623)이 네덜란드 항해사의 신분으로 리프티 호를 타고 태평양을 항해하던 중 배가 난파하는 바람에 일본의 분고(豊後) 지역에 표착하게 된 것이 계기가 되었다. 윌리엄 아담스는 오사카 성에서 도쿠가와 이에야스를 만나고 이후 그를 섬기게 되었다. 미우라 안진(三浦按針)이라는 일본 이름까지 얻어 도쿠가와 이

사키에 있던 네덜란드상관(和蘭商館)을 통해서 일본인 지식층 인사들은 네덜란드의 상인들과 접촉하며 그들의 문물을 수용하기 시작하고, 유입되는 서양 서적들을 통하여 일본의 지식인들이 새로운 정치와 사회제도 및 합리주의적인 사상을 터득하기 시작하였다. 그러면서 네덜란드 무역센터의 의사와 지식인들은 자연스레 일본인 청년들과 사귀게 되고, 거기에서 17세기 이후 일본의 '네덜란드 학문', 즉 난학(蘭學)은 엄청난 수준에 이르렀고, 1774년에 일본 청년들이 직접 배운 네덜란드어로 「해체신서」(解體新書)라는 해부학 책을 일본어로 번역 · 출판하기까지 하였다. 그것은 일본의 장래를 예고하는 커다란 변혁이었다.

그러므로 예수회 선교사들의 적응주의 선교는 직접적으로는 아무런 영향을 미치지 않은 것처럼 보이나 선교사들에 의한 서양 문물의 유입은 훗날 난학을 통해 서양의 실체에 더욱 가까이 다가가려는 노력으로 이어졌고, 그것이 종국에는 일본 근대화의 견인차 역할을 했다고 할 수 있다. 다시 말해서 적응주의 선교를 통한 서양 문물의 일본 유입과 선교사들에 의한 서학의 발흥은 기존의 일본적인 가치관과 행동양식에 변혁을 예고했고, 그래서 정치가들에 의해 위험한 사상으로 간주되어 철저한 억압을 받았지만 이미 토착민들 안에 뿌려진 씨앗은 주변 학문을 촉진시키는 동력으로 작용했던 것이다. 19세기 중반(1858년) 이후 일본이 쇄국정책을 포기하고 서구 열강에 문호를 개방함으로써 서양 문물의 수용을 적극적으로 확대하여 근대화에 박차를 가할 수 있었던 배경이라고 하겠다.

에야스 정권 시절 외교 문제의 참모로 활약하였다. 리프티 호가 일본에 도착한 지 2년 후인 1602년에 네덜란드는 일본에 동인도회사를 설립하였다. 국립진주박물관, 같은 책, 137쪽 참조.

3. 대화의 원리로서 문화 이해

역사학자 콜린 맥커라스는 "예수회 선교사들이 중국인을 대상으로 그리스도교로 개종시키는 데는 실패했지만, 서양이 중국을 해석하도록 하는 데는 찬란한 성공을 거두었다"고 말한 바 있다.[72] 즉 예수회 선교사들이 중국에게 주고자 한 그리스도교 신앙은 제대로 못 주고 서양에게 주고자 한 중국은 예상 밖으로 성공적이었다는 것이다. 어떤 의미에서는 올바른 지적이라고 할 수 있지만, 이것은 단순히 '성공'을 어디에다 두느냐 하는 서양적 사고방식에 따른 판단이라고 볼 수 있다.

서양이 중국을 통해서 얻은 정보를 바탕으로 여러 방면에서 발전을 꾀할 수 있었다면 중국 역시 서양과 똑같은 척도에서 서양의 가치가 발휘되고 발전할 수 있었다. 예수회 선교사들이 목적한 바가 바로 '성공적'이라고 할 수 있는 결과로 이어지지 못한 것은 어쩌면 동양적인 성격인 '천천히' '심도 있는' 고찰을 필요로 했기 때문이 아닐까? 심도 있는 고찰은 서로에 대한 깊은 앎과 이해를 동반한다. 그런 점에서 맥커라스의 견해는 매우 미시적인 판단이라는 생각이 든다.

미시적인 관점에서는 예수회의 엘리트 선교, 성직자들의 관료화, 선교 활동과 문화 활동 사이의 불분명한 한계점 등이 얼마든지 논란의 대상이 될 수 있고 그로 인해 선교가 성공적이지 못했다고 평가할 수가 있다. 이것은 단순히 개종자의 수에 의미를 둘 때 평가되는 부분이다.

그러나 거시적인 관점은 당장에 드러나는 개종자의 수에 연연하지 않고, 선교적 관점에서건 사회문화적인 관점에서건 큰 틀에서 선교의 성과

---

72 Mackerras C., *Western Image of China*, Hong Kong, Oxford University press, 1989, p. 30; Clarke J. J., 앞의 책, 66쪽에서 인용.

를 논한다. 예컨대 문서선교의 대상이 되는 사람들은 글을 아는 지식층들이고, 그들은 곧 가부장적인 사회의 수장이라는 점과 그들에 의해 중국이 움직이고 있다는 점을 생각하지 않을 수가 없다. 이것은 당시에 글을 아는 것은 곧 권력을 가지는 것을 의미하는 것이었고, 예수회의 엘리트적 교육을 통한 인재 양성은 그러한 권력을 모든 사람이 나누어 가질 기회를 제공하는 것이었다. 이것은 예수회가 무상의 교육 사도직을 시작한 유럽에서도 똑같은 의미를 지녔다.

한편 중국 사회의 수장들에게 도달한 과학서 중심의 서학서를 통해 중국의 근대화가 앞당겨지고 폐쇄된 국가 정책이 개방으로 전환되며, 종교의 자유가 앞당겨져서 그리스도교의 유입이 재촉되고 백성들의 계몽이 촉진되었다는 것을 생각할 때, 그리고 그 여파가 주변 국가들로 확산되었다는 점을 생각할 때, 결국 중국도 서양을 통해 많은 것을 성공적으로 이룩했다고 할 수 있는 것이다. 다만 중국의 근대화 과정이 자신의 문화적인 뿌리로부터 자발적으로 피어난 것이 아니라 사실상 서세동점(西勢東漸)의 차원에서 일정 부분의 압력과 독촉에 의한 것이었다는 점이 약간의 평가절하에 기여할 수는 있을 것이다.[73]

적응주의 선교는 그리스도교가 문화의 뿌리가 깊은 동아시아 민족들을 만나면서 고안한 대(對)사회 · 문화에 대한 새로운 대화 방법론이었다. 유럽인들은 자신들과 다를 바가 없는 인간 · 문화의 다양성, 이성적이고 도덕적인 사유양식과 관습을 만났고, 동양인들은 그들만의 닫힌 세계에서 새로운 세계를 맛보기 시작하였다. 그리고 그 과정에서 '타자'들의 '다른' 양식에 대한 호기심 · 충돌 · 융합의 과정을 거치면서 서로에게 영향을 주고 발전의 동력이 되었다.

---

73 Clarke J. J., 앞의 책, 33쪽 참조.

그리스도교 역사는 초기부터 사도들과 교부들, 그리고 수많은 선교사들이 복음이라는 새로운 문화를 가지고 세계 도처로 이민족들을 만나러 가면서 지속적인 '문화접변'(acculturation, 文化接變)을 경험해왔다. 문화접변이란 두 개의 다른 문화가 접촉하는 과정에서 각자가 가지고 있던 문화 요소들이 변화하는 과정을 가리킨다. 문화접변이 생겼을 때, 과거에는 대개 정복과 식민지화처럼 집단적인 군사 · 정치의 영향으로 힘이 있는 쪽의 문화가 힘이 없는 쪽의 문화를 삼키고 자기네 문화를 이식시키는 것으로 결론지어졌다. 그러나 오늘날에는 문화접변 현상 자체가 이민 · 여행 · 유학 등 더 개인적이고 다양한 형태로 나타나 어떤 형태로든 충돌을 최소화하기 위해서는 성숙한 대화의 자세가 요구된다. 바로 이런 문화접변 현상은 선교의 역사에서 언제나 어디에서나 있었고, 적응주의 선교는 그 점에서 성숙한 대화의 표상이 되었다.

그리스도교 선교의 목적은 인간을 대상으로 하는 것이지 문화를 대상으로 하지는 않는다. 그러나 인간이라는 존재가 과연 문화와 분리하여 생각할 수 있느냐는 물음과 그에 대한 답을 찾는 과정에서 문화가 나오고 그것 역시 선교의 대상으로 바라볼 때 대화 방법론이 대두된다.

문화란 자아생성적인(self-generating) 현상으로서 모든 인간의 행동을 설명하는 것이라고 화이트(Leslie White, 1900~1975)는 정의하였다.[74] 즉, 인간에게 있어서 문화란 자신의 정체성과 연관된 총체의 개념으로서 문화가 인간에 의해 형성되지만 인간 역시 문화에 의해 '문화화'되는 것이다. 따라서 인간을 알기 위해서는 그를 둘러싸고 있는 문화를 알아야 하고, 선교사들의 문화적인 접근은 결국 인간을 잘 이해하기 위한 또 다른 방법론적인 태도라고 할 수 있다. 타문화가 무조건 좋아서, 혹은 옳아서가 아

74 Leslie White, *The Evolution of Culture*, McGraw-Hill Book Company, 1959, pp. 10~12.

니라 그것으로 인해 인간에 대한 사유의 지평을 넓힐 수 있기 때문이다.

문화적인 접근을 함에 있어서 예수회 선교사들이 보여준 태도는 바로 인문학적인 접근이라는 것이다. 하느님과의 대비의 개념이 아니라 하느님의 모상으로서 '인간(중심)'을 터득한 것이 르네상스를 거친 휴머니스트 선교사들의 공통된 특징이었다. 수많은 경험이 농축된 교육학적인 체계인 '면학규정'을 통해 선교사들을 훈련시키고 제공한 지식은 모두 실천을 전제로 하는 것이었다. 실천이 뒤따르지 않는 지식은 살아 있는 지식이라고 할 수 없다. 교회의 선교활동도 마찬가지이다. 선교는 곧 실천이다. 지식이 행동규범이 되어 인간에게 영향을 미치고 문명의 발전을 재촉하는 것이다.

그러므로 예수회 선교사들이 시도한 문화 이해와 선교사 자신의 문화화는 토착민과의 대화를 위한 준비된 자세라는 것 이전에, 라틴아메리카에서 시도되었던 제국주의의 힘 앞에서 무기력하게 응했던 선교의 자세(혹은 그들의 야만적인 행동)와는 전혀 다른 수많은 새로운 가능성을 담은 선교 방법론이었던 것이다.

결론

화통의 원리로서 적응주의 선교

이 책에서 우리는 적응주의 선교의 기원을 르네상스 휴머니즘을 토대로 한 인문학적 관점에서부터 접근하기 시작하였다. 그렇다고 해서 신학적 기원을 간과한 것은 아니다. 오히려 르네상스 휴머니즘에 담긴 신학적 동기와 근거들에 주목할 필요가 있다는 의미에서 제1부와 제2부를 정리하였기 때문이다. 적응주의 선교의 배경에 자리 잡고 있는 오랜 유럽의 역사적 경험, 그중에서도 고전에 대한 연구에서부터 시작된 휴머니즘과 르네상스는 고전이 과거의 학문이고, 현재의 인간은 그러한 과거를 향수하며 살아가는 존재에서 벗어나 현재의 상황에 비추어 고전을 적극적으로 해석하고 미래를 향한 도약의 발판으로 삼으려는 새로운 움직임이었다. 지리상의 대발견으로 대양 저편에 존재하는 이민족들을 만나면서 서양 고전에서 체험한 바, 진리가 성경에만 존재하는 것이 아니라는 의식이 고취되고 틀에 박힌 사유양식에서 벗어나 세계화를 향한 시야가 확장되었다. 이것은 교회 안팎의 근본적인 변화의 바람을 예고하는 것이기도 하였다.

15세기 이후 서구 사회는 이전부터 예견되어 왔던 휴머니즘 사상을 토대로 사회 · 문화적인 분야에서부터 정치 · 사상에 이르기까지 대격변기를 거쳤다. 특히 지리상의 대발견과 거기에 대한 교황청의 보호권, 그리고 종교개혁과 트렌토 공의회는 여러 측면에서 가톨릭교회를 근본에서부터 흔들어놓기에 충분했다. 가톨릭교회는 지금까지 겪어보지 못했던 전혀 새로운 방식으로 무수히 쏟아지는 도전들에 직면하여 조직과 체계를 재정비해야 하는 시기를 맞이한 것이다. 그런 상황에서 예수회는 탄생하였다.

예수회의 탄생은 여러 면에서 가톨릭교회의 기조 변화를 암시하는 표상이 되었다. 특히 선교활동과 그리스도교 교육을 생활규범으로 한 예수회는 중세 수도자적인 정신을 잃지 않으면서 신학적? 철학적 인간학을 토대로 르네상스 인문학과 과학을 접목시켜 인문과학의 새로운 장을 열었다. 그리고 그것을 교육의 보편화를 표방하여 처음으로 무상교육을 실시한 예수회 학교를 중심으로 교육에 반영하였다. 그리하여 종교개혁 이후 혼란스러운 서구 사회에서는 통합된 교육을 주도했고, 대양을 넘어선 선교지에서는 인문학적 선교 방법을 적용함으로써 새로운 선교 방법론을 제시하였는데, 그것이 바로 적응주의 선교정책이었다.

적응주의 선교 방식은 사비에르가 일본의 문화적인 장벽에 직면하면서부터 고안되기 시작하였다. 그가 일본에서 느낀 가장 큰 인상은 지금까지 선교활동을 해왔던 지역들과는 문화적인 정서와 분위기가 전혀 다르다는 것이었다. 더 중요한 것은 인도－말레이 지역만 하더라도 서구와는 다른 양식이기는 해도 선교사의 낮은 자세와 하층민들을 대상으로 하는 선교가 설득력을 얻을 수 있었지만 일본은 사회구조 자체가 전혀 다른 가부장적인 체계여서 그런 방식이 전혀 설득력을 얻을 수 없다는 것이었다. 이러한 사회구조는 유교 문화에서 오는 것으로서 가부장적인 체제가 일본에만 국한된 것이 아니라 동아시아 전체와 연관된 중국에서부터 오는 것이라는 점이었다.

사비에르의 문화적인 이러한 발견은 발리냐노로 이어졌고, 발리냐노에 의해 적응주의 선교정책은 대화노선으로 수립되기에 이르렀다. 일본 선교에서 탁월한 능력을 발휘했고, 동아시아에서 문서선교의 물꼬를 트고, 서구 열강들이 동양 진출을 두고 각축전을 벌이는 가운데서 정치활동과 선교활동을 분명히 구분 짓고, 그들의 정치세력으로부터 선교사들을 옹호하고자 모든 열정을 쏟았던 발리냐노로 인해 대단위의 중국 선교는 시작되었다. 그리고 그 첫 번째 수행자로 루지에리가 선발되어 중국 선교에 첫발을 디뎠다.

그들이 시작한 적응주의 선교는 과거 지리상의 대발견 시절 교황청이 이베리아 반도 국가들에게 주었던 보호권과는 정면으로 대치되는 것으로서 지역문화에 대한 인식을 토대로 하는 것이었다. 사실 보호권도 개념 자체에는 큰 문제가 없었지만 그것이 정치세력과 함께 들어갔기 때문에 순수한 선교적 차원을 지닐 수가 없었다. 바로 이런 이유 때문에 발리냐노는 적응주의 선교활동을 함에 있어서도 지속적으로 선교사들을 이용하려는 정치세력으로부터 선교사들을 지키고자 하였다. 발리냐노의 적응주의 선교정책에는 이런 상황과 선교사들의 위치가 모두 반영되어 선교활동의 정체성이 더 강하게 드러날 수가 있었다.

발리냐노는 르네상스 시기에 고전을 통해서 진리를 발견했듯이 토착문화 속에도 진리가 있을 수 있다는 생각을 하면서 그것을 '하느님의 말씀의 씨앗'으로 이해하여 선교의 새로운 비전을 제시하였다. 그리고 그 비전은 가톨릭교회의 선교정책에 반영되어 새로운 변화를 가져올 수 있었다. 교황청 포교성성의 설립과 포교성에서 내놓은 '보편적 선교지침'은 적응주의 선교 노선을 표방하고 있었기 때문이다.

한편 예수회 선교사들에 의한 적응주의 선교는 리치가 중국에서, 데 노빌리가 인도에서 각기 그 지역의 특성에 맞는 방식으로 현지의 문화에 점차 뿌리를 내리고 있었다. 당시 중국의 상황은 외국인의 왕래가 자유롭지 못했고 중국어의 정확한 전달이 말보다는 글이 낫다는 것을 인식한 리치는 발리냐노가 일본에서 시작한 문서선교를 중국에서 진일보한 방식으로 실현하고 있었고, 데 노빌리는 인도에서 동서 문화의 교류로 인한 선교의 장애를 걷어내기 위해 그 자신이 브라만이 되기로 하였다. 그러나 리치와 데 노빌리의 적응주의 선교 방식은 곧 다양한 각도에서 비평을 받았고, 교회 안팎에서 논쟁의 핵심으로 부상되면서 수도회 간의 경쟁심, 정치적인 이권 등 그리스도교의 정통성을 가장한 많은 구차한 이유들로 인해 점차 꺼져갔다.

100여 년 동안에 걸쳐 교회 안에서는 물론 유럽의 사상계까지 뜨겁게 달구었던 전례논쟁은 결국 적응주의 선교의 금지와 예수회 해산이라는 엄청난 결과를 초래하고야 말았다. 이로써 전 세계의 모든 예수회원들은 하루아침에 집을 잃었고, 지금까지 개척한 많은 선교지에서는 책임자가 사라졌으며, 예수회 선교사들에게 의지하며 살아가던 수많은 원주민들이 외면당했다. 선교의 이미지는 나락으로 추락하고 말았다.

그러나 역사의 흐름은 예수회가 영원한 죽음의 상태에 머무르는 것을 허용하지 않았던 것 같다. 서구 사회에서 대두되기 시작한 계몽주의 사조와 프랑스혁명의 충격은 교회로 하여금 예수회의 필요성을 절감하게 했고, 프러시아와 러시아의 입장에서는 유럽 국가로서의 정체성이 요구되는 시점에서 유럽과 유럽의 종교인 그리스도교와의 완충지대 역할을 해주던 예수회의 해산을 쉽게 받아들일 수 있는 문제가 아니었다. 이런 연유로 예수회는 부활할 수가 있었다. 그리고 뒤이어 달라진 세상의 흐름에 맞추어 적응주의 선교도 다시금 서서히 고개를 들기 시작하였다. 그러나 그 과정이 아시아 제국들의 정치적인 헤게모니에 맞추어 교회가 장단을 맞추어주는 꼴이 되어버림으로써 오히려 예수회의 적응주의 선교의 고유한 표방 원칙을 교회가 스스로 훼손하고야 말았다.

그럼에도 불구하고 적응주의 선교가 동서양의 문화에서 갖는 위상과 평가는 크게 달라질 수 없을 만큼 그 가치는 크다고 할 수 있다. 동아시아에서 갖는 의미는 리치에서부터 시작된 문서선교의 계승을 그리스도인이 된 현지 지식층 인물들이 이어가면서 이론적인 학문에 그치지 않고 실천으로 이어져 실용학문으로서의 위력을 발휘하였다. 서학으로 통칭되는 이러한 실용학문은 사고의 영역을 확장하고 사회 변화를 주도함으로써 근대화의 선구자가 되었다. 한편 서양에서도 마찬가지로 동양을 소개하는 서적들이 발간되면서 유럽 우월주의에서 벗어나 점차 다양성에 대한 인식의 변화가 생기고 한창 무르익어가고 있던 계몽주의 사조에 힘을 보태는 결과를 초래하였다. 그 결과, 양 대륙 모두에서 근대화의 움직임이 속도를 내기 시작하였다. 그러나 이런 질주가 적응주의 선교적 관점에서 볼 때 과연 선교의 원래 의도에 부합했는지, 동서양의 진정한 대화는 가능했는지, 문서선교의 결과 서학이 번창하였다면 이후 서학은 동양 삼국에서 어떻게 발전했는지에 대한 물음을 던져볼 필요가 있다. 이 물음에 대한 답으로 동아시아 삼국에서 각기 다른 형태로 진행된 근대화의 모습을 살펴보았다. 바로 이 점이 대화의 원리로서 문화 이해에 대한 고찰이자 적응주의 선교로 인한 비전이라고 할 수 있을 것이다.

그러므로 지금까지 살펴본 적응주의 선교의 역사와 의미를 통해 드러나는 대화의 방법 혹은 그 과정은 여전히 선교신학의 중요한 과제라고 하겠다. 따라서 소통(疏通) · 상통(相通) · 화통(和通)의 개념이 적응주의 선교가 오늘날의 다종교 사회에 던지는 메시지라고 보고 그에 대한 간략한 논의를 결론으로 대신해보고자 한다.

1. 소통(疏通)

적응주의 선교에서 '소통'에 대한 이론이나 개념이 대두되는 것은 그것이 (낯선) 문화와의 대화에서 가장 먼저 만나는 지점이기 때문이다. 흔히 대화를 하는 이유를 '소통을 하기 위해서'라고 한다. 여기에서 말하는 소통은 '나'라는 주체와 '너'라는 객체 혹은 타자 사이의 간극을 메우기 위한 노력이자 그 과정이다.

그러나 역사가 증명하듯이 세계 도처에 있는 선교의 현장에서 소통은 많은 경우에 부족했던 것이 사실이다. 여기에는 '소통' 그 자체가 갖는 중대한 결함이 도사리고 있다는 것을 간과한 탓이라고 할 수 있을 것이다. 어원학적으로 볼 때 소통은 "의견이나 의사가 서로 잘 전달되는 것", "막히지 않고 잘 통하는 것"(『연세한국어사전』 참조)이라는 뜻을 가진 것으로서 얼핏 보면 상통(相通)과 다를 바가 없다고 할 수도 있다. 그러나 소통에는 언제나 '나'라는 주체와 '너'라는 객체(혹은 타자)의 구분이 명확하게 있어 주체가 객체를 대상화하거나 지배하려는 경향이 생길 수가 있을뿐더러 반대로 객체 역시 맹목적인 청자(聽者)가 되거나 노예로 전락할 수 있는 소지가 있을 수가 있다. 즉, 소통은 어디까지나 주체가 객체를 향한 주체적 관점에서 접근하기 때문에 주체가 객체를 대상화하거나 편향된 관점에서 이해하려는 경우가 생길 수가 있는 것이다. 이런 점에서 종교 간의 대화에서 상통과 동일하게 사용하고 있는 소통과는 달리, 선교신학의 역사를 통해서 입증된 바, 필자는 이 용어를 상통과 구분하여 말하고자 한다.

라틴아메리카에서 일어났던 소위 '백지화'(Tabula rasa, '문화말살정책')는 유럽인들이 가지는 유럽 문화와 그리스도교를 동일시한 강한 주체의식과 우월적 관점에서 타자의 것들을 바라보고 평가함으로써 근대 이전의 '다름'은 곧 '틀림'이라는 다양성에 대한 부정적인 인식에 따라 타자의 것들에 대한 무시와 경멸이 담긴 일방적인 '소통 방식'에 따른 것이었다. 이런 잘못된 소통 방식은 누가 주체가 되든 언제나 주체적 관점에서 대상을 보고 해석할 수밖에 없기 때문에 일어나는 어쩌면 자연스러운 현상일 수도 있다. 언제 어디서건 문화접변 현상이 일어나는 곳에서는 표면적으로 드러나지는 않아도 문화마다 모종의 차이에 따른 우열의 마음가짐은 뒤따르기 때문이다. 바로 이것이 선교와 관련될 경우에 매우 신중해야 한다는 점을 강조하고자 하는 것이다. 이런 현상을 적응주의 선교와 관련한 아시아 선교에서도 얼마든지 찾아볼 수가 있기 때문이다.

발리냐노의 선임으로 잠시 일본 선교를 담당했던 카브랄이나 리치의 후임으로 왔던 롱고바르디는 중세 유럽식의 엄격한 신앙의 잣대로 토착문화와 소통을 시도하였다. 그들은 굳이 타종교의 필요성을 느끼지 않는 일본과 중국에서 어떻게 그리스도교를 받아들일 수 있도록 하느냐를 고민하기보다는 자신들이 정한 완고한 그리스도교의 원칙을 타자의 지역에서 고수하는 데만 급급하였다. 카브랄과 롱고바르디의 행동은 일본과 중국을 타자로 규정하고 그들의 전통을 유럽의 잣대로 해석하여 유럽식으로 소통하려고 하였다. 그리고 그것은 예수회 내부의 갈등으로 이어졌다. 예수회 내부의 쟁론은 이후에 발생하는 모든 분쟁의 불씨가 되었고, 거기에 에스파냐 출신의 프란치스코회와 도미니코회가 합세하면서 적응주의 선교에 대한 교회 차원의 공격과 분열로 이어졌다. 예수회와 타 수도회 사이의 공방은 계속되고 각자 자기주장을 고집하며 평행선을 유지하는 가운데 교황청은 적응주의 선교를 금지한다는 가장 쉬운 결정을 내림으로써 선교정책의 한계를 스스로 폭로하고, 종국에는 일본과 중국으로 하여금 그리스도교로부터 등을 돌리도록 하고 말았다. 유럽의 선교사들이 현지의 문화를 외면하고 무시하면 할수록, 다시 말해서 콘텍스트는 무시된 채 텍스트만 가지고 자신들의 잣대로 해석하고 소통하면 할수록, 그리스도교 자체가 현지의 문화 속에서 말살당하고 말 것이라는 것을 망각했던 것이다.

교황청 포교성성의 신설(1622년)은 이베리아 반도 국가들의 식민정책과 동일시되고 있는 교회의 선교활동을 그들 국가의 정치와 분리하려는 교회의 새로운 시도였고, 선교의 세계화 시대에 '교회의 일'은 교회가 통솔하겠다는 의지를 드러낸 몸짓이었다. 포교성성의 주도로 이탈리아 출신의 아시아 선교사들을 통한 교황 감목 대리제의 도입은 포르투갈과 에스파냐 출신 선교사들의 저항과 그에 따른 적응주의 선교의 반대 및 독자적인 선교 노선의 표방을 가져왔다. 전례논쟁이 가열된 이면에는 이러한 세력들의 다툼이 있었다.

이에 교황청은 이제 막 새롭게 떠오르고 있는 프랑스의 파리외방전교회에 기존 수도회들 사이의 일종의 세력 다툼에 대한 중재를 맡겼고 상황은 더욱 악화되었다. 그 결과 예수회의 적응주의는 쇠퇴하고, 교황청은 적응주의 선교에 대해 '금지 → 허용 → 금지'를 반복하는 가운데 중국이라는 전혀 다른 문화 속에서 중국의 상황과 행보에 대한 관심보다는 교황청과 유럽의 세력이 충돌하고 중국 사회에서 '종교란 어디까지나 솔선수범해서 보이는 선행의 공덕과 전적(典籍)에 의해서만 전파되어야 하는 것'이라는 인식에 스스로 찬물을 끼얹고야 말았다. 더 중요한 것은 중국과 같은 광대한 나라의 경우, 의례가 행해지는 사회문화적인 환경에 대한 고려가 있어야 한다는 것과 의례의 의미가 고정적이지 않고 유동적이며 변화·발전한다는 인식을 하지 못함으로써, 중국의 전통적인 의례들을 일괄적으로 단죄하여 중지하고야 말았다. 이러한 교황청의 결정은 중국을 비롯한 유교문화권 안에서 그리스도교 신앙이 토착화를 통해 보편적인 종교로 거듭날 수 있는 기회를 스스로 차단한 셈이었다.

'소통'의 관점에서 볼 때, 교황청의 적응주의 선교에 대한 금지 조치는 완전한 소통의 부재 상태에 따른 것은 아니었지만 완전한 부재 상태를 초래한 것은 사실이었다. 하느님 개념으로서 상제(上帝)·천(天)은 허용할 수 없지만 천주(天主)는 허용했듯이 일정 부분에서는 타협과 허용이 있었지만, 금지 조치 이후에는 그 지역에서 그리스도교의 생존마저 위협을 당하는 상황이 되어버렸기 때문이다.

그러므로 우리가 단순히 '소통'이라고 했을 때 거기에는 모종의 결함이 있을 수 있는 것이다. 상대방을 배려하지 않는 '일방적인 소통'도 소통이라고 하기 때문이다. 즉, '갖다 붙이기 나름'으로 잘못 이용될 소지가 얼마든지 있을 수 있는 것이다. 오늘날에도 많은 분야에서 각자 소통을 했다고는 하지만 제대로 된 소통이 이루어지지 않는 것을 어렵지 않게 목격할 수 있는 것은 바로 이런 이유 때문으로 판단된다.

2. 상통(相通)

적응주의 선교를 시작한 예수회 선교사들의 역사를 들여다보면 소통을 넘어서는 상통의 원리가 있음을 알 수 있다. 그들이 보여준 동서양 문화의 '상호 교류'가 그것이다. 그들이 선교활동을 하면서 가장 먼저 시작한 것은 선교지의 문화와 언어에 대한 연구를 통해 상대방을 알고자 하는 노력과 동시에 그것을 자신들과 같은 지식의 수준이나 선입견을 가지고 있는 사람들에게 알리는 일이었다. 서양의 문화(종교)를 동양에 소개하고자 하면서 그것만 일방적으로 전달하는 것이 아니라 그것을 잘 전달하기 위한 수단으로서 동양의 문화를 서양에 소개하는 것도 동시에 진행했던 것이다. 그리하여 서로를 알아가도록 하는 환경을 만들었다.

상통은 사전적인 의미는 소통과 별만 다를 바 없이 '서로 막힘이 없이 길이 트여 있는 것', '서로 마음과 뜻이 통하는 것'이라는 뜻이다. 서로 막힘이 없이 통해야 서로를 알고 이해할 수 있는 것이다.

당시 아시아로 파견된 예수회의 선교사들은 휴머니즘과 르네상스, 지리상의 대발견과 종교개혁 등 유례없는 격동기를 거치면서 다듬어진 커리큘럼으로 양성된 유럽의 지성인들이었다. 그들은 교회의 권위를 앞세운 중세 교회의 전통에서 벗어나 하느님의 가르침이 근본적으로 모든 인간을 기준으로 삼고 있다는 점을 선교정책으로 드러냈다. 예수회 선교사들은 시대의 징표에 귀를 기울이는 가운데 토착 문화 속에서 하느님의 '말씀의 씨앗'을 발견함으로써 중국의 고전을 통해 그리스도교를 재해석하여 전달함으로써 선교 방식의 지평을 확장하였다. 그리고 그 과정에서 유럽의 발달한 문화가 중국으로 유입되고 유럽이 중국을 배울 수 있는 기회를 제공하였다.

예수회 선교사들이 중국에 진출하여 처음 느낀 것은 중국인들이 스스로에 대해 갖는 자부심과 외국인들을 향한 경멸의 태도였다. 특히 중국인 사대부들의 극도의 오만함에 놀라 세계 지도, 윤리서, 과학서 등을 통해 지리상에서 중국이 갖는 위치와 문화적인 실체를 알게 함으로써 타자에 대해 갖는 높은 장벽을 낮추도록 하였다. 중국인들의 이러한 타자를 대하는 태도는 사실 오래전에 유럽인들이 라틴아메리카인들을 대하면서 했던 것과 똑같은 것이었다. 이런 사실을 모르지 않는 예수회 선교사들은 그 결과를 충분히 예상할 수가 있었을 것이다. 그들이 양쪽 문화의 옳고 좋은 것을 서로에게 소개함으로써 잘못된 역사를 되풀이하지 않으려는 노력은 어쩌면 예수회 선교사들이었기에 가능한 시대적인 사명이자 탁월한 선교사들의 혜안이라고 여겨진다. 예수회 선교사들의 이런 노력 덕분에 중국의 지식인 계층으로 확대되어 서광계 · 이지조 · 양정균과 같은 중국 그리스도교의 삼대 기둥을 얻을 수가 있었고, 이들의 뒤를 이은 중국인 그리스도인들에 의해 서양 문물이 긍정적이고 지속적으로 받아들여져 청대 과학혁명을 일으키는 밑거름이 되었다고 할 수 있을 것이다. 그 결과 중국에서는 서양 선교사가 주체가 아니라 중국인 학자들이 주체가 되어 서양의 과학[器]과 철학[理]을 중국에 맞게 적용함으로써 서학이 중국학으로서 거듭나기 시작하였다.

그러나 이러한 형태의 선교 방식은 자칫 혼합주의(Syncretism)에 머무르거나 선교와 문화 교류 사이에서 정체성을 잃어버리거나 문화적인 상대주의에 빠질 위험이 있을 수가 있다. 적응주의 선교를 추진한 선교사들이 중국에서 유학이 차지하는 위치와 유교의 중요한 교의가 중국인의 심성에서 차지하는 영향력을 깊이 알고 신축성 있는 수단으로 중국의 상황에 적응하려는 노력을 하였지만, 그것이 큰 지지를 받지 못하고 오히려 단죄로 마무리된 것은 혼합주의와 상대주의에 대한 위험과 그 속에서 그리스도교의 정체성을 잃어버릴 위험에 대한 두려움 때문이었다고 하겠다. 바로 그것이 상통의 단계에만 머무르지 않고 '화통'(和通)의 단계로 나가야 하는 이유라고 생각된다.

3. 화통(和通)

'소통'이 적응주의 선교를 위한 첫걸음이고, '상통'이 적응주의 선교의 방법이라면, '화통'은 적응주의 선교의 최상의 비전이라고 정의할 수 있을 것이다. 상통이 '나와 너'의 차이를 있는 그대로 인정하고 존중하는 자세라면, 화통은 '나와 너'의 차이를 넘어서 '우리'로 하나가 되는 것을 지향한다. 나와 너의 부족함을 서로가 메워주고 협력하는 가운데 융합을 모색하는 조화의 원리라고 하겠다.

지금까지 살펴본 적응주의 선교의 역사와 의미를 관통하는 한 가지 원리는 바로 이런 조화와 화합의 원리를 표방하고 있다는 것이었다. 비록 상황에 따라서 퇴색되기도 하고 훼손되기도 하였지만 적응주의 선교가 원칙적으로 지향하고 있는 것은 모두가 사는 길, 함께 발전하여 잘 사는 길이었다. 조화와 화합은 모두를 존중하고 발전하게 한다. 예수회 선교사들을 통한 순수한 선교활동은 동서양 문명의 발전에 큰 공헌을 하였다. 정치적인 세력이 개입되고 수도회들 사이의 이권이 난무하면서 선교활동 자체가 훼손을 당했지만, 교회의 역사에서 선교사들이 인류 문명에 기여한 것은 비단 동양에서만이 아니었다. 선교사들에 의해 라틴아메리카와 아프리카의 일부 지역에서 내려오던 폭력적인 토착 문화가 고발되고 정화되었으며 인권에 대한 의식이 고취되며 문맹이 퇴치되기 시작하였다. 세계 도처에서 그동안 알려지지 않았던 각종 질병이 인류 공통의 문제로 떠오르고, 소외되고 배제된 인간과 드러나지 않았던 우수한 문화가 주목받기 시작하였다. 적응주의 선교로 인해 동서양의 근대화가 촉진되고 타자에 대한 인식을 달리하면서 '다양성'이 개선되며 문명 간의 유기적인 연대의 가능성이 새로운 비전으로 떠올랐다. 화통은 이런 조화로운 관계를 위해 끊임없이, 점진적으로 발전을 추구하는 방법론이라고 하겠다.

발리냐노가 키에티 사람이 아니라 판리안(范禮安)으로 살았고, 루지에리가 나폴리 사람이 아니라 로밍지엔(羅明堅)으로 살았으며, 리치가 마체라타인이 아니라 중국인 리마도우(利瑪竇)로 살았던 것은 '나'를 고집하지 않고 '너'에게로 다가가 '우리'의 세계를 만들려는 화통의 자세라고 할 수 있다. 이런 점에서 화통은 상대방에 대한 존중을 토대로 실천하는 사랑의 자세라고 하겠다. 실제로 발리냐노, 루지에리, 리치는 선교사로서 복음을 전한다는 분명한 목적의식에서 선교지로 향했지만 오로지 자신의 목적

달성에만 혈안이 되었던 적은 한 번도 없었다. 오히려 일본인과 중국인을 이해하고 사랑하는 데 더 마음을 쏟았다. 그랬기 때문에 그들의 문화와 전통이 소중했고, 그에 대한 예의를 잃지 않았던 것이다.

적응주의 선교의 기원에 존재하는 르네상스의 휴머니즘은 화통의 세계를 구축하는 데 있어서 선교사는 먼저 자신을 '문화화'해야 한다는 것과 그 방법으로서 인문학적 접근이 중요하다는 것을 시사한다. 자신이 문화인이 되지 않고 다른 사람들에게 문화인이 되라고 할 수는 없는 노릇이다. 선교는 하느님의 지상 명령이고 의무이고 그분의 일이지만 그것이 인간을 대상으로 하기 때문에, 인간은 한 사람도 예외 없이 문화적인 환경에서 살고 있기 때문에, 선교사의 깊은 문화화는 매우 중요하다. 그래야 오늘날 다양한 종교의 심층 세계(혹은 영성의 세계)에 가면 모든 종교가 '서로 통한다'는 것을 입증할 수 있기 때문이다. 이런 '통함'이 바로 화통의 상태인 것이다.

부록

교황령 『각 경우에 따라서』(*Ex quo singulari*)[1]

—1742년 7월 11일

1 부산교회사연구소의 한윤식 신부는 이 교서 전문을 번역하여 「사보 45」(2005년), 「사보 53」(2007년), 「사보 57」(2008년)에 올린 바 있다. 이 교서에는 중국 전례와 공자 공경 예식에 관한 약 100년 동안에 걸친 논쟁 과정과 교황청의 대응을 모두 언급하고 있어서 이 책의 성격상 중요하다고 생각되어 이 번역본을 부분적으로 수정하여 번역자 한윤식 신부의 허락을 받아 여기에 싣는다.

교황 베네딕토 14세

사안의 항구한 기억을 위하여

하느님의 특별한 섭리에 따라 인도의 동 · 서부 지역이 유럽에 알려진 이후, 초대교회부터 복음적 진리의 빛을 사방에 퍼뜨리고 온갖 오류의 그늘로부터 이를 보존하고자 애써온 거룩한 사도좌는 최근 앞서 언급한 지역으로 복음의 일꾼들을 열성을 다해 파견하였다. 그것은 복음의 일꾼들이 우상숭배가 만연한 곳에서 이를 철저히 뿌리 뽑고, 그리스도교 신앙을 잘 전파하도록 하기 위해서였으며, 또 거칠고 개간되지 않은 평원을 비옥하고 아름다운 포도원, 영원한 생명의 열매를 풍성히 맺을 포도원으로 바꾸도록 하기 위해서였다. 그런데 거룩한 사도좌가 특별한 관심을 가지고 지켜보는 지역 가운데 광대한 중국이 포함되어 있었다. 사실 중국에서 그리스도교 신앙이 크게 확산되었다는 것을 결코 부인할 수는 없다. 그러나 성좌에서 파견된 선교사들 사이에 발생한 분열이 장애가 되지 않았더라면 그리스도교 신앙은 더욱더 확산될 수 있었을 것이다

1. 이런 분열은 중국인들이 철학자 공자(孔子)와 그들의 조상들을 공경하여 거행해오던 예식과 의례들에서 비롯되었다. 선교사들 가운데 어떤 이들은 이러한 예식들과 의례들이 순전히 국민적 · 사회적인 것이기 때문에 우상숭배를 멀리하고 그리스도교를 받아들인 이들에게 허용되어야 한다고 주장한다. 그러나 다른 쪽에서는 여기에 반대하는 이들도 있다. 우상숭배의 징후는 어떤 식으로든 방치될 수 없으며, 이를 방치하는 것은 중대한 종교적 불의(不義)라는 것이다. 이런 논쟁에 대해 사도좌는 여러 해 동안에 걸쳐 걱정과 우려를 표명해왔다. 주님의 밭에 가라지가 뿌리를 내리지 못하게 하고, 만약 가라지가 뿌리를 내리고 있다면 가능한 한 신속하게 그것들을 제거해야 한다고 생각해왔다.

2. 처음 사도좌의 법원에 이 사안을 제출한 사람들은 다름 아닌 중국의 예식과 의례가 우상숭배에 물들어 있다고 의심한 사람들이었다. 같은 질의서(質疑書)가 포교성에 제시되었고, 1645년에 포교성은 중국인들의 예식과 의례가 실제로 우상숭배에 물들어 있다고 판단한 신학자들의 답변과 결정사항들을 승인하였다. 이후 교황 인노첸시오 10세는 포교성의 요청에 따라 모든 선교사들은 사도좌에서 달리 판단을 내리기 전까지, 포교성의 답변과 결정사항들을 철저히 준수하고 실행에 옮기라고 명령하였다. 그리고 그것을 교황에게 유보된 자동 파문 처벌이라는 제재 아래 두었다.

3. 그러나 머지않아 같은 선교지에서 활동하던 다른 일꾼들이 이들 의례와 예식에 관해 다른 질의서를 포교성에 제출하였다. 그에 따르면 이들 예식과 의례들은 그 안에 어떠한 우상숭배적인 요소도 가지고 있지 않다고 하였다. 교황 알렉산더 7세는 검사성에 관련 논의를 위임하였다. 질문

들이 각기 다른 설명을 덧붙여 제출되었기 때문에, 검사성은 중국 의례와 예식이 틀림없이 국민적 · 사회적인 성격을 띠고 있다면 허용할 수 있으나, 그렇지 않다면 전혀 허용할 수 없다고 판단하였다. 교황 알렉산더 7세는 1656년에 이러한 결정을 승인하고 확증하였다.

4. 그럼에도 불구하고 같은 논쟁이 세 번째로 교황청에 제출되었다. 많은 질의서가 검사성에 제출되었고, 거기에서 제기된 물음은 교황 인노첸시오 10세의 명령이 여전히 유효한가 하는 것이었다. 왜냐하면, 앞서 언급했듯이, 교황이 자동 파문 처벌이라는 제재 아래, 1645년 포교성성에 의해 공포된 답변과 결정사항들을 지키도록 지시했기 때문이다. 아울러 제기된 물음은 근래에 제기된 질문들이 1645년 포교성성이 제시한 답변과 결정들을 실천에 옮기지 못하도록 제지(制止)해야 하는지에 관한 것이었다. 이는 검사성의 교령이 무엇보다 우선한다고 여겨졌기 때문인데, 이 교령은 중국에 있는 교황의 일꾼들(예수회 선교사들)이 (다른 일꾼들이 제출한 설명과는) 다른 설명과 주변의 정황들을 전하면서 제출한 몇 가지 질문들에 대한 답을 공포한 것이었다. 이러한 물음들에 대해 1669년에 검사성은 앞서 언급한 포교성의 교령이, 질의서 안에 제시된 사안에 대한 진술들을 고려한다면, 여전히 유효하다고 답하였다. 또한 포교성성의 교령은 1656년에 공포된 검사성의 교령에 의해 무효화되지 않으며, 오히려 질문과 제시된 상황 그리고 질의서 안에 포함된 모든 정황들을 고려하여 철저히 준수되어야 한다고 하였다. 마찬가지로 앞서 언급한 검사성성의 1656년 교령도 같은 방식으로, 즉 질문과 제시된 상황과 그 안에 서술된 정황에 의거하여 준수되어야 한다고 선언하였다. 교황 클레멘스 9세는 이 교령을 승인하였다.

5. 그러나 앞에서 언급한 모든 교령들은 제시된 사안에 대한 각기 다른 설명에 따라서 작성되고 공포된 것이었다. 그러다보니 중국 의례 논쟁을 종결시키는 데까지는 이르지 못했고, 오히려 논쟁을 더 키운 결과를 초래하였다. 선교사들 사이의 분열은 심한 감정의 골을 만들고 경쟁심을 조장하였다. 이런 분열은 신앙에 심각하고 중대한 장애와 손상을 초래하며, 그리스도교의 설교는 물론 그리스도교 신자들에 대한 선교사들의 교육과 가르침에도 불일치를 초래하였다. 이런 불미스러운 사태에 대해 잘 알고 있던 선임 교황 인노첸시오 12세는 파괴를 조장하는 분열을 완전히 종식시키는 것이야말로 자신에게 맡겨진 의무라고 여겼다. 그래서 그는 이 모든 논쟁에 대한 정확하고 면밀한 심의를 검사성에 위탁하였다. 교황은 사안의 진상을 올바로 파악하기 위해 노력하는 한편, 특별히 주의를 기울여 질의서를 확정하도록 명령하고, 검사성으로 하여금 그 해결책을 제출하도록 하였다.

6. 질의서에 제시된 질문들에 대한 (검사성의) 조사는 교황 인노첸시오 12세의 죽음으로 중단되었다. 그러나 후임 교황 클레멘스 11세는 선임 교황이 지녔던 것과 같은 열정으로 자신이 지켜보는 가운데 질의서에 담긴 질문들에 대한 조사가 이루어지기를 바랐다. 그래서 사안에 대한 지속적이고 적절하고 신중한 논의가 이루어졌다. 논쟁에 개입된 양측이 각각 자유롭게 자신의 주장을 펼칠 수 있는 충분한 기회를 제공받았고, 그들의 의견이 경청되었다. 교황 클레멘스 11세는 상정된 모든 질문들에 대해 검사성이 제출한 답변들을 1704년에 사도좌의 권위로 확인하고 승인하였다. 그러나 이 답변들에 따르면 중국 의례는 우상숭배에 젖어 있으므로 금지되어야만 한다는 것이다. 교황은 이 답변들을 안티오키아의 총대주교이며 중국에 파견된 사도 순시관이자 대리인인 찰스 토마스 데 투르농

에게 보내도록 지시하였다. 그리고 모든 선교사들에게 이 답변서에 적힌 내용들을 확실히 철저하게 준수하도록 명령하면서, 이 명령을 따르지 않는 이들에게는 교회법적 형벌을 가한다고 선포하였다.

7. 안티오키아의 총대주교는 사도좌의 결정을 공포했고, 자기가 첨부한 교령으로 모든 사람이 이를 지킬 것을 명령하였다. 그러나 중국 의례가 단순히 국민적 · 사회적인 것일 뿐이라고 주장하던 이들은 전혀 다른 불필요한 설명을 하며 교령을 비웃고 이를 회피하고자 하였다. 이에 교황 클레멘스 11세는 1710년에 검사성의 교령을 통해 중국 의례와 관련하여 사도좌에서 권위를 가지고 확증한 답변들과 교령 자체에 담긴 모든 내용들을 철저히 그리고 절대적으로 따르도록 지시하였다. 교령은 다음과 같다.

8. 중국 예식, 즉 의례 문제에 관해 검사성에서 제출하여 교황 성하께서 승인한 답변들의 철저하고 불가침적인 준수에 관한 교령.

1710년 9월 25일 목요일, 교황 클레멘스 11세 성하와 모든 그리스도교 국가에서 이단에 대항하도록 사도좌에서 특별 종교재판관으로 임명한 거룩한 로마 교회의 공경하올 추기경들이 참석한 가운데 교황궁 퀴리날레에서 열린 검사성성 총회에서.

교황 성하께서는 중국 예식, 즉 의례 문제와 관련하여 지난해와 마찬가지로 금년에도 여러 차례 성성회의에 참석하셨고, 사안을 신속하고 주의 깊게 검토한 추기경들의 견해를 들으셨다. 성하께서는 검사성이 제출하여 1704년 9월 20일에 확인하고 승인한 답변들뿐만 아니라 안티오키아의 총대주교로 중국에 파견된 사도 순시관이자 교황 권한 대리인 투르농 추기경이 1707년 1월 25일에 이 사안과 관련하여 공포한 명령(교령)도 관련자 모두가 그 안에 제시된 모든 것을 확실하고 절대적으로 준수하도록 명령하셨다. 따라서 교묘한 핑계를 도모하거나 어떠한 고상한 구실도 있어서는 안 되었다. 재속사제든 수도자든, 그에 대하여 특별하고 개별적인 언급을 할 만하고 교회의 높은 지위로 유명한 사람이라고 할지라도 어떤 식으로든 사도좌에 탄원할 수 없었다. 성하께서는 그러한 탄원은 거부되어야 한다고 선포했고, 그것을 거부하셨다.

그리고 앞서 언급한 바, 투르농 추기경의 명령(교령)에 대해 성하께서는 그가 직접 1704년 9월 20일의 사도좌 결정에 부합된다고 밝혔기 때문에 그의 명령(교령)도 그 안에 담긴 수정사항과 함께 검사성이 제출한 답변들에 따라서 받아들여져야 한다고 선언하셨다. 그리고 투르농 추기경의 명령(교령)과 그 안에 제시된 답변들에 대해서 어떠한 첨가나 삭제도 있어서는 안 되며, 사실 검사성의 답변들에 담긴 모든 내용들은 이미 언급한 투르농의 명령(교령)과 상통하는 것이라고 선언하셨다.

성하께서는 마음 깊이 슬퍼하면서도, 인류의 원수가 날마다 멈추지 않고 그 광활한 지역에 무수한 가라지를 뿌리고 있다는 사실을 받아들이셨다. 동시에 그 지역에서 가톨릭 신앙 전파의 유익하고 거룩한 사업을 결단코 포기하려고 하지 않으셨다. 오히려 성하께서는 (선교사들 사이의) 격론과 분열, 그리고 무엇보다도 그리스도교 신앙의 밭을 가시로 질식시키고 있는 의견의 불일치를 가능한 한 최선을 다해 완전히 제거하고 그리스도교 신앙을 증진시키고자 하셨다. 성하께서는 앞서 언급한 문제와 그와 관련한 사안에 대하여 적절한 훈령을 마련하여 투르농 추기경이 그 지역에 머물고 있을 때 그것을 보내도록 명령하셨다. 만약 그가 그 지역에 있지 않을 경우, 그가 위임한 사람과 그 지역에 파견된 주교들과 감목대리들에게 그것을 보내도록 명령하셨다. 나아가 성하께서는 이 훈령이 선교사들의 화합과 복음 진리의 선포와 영혼의 구령에 도움이 되는 것 못지않게 교황의 교령들을 실천에 옮기는 것도 중요하다고 하셨다.

마지막으로, 이 문제와 관련하여 너무도 많은 글이 쏟아져 나와 서로 간에 극한 논쟁이 계속되었고, 그로 인해 신자들에게 추문이 되었기에 그에 대한 일정한 기준이 마련되어야 했다. 성하께서는 이후 교묘한 핑계나 고상한 구실을 내세워 어떤 식으로든 소책자나 보고서 · 논문 · 인쇄물, 그리고 의도했건 의도하지 않았건 그런 것들을 통해서 중국 의례와 그에 관한 논쟁에 대해 어떠한 것도 어디에서도 인쇄하거나 출판하지 않도록 엄중히 금하셨다. 이 명령은 모든 수도회, 단체, 기관과 출판 사도직에 종사하는 회(會)를 포함한 모든 수도자를 대상으로 하였다. 모든 평신도와 재속 사제들도, 그들이 어떠한 신분과 조건과 지위에 있건 이 명령을 따라야 한다.

성하께서는 앞서 언급한 것처럼 검사성을 통해 전달받는 명시적이고 특별한 허락 없이는 중국 의례와 관련된 어떠한 출판도 금지하셨다.

성하께서는 어떤 식으로든 금령이 침해되지 않고 지켜지기를 바라셨다. 그래서 금령에 맞서는 이들은 누구든지 그것만으로도 자동 파문 처벌되며, 수도자들은 다른 언급이 없더라도, 그 자체로 선거권과 피선거권이 박탈된다고 선포하셨다. 그리고 이후에 부과되는 처벌도 성하와 그의 계승자인 로마 교황들의 판단에 맡겨진다고 선언하였다. 또 현재의 금지 규정을 거슬러 앞으로 등장할지도 모를 저서 · 소책자 · 보고서 · 논문 · 인쇄물 등 모든 저술들이 금지되고, 달리 선언하지 않더라도 금서 목록 규정에 제시된 제재와 처벌 하에 놓이기를 원하셨다(이것은 이미 출판된 저서들의 승인을 의미하지는 않는다). 인쇄업자는 인쇄된 저서를 폐기 처분하고 죄의 정도에 따라서 금전적이고 신체적인 처벌을 받아야 한다고도 명령하셨다. 그 어떤 것도 위반하는 이들에 대해서는 용서가 불가하다.

검사성성 공증관 요셉 바르톨리.

9. 그러나 이 교령은 순명하지 않는 완고한 마음을 지닌 이들에게는 효력이 없었다. 이에 교황 클레멘스 11세는 그들을 제재하고자 하셨고, 1715년에 교황령을 공포하여 앞서 언급한 검사성의 답변들을 다시 한 번 장엄하게 확증하시고, 분명 틀림없이 그 답변들이 준수되어야 한다고 명령하셨다. 그리고 명령에 복종하지 않는 완고한 이들이 완벽한 다른 방식으로 답변들을 준수하지 않고 회피할 수 있었던 모든 통로를 차단하셨다. 그 규정은 다음과 같다.

10. 클레멘스 11세 교황께서 중국 예식, 즉 의례 문제에 관하여 교령으로 명한 것에 대한 온전하고 절대적이며, 완전하고 불가침적인 준수에 관한 칙서는 어떤 식으로든 교령의 실행을 회피하고자 하는 견해, 즉 핑계를 배척하며, 그 지역에 있거나 장차 그 지역에 있게 될 선교사들이 서약해야 할 맹세문을 규정한다.

클레멘스 11세 교황

사안에 대한 미래의 기억을 위하여.

보편교회의 통치는 교회가 널리 퍼져 있음으로 인해 중요한 책무이며, 또한 세상의 불의함으로 인해 수행하기 힘든 책무이기도 하다. 본인은 나 자신의 공로 덕분이 아니라, 하느님의 뜻으로 인해 보편교회의 통치를 맡게 된 날부터, 무엇보다 먼저, 사도좌의 판결과 적절한 제재를 통해 오래전부터 중국 지역에 있는 교황청 파견 선교사들 안에서 발생한 격렬한 논쟁을 종식시키고자 노력하였다.

날이 갈수록 더욱더 그 기세를 더하고 있는 이 논쟁은 거룩하고 형언할 수 없는 하느님의 이름을 표현하기 위해 어떤 중국말을 사용할 것인가 하는 문제와 중국 민족들의 일부 의례에 관한 것이었다. 앞서 언급한 선교사들 중 어떤 이들은 이 의례들을 우상숭배라며 배척한 반면에, 다른 이들은 그것이 단지 사회적인 것이라고 주장하며 이를 용인하였다.

그리스도교와 가톨릭 신앙의 전파를 방해하는 의견의 불일치가 그치고, 모두가 마침내 같은 생각과 같은 뜻으로 같은 것을 말하고, 그래서 그리스도 예수 안에서 성화된 이들이 한목소리로 주님께 영광을 드리기를 희망한다.

이러한 의도로, 본인은 1704년 9월 20일에 의례 문제와 관련하여 제기된 여러 가지 질문들에 대해 주어진 답변들을 권위로서 확인하고 승인하였다. 의례 문제와 관련하여 제기된 여러 가지 질문들에 대해, 오래전부터, 다시 말해서 선임 교황 인노첸시오 12세 시절에 오랫동안 사전 조사가 있었으나 완료되지 못하였다. 이후 본인의 명으로 여러 해 동안 조사가 진행되었고, 논쟁에 관련한 양측의 견해와 다수의 신학자들과 검사성 소속 신학자들의 견해를 들었다. 또한 모든 그리스도교 국가에서 이단과 사악을 가려내도록 사도좌의 권위로서 종교재판소의 재판관에 임명된 거룩한 로마교회 추기경들의 의견도 경청하였다. 여기에서 결정된 사항은 다음과 같다.

● 지고하신 하느님은 중국에서 유럽식 용어로 적절하게 표현될 수 없으므로, 참 하느님을 의미하기 위하여 천주(天主)라는 용어가 허용되어야 한다. 이 용어는 하늘의 주인이라는 뜻으로, 중국의 선교사들과 신자들에

의해 오랫동안 사용되고 검증된 후에 받아들여진 것이다. 그러나 하늘을 뜻하는 천(天)이라는 용어와 가장 높은 황제를 뜻하는 상제(上帝)라는 용어는 전적으로 배척되어야 한다.

• 따라서 경천(敬天: 하늘을 공경함)이라는 한자가 새겨진 현판(懸板)을 그리스도교 교회에 달거나 교회 안에 걸려 있는 기존 현판을 그대로 보존하는 것은 용인될 수 없다.

• 그리스도교 신자들이 대제(大祭)를 관장하거나 거기에서 봉사하거나 혹은 참여하는 것은 어떤 이유로든 결코 용인되어서는 안 된다. 대제는 중국인들이 해마다 춘분과 추분에 공자와 돌아가신 조상들에게 늘 바쳐온 것으로서 우상숭배에 물들어 있다. 또 그리스도교 신자들이 매달 초승과 보름에 중국 이름으로 묘(廟)라고 불리는 공자의 사당(祠堂)에서 공자를 공경하며 예식과 의례와 제사를 거행하는 것은 용인될 수 없다. 이는 일급 고관들과 관리들 같은 정부관료들과 학자들이 거행하면 된다. 가령 정부관리들, 즉 총독들과 고관들이 관직을 받은 후에 직문에 종사하기 전에 거행해왔고, 학자들은 직위를 받은 후 사원, 즉 공자의 사당에 가서 이를 거행하였다.

• 뿐만 아니라 사원, 즉 조상들에게 바쳐진 사당에서 조상들에게 제사를 드리는 것은 그리스도교 신자들에게 용인되어서는 안 된다. 또한 제사를 관장하거나 어떤 식으로든 시중을 들거나 혹은 다른 의례와 예식을 거행하는 것도 그리스도교 신자들에게 용인되어서는 안 된다.

• 그리스도교 신자들이 그들의 조상을 공경하여 위패(位牌) 앞에서 이와 같은 제사나 의례나 예식을 거행하는 것이 용인되어서는 안 된다. 이들 제사 · 의례 · 예식은 개인의 집에서나 조상들의 무덤에서나 고인을 무덤에 안장하기 전에 동향인(同鄕人)과 함께 혹은 따로 거행되는데, 그리스도교 신자들이 이를 관장하거나 거기에 참여하는 것은 용인되지 않는다.

더구나, 앞서 언급한 제사·의례·예식에 대한 다방면에서의 검토와 신중하고 적절한 논의를 통해 볼 때, 이들은 그 자체로 우상숭배와 분리될 수 없는 방식으로 이루어진다는 것이 명백히 드러났다. 따라서 비록 그리스도교 신자들이 공적 혹은 사적인 확언을 통해 종교적이 아니라 그저 죽은 자에 대한 국민적이고 사회적인 예절로서 이들 제사·의례·예식을 관장하며, 죽은 자들에게 어떠한 것도 청하거나 바라지 않는다고 밝히더라도 그리스도교 전례법에 따라 결코 용인되어서는 안 된다.

• 그러나 그리스도 신자들이 이들 제사·의례·예식에 함께하는 것, 즉 단순히 물리적으로만 참석하는 것은 단죄되지 않는다. 그리스도교 신자들은 동향인이 우상숭배를 행할 때, 그들의 우상숭배에 대해, 그것을 인정하는 어떠한 외적 표현이나 몸짓도 하지 않고, 또 그들이 행하는 것을 전혀 거들지 않고 단지 그들과 함께 있어야 하는 경우가 있는데, 이는 사회적인 어떠한 미움과 반감을 피하기 위함이다. 그러나 만약 형편이 된다면, 그리스도교 신자들은 먼저 자신의 신앙을 공식적으로 밝히고, 신앙을 파괴하는 어떠한 위험에도 굴하지 않음을 밝혀야 한다.

• 마지막으로, 돌아가신 조상들의 위패를 집에 모시는 것은 그리스도교 신자들에게는 용인되어서는 안 된다. 지역적인 관습에 따르면, 이들 위패에는 '자리', 즉 '영혼의 거처' 혹은 '아무개의 영(靈)'을 뜻하는 중국 글자가 새겨져 있는데 이런 위패는 물론 거기에 '자리' 혹은 '거처'라고 더 간단하게 새긴 것(위패)도 그리스도교 신자들에게는 용인되지 않는다. 그러나 죽은 사람의 이름만 간단하게 쓴 것(위패)은 사용할 수 있다. 다만 그리스도교 신자들이 위패를 만들 때, 모두 그것이 우상숭배라고 여기지 않고 아무런 추문이 없어야 하며, 그리스도교 신자가 아닌 이들이 위패를 간직하는 마음과 같은 마음으로 위패를 간직해서도 안 된다. 뿐만 아니라 위패 옆에 죽은 사람들에 대한 그리스도교의 신앙이 무엇이고, 조상들에

대한 자손으로서의 효성이 어떠해야 하는지를 밝힌 선언문이 있어야 한다.

위와 같은 구체적인 언급에도 불구하고, 이교도들의 다른 의례들, 즉 참으로 우상숭배가 아니고 또 우상숭배적인 면을 드러내지도 않으며, 사회적이고 정치적인 의례의 테두리 안에 포함되는 의례들을 관습대로 죽은 이들에 대하여 거행하는 것은 금지되지 아니한다. 그런데, 이들 의례들이 어떤 것인지 그리고 그것들이 어떠한 주의와 더불어 묵인될 수 있는가 하는 것은 그때마다 중국에 머물며 자신의 권한을 행사하는 교황 권한 대리자인 사도 순시관과 주교들과 그 지역의 교황대리 감목구장들의 판단에 맡겨야 한다. 그러나 이들은 가능한 한 최선을 다하고 신중을 기하여 그리스도교 신자들이 이교도들의 예식을 완전히 버리고, 가톨릭교회가 죽은 이들에 대해 경건하게 규정하는 의례를 서서히 받아들이고 실천하도록 전심으로 노력해야 한다.

그 후 거의 6년이 지난 1710년 9월 25일, 본인은 이 문제를 신중하고 적절하게 논의한 검사성 추기경들의 의견을 다시 듣고, 관련 답변서들뿐만 아니라, 당시 안티오키아의 총대주교이며 중국에 파견되었던 사도 순시관이자 교황권한 대리자였고 살아 있을 당시 거룩한 로마 교회의 추기경이었던 찰스 토마스 데 투르농이 1707년 1월 25일에 공포한 명령, 즉 교령도 그 안에 제시된 제재와 형벌을 포함하여 분명히 절대적으로 준수되어야 함을 천명하였다. 그리고 애써 찾아낸 교묘한 핑계나 어떤 고상한 구실도, 또 특정 인물을 통해 본인과 사도좌에 탄원하는 것도 거부하였다. 이 문제와 관련하여 공포된 교령에 자세히 나와 있듯이, 본인은 이후에도 계속해서 이러한 탄원은 거부되어야 한다고 선언함으로써 탄원 그 자체를 거부하였다.

이 모든 것들은 인류의 원수가 뿌린 가라지들을 밭에서 뿌리 뽑는데 충분했어야 했다. 신자들도 마땅히 본인과 성좌가 명한 모든 것들을 겸손하고 순종하는 마음으로 따르기에 충분했어야 했다. 이는 본인이 권고하고 확인하고 승인한 답변들의 말미에서, 앞에서도 언급했듯이, 공개적으로 명확한 말로 문제가 이미 종결되었다고 선언했기 때문이다.

그러나 중국 지역에서 들려오는 선교 사업에 관한 소식은 본인의 마음을 매우 아프게 하였다. 소식에 따르면 본인이 애써 지키도록 명령한 (검사성의) 답변들이 대부분 제대로 실행되지 않고 있을 뿐만 아니라 오랫동안 그리고 빈번하게 무시되거나 적어도 상당히 지연됨으로써 교황의 권위를 손상시키고, 그리스도교 신자들을 추문에 휩싸이게 하고 또 영혼의 구원에 손실을 초래하고 있다는 것이다.

검사성의 답변들이 대부분 제대로 실행되지 않고 있는 근저에는, 본인이 답변들의 실행을 정지시켰다거나 그것들이 합법적이지 않게 공포되었다는 헛된 핑계나 구실도 있다. 답변들 안에 제시되어 있으며 그것의 실행 이전에 진위 여부를 가려야 할 구체적인 사실들과 답변 공포의 근거가 되는 실제 상황들이 올바르지 않다고 그릇되게 주장하는 의견도 있다. 또한 이 문세와 관련하여 본인의 추후 선언이 있을 것이라는 교묘한 핑계도 있다. 그리고 교령을 실행에 옮길 경우 선교사들과 선교 자체에 심각한 위험이 초래할 것이라는 두려움도 있고, 끝으로, 오래전인 1656년 3월 23일, 중국 예식, 곧 의례에 대하여 앞서 언급했듯이, 검사성의 추기경 위원회가 제시하고 선임 교황 알렉산더 7세가 승인한 교령이 있다는 명목도 있다.

본인은 하느님께서 맡기신 사도적 봉사의 직무에 따라 온갖 반대이론,

위장, 변명과 고상한 핑계들을 모두 없애고 물리치고자 하며, 하느님의 도우심에 힘입어 그리스도교 신자들의 안위와 영혼의 구원을 보살피고자 한다. 따라서 본인은 추기경들의 조언에 따라 직접 문제를 확실히 파악하고 숙고한 후, 온전히 사도적 권위에 입각하여 앞서 기술한 답변들과 그 안에 포함된 모든 것들이 정확하게, 빠짐없이, 절대적으로, 어김없이 그리고 확실히 지켜지기를 분명히 천명하며, 동시에 거룩한 순명의 덕으로 이를 지킬 것을 명령한다. 이 명령은 현재 중국과 그에 인접한 지역, 즉 인근 국가나 지방에 있는 모든 대주교들과 주교들, 그리고 장차 이들 지역에서 활동하게 될 모든 대주교와 주교들에게 해당되며, 여기에는 주교의 직무정지와 교회의 출입금지 제재가 뒤따른다. 또한 이 명령은 영적인 문제에 있어 대주교와 주교의 직무를 공적으로 보좌하는 이들과 대리하는 이들, 그리고 그 지역에 있는 다른 직권자들에게도 해당되며, 주교가 아닌 교황대리 감목구장들과 그들의 직무 대행인들, 아울러 재속 선교사뿐만 아니라 수도회 · 단체 · 기관, 그리고 예수회를 포함한 모든 회(會) 소속의 수도자 선교사들에게도 해당된다. 이러한 명령은 자동처벌의 파문제재 아래 놓이며, 만일 임종의 순간에 있지 않다면 어느 누구도 이 제재로부터 풀려날 수 없다. 이런 제재는 본인을 포함하여 그때마다 현존하는 로마교황만이 풀 수 있다. 그리고 수도자들의 경우, 달리 선언하지 않더라도 위반 그 자체로 선거권과 피선거권이 박탈되는 제재를 받게 된다. 언급한 모든 이들은 그들의 보살핌을 받고 있는 이들에게도 제시된 답변들 안에 있는 모든 것들을 준수하도록 해야 한다. 따라서 언급한 내용들 가운데 어떤 한 가지를 들어 답변들에 반대하거나, 그 밖의 다른 어떤 명목이나 이유, 근거나 핑계 혹은 구실을 들어 어떤 식으로든 그에 반대하는 일이 있어서는 안 된다.

본인은 직접 사안을 파악하고 숙고한 후 온전한 권위를 가지고 교황에게 유보된 파문 제재와 선거권과 피선거권 박탈의 제재 조치 아래, 이 문서를 통해, 선포하고 명령하는바, 성좌에 의해서나 혹은 자신의 장상들에 의해 중국과 앞서 언급한 국가와 지방에 파견되었거나 장차 파견될 모든 재속성직자와 설교 수도회, 단체, 기관 그리고 예수회를 포함한 회(會) 소속의 수도성직자들은, 그들이 어떠한 지위나 법적 권한을 가지고 그곳에 살고 있고 또 그곳에서 살게 된다고 하더라도, 이 문서의 끝에서 명시될 양식에 따라, 본 칙서와 본인의 명령을 충실히, 온전히 그리고 어김없이 준수하겠다는 맹세를 해야 한다. 이미 파견되어 있는 이들은 본 칙서가 그들에게 알려지는 즉시, 그리고 장차 파견될 이들은 그곳에서 선교사로 어떤 직무를 수행하기 전에 맹세를 해야 한다. 선교사들은 그때마다 중국에 체류하는 교황권한 대리자인 사도 순시관, 혹은 그가 위임한 이에게, 만약 그렇게 하지 못할 경우에는 그가 머물고 있거나 장차 머물게 될 해당 관할 지역의 주교나 교황대리 감목구장, 혹은 그가 위임한 이에게 맹세문을 제출해야 한다. 그러나 수도자들은 자신들이 속한 수도회의 장상이나 그들의 위임을 받고 해당 지역에 있는 이들에게 맹세문을 제출해야 한다. 나아가 주교, 즉 해당 지역의 직권자로부터 위임을 받은 이들뿐만 아니라 일반 수도회 사제들도 각자 맹세를 하고 자신의 손으로 맹세문에 서명을 해야 하며, 그 전에는 선교사의 직무를 계속하거나 시작할 수 없다. 이를 회피하기 위한 어떤 다른 구실, 핑계 혹은 특전도, 비록 그에 대해 공개적이고 특별한 언급을 할 만하다 할지라도 결코 용납되지 않는다. 먼저 맹세하고 서명하기 전에 그들은 어떤 식으로든 그리스도교 신자들의 고백을 듣거나 설교를 하거나 성사를 집행할 수 없다. 개인적으로 성좌로부터 특별히 받은 권한이 무엇이든, 또 해당 수도회 · 단체 · 기관, 그리고 예수회를 포함한 회(會)에 성좌가 일괄적으로 수여한 특별 권한이 어떤 것이든 마찬가지이다. 그들의 경우(만약 맹세와 서명을 하지 않고 직무를 수행하다가 발각이 될 경우), 위에서 언급한 형벌 제재들과 앞서 언급한 모든 특별 권한들은 완전히 중단되고, 그 효력을 상실하며, 없었던 일이 될 것이다.

재속 선교사들과 수도회 선교사들이 작성한 모든 맹세문들은, 앞서 언급한 것처럼, 서명 후에, 현지에 머물고 있는 교황권한 대리자인 사도 순시관이나 주교들, 혹은 교황대리 감목구장들에게 보내져야 한다. 그리고 현지에 머물고 있는 교황권한 대리자인 사도 순시관, 주교들, 교황대리 감목구장들은 적어도 원본들을 가능한 한 신속하게 언급한 추기경 위원회에 보내야 한다.

현재 그곳에 있고 또 장차 그곳에 있게 될 수도회 · 단체 · 기관 그리고 예수회를 포함한 회(會)의 장상들은 동일한 형벌 제재 아래 같은 맹세를 해야 하며, 위에서 언급한 방식에 따라 현지의 교황권한 대리자와 사도 순시관 혹은 주교나 교황대리 감목구장에게 서명한 맹세문을 제출해야 한다. 뿐만 아니라 장상들은 자기 소속의 선교사들에게 맹세문을 제출하도록 요구해야 하며, 이 문제에 대한 증명 서류를 가능한 한 신속히 해당 총장들에게 보내야 한다. 그리고 총장들은 앞서 언급한 추기경 위원회에 그것들을 즉시 전달해야 한다.

이 문서와 그 안에 포함된 모든 것들이 앞서 언급한 사안들과 관련이 있거나 어떤 식으로든 연관을 가지게 될 모든 이들에 의해 지켜져야 한다. 비록 그들이 자신의 신분 · 지위 · 서열 · 탁월함 · 권위로 돋보인다고 하더라도, 다시 말해서 특별히 개별적으로 언급할 만하다고 하더라도 똑같이 적용된다. 이 문서 공포의 빌미를 제공한 문제(사안)들이 충분히 검토되지 않았고 그 진위 여부가 가려지지 않았으며, 또 옳고 그름의 여부가 밝혀지지 않았다는 이유를 대거나 다른 어떤 법적인 특별한 이유 · 근거 · 핑계와 구실을 대며 이 문서와 그 안에 포함된 모든 것을 제한된 법조문 안에서 설명하거나 논박해서는 안 된다. 이 문서와 그 안에 포함된 모든 것은 은폐나 기만 혹은 무효화와 같은 불법적이고 중대하고 치명적인 피해를 주는 악습으로 인해 결코 손상되거나 효력을 잃어서는 안 되며, 본인 혹은 관계자들에 의해 의도적으로 모의된 것으로 여겨져서도 안 된다. 중대하고 본질적이며, 미처 생각하지 못했고 생각할 수 없었던 개별적으로 명시해야 할 필요가 있는 결점들을 들어 이 문서를 논의에 붙이거나 혹은 법적으로 한계를 지닌다고 여겨서는 안 된다. 이 문서를 거슬러, 교황의 구두 선언, 원상회복의 구제책이나 다른 어떤 법적인 구제 수단이나 은전(恩典)이 모색되어서도 안 된다. 비록 확정된 구제책이 교황이 자의로 사안을 숙지하고 자신의 권위로 양도하고 공포한 것이라고 하더라도, 그 구제책은 법정에서나 법정 밖에서 사용될 수 없고, 결코 도움이 될 수 없다. 이 문서 자체는 언제나 확고하고 타당하고 유효하며, 법적 이탈자들이 사도좌로부터 부여받은 특전을 구실삼아 이 문서를 거슬러 어떤 방식이나 어떤 이유로든 그 실행을 방해 혹은 지연시키거나 반대하거나 맞선다고 하여도 여기에 전혀 구애받지 않고 절대적이고 완전한 효력을 지닌다. 따라서 법적 이탈자들의 무리에 속해 있는 이들과 어떤 식으로든 한때 그들에 속해 있었던 이들은 이전에 기여했거나 현재 기여하고 있는 장애를 철저하고 완전하게 걷어냄으로써 거기에 구애하지 않고 이 문서를 어김없이, 이론의 여지없이 준수해야 한다. 마찬가지로, 정규 재판관들과 법적 대리자들, 교황청 소송사건 예심관들과 거룩한 로마 교회의 추기경들, 교황특사들과 교황대사들, 그리고 어디서든 권리를 가지고 출중하게 임무를 수행하고 있고 또 장차 수행할 이들은 어떤 식으로든 달리 판결하고 해석할 수 있는 자신의 고유한 권한과 권위를 가지고서 앞서 언급한 사안과 관련하여 달리 판단하거나 결정하지 말아야 한다. 만약 누군가가, 그가 어떤 권위를 가지고 있든, 의도했건 의도하지 않았건 여기에 대해 달리 시도하는 일이 있다면, 그것은 무효이고 잘못된 것이다.

이러한 언급에도 불구하고, 교황청 상서원의 규정을 들거나, 보편공의회와 지역공의회와 총대의원회의에서 공포한 다른 일반적 혹은 특수한 교황령과 칙령을 들어 법적 심의가 제기되지 않도록 해야 한다. 뿐만 아니라 수도회 · 단체 · 기관 · 예수회를 포함한 회(會) 그리고 각 지역 교회의 다른 어떤 정관(定款)과 관습, 매우 오래된 옛날 규정, 특전 그리고 사도좌의 윤허(允許)와 서한 같은 것들이 서약과 사도좌의 추인이나 재가로 강화되었다고 하더라도, 그것에 근거하여 법적 심의가 제기되어서는 안 된다. 사도좌가 수도회 · 단체 · 기관 · 예수회를 포함한 회(會)와 각 지역 교회, 그리고 특별히 언급할 만한 다른 사람들에게 계약과 보답의 형식이나 특정 사유로 수여한 양식의 말과 내용이 어떠하든, 그것의 개정이 가지는 비판적 요소가 어떠하든, 또 상당한 효력을 지닌 이례적인 단서나 부칙이 어떠하든 똑같이 법적 심의가 제기되어서는 안 된다. 황족이나 왕족 혹은 국가나 교회에서 높은 직위에 있는 이들의 탄원에 따라, 혹은 그들을 의식하여 앞서 언급한 것과는 상반되는 내용으로 수여되고 공포되고 실행된 여타의 교령들에 근거하여 법적 심의가 제기되어서도 안 된다. 성좌가 자의적으로 사안을 파악하고 충만한 권위로서 그 교령들을 내놓았고, 또 그 교령들이 오랫동안 거듭 확인되고 승인되고 갱신되었다고 하더라도 마찬가지이다. 교령들의 충분한 개정(改定)을 위해서는 일반적이고 개괄적인 조항들을 통해서가 아니라 각 교령의 모든 내용이 특수하고 정확하며, 분명하고 개별적인 언급이나 각기 다른 명시적인 표현이 있어야 한다. 그래야만 합당한 다른 서식(書式)을 마련할 수가 있다. 교령의 내용은 자구책이기라도 하듯이 하나도 빠뜨리지 말고, 그 안에서 전해지는 형식을 살펴서 표현되고 첨가되어야 할 것이다. 그럼에도 불구하고 무엇이건 충분하게 그 내용을 명시하고 첨가하기 위해, 또 앞서 언급한 결과를 얻기 위해 본인도 이 기회에 계속해서 효력을 발휘하고 있는 교령들을 특별히 개정하며, 그에 상반되는 나머지 모든 것들도 그것이 무엇이건 개정되기를 바란다.

제시하는 맹세문의 양식은 다음과 같다.

사도좌에 의해—혹은 사도좌로부터 부여받은 특별 권한에 따라 나의 장상에 의해— 중국에—혹은 (국가명) 국가에, 혹은 (지방 이름) 지방에— 파견된—혹은 파견될— 선교사, 나(이름)는 공경하올 교황 클레멘스 11세께서 중국 예식, 즉 의례 문제에 대하여 공포한 교황령 안에 포함되어 있는 사도적 가르침과 명령에 온전히 충실하게 복종합니다.

나는 맹세문의 양식이 들어 있는 교황령을 모두 읽어보았기에 그 가르침과 명령을 분명히 알고 있습니다. 따라서 그것을 명확히, 결단코, 어김없이 준수할 것이며 어떠한 주저함도 없이 그것을 이행할 것입니다. 만약 어떤 식으로든 (하느님이 이를 막아주시기를!) 위반한다면, 그런 일이 일어날 때마다 이 교황령에서 부과된 제재 조치에 따를 것임을 맹세합니다.

나는 거룩한 복음서에 손을 얹고 이를 약속하고 서약하고 맹세합니다. 부디 하느님과 하느님의 거룩한 말씀은 저를 도와주소서.

나(이름) 자필(自筆)로.

아울러, 본인은 이 문서의 사본 즉 필사본이나 인쇄본이 앞서 언급한 수도회 · 단체 · 기관 그리고 예수회를 포함한 모든 회의 구성원들, 총장들 그리고 대표로서 로마에 거주하는 총대리들에게 전달되고 알려지기를 바라며 그렇게 되도록 명령한다. 또한 본인은 수도회의 총장들과 총대리들이 자신의 이름으로 그리고 자기 수도회의 아랫사람과 수하 사람들의 이름으로 이 문서를 충실히 실행하고 준수할 것을 보증하고 이를 서면으로 약속할 것을 명한다. 중국과 다른 국가와 지방에서 살고 있는 수도회의 총장들과 총대리들의 아랫사람들과 수하 사람들에게, 온갖 수단을 동원하여 가능한 한 빨리 이 문서의 사본을 보내어 그들이 이 문서와 그 안에 담긴 모든 것들을 온전히, 참되게, 실재적으로 실행에 옮기고 준수할 수 있도록 할 것을 명령하는 바이다.

모든 곳에서 이 문서의 원본을 제시하고 공개하기는 어렵다. 따라서 우리가 똑같이 바라고 명령하는 바는, 이 문서의 사본, 즉 복사본과 인쇄본에 공증관의 자필 서명과 교회 당국자의 날인(捺印)을 기재하여 복사본이나 인쇄본이 제시되더라도 법정에서와 마찬가지로 법정 밖 어느 곳에서라도 문서 자체가 지니는 공신력과 똑같은 공신력을 얻도록 한다.

1715년 3월 19일, 교황 재위 제15년, 로마의 성모마리아 대성당에서 교황의 직인을 얻어.

F. 올리베리

11. 이처럼 장엄한 교황령을 통하여 교황 클레멘스 11세는 그동안의 논쟁을 종식시키고자 헌신하였다. 최선을 다해 성좌의 권위를 경외하겠노라고 고백한 이들이 겸손하게 순명하는 마음으로 그 판결에 주저하지 않고 복종하며, 더 이상 다른 구실을 늘어놓지 않는 것이 옳고 마땅한 것처럼 보였다. 그럼에도 불구하고, 불순종하는 이들과 기만을 일삼는 이들은 몇 가지 이유로 교황령의 구체적인 준수를 회피할 수 있다고 여겼다. 즉 교황령이 권고라는 명칭을 가지고 있고, 실제로 해제될 수 없는 법적 효력이 아니라 단지 교회적인 권고의 효력만을 지닌다는 것이다. 게다가

그것은 알렉산드리아의 총대주교이자 중국에 파견된 교황권한 대리인이며 총사도 순시관인 카를로 암브로시오 메차바르바가 중국 의례에 대해 발표한 8개조 허용안으로 인해 약화되었다는 것이다.

12. 본인은 앞서 언급한 교황령이 그리스도교 예식의 순수성을 소중히 여기며, 모든 우상숭배의 요소로부터 그 순수성을 보존하고자 한다는 것을 알고 있다. 따라서 본인은, 마치 교황령이 사도좌의 가장 권위 있는 결정을 내포하고 있지 않기라도 하듯이, 그리고 문제가 되는 사안이 종교에 속하는 것이 아니라며 그와 무관하거나 혹은 변천하는 규율에 관한 것인 양, 감히 함부로 이를 거역하거나 멸시하고자 하는 이들이 있음을 결코 용납할 수 없다. 본인은 전능하신 하느님께서 맡기신 권위에 따라 발효된 교황령이 온전한 효력을 지니고 보전되기를 바란다. 이에 본인은 충만한 권위로 교황령을 확인하고 승인할 뿐만 아니라, 이를 더욱 견고하게 하고 흔들리지 않도록 하기 위하여 가능한 한 최선을 다해, 그것에 온전한 효력과 확신을 부과한다. 나아가 교황령은 그 자체로 교황령으로서의 권위를 온전하고 충만하게 가지고 있음을 선포한다.

13. 앞서 언급한 교황령의 힘을 약화시키기 위한 구실로 이용된 8개조 허용안은 특정 답변들에 그 기원을 두고 있는데, 그 답변들은 오랫동안 중국에서 활동한 두 책임자가 교황령의 실행과 관련하여 선교사들이 내놓은 몇 가지 질문들에 대해 응답한 것이었다. 그 답변들은 여전히 그 안에 의문점을 지닌 채, 로마 교황의 승인 표시나 교황이 첨가한 어떤 표시도 없이, 앞서 언급한 알렉산드리아의 총대주교에게 전달되었고, 그는 교도적인 관점에서 주어진 상황에 따라 그것들을 이용하였다. 그러나 만약 그 허용안이 어떤 식으로든 앞서 언급한 교황령의 결정사항에 부합하거

나 혹은 상반되는 것으로 드러나게 되면, 그것을 허가하거나 철회하는 것은 오로지 사도좌의 권한에 달린 것이다.

14. 알렉산드리아의 총대주교는 중국에 입국한 뒤, 자신이 처한 곤란한 상황을 인식하고 적절한 8개조 허용안을 공포할 수밖에 없었다. 그러나 그것은 앞서 언급한 두 책임자가 해당 질문들에 대해 내놓은 답변 자체가 아니라, 그 답변들로부터 추론한 것이었다. 알렉산드리아 총대주교는 자신의 사목서한에 이 허용안을 첨가했는데, 그 내용은 다음과 같다.

15. 하느님과 사도좌의 은혜로 알렉산드리아의 총대주교가 되었고, 교황전권대사의 권한을 가지고 동인도와 중국과 그에 접경한 나라와 섬들에 파견된 교황권한 대리자이며 사도총순시관인 카를로 암브로시오 메차바르바가 해당 지역의 모든 주교들과 교황대리감목들, 그리고 선교사들에게, 모든 이의 참된 구원이신 분 안에서 인사를 전합니다.

찬미하올 하느님, 우리 주 예수 그리스도의 아버지이시며 모든 이의 위로자신 하느님께서는 모든 역경에서 우리를 위로하시니, 이는 우리 또한 하느님으로부터 받은 그 위로로 환난 중에 있는 이들을 위로할 수 있도록 하기 위함입니다. 하느님의 도우심으로 중국에 도착한 이후, 본인은 이 복음의 포도원에서 일하는 모든 이들과 함께 얼굴을 마주하고 이야기하는 것 말고는 어떤 것도 바라지 않았습니다. 본인은 여러분에게 힘을 주고 영적인 은총을 전해주며, 아울러 우리가 함께 공유하고 있는 신앙을 통해 여러분을 격려하고자 만나고 싶었습니다.

본인은 세속의 지혜를 말하지 않고 두렵고 떨리는 마음으로 여러분 곁에서 복음의 일꾼들을 거슬러 몰아치는 폭풍우를 진정시키기 위해 목숨을 바칠 각오도 했습니다. 이는 여러분으로 하여금 복음 선포에 전념할 수 있도록 하기 위함이었습니다. 바다에 길을 내어주시고 급류 가운데 통로를 내어주시는 하느님께서 지금처럼 미래에도 본인의 조력자가 되어주실 것입니다. 본인은 그리스도 안에서 진리를 말하며, 거짓을 말하지 않습니다. 본인의 양심이 성령 안에서 그것을 증명합니다. 참으로 슬프고 마음 아픈 일은 본인이 직접 여러분을 만나 여러분과 다른 사람들에게 좋은 결과가 되도록 격려할 수 없다는 것입니다.

그러나 그것은 서로 얼굴을 마주하고 할 수는 없어도, 서한을 통해서는 가능합니다. 무엇보다도 본인은 여러분 모두에 대해 예수 그리스도 안에서 우리 하느님께 감사를 드립니다. 여러분이 성령으로 불타올라 강해져서 '내 양들을 돌보아라!' 하고 말씀하신 그분을 기억하고, 성좌의 지시에 따라 여러분의 직무를 수행하고 있기 때문입니다. 그분에게는 다윗 가문의 열쇠가 주어졌고, 그가 열면 닫을 이가 없고 닫으면 열 이가 없을 것입니다. 그러니 모두 용기를 내어 깨어 있으십시오. 믿음 안에 머물며 인간답게 행동하고 용감해지십시오. 하늘에서 여러분이 받을 상이 클 것입니다. 여러분의 직무를 완수하고, 올바른 가르침에 전념하십시오. 좋은 표양으로 빛을 밝히는 등불이 되고, 설교의 열정으로 불타십시오. 만약 머뭇거리거나 소극적인 이가 있다면, 우리 주님이신 예수 그리스도의 이름으로 형제 여러분에게 간청합니다. 모두 같은 것을 이야기하여 여러분 사이에 분열이 없도록 하십시오. 여러분 모두가 같은 마음과 같은 판단 안에서 온전히 되십시오. 다른 것을 말해서는 안 됩니다. 여러분 각자가 겸손과 순명으로 성좌의 지시에 따름으로써 여러분의 순명이 모든 곳에 전해지도록 하십시오.

클레멘스 11세 교황 성하에 의해 이미 공포된 명령들이 여러분에게 알려져 그것들이 효력을 드러내고, 지체 없이 실행되도록 하기 위해 본인이

다른 어떤 행동을 하지는 않을 것입니다. 본인은 어떤 것도 새로 고치지 않을 것이고, 공포된 명령들을 있는 그대로 둘 것입니다. 다시 말해서 본인은 1715년 3월 19일, 클레멘스 11세 교황 성하께서 중국의 의례와 관련하여 제시한 교황령을 어떤 식으로도 정지시키지 않을 것이며, 거기에서 금지한 어떤 조항들도 허용하지 않을 것입니다.

그럼에도 불구하고, 관습적으로 행해진 특정 예식과 관련하여 선교사들이 계속해서 물음을 제기해옴으로써, 본인은 허용 가능한 것들을 기록합니다. 이것은 누구든지 주님의 포도밭에서 성실하고 힘차게 일할 수 있도록 하기 위함입니다. 본인이 알기로 이미 퍼져 있는 애매한 몇 가지 소문들로 인해 올곧은 사람들과 선의를 지닌 그리스도교 신자들을 매우 혼란스럽게 하고 있다고 들었습니다. 이에 본인은 그 질문들에 따라 허용되는 것들을 항목별로 제시하고자 합니다. 그러므로 여러분은 이민족들의 예식이 철저히 뿌리 뽑히고, 가톨릭교회가 거룩하게 규정한 의례들이 점차적으로 그리스도교 신자들에 의해서 그리고 그리스도교 신자들을 위해서 사용될 수 있도록 하기 위해 최대한 성실하게 노력해야 할 것입니다.

첫째, 중국의 그리스도교 신자들에게는 그들의 사가(私家)에서 단순히 망자의 이름만 새겨진 장례용 신주를 사용하는 것이 허용된다. 단 신주들 옆에 마땅한 설명이 붙여지고, 신주들은 우상숭배의 기미가 없도록 꾸며지고, 어떤 추문도 배제되어야 한다.

둘째, 망자에 관한 중국인의 예식들이 우상 숭배적이지 않고, 또 우상 숭배로 의심되지 않고, 사회적인 것이라면 허용된다.

셋째, 공자에 대한 국민적이고 사회적인 예절은 허용되며, 그의 신주도 우상숭배적인 명각(銘刻)이 없고, 마땅한 설명이 곁들여진다면 사용이 허용된다. 마찬가지로 정정(正定)된 신주 앞에서 촛불을 켜고 향을 피우고 음식을 진설하는 것도 허용된다.

넷째, 서면으로 마땅한 설명을 덧붙인다면, 장례식에서 사용될 수 있도록 하거나 그 경비 분담을 위해 초와 향을 제공하는 것은 허용된다.

다섯째, 정정된 신주 앞에서, 관이나 망자 앞에서 공경의 표현으로 무릎을 꿇는 것과 엎드려 절하는 것은 허용된다.

여섯째, 망자에 대한 존경과 사랑 때문에, 관 주변이나 그 앞에 과자 · 과일 · 고기와 관습적인 음식들이 놓인 상을 차리고, 마땅한 설명을 곁들여 어떠한 우상숭배적인 기미도 배제한 정정된 신주를 두는 것은 허용된다.

일곱째, 신년과 그 해의 다른 시기에, 정정된 신주 앞에서, 고두(叩頭)라고 불리는 공경의 표현을 하는 것은 허용된다.

여덟째, 정정된 신주들 앞에서 초를 켜고 마땅한 주의를 기울이며 향을 피우는 것은 허용된다. 이것은 음식이 차려지는 무덤 앞에서도 마찬가지인데, 앞서 언급한 것처럼 주의를 기울여야 한다.

그러므로 사도직을 수행하는 이들은 교회가 어떤 흠도 구김살도 갖지 않는다는 것을 드러내고 쟁기를 잡고 뒤를 돌아보지 말아야 합니다. 형제들이여, 여러분의 소명을 깨달으십시오. 실제로 정의로운 법은 듣기만 하는 것이 아니라 법을 실천하는 사람이 하느님 앞에서 의롭게 됩니다. 여러분이 부르심을 받은 소명에 합당하게 응하며, 평화의 유대 안에서 영의 일치를 보존하려고 애쓰시기를 바랍니다. 본인은 세속적인 권력에 따라 처신하지 않고, 아버지다운 사랑으로 여러분에게 서한을 통해 권고합니다. 자신의 포도밭으로 일꾼들을 데려가기 위해 아침 일찍 (집을) 나섰던 자애로운 가장의 말에 귀를 기울이십시오. "왜 당신들은 온종일 한가하게 여기에 있습니까? 여러분도 내 포도밭으로 가시오!" 여러분은 가장의 이 말을 심사숙고하고, 심판관이 할 말을 두려워하십시오. 여러분이 누구인지를 입증하십시오. 하느님이 당신의 능력으로 도움을 주시고 여러분과 함께 있을 것이며, 여러분은 하느님 말씀의 봉사직을 온전히 수행하고, 목자들의 으뜸이신 분으로부터 시들지 않는 영광의 화관을 상급으로 받을 것입니다.

다른 이의 헛된 말에 유혹되어 여러분이 진리에 순종하지 않아서는 안 됩니다. 다른 이들 때문에 하느님께서는 여러분과 셈을 하지 않거나, 당신의 말씀에 순종하였는지를 보는 것이 아니라 여러분은 각자 직접 하느님과 셈을 할 것임을 명심하십시오. 누구든지 여러 가지 핑계로 선교사의 직무를 중단하고자 한다면 이는 자신의 영혼을 해치는 것이며 다른 이들을 두고도 심판관과 셈을 하게 될 것입니다. 사람이 자신과 다른 사람의 영혼을 위해 무슨 변화를 일으킬 수 있겠습니까? 하느님은 참된 포도나무이며 여러분은 가지들입니다. 그 안에서 열매를 맺지 못하는 가지들은 시들어버리고, 잘라 단으로 엮어져 꺼지지 않는 불속에 던져질 것입니다. 길을 가고 계시는 주님이신 예수 그리스도를 생각해보십시오. 그분은 무화과나무가 아무런 열매도 맺지 않고 잎만 무성하자, '너에게서는 어떤 열매도 나오지 않을 것이다' 하고 말씀하셨습니다. 마침내 풍성한 열매를 맺겠거니 하고 기대했던 가지들이 긴 고난 속에서 가시만 무성하게 쏟아낸다면 주님께서 진노하시는 날, 격정의 날, 분노의 그날에 얼마나 불행하겠습니까. 언제나 자비로우신 주님께서 당신 종을 통해 여러분에게 말씀하시는 것을 새겨들으십시오. 여러분 안에 머무르시며 여러분을 정화하실 주님께로 돌아와 그분 안에 머무십시오. 그러면 여러분은 민족들에게 바라던 많은 열매를 맺을 수 있을 것입니다. 본인은 사도적인 책임을 다했다고 생각합니다. 여러분의 죄에 대해 어떤 핑계도 대지 않도록 하기 위하여 저는 주저하지 않고 하느님의 뜻을 전했습니다. 형제들이여, 다른 모든 일에 있어서도 순종하며, 기뻐하십시오. 그리고 완전하게 되십시오. 서로 위로하고, 깨어 있고, 평화를 이루십시오. 그러면 평화와 사랑의 하느님께서 여러분과 함께하실 것입니다.

이제 막 세례를 받은 이들에게 교령에 순명하도록 하기 위해 본인의 이 서한을 굳이 알릴 필요는 없습니다. 교황령에 제시된 규정에 따라 그들을 구원의 길로 인도하는 것으로 충분합니다. 따라서 이 서한을 받는 이들은, 그가 어느 수도회 · 단체 · 기관, 혹은 예수회에 속하든 속하지 않든, 이 서한과 그 안에 담긴 내용을 (8개조 허용안의 경우에는 예외이지만, 그 역시 신중하게, 그리고 절실히 필요한 경우나 유익한 경우에만 알려져야 합니다) 직접적이든 간접적이든, 자신을 통해서든 타인을 통해서든, 만주어나 만주문자를 통해서든 중국어나 한문을 통해서든 옮기지 말아야 하며, 어떤 식으로든 선교사가 아닌 이에게 알리는 경우에는, 달리 선언하지 않더라도 그 자체로 자동 파문 처벌의 제재를 받게 되며(죽을 위험에 처한 경우를 제외한다면), 본인이나 교황만이 그것을 풀어줄 수 있습니다. 수도자들 역시 이를 거스를 경우 선거권과 피선거권의 박탈 제재를 받게 될 것입니다. 본인은 거룩한 순명의 덕 안에서 이 서한을 통해 그것을 반대하고 금지합니다.

1721년 11월 4일 마카오의 본인 관저에서.

16. 알렉산드리아의 총대주교는 앞서 제출한 서한에서 자신의 생각, 즉 갓 세례를 받은 이들에게 교령에 순명하도록 하기 위해 자신의 사목서한에 관한 소식을 알릴 필요는 없으며, 1715년의 교황령에서 제시한 규정에 따라 그들이 구원의 길로 인도된다면 그것으로 충분하다는 생각을 매우 신중하게 밝혔다. 나아가 누구든지 자신의 사목서한을 중국어나 타타르어로 옮기거나 선교사가 아닌 사람에게 알려지지 않기를 바라며 자동

파문 처벌의 제재 아래에서 이 모든 것을 금지하였다. 그리고 8개조 허용안에 관해서는, 매우 유익하고 필요하다고 여겨지는 경우에 한해, 신중을 기하여 대중에게 알릴 수 있다고 결정하였다. 그렇게 함으로써 그는 어떤 모호함도 주지 말아야 했다. 그러나 그의 사목서한을 받은 모든 이들에게서 분명히 드러난 것은, 이런 종류의 허용안을 제시함에 있어서, 그가 얼마나 심적으로 고민했는가 하는 것과 그가 얼마나 확신을 가지지 못하고 있었는가 하는 것이었다. 실제로 그가 허용안을 제시한 것은 그것이 당시 그곳 상황에 매우 필요하다고 판단했기 때문이다. 그러나 만약 그에게 그리스도교 예식의 순수함과 교황령의 준수를 다른 무엇보다도 중시하는 주교들과 다른 전문가들과 함께 사안에 대해 토론할 기회가 주어졌다면, 그는 허용안을 철회했을 것이다.

17. 그러나 허용안은 총대주교 자신의 명백한 의지를 거슬러 세상에 퍼져나갔다. 놀랍게도 베이징 주교는 자신의 두 사목서한을 통해, 자동 직무 정지의 제재 조치를 제시하며, 자신의 교구에 있는 모든 선교사들에게, 교황령 『그날들』(*Ex illa die*)에서 정식으로 금지된 것들에 대해 특별히 언급하고 있는 8개조 허용안에 따라, 교황령을 준수하고 또 다른 이들도 준수하도록 하라고 명령하였다. 나아가 그는 그리스도교 신자들에게 매년 네 차례, 특별 축일에, 교황령에서 금지한 것과 알렉산드리아 총대주교의 사목서한에서 허용한 것을 분명히 가르치도록 지시하였다.

18. 본인의 선임자 클레멘스 12세 교황은 1735년의 교서를 통해 베이징 주교의 그런 무모한 결정은 어떤 효력도 없고, 자신은 주어진 책무에 따라 두 사목서한을 단죄하며 배척한다고 선포하였다. 그리고 그 교서를 통해 해당 사안과 그와 유사한 다른 사안들에 대해 자신의 뜻과 성좌의

판단을 그리스도교 신자들에게 전하고자 하였다. 교서의 내용은 다음과 같다.

19. 최근에 망자가 된 베이징 주교 프란치스코가 중국 의례와 관련하여 내놓은 1733년 7월 6일과 12월 23일자 두 사목서한에 대한 교황 클레멘스 12세의 철회, 무효 및 중지.

교황 클레멘스 12세

사안에 대한 항구한 기억을 위하여.

본인은 하느님께서 맡기신 사도직을 잘 수행하고자 고민하며, 그리스도교와 가톨릭 신앙의 전파와 증진에 걸림돌이 될 수 있다고 판단되는 모든 것들을 하느님께서 허락하시는 만큼 근절하고자 노력하고 있다. 그런데 본인에게 보고된 포교 사업에 관한 소식과 함께 지금은 고인이 된 베이징 주교 프란치스코의 두 통의 편지, 즉 중국 의례와 관련하여 제시된 1733년 7월 6일과 12월 23일자 두 사목서한으로 인하여 중국 지역에 있던 선교사들 사이에서 심각한 논쟁이 일어났다. 논쟁은 거룩한 어머니이신 교회가 그 지역 주님의 밭에 파견된 일꾼들의 노력으로 기대했던 풍성한 성과를 방해하거나 지연하였다. 본인은 선교사들 사이에서 모든 불목이 사라지고, 예전의 평화와 의견의 일치가 회복될 수 있도록 적절한 대책이 강구되기를 바라면서, 언급한 서한의 내용을 밝히고 특수하고 개별적인 표현이 필요한 모든 것들에 대해서도 부족함이 없도록 충분히, 정확하게 규명하였다. 본인의 지시에 따라 두 통의 서한을 꼼꼼히 주의 깊게 살펴본 거룩한 로마교회의 일부 추기경들로부터 조언을 듣고, 본인이 직접 사안을 확실히 살피고 숙고한 후, 사도좌의 충만한 권한에 의거하여 앞서 언급한 베이징 주교 프란치스코의 두 사목서한과 교회법적인 제재들과 사목서한에 포함된 다른 모든 것들은 물론, 당시에도 일어났고 이후 일어날지도 모르는 모든 결과들에 대해 전적으로 아무것도 아니고, 무효고, 쓸모없고, 무가치하다는 것을 분명히 밝힌다. 이는 앞으로도 언제나 그러할 것이다. 그럼에도 불구하고 최대한 신중을 기하기 위해, 또 필요하기도 하므로, 본인은 직접 사안을 파악하고 숙고한 다음, 합당한 충만한 권한을 통해 두 사목서한과 그 안에 담긴 모든 내용들과 그로 인해 발생하게 될 모든 결과를 마찬가지 방식으로 취소하고, 파기하며, 무효 처리하고, 폐기한다. 거기에 담긴 모든 권한과 효력을 전적으로 철회하는 것이다. 또한 그것들이 취소되고, 파기되고, 쓸모없이 되고, 아무것도 아닌 것이 되고, 무효한 것이 되고, 폐기되었기 때문에 권한과 효력이 전적으로 철회되었다고 간주하기를 바란다. 그리고 위와 같은 종류의 사안에 대하여 숙고하고 결정한 후 이를 중국에 살고 있는 그리스도교 신자들에게 전하는 것은 전적으로 본인과 사도좌의 직무임을 천명한다.

이 서한은 언제나 유효하고 확고하며 앞으로도 그럴 것이다. 그리고 절대적이고 완전한 효력을 지닌다. 따라서 어떤 식으로든, 이 효력에 관련되거나 또 언제든지 관련될 모든 이들, 특히 현재 중국에 있거나 장차 그곳에 있게 될 대주교와 주교, 교황대리감목과 감목 대리 그리고 사도좌 파견 선교사들은, 그가 재속성직자든 수도회나 단체, 기관 그리고 예수회를 포함한 회에 소속된 수도성직자든 어김없이, 이론의 여지없이 이 서한을 준수해야 한다. 마찬가지로 법원 재판관들과 법적 대리인들, 교황청 소송사건의 예심관들과 거룩한 로마교회의 추기경들, 교황특사와 교황대사, 그리고 권한을 충실히 행사하고 있고 또 장차 행사하게 될 이들은 어떤 식으로든 달리 판단하고 해석할 수 있는 그들의 권한과 권위를 가지고, 앞서 언급한 사안과 관련하여, 다른 판단과 결정을 하지 말아야 한다. 그리고 만약 누군가 자신의 권위로 자의적이든 타의적이든 여기에 대해 달리 언급하고자 한다면, 그것은 무효고 거짓이다. (교서를) 거슬러 행하는 이는 그가 누구든 관계없이 그러하다. 아울러 본인은 이 서한의 사본, 즉 복사본과 인쇄본에 공증관의 자필 서명과 교회 당국자의 날인(捺印)을 기재하여 복사본이나 인쇄본이 제시되더라도 법정에서와 마찬가지로 법정 밖 어느 곳에서도 문서 자체가 지니는 공신력과 똑같은 공신력을 얻도록 한다.

1735년 9월 26일, 교황 재위 제6년, 로마의 성모마리아 대성당에서 교황의 직인을 얻어.

F. 추기경 올리베리

20. 클레멘스 11세 교황께서 자신과 성좌에 유보하신 것은 중국의 그리스도교 신자들에 대한 선언으로서, 그것은 의심할 여지없이 허용안의 내용과 관련된 것이었다. 교황께서는 허용안에 대해, 그리고 허용안으로 인하여 선교사들 사이에서 발생한 의견의 불일치에 대해 잘 알고 계셨다. 사실 어떤 이들은 허용안이 실행에 옮겨진다면, 교황령 『그날들』(*Ex illa die*)은 모든 효력을 상실하게 된다고 여겼다. 또 다른 이들은 허용안을 근거로 자신은 앞서 언급한 교황령을 준수하는 데 매여 있지 않으며, 이는 교황령에서 규정한 것을 따르는 것이라고 공공연하게 주장하였다. 따라서 선임 교황께서는 그 지역에서 교황령이 철저히 준수되고 보존되어야 한다며 그리스도교의 순수성을 역설하시고, 이와 같은 형태의 논쟁을 종결시키고자 하셨다. 그래서 선임 교황께서는 신학자들과 거룩한 로마교회의 검사성 추기경들이 허용안의 모든 내용을 신속하고 진지하게 논의

할 수 있도록 하기 위해 매우 심도 있는 조사를 지시하셨다. 그리고 그에 대한 최종 판결을 선언하시기 전에 선임 교황께서는, 사안에 대한 더 많은 정보를 위해 로마에 체류하고 있던 모든 중국 선교사들과 교육을 위해, 혹은 그리스도교를 배우기 위해 중국에서 유럽으로 건너온 다수의 젊은이들까지 소집을 명령하셨다.

21. 선임 교황의 발자취를 따라 그분이 지니셨던 종교적인 열정으로, 그분의 죽음으로 인해 마무리하지 못했던 중요한 사안을 본인이 하느님의 도우심에 힘입어 완전히 종결하고자 허용안 자체의 모든 사항에 대해 전적으로 심도 있는 연구가 이루어지도록 하였다. 이런 노력의 일환으로 본인은 검사성의 추기경들과 자문위원들의 견해와 조언도 열심히 구하였다. 그런데 본인이 확실히 아는 바에 따르면, 허용안은 성좌의 승인을 받지 못했고, 뿐만 아니라 교황 클레멘스 11세의 교황령과 양립할 수 없으며, 오히려 상치된다. 왜냐하면 허용안은 클레멘스 11세의 교황령에 의해 금지된 일부 중국 예식 및 의례를 마치 승인된 것처럼 받아들이고 그 사용을 허락하고 있기 때문이며, 우상숭배의 위험을 피하기 위해 교황령에서 제시한 규정들과도 반대되기 때문이다.

22. 따라서 본인은 8개조 허용안이 어떤 식으로든 활용되어 교황령 자체는 물론 그리스도교에 심각한 폐해를 주는 일이 없기를 바란다. 그래서 앞서 언급한 허용안을 마치 존재하지 않았던 것처럼 여겨야 한다고 선언하며, 허용안의 실천을 전적인 우상숭배로 단죄하고 저주하는 것이다. 영원히 효력을 발휘하게 될 본인의 이 교황령에 의거하여, 허용안에 담긴 모든 것을 취소하고, 무효 처리하고, 파기하며, 또한 허용안이 지닌 모든 법적인 권한과 효력을 압수한다. 그러므로 본인은 허용안이 파기되고, 폐

지되며, 무효 처리되었기에 법적인 권한과 효력이 완전히 상실하였음을 선언한다.

23. 클레멘스 11세 교황께서는 교황령 『그날들』(*Ex illa die*)에서 다음과 같은 말씀을 하셨다. "그럼에도 불구하고, 죽은 이들에 대해 거행되는 다른 예절들 중에 만약 진정으로 우상숭배적이지 않는 것들이 있다면 어떤 것도 금지하지 않는다." 그러나 분명히 밝혀두어야 할 것이 있다. "다른 예절들 중에 만약 [……] 있다면"이라고 하는 이 말은 클레멘스 11세 교황께서 교황령을 통해 이미 금지하셨던 예식들과 상관없는 그 밖의 다른 예식들의 사용에 관한 것이며, 마찬가지로 본인이 같은 권위로 지적하고 금지하는 예식들과도 관계가 없는 그런 예식의 사용에 관한 것이라는 사실이다. 본인은 앞서 언급한 8개조 허용안이 철저히 단죄되기를 바라며, 그 중 어떤 것도 장차 이용되기를 바라지 않는다.

24. 그러므로 본인은 대주교나 주교, 교황대리감목이나 교황대사, 혹은 선교사들에 의해 앞서 언급한 8개조 허용안이 공적이든 사적이든, 드러나든 드러나지 않든, 어떤 식으로든 사용되는 것을 엄격히 금지한다. 이것은 그가 재속성직자든 특정 수도회 · 단체 · 기관, 그리고 예수회를 포함한 회(會)의 수도회 소속이든 마찬가지이며, 명시적이고 개별적인 언급을 할 필요가 있는 그 밖의 이들도 마찬가지이다. 누구든 앞서 언급한 교황령의 말 한마디를 선언한 원래 내용과 다르게 설명하거나 해석해서는 안 된다.

25. 본인은 거룩한 로마교회의 추기경들로부터 조언을 듣고, 직접 분명히 사안을 파악하고 충분히 숙고한 다음, 충만한 사도적 권한에 근거하

여, 이 교황령을 선포하는 만큼, 거룩한 순명의 덕 안에서, 여기에 담긴 모든 것들을 정확히, 빠짐없이, 결단코, 확실하게, 어김없이 지킬 것을 엄중히 지시하고 명령한다. 이 명령은 중국과 인접한 다른 국가나 지역에 현재 거주하고 있거나 장차 거주하게 될 모든 대주교들과 주교들에게 해당되며, 이를 어길시 주교 직무의 정지와 교회 출입 금지의 제재가 뒤따른다. 명령은 영적 사안에 있어서 대주교와 주교의 직무를 공적으로 보좌하는 이들과 그를 대리하는 이들, 그리고 해당 지역에 있는 다른 직권자들에게도 해당되며, 주교가 아닌 교황대리들과 그들의 직무 대행인들, 나아가 모든 재속선교사들뿐만 아니라 수도회 · 단체 · 기관, 그리고 예수회를 포함한 수도회 선교사들에게도 해당된다. 명령을 어기는 이는, 그 자체로 달리 선언하지 않더라도, 가지고 있는 모든 권한이 박탈되고, 사목활동이 정지되며, 사제의 경우 직무 정지라는 제재 조치를 받게 된다. 그리고 마침내 자동 파문 처벌되고, 만일 임종의 순간에 있지 않다면, 어느 누구에 의해서도 이 제재로부터 풀려날 수 없다. 본인과 당대의 로마교황만이 이 제재를 풀 수 있다. 그리고 수도자들의 경우, 달리 선언하지 않더라도 위반 그 자체로 선거권과 피선거권이 박탈된다. 앞서 언급한 모든 이들은 그들뿐만 아니라 어떤 식으로든 그들이 보살피는 이들도 똑같이 교황령에 담긴 모든 것들을 준수하도록 최선을 다해야 한다. 그리고 다른 어떤 이유나 근거, 핑계 혹은 구실을 들어 어떤 식으로든 본인의 이 교황령에 감히 맞서거나 저항해서는 안 된다.

26. 본인은 수도회 · 단체 · 기관, 그리고 예수회를 포함한 모든 수도회 선교사들이 이 교황령에서 규정하고 제시한 것들을 정확하고, 완전하게 한 사람도 예외 없이 엄격하게 준수할 것을 명령한다. 만약 완고하게 부정하는 이들이 있다면 (하느님이 이를 막아주시기를!) 본인은 거룩한 순명의

덕 안에서, 분명히 명하는 바, 모든 장상, 즉 관구장들과 총장들은 순명할 줄 모르고 헛된 논쟁만 일삼는 모든 이를 지체 없이 선교지로부터 추방하여 즉각 유럽으로 소환함으로써, 본인이 사안의 심각성을 고려하여 교회법적인 형벌로 처벌할 수 있도록 그들을 본인에게 양도해야 한다. 만약 관구장이나 총장들 중에서 이 명령을 조금이라도 위반하거나 그것을 실천하는 데 지체하는 이들이 있다면, 본인은 그들이 누구든 처벌할 것이며, 자기 소속의 선교사들을 해당 선교지로 파견하는 특권이나 특혜를 모두 박탈할 것이다.

27. 요컨대, 이 교황령이 언제나 완전하고 확실한 효력을 지니게 하기 위해, 본인은 클레멘스 11세 교황께서 교황령 안에 제시한 맹세문에 중요하다고 생각되는 내용을 추가하고자 한다. 따라서 앞서 언급한 교황령을 준수해야 할 의무가 있는 모든 이는 교황령에 담긴 교회법적인 제재 아래 앞으로 사용될 양식에 따라, 맹세문을 제출해야 한다. 그 내용은 다음과 같다.

사도좌에 의해—혹은 사도좌로부터 부여받은 특별 권한에 따라 나의 장상에 의해— 중국에—혹은 (국가명) 국가에, 혹은 (지방 이름) 지방에— 파견된—혹은 파견될— 선교사, 나(이름)는 공경하올 교황 클레멘스 11세께서 중국 예식, 즉 의례 문제에 대하여 공포한 교황령 안에 포함되어 있는 사도적 가르침과 명령에 온전히 충실하게 복종합니다.

나는 맹세문의 양식이 들어 있는 교황령을 모두 읽어보았기에 그 가르침과 명령을 분명히 알고 있습니다. 따라서 그것을 명확히, 결단코, 어김없이 준수할 것이며 어떠한 주저함도 없이 그것을 이행할 것입니다. 또한 나는 나의 영적인 지도에 맡겨진 중국의 그리스도교 신자들도 똑같은 순명의 덕 안에서 그것을 준수하도록 하기 위해 최선을 다할 것입니다. 나아가 중국 예식, 즉 의례 문제에 관하여 1721년 11월 4일에 알렉산드리아의 총대주교가 자신의 서한에서 제시한 그 어떤 것도 그리스도교 신자들 안에서 실천되지 않도록 최선을 다할 것입니다. 그것은 베네딕토 14세 교황 성하께서 단죄하셨기 때문입니다. 만약 어떤 식으로든 (하느님이 이를 막아주시기를!) 위반한다면, 그런 일이 일어날 때마다 이 교황령에서 부과된 제재 조치에 따를 것임을 맹세합니다.

나는 거룩한 복음서에 손을 얹고 이를 약속하고 서약하고 맹세합니다. 부디 하느님과 하느님의 거룩한 말씀은 저를 도와주소서.

나(이름) 자필(自筆)로.

28. 본인은 목자들의 으뜸이신 예수 그리스도께서 지상에서 당신의 사명을 수행하고 이런 중대한 사안을 해결하기 위해 바친 수고에 강복하여, 그 광활한 지역에서 복음의 빛이 밝고 찬란하게 퍼지기를 바란다. 예수 그리스도께서는 당신의 전능하신 손으로 본인에게 지혜를 더해주시어, 그 지역의 목자들이 본인의 목소리를 듣고 따라야 할 의무를 깨닫고 이를 철저히 받아들이도록 해주시기를 바란다. 본인은 하느님의 도우심에 힘입어, 그 지역에서 활동하는 목자들이 교황령을 엄격히 준수함으로써 이교도들의 회개가 지연될 것이라고 생각하는 헛된 우려가 그들의 마음에서 떨쳐버리기를 바란다. 이것은 무엇보다도 하느님의 도우심에 달렸으니, 만약 그 지역의 목자들이 그리스도교의 진리를 명확히 선포하고, 사도좌가 그들에게 전해준 진리의 순수함에 머물며, 거룩한 사도들과 그리스도교 신앙의 빛나는 수호자들의 모범에 따라, 그리스도교 진리의 순수함을 보존하기 위하여 피를 흘릴 각오까지 한다면, 그들의 직무 수행에 하느님의 도우심이 있을 것이다. 그리고 그들의 피는 복음의 여정을 중단

하거나 지체하기는커녕 오히려 주님의 포도밭을 더욱 풍성하게 하고, 신자들의 영혼을 더 풍요롭게 할 것이다. 본인은 하느님께서 그들에게 불굴의 정신력과 굳센 사도적 열정을 베풀어주시기를 진심으로 간구한다. 하지만 그들에게 분명히 밝혀두는바, 그들이 거룩한 선교지로 임명을 받게 될 경우, 그들 역시 예수 그리스도의 참된 제자들과 마찬가지로 세속적인 기쁨이 아니라 위대한 전투를 위해서, 존경이 아니라 경멸을 받기 위해서, 여가가 아니라 일을 하기 위해서, 휴식이 아니라 인내 속에서 많은 열매를 맺기 위해서, 예수 그리스도로부터 파견되었다는 사실이다.

29. 또한 본인은 이 문서의 사본과 인쇄본에 공증관의 자필 서명과 교회 당국자의 날인을 기재하여, 만약 그것이 제시되거나 제출되더라도 원본 서한에 주어진 것과 똑같은 공신력이 주어지기를 바란다.

30. 그 누구도 본인이 확증하고, 갱신하고, 취소하고, 무효화하고, 파기하고, 폐지하고, 해소하고, 단죄하고, 명령하는 이 내용을 위반하거나 무모하게 맞서서는 안 된다. 누구든지 이를 시도하는 이가 있다면, 그는 전능하신 하느님과 복되신 베드로와 바오로 사도의 진노를 피할 수 없을 것이다.

로마의 성모 마리아 대성전에서,

교황 재위 2년, 예수 강생 1742년 6월 5일

I. 기초 자료

1. 교황청 자료

Acta Aspotolicae Sedis, vol. 28(1936).

Archivum Romanum Societatis Iesu, serie vols, Roma: Institutum Historicum S. I., 2009.

Atti del Convegno Internazionale di Studi Ricciani, Macerata: Centro Studi Ricciani, 1984.

Costituzioni della Compagnia di Gesù, Roma: ADP, 1997.

Documenti Concistoro tenuti da Papa Pio IV(1560~1565).

Enchiridion della chiesa missionaria, serie vols.

Enchiridion Vaticanum, serie vols.

Enchiridion delle Encicliche: Paolo IV~Clemente X(1555~1676)

Exposcit debitum, 21. 07. 1550.

Benedicutus XIV, "Ex quo singulari" in Bullarium Tomus, primus, Venetia, 1777.

Bref de N. S. P. le Pape Clément XIV en date du XXI juillet 1773 portant suppression de l'Ordre régulier dit Société de Jésus, sans date.

Bullarium Sacrae Congregationis de Propaganda Fide, Tomus I(Roma: Typis Collegii Urbanii, 1859).

Bullarum Diplomatun et Privi Legiorum Sanctrorum Romanorum Pontificum, Tomus 21(Augustae Taurinorum: A. Vecco et Sociis Editoribus, 1871).

Bulletin de la Société des Missions Etrangeres de Paris, 1958.

Collectanea Constitutionum, Indultorum ac Institutionum Sanctae Sedis(Hong Kong: Typis Societatis Missionum ad Exteros, 1898).

Collectanea S. Congregationis de Propaganda Fide seu Decreta Intructiones Rescripta Pro Apostolicis Missionibus, Vol. 1.

Collectanea S. Congregationis de Propaganda Fide, Romae 1907, I.

Commemtarii de Instituto Societatis Jesu, Romae 1962.

Concilio Ecumenico Vaticano II(『제2차 바티칸공의회 문헌』), 한국천주교중앙협의회(1969/2011).

Cum inter cunctas, in Institutum Socistatis Jesu, 2 voll., Typis Universitatis Carolo-Ferdinandeae, Pragae 1757.

L'Istruzione di Propaganda Fide ai Vicari Apostolici dell'Asia Orientale(1659)

Metzler, Sacrae Congregationis de Propaganda Fide memoria rerum III/2.

Monita ad Missionarios S. Congregationis de Propagande Fide, Roma, Typis S: congr. de Prop. Fide, 1874.

Pius XII, Lettera Enciclica Evangeli praecones, 1951.

S. Congregatio de Propaganda Fide, "Pluries instanterque", in: *AAS* 28(1936), pp. 406~409; "Plane compertum est", in: *AAS* 32(1940) pp. 24~26.

Sacra Congregatio De Propaganda Fide, *Acta Apostolicae Sedis* 28, no. 12(15 October 1936); *AAS* 32(1940).

Sanctissimi Domini Nostri Benedicti Papae XIV *Bullarium*, Tomus 1.

2. 예수회 자료

「교황 바오로 3세가 승인한 기본법」(Formula Instituti)

『예수회 회헌과 부충규범: 예수회 한국진출 50주년 기념판』, 서울: 예수회 한국관구, 2008.

ARSI, *Jap.-Sin.*, 2, f. 65^v.

Epistolae S. Francisci Xaverii, Monumenta Historica Societatis Iesu, vol. 67.

Epistolae S. Francisci Xaverii:1535/1552(Lettere ed altri scritti di S. Francesco Saverio) aliaque eius script, ediderunt pp. G. Schurhammer e I. Wicki, vol. II., Roma(MHSI) 1945.

Gesuiti: annuario della Compagnia di Gesu, Roma, 1960.

Gesuiti–Ratio atque institutio studiorum Societatis Iesu/ introduzione e traduzione di Angelo Bianchi, Milano, 2002.

Alexandro Valignano, *Il Cerimoniale per i missionari del Giappone*, Edizione critica di Giuseppe Schütte S. J., Roma, 1946, Edizioni di ≪Storia e Letteratura≫.

Le *Costituzioni* della Compagnia di Gesú; edizione critica in MI Const.

Lettere edificanti e curiose di missionari gesuiti dalla Cina: 1702~1776, a cura di Isabelle e Jean–Louis Vissie, Milano, 1987(Parma, 1993).

Liam Matthew Brockey, *Journey to the East: the Jesuit mission to China 1579~1724*, Massachusetts, Havard University Press, 2007.

M. Nadal, *Epistolae P. Hieronymi Nadal Societatis Jesu ab anno 1546 ad 1577*, 4 voll., Madrid 1898~1905.

Michele Ruggieri, *l'Atlante della Cina(1606)*, a cura di Eugenio Lo Sardo, Istituto Poligrafico e Zecca dello Stato, Roma 1993.

Michele Ruggieri, *Lettera indirizzata al Padre Generale E. Mercuriano* a Roma, nel 12 novembre 1581 da Macao.

Monumenta Historica Societatis Iesu, Roma, Borgo S. Spirito 1934–8.

Nouvelles lettras édifiantes, Paris, 1818.

Strategie politiche e religiose nel mondo moderno: la Compagnia di Gesu ai tempi di Claudio Acquaviva, 1581~1615, Roma, 2004.

3. 마태오 리치 관련 자료

Tacchi Venturi(리치 서거 300주년 기념에 즈음하여 처음으로 집대성한 리치 원전)
Opere storiche del P. Matteo Ricci S. I., edite a cura del Comitato per le onoranze nazionali con prolegomeni note e tavole di P. Pietro Tacchi Venturi S. I., 2 voll., Macerata, stab. tip. F. Giorgetti, 1911~1913. 1 vol.: *I Commentarj della Cina*, dall'autografo di Matteo Ricci, 2 vol.: *Le Lettere dalla Cina, 1580~1610*, con appendice di documenti inediti,
Fonti Ricciane(리치 원전)
Fonti Ricciane: documenti originali concernenti Matteo Ricci e la storia delle prime relazioni

tra l'Europa e la Cina(1579~1615), edite e commentate da Pasquale M. D'Elia, sotto il patrocinio della Reale Accademia d'Italia (Edizione nazionale delle opere edite e inedite di Matteo Ricci) 3 voll., Roma, La libreria dello Stato, 1942~1949.

1 vol.: *Storia dell'introduzione del Cristianesimo in Cina: da Macao a Nanciam(1582~1597)*, libri 1~3;

2 vol.: *Storia dell'introduzione del Cristianesimo in Cina: da Nanciam a Pechino(1597~1611)*, libri 4~5;

3 vol.: *Appendici e indici*.

Della entrata... (리치 원전의 I~II 권에 대한 새로운 버전)

Opere Storiche del P. Matteo Ricci S. I., Edite a cura dal P. Pietro Tacchi Venturi S. I., Volume Secondo *Le Lette dalla Cina*, Macerata 1913.

Ricci Matteo, *Della Entrata della Compagnia di Giesù e Christianità nella Cina*,

edizione realizzata sotto la direzione di P. Corradini, a cura di M. Del Gatto, prefazione di F. Mignini, Macerata, Quodibet, 2000.

Lettere (리치의 서간집)

Pietro Tacchi Venturi, *Opere storiche del P. M. Ricci*, vol. II: *Lettere dalla Cina*, Macerata 1913.

Ricci Matteo, *Lettere(1580~1609)*, a cura di Francesco D'Arelli, Quodlibet, Macerata, 2001.

4. 그 밖의 자료

AA. VV., *Conciliorum Oecumenicorum Decreta III*, Istituto per le scienze religiose, Bologna, 1972.

———, 김혜경 역, 『선교학 사전』(*Dizionario di Missiologia*), 성 바오로, 2010.

Directorium Missionis de Seoul, Hong-Kong, 1923.

Directorium Missionum Coreae, Seoul, 1958.

Eugenio Lo Sardo(ed.), *Atlante della Cina di Michele Ruggieri*, S. I. Roma 1993.

I gesuiti e la Ratio studiorum, a cura di Manfred Hinz, Roberto Righi, Danilo Zardin, Roma, 2004.

New Catholic Encyclopedia, Washington D. C.: Catholic University of America, 1967.

Plato, 최명관 역, 『플라톤의 대화』, 종로서적, 1981.

Platon, 최현 역, 『소크라테스의 대화록』, 집문당, 1997.

S. Tommaso d'Aquino, *La Somma contro i Gentili*, Vol 1, ESD, Bologna, 2000.

Sarpi Paolo, *Istoria del Concilio Tridentino*, a cura di C. Vivanti, Torino, Einaudi 1974.

한국예수회, 『이냐시오 로욜라 자서전』, 분도출판사, 1978.

예수회, 『예수회 제32차 총회 문헌』, 한국예수회, 1975.

———, 『예수회 제34차 총회 문헌』, 예수회 한국지구, 도서출판 빅벨, 1997.

예수회 교육사도직 국제위원회, 박홍 역, 『예수회 교육의 특성과 이냐시오 교육의 실천 방안』, 서강대학교 출판부, 1991(1994).

II. 단행본

AA. VV., *Alessandro Valignano S. I. uomo del Rinascimento. Ponte tra Oriente e Occidente*, Institutum Historicum S. I., Roma: 2008.

———, *L'architettura della Compagnia di Gesù in Italia(XVI~XVIII secolo)*, Brescia: Ed. Grafo, 1990.

Actas del I Symposium Internacional: Estado y Fiscalidad en el Antiguo Régimen, Murcia, junio de 1988.

Alison Simmons, "Jesuit Aristotelian Education: The De anima Commentaries", in *The Jesuits Cultures, Sciences, and the Arts 1540~1773*, University of Toronto Press, 1999.

Andreotti, Giulio, *Un gesuita in Cina. 1552~1610: Matteo Ricci dall'Italia a Pechino*, Milano: Rizzoli, 2001.

Arokiasamy Soosai, *Dharma, hindu and christian, according to Roberto de Nobili*, Roma: Pontificia Univ. Gregoriana, 1986.

Artigas, Mariano Melchor Sanchez de Toca, *Galielo e il Vaticano*, Venezia: Marcianum Press, 2009.

Augusto Luca, S. I., *Alessandro Valignano, La missione come dialogo con i popoli e le culture*, EMI Editrice Missionaria Italiana, Bologna, 2005.

B. Spaventa, *La filosofia italiana nella sua relazione con la filosofia europea*, a cura di G. Gentile, Bari, 1908.

———, *Rinascimento, Riforma, Controriforma e altri saggi critici*, Venezia, 1928.

Baichun Zhang and Miao Tian, *Wang Zheng(1571~1644) Distinguished Figures in Mechanism and Machine Science, Their Contributions and Legacies, Part 2*, editor Marco Ceccarelli, *History of Mechanism and Machine Science* Volume 7, ed. Springer, 2010.

Bangert, William V., *Storia della Compagnia di Gesù*, Genova: Marietti, 1990.

Bartoli, Daniello, *Giappone. Istoria della Compagnia di Gesù*, Milano: SPIRALI, 2005.

Bellido Juan F., *Francesco Saverio. Fino agli ultimi confini*, Città Nuova, 1998.

Bernard, Henri, *Matteo Ricci's Scientific Contribution to China*(China Studies), 1973.

Berenson Bernard, *The Italian Painter of the Renaissance*, London: Phaidon Press, 1952, 1953.

Bianchini Paolo, *Morte e Resurrezione Di Un Ordine Religioso: Le Strategie Culturali Ed Educative Della Compagnia Di Gesu Durante La Soppressione, 1759~1814*, Milano: V&P, 2006.

Black Christopher F., *Italian Confraternities in the Sixteenth Century*, Cambridge University Press, Cambridge, 1989.

Botta F., *I Gesuiti e la storia*, Roma, 1984.

Bref de N. S. P. le Pape Clément XIV en date du XXI juillet 1773 portant suppression de l'Ordre régulier dit Société de Jésus, sans date.

Brizzi, Gian Paolo, *La formazione della classe dirigente nel Sei-Settecento*, Bologna: Il Mulino, 1976.

Brockey Liam Matthew, *Journey to the East: the Jesuit mission to China 1579~1724*, Massachusetts, Harvard University Press, 2007.

Burckhardt Jacob, 이기숙 역, *Die Kultur der Renaissance in Italien*(『이탈리아 르네

상스의 문화』), 한길사, 2003.

Cantimori D., *Leopold von Ranke*, in ID., *Storici e storia*, Einaudi, Torino, 1971.

Cantor Norman F. & Berner Samuel, 진원숙 역, *Early Modern Eurpe, 1500~1815*(『서양 근대사 1500~1815』), 혜안, 2000.

Capra Carlo, *Età moderna*, Le Monnier, Firenze 1996.

Castiglioni Arturo, *A History of Medicine*, New York, 1947.

Cherniss H., *Aristotle's Criticism of Presocratic Philosophy*, New York, 1976.

Clarke J. J., 장세룡 역, Oriental Enlightenment(『동양은 어떻게 서양을 계몽했는가』), 우물이 있는 집, 2004.

Clavius Christoph, *Corrispondenza*. Edizione critica a cura di Ugo Baldini e Pier Daniele Napolitani, 7 voll., Pisa: Edizioni del Dipartimento di Matematica dell'Università di Pisa, 1992.

Cohen Paul A., *China and Christianity: The Missionary Movement and the Growth of Chinese Antiforeignism 1860~1870*, Cambridge, Messachusetts: Harvard University Press, 1963.

Cohen Paul A., 이남희 역, *Discovering History in China*(『학문의 제국주의: 오리엔탈리즘과 중국사』), 산해, 2003.

Colón Cristóbal, 박광순 역, *Libro de la primera navigación*(라스카사스의 『콜럼버스 항해록』), 범우사, 2000.

Correia-Alfonso, John, *The Jesuits in India, 1542~1773*, Gujarat: Gujarat Sahitya Prakash, 1997.

Criveller Gianni, *Preaching Christ in Late Ming China, The Jesuits' presentation of Christ from Matteo Ricci to Giulio Aleni*, Ricci Institute Varietes Sinologiques-New Series 86(Taipei Ricci Institute), Fondazione Civilta Bresciana-Annali 10(Italy), 1997.

———, *The Parable of Inculturation of the Gospel in China: A Catholic Viewpoint*, Hong Kong: Chinese University Press, 2003.

Cronin Vincent, 이기반 역, *The Wise Man from the West*(『서방에서 온 현자』), 왜관: 분도출판사, 1989.

———, *A Pearl to India: The Life of Roberto de Nobili*, New York: E. P. Dutton & Company, Inc., 1959.

de Polanco Juan Alfonso, *Vita Ignatii Loiolae et rerum Societatis Jesu historica(Chronicon)*, Madrid 1894~1898.

De Sanctis F., *Storia della letteratura italiana*, Einaudi, Torino, 1958.

de Santa Maria Carmelo Saenz, *Historia de la educación jesuitica en Guatemala*, Madrid: Instituto Gonzalo Fernández de Oviedo, 1978.

Dehergne Joseph S. J., *Repertoire des Jesuites de Chine de 1552 a 1800*, Roma, 1973.

Dellet, Charles, 안응렬 · 최석우 역주, *Histoire de l'Eglise ds Corée*, Paris(1874: 『한국 천주교회사』[上 · 中 · 下]), 왜관: 분도출판사, 1979~1980.

Di Fiore Giacomo, *Chiesa cattolica e Impero cinese tra Sei e Settecento*, Napoli, 2003.

Duviols Jean-Paul, "Les jésuites et les indiens du Paraguay "le joug suave de l'évangile"" in Annie Molinié, Alexandra Merle et Araceli Guillaume-Alonso(dir.), *Les jésuites en Espagne et en Amérique, jeux et enjeux du pouvoir*(XVI° ~XVIII° siècles), Préface de Jean Lacouture, postface de Dominique Bertrand, S. J., Paris: PUPS, 2007.

E. Iserloh-J. Glazik-H. Jedin, *Riforma e Controriforma*, vol. VI della "Storia della Chiesa", Jaca Book, 1975.

El texto del decreto se puede leer en S. J. Pablo Hernandez, *El extrañamiento de los jesuitas en el Río de la Plata y de las Misiones del paraguay*, Madrid, 1908.

Elison George, *Deus Destroyed: The Image of Christianity in Early Modern Japan*, Cambridge: Harvard University Press, 1973.

Franzen August, 최석우 역, *Kleine Kirchengeshichte*(『세계 교회사』), 왜관: 분도출판사, 2001, 2010.

Fubini Riccardo, *L'Umanesimo italiano e i suoi storici, Origini rinascimento-critica moderna*, Milano, FrancoAngeli Storia, 2001.

Fumagalli, Pier Francesco, *Matteo Ricci e il confronto interreligioso*, Borromeo(Mi):

Peschiera, 2002.

García Villoslada, Ricardo, *Storia del Collegio Romano dal suo inizio(1551) alla soppressione della Compagnia di Gesù*(1773), Roma: Pontificia Univ. Gregoriana, 1954.

Garin Eugenio, *L'umanesimo italiano. Filosofia e vita civile nel Rinascimento*, Bari: Editori Laterza, 1994.

Gernet Jacques, *China and the Christian Impact: A Conflict of Culture*, Trans. by Janet Lloyd, Cambridge: Cambridge University Press, 1985.

Golzio Vincenzo, *Seicento e Settecento, IV in Storia dell'arte classica e italiana*, ed., Torino, UTET, 1950.

Grisondi F. A., *M. Ruggieri, Missionario in Cina e primo sinologo europeo*, Milano, Jaca Book, 1999.

Guennou Jean, *Sacrae Congregationis de Propaganda Fide memoria rerum, vol.* III/2, Roma–Freiburg–Wien, Herder 1976.

H. Bernard–Maître, "Le passage de Guillaume Postel chez les premiers jésuites de Rome", in *Mélanges d'histoire littéraire et de littérature*, Paris, 1951.

———, *Mélanges d'histoire littéraire et de littérature*, Paris, 1951.

Holz H. H., *Leibniz*, Stuttgart, Kohlhammer, 1958.

Huizinga Johan, *Men and Ideas: The Middle Ages, The Renaissance*, London, Edward Arnold, 1960.

Inglot, M., *La Compagnia di Gesù nel Impero Russo(1772~1820)*, Rome, 1997.

International Symposium on Martino Martini and Cultural Exchanges Between China and the West 〈1994; Pechino〉–*Martino Martini: A Humanist and Scientist in Seventeenth Century China: Proceedings of the International Sympos*–(Trento, 1996).

Isoldi Angela Maria Jacobelli, *Tommaso Campanella: "il diverso filosofar mio"* Laterza, 1995.

Jedin Hubert, 최석우 역, *Kleine Konziliengeschichte*(『세계공의회사』), 분도출판사, 2005.

———, *Reformation, Katholische Reform und Gegenreformation*, London, 1980.

Krey August Charles, *A City That Art Buil*, Minneapolis: University of Minnesota Press, 1936.

Lattis James M., *Between Copernicus and Galileo: Christoph Clavius and the collapse of Ptolemaic Cosmology*, University of Chicago Press, 1994.

Laven Mary, *Mission to China, Matteo Ricci and the Jesuit Encounter with East*, Faber and faber, 2011.

Leslie White, *The Evolution of Culture*, McGraw-Hill Book Company, 1959.

Liam Matthew Brockey, *Journey to the East: the Jesuit mission to China 1579~1724*, Massachusetts, Havard University Press, 2007.

Lloyd G. E. R., 이광래 역, *Early Greek Science*(『그리스 과학사상사』), 지성의 샘, 1996.

Loria G., *Storia delle matematiche*, Milano 1950.

Lorts Joseph, *The Riformation: A Problem for Today* (trans. S. J. Dwyer), Westermonster, Md.: Newman Press, 1964.

Lortz Joseph, *Geschichte der Kirche* I~II, Münster, 1964.

Luis Fróis, 정성화 · 양윤선 역, *Historia de Japan*(『임진난의 기록, 루이스 프로이스가 본 임진왜란』), 살림, 2008.

Mackerras C., *Western Image of China*, Hong Kong, Oxford University press, 1989.

Mangado Alonso, *Manuale di un missionario. Pensieri e riflessioni di san Francesco Saverio*, Grafite, 1999.

Maraini Fosco, *L'Asia de Marco Polo*, L. Olschki, 1957

———, *Marco Polo's Adventures in China*, Milton Rugoff, 1964.

Marrone Caterina, *I geroglifici fantastici di Athanasius Kircher*, Viterbo, Nuovi Equilibri, 2002.

Martina Giacomo, S. J., *Storia della Chiesa. Da Lutero ai nostri giorni*, Brescia, Morcelliana, 1974.

Miles Wortman, *Government and Society in Central America 1680~1840*, New York, Columbia University Press, 1982.

Minamiki George, S. J., *The Chinese Rites Controversy from Its Beginning to Modern Times*, Chicago: Loyola University Press, 1985.

Moran JF., *The Japanese and the Jesuits: Alessandro Valignano in Sixteenth-Century Japan*, Routledge, London, 1993.

Mungello Daved E., 이향만 외 역, *Curious Land: Jesuit Accomodation and the Origins of Sinology*(『진기한 나라, 중국』), 나남출판사, 2009.

Nadal Jerónimo, "De Studiis Societatis", in *Monumenta Historica Societatis Iesu, Monumenta Pedagogia Societatis Iesu, Quae Primam Rationem Studiorum*, 1901.

———, *Pláticas espirituales del P. Jerónimo Nadal, S. I.*, en Coimbra(1561), Miguel Nicolau(ed.), Facoltad Teologica de la Compania de Jesus, Granada 1945.

Nadal M., *Commemtarii de Instituto Societatis Jesu*, Romae 1962.

———, *Epistolae P. Hieronymi Nadal Societatis Jesu ab anno 1546 ad 1577*, 4 voll., Madrid 1898~1905.

Nauert Charles G., Jr., 진원숙 역, *Humanism and the Culture of Renaissance Europe*(『휴머니즘과 르네상스 유럽문화』), 혜안, 2003.

Needham Joseph, *Science and Civilization in China*, vol. 1~3, Cambridge: Cambridge University press, 1954, 1956, 1959.

Neill Stephen, *A History of Christian Missions*, New York: Penguin Books, 1980.

Noriega Sergio Ortega, *Sinaloa, Historia breve*, Editorial Fondo de cultura e economica(FCE), 1999.

Occhetta, Francesco, *Francesco Saverio. Il gesuita patrono delle missioni*, Milano: Elledici, 2009.

O'Mally John et al eds., *The Jesuits: Culture, Sciences and the Arts*, University of Toronto Press, Toronto, 1999.

O'Mally John, *Religious Culture in the Sixteenth Century*, Hampshire: Variorum, 1993.

———, *The First Jesuit*(Harvard College, 1993), (trad. Ital.) *I Primi Gesuiti*, Vita e Pensiero, 1999.

Ortiz Antonio Domínguez, *Carlos III y la España de la Ilustración*, Madrid: Alianza Editorial, 2005.

Pallu François, Pierre Lambert de la Motte, *Monita ad Missionarios en 1665*, Paris, rédités par les Archives des Missions Etrangères de Paris, 2000.

Panikkar R., *The intereligious dialogue*, Paulist Press, New York, 1978.

Pardo José Joaquín, Pedro Zamora Castellanos, Luis Luján Muñoz, *Guía de Antigua Guatemala*, 3a ed. Guatemala: Editorial "Jose de Pineda Ibarra", 1969.

Pavone Sabina, *I gesuiti dalle origini alla soppressione 1540~1773*, Roma Bari, 2004.

Pfister Louis, *Notices biographiques et bibliographiques sur les jesuites de l'ancienne mission de Chine, 1552~1773*, San Francisco, 1976.

Pierling, P., *G. Gruber et les jésuites réfugiés en Russie*, Meudon, 1999.

Planas Enrique, *Los jesuitas en el Río de la Plata: historia de las misiones en la época colonial*, Colección Antorcha, Atlántida Editor, S. A., 1941.

Polo Marco, 권미영 역, *Il Millione*(『동방견문록』), 일신서적, 1991.

Ratzinger Joseph, 정종휴 역, *The Ratzinger Report*(『그래도 로마가 중요하다』), 바오로딸, 1994.

Rienstra M. Howard, *Jesuit Letters from China 1583~1584*, Minneapolis 1986.

Rivosecchi Valerio, *Esotismo in Roma barocca. Studi sul Padre Kircher*, Roma, Bulzoni, 1982.

Ronan CE. et al eds., *East Meets West the Jesuits in China, 1582~1773*, Loyola University Press, Chicago, 1988.

Rosa Enrico, I gesuiti: dalle origini ai nostri giorni, Roma, 1957.

Ross Andrew C., *A Vision Betrayed: The Jesuits in Japan and China 1542~1742*, Maryknoll, New York: Orbis Books, 1994.

Ross Andrew C., *The Jesuits Cultures, Sciences, and the Arts 1540~1773*, Toronto: University of Toronto Press, 1999.

Rossi, Federico A., *Ignazio e i gesuiti. Vita e opere del fondatore della Compagnia di Gesù*, Milano: NED, 2000.

Said Edward W., 박홍규 역, *Orientalism*(『오리엔탈리즘』), 교보문고, 1978.

———, 김성곤 · 정정호 역, *Culture and Imperialism*(『문화와 제국주의』), 도서출판 창, 1995(2011).

Samorani Tebe, *La Ratio studiorum e la pedagogia dei Gesuiti*, Tebe Samorani, Roma, 1959.

Scholar from the west: Giulio Aleni S. J. (1582~1649) and the dialogue between Christianity and China, edited by Nettetal, 1997.

Schütte Josef Franz, S. J., *Valignano's Mission Principles for Japan(1573~1580)*, vol. I., The Institute of Jesuit Sources, St. Louis, 1980.

———, *Valignano's Mission Principles for Japan(1580~1582)*, Vol. II., The Institute of Jesuit Sources, St. Louis, 1985.

Schwaiger Georg, *La vita religiosa dalle origini ai nostri giorni*, San Paolo, Milano 1997.

Sirignano Fabrizio Manuel, *L'itinerario pedagogico della Ratio studiorum*, Napoli, 2001.

SHIH, Joseph, *Le P. Ruggieri et le problème de l'évangélisation en Chine*, Rome, 1964.

Standaert Nicolas, "Jesuit Corporate Culture as Shaped by the Chinese", *The Jesuits: Culture, Sciences and the Arts, 1540~1773*, Ed. John W. O'Malley et al., Toronto: University of Toronto Press, 1999.

T. Egido, *Historia de la Iglesia en Espania*, Vol. IV., Madrid, 1979.

The Japan Christian quarterly, 38~39권, Christian Literature Society of Japan, Fellowship of Christian Missionaries in Japan, Federation of Christian Missions, Nihon Kirisutokyō Kyōgikai, Christian Literature Society, 1972.

Tomonobu Imamichi(今道友信), 이영미 역, *Dante 'Sinkyoku' Kougi, Kaitei Hukyuban*(『단테 「신곡」 강의』), 안티쿠스, 2008.

Toynbee Arnold, *The World and the West*, New York: Oxford University Press, 1953.

———, 화광신문사 출판국 역, *Choose Life: A Dialogue*(『21세기를 여는 대화』), 화광신

문사, 2008.

Trampus Antonio, *I gesuiti e l'illuminismo: politica e religione in Austria e nell'Europa centrale, 1773~1798*, Firenze, 2000.

Ucerler M. Antoni J., SJ, *Sacred Historiography and its Rhetoric in Sixteenth-Century Japan: An Intertextual Study and Partial Critical Edition of Principio y Progresso de la religion christiana en Japan [···] (1601~1603) by Alessandro Valignano*, vol I, Campion Hall: Michaelmas Term, 1998.

Valignani, D. Ferrante, *Vita del Padre Alessandro Valignani della compagnia di Giesù*, Roma: Stamperia di Gaetano Zenobi, 1698.

"Valignano Alessandro", in *Alessandro Valignano S. I., Uomo del Rinascimento: Ponte tra Oriente e Occidente*, Bibliotheca Instituti Historici S. I., Vol. 65, IHSI, Roma, 2008.

Villari Rosario, *L'uomo barocco*, ed., Roma-Bari, Laterza, 1988.

Vito Fascina, *La Ratio studiorum: attualita della pedagogia ignaziana*, Bari, 2004.

Von Pastor L., *Storia dei Papi dalla fine del Medioevo*, 16 voll(Descléee e C., Roma, 1899~1933)(ristampa, ivi, 1959).

von Ranke Leopold, *Deutsche Geschichte im Zeitalter der Reformation*, 5 voll., *1839~1843*(trad. it) *Storia dei papi*, Sansoni, Firenze, 1959.

Winkler G., *Il Concilio di Trento, in Storia della Chiesa cattolica*, ed. Paoline, 1989.

Zürcher Erik, *Bouddhisme et christianisme. Bouddhisme, christianisme et société chinoise*, Paris, Conférences, essays et leçons du Collège de France, 1990.

——, "Jesuit Accomodation and the Chinese Cultural Imperative", in *The Chinese Rites Controversy: Its History and Meaning*, ed. D. E. Mungello, Nettetal, 1994.

А. Г. Брикнер, *История Екатерины второй*, Москва: Издательство АСТ, 2002.

W. 프랑케, 김원모 역, 『동서문화교류사』, 서울: 단국대학교 출판부, 1978.

강기수, 『교육사상사』, 세종출판사, 1998.

강재언, 『조선의 서학사』, 민음사, 1990.

顧衛民, 『十六世紀 西方傳敎士, 對於中國的兩種不同的傳敎方式』, 上海大學歷史系, 香港

中文大學 崇基學院 崇教與中國社會硏究中心, 中文大學出版社, 2005.
공저, 『한국가톨릭대사전』, 한국교회사연구소, 2005.
국립진주박물관, 오만 · 장원철 역, 『프로이스의 '일본사'를 통해 다시 보는 임진왜란과 도요토미 히데요시』, 부 · 키, 2003.
金東成, 『中國文化史』, 1959.
金玉姬, 『황암 李蘗의 西學思想』, 가톨릭출판사, 1979.
金俊燁, 『中國最近世史』, 1967.
김교빈 · 최종덕 외, 『동양철학산책』, 한국방송통신대학교, 2010.
김상근, 『동서문화의 교류와 예수회 선교역사』, 한들출판사, 2006.
———, 『프란치스코 하비에르, 아시아 선교의 개척자』, 홍성사, 2010.
김상률 외, 『에드워드 사이드 다시 읽기: 오리엔탈리즘을 넘어 화해와 공존으로』, 책세상, 2006.
김승혜, 『논어의 그리스도교적 이해』, 도서출판 영성생활, 2002.
———, 『동아시아 종교 전통과 그리스도교의 만남』, 도서출판 영성생활, 1999.
김용석, 『철학정원』, 한겨레출판사, 2007.
김지하 외, 『동양정신과 이질문화간의 대화』, 명지사, 1984.
라이프니츠, 이동희 편역, 『라이프니츠가 만난 중국』, 이학사, 2003
柳洪烈, 『한국 천주교회사』(上 · 下), 서울: 가톨릭출판사, 1975.
利??, 『中???史』, 台?光?出版社, 1986.
마르코 폴로, 김호동 역주, 『마르코 폴로의 동방견문록』, 사계절, 2000.
마태오 리치, 송영배 외 역, 『천주실의』, 서울대학교 출판부, 1999/2010.
———, 이수웅 역, 『천주실의』, 분도출판사, 1984.
박성순, 『조선유학과 서양과학의 만남』, 고즈윈, 2005.
朴趾源, 『熱河日記』, 鵠汀筆潭序.
方豪, 『中西交通史』 卷五, 臺北: 中華文化事業部, 1973(臺灣: 華?出版有限公司, 1977).
백종현, 『시대와의 대화 칸트와 헤겔의 철학』, 대우학술총서 599, 아카넷, 2010.
샤를르 달레, 『韓國天主敎會史』 上, 安應烈 · 崔奭祐 譯註, 왜관: 분도출판사, 1979(한국교회사연구소, 1996).
서공석 역주 · 해제, 『2세기 무명 교부의 신앙 해설 디오그네투스에게』, 분도출판사,

2010.

서양자, 『16세기 동양선교와 마테오 리치 신부』, 성요셉출판사, 1989.

소현수, 『마테오 리치: 동양과 서양의 정중한 만남』, 서강대학교 출판부, 1996.

송영배, 『동서 철학의 교섭과 동서양 사유 방식의 차이』, 논형, 2004.

신득렬, 『교육사상사』, 학지사, 2000.

아우구스트 프란츤, 최석우 역, 『교회사』, 왜관: 분도출판사, 1982.

안병욱, 『휴머니즘: 그 이해와 역사』, 민중서관, 1974.

앤서니 그래프턴, 서성철 역, 『신대륙과 케케묵은 텍스트들』, 서울: 일빛, 2000.

앨런 블록, 홍동선 역, 『서양의 휴머니즘 전통』, 범양사 출판부, 1989.

오금성 외, 『明末·淸初社會의 照明』, 한울아카데미, 1994.

윤병상, 『종교간의 대화』, 연세대학교 출판부, 1999.

이상인, 『플라톤과 유럽의 전통』, 이제이북스, 2006.

이수웅 역, 『천주실의』, 분도출판사, 1984.

李元淳, 『朝鮮西學史硏究』, 一志社, 1986.

錢穆, 『中國文化史導論』(차주환 옮김, 1959. 『중국문화사 총설』).

정진농, 『오리엔탈리즘의 역사』, 살림, 2003.

정하미, 『일본의 서양문화 수용사』, 살림, 2005.

丁夏祥, 『上宰相書』.

조광, 『조선후기 사회와 천주교』, 영인문화사, 2010.

———, 『한국근현대 천주교사 연구』, 영인문화사, 2010.

주세페 알베리고 외 엮음, 『보편 공의회 문헌집 제3권: 트렌토 공의회 · 제1차 바티칸공의회』, 김영국 외 역, 가톨릭출판사, 2006.

朱謙之, 『中國哲學對歐洲的影響』, 上海: 人民出版社, 1999.

朱在用, 『先儒의 天主思想과 祭祀問題』, 서울: 京鄕雜誌社, 1958.

———, 『韓國 가톨릭史의 擁衛』, 서울: 한국천주교중앙협의회, 1970.

陳少明 · 單世聯 · 張永義, 김영진 역, 『근대 중국사상사 약론: 경학 · 불학 · 서학으로 본 중국인의 사유 실험』(『近代中國思想史略論』), 서울, 그린비, 2008.

陳垣, 『康熙與羅馬使節關係文書, 乾隆英使觀見記』, 臺灣: 學生書局, 1973.

최소자, 『동서문화교류사: 명 · 청시대 서학수용』, 서울: 삼영사, 1987.

平川祐弘, 노영희 역, 『マッテオ リッチ』(『마테오 리치, 동서문명교류의 인문학 서사시』), 동아시아, 2002.

한국기독교 역사학회, 『歷史와 基督教』 第四輯(國家權力과 基督教), 서울: 民衆社, 1982.

赫德?, 『?洲?中?』, 中??局, 1995.

III. 논문

Colin Francesco S. J. e Pastells Pablo S. J., *Labor Evangelica. Ministerios apostolicos de los Obreros de la Cokpania de Jesús, Fundación y Progresos de su provincia en las Islas Filipinas*, nuova edizione(3 voll. Barcellona 1900~1903), vol. II.

Frammelsberger Karin, "Dominus ac Redemptor", Die Aufhebung des Jesuitenordens im 18. Jahrhunder, in *Geist und Leben, Zeitschrift für christliche Spiritualität Begründet als Zeitschrift für Aszese und Mystik*, Echter Würzburg, München, 1990.

Kant Immanuel, *Beantwortung der Frage: Was ist Aufklärung?* In: Werke in sechs Bänden Hrsg. v. Wilhelm Weischedel Darmstadt 1998, Bd. VI. Schriften zur Anthropologie, Politik und Pädagogik, S. 53.

Kowner R., "Skin as a Metaphor: Early European Racial View on Japan, 1548~1853", *Ethnohistory* 51-4(2004), pp. 751~778.

O'Mally John, "Renaissance Humanism and the Religious Culture of the First Jesuit", *Heythrop Journal*, vol 3.

Öktem Filiz, *Libertas in Cicerone* D. T. C. Fakültesi Dergisi, Cilt 33, Say i 1-2, 1990.

Rahner Karl, "Toward a Fundamental Theological Intepretation of Vatican II", *Theological Studies*, 40(1979), pp. 716~728.

Sanderson S. K., *Adaptation, Evolution, and Religion*, Religion 38(2008), pp. 141~156.

Sankt Augustin, "Early Jesuits on Jesus Christ", in Roman Malek(ed.), *The Chinese face of Jesus Christ*, vol. 2(2003) pp. 745~749.

———, "On the birthday of God(twelve poems)", in Roman Malek (ed.), *The Chinese face of Jesus Christ*, vol. 2(2003) pp. 750~751.

Schatz Klaus S. J., *Jesuits and the Propaganda Missionaries: Two Different Ways of Accomodation*, in 『신학과 철학』 제19호(2011년 가을), 서강대학교 신학연구소.

Sciuto Marinella Venera, *La crisi del Papato nella Storia dei Papi di Ludwig von Pastor*, (Università Di Catania Facoltà Di Lettere E Filosofia Dipartimento Di Scienze Umane, Tesi di Dottorato Filosofia E Storia Delle Idee Xxii Ciclo, Triennio Accademico 2006/2007~2008/2009).

———, *La crisi del Papato nella Storia dei Papi di Ludwig von Pastor*, (Università Di Catania Facoltà Di Lettere E Filosofia Dipartimento Di Scienze Umane, Tesi di Dottorato Filosofia E Storia Delle Idee Xxii Ciclo, Triennio Accademico 2006/2007~2008/2009).

T. Egido, "Actitudes regalitas de los obispos de Carlos III", *Actas del I Symposium Internacional: Estado y Fiscalidad en el Antiguo Régimen*, Murcia, junio de 1988, pp. 67~83.

———, "La expulsión de los Jesuitas de España", *Historia de la Iglesia en Espania*, Vol. IV., Madrid, 1979, pp. 745~792.

Ucerler M. Antoni J., SJ, "Alessandro Valignano: Man, Missionary and Writer", *Renaissance Studies*, Vol. 17. Issue 3. September 2003.

Wojda P., *L'Istruzione di Propaganda Fide ai Vicari Apostolici dell'Asia Orientale(1659)*, in Giornata di Studio su "Chiesa ed incontro con le culture: a 350 anni dall'Istruzione di Propaganda Fide", 12 marzo 2009.

葛谷 登, 「奉教士人揚廷筠」, 『一橋硏究』, 95호(1992).

경향잡지, 제34호(1940.2), 49~53쪽, 169~171쪽.

金東燐, 「利馬竇(Matteo Ricci)의 中國宣敎와 補儒論: 天主實義를 中心으로」(1973년 가톨릭대학교 신학부 석사논문).

김기봉, 「독일 역사철학의 오리엔탈리즘: 칸트, 헤르더, 헤겔을 중심으로」, 『담론』 2017(1), 2004, 248~272쪽.
김기협, 「예수회 선교의 적응주의 노선과 중국 · 일본의 서학」, 『역사비평』 25, 1994(여름), 307~320쪽.
김상근, 「서광계의 기독교 신앙과 상제(上帝)에 대한 제한적 이해」, 『한국기독교와 역사』 제21호, 한국기독교역사연구소, 2004, 207~238쪽.
김선희, 「천학의 지평과 지향」, 『시대와 철학』 제20권, 2009, 9~48쪽.
김연수, 「유럽의 오리엔탈리즘에 대한 카프카의 문학적 유희」, 『독일문학』 제107집, 2008, 103~130쪽.
김혜경, 「16~17세기 동아시아 예수회의 선교정책: 적응주의의 배경을 중심으로」, 『신학과 철학』 제17호(2010년 가을), 35~68쪽.
———, 「마태오 리치의 적응주의 선교와 서학서 중심의 문서선교의 상관성에 관한 고찰」, 『선교신학』 제27집, vol. II/2011, 한국선교신학회편, 125~157쪽.
노대환, 「조선 후기의 서학유입과 서기수용론」, 『진단학보』 83호, 진단학회, 1997, 121~154쪽.
박상환, 「라이프니츠와 중국철학」, 『철학논집』 제10집, 서강대학교 철학연구소, 2008, 79~109쪽.
방원일, 「일본과 기독교의 만남의 과정에서 일어났던 타자의 인식: 예수회의 초기 일본 선교를 중심으로」, 『종교학 연구』 27집, 2008, 157~186쪽.
손동훈, 「일제 강점기하의 한국 천주교회와 신사 참배에 관한 고찰」, 『교회사 연구』 제11집, 한국교회사연구소, 1996, 59~107쪽.
송인재, 「근대 중국에서 중학(中學), 서학(西學)의 위상변화와 중체서용: 장즈둥의 『권학편』을 중심으로」, 『개념과 소통』 제6호(2010,12), 103~131쪽.
심백섭, 「알렉산드로 발리냐노와 적응주의 선교 방식」, 『종교와 문화』 10(2004), 233~252쪽.
심종혁, 「초기 예수회의 교육과 마태오 리치의 선교활동」, 『신학과 철학』 제18호(2011년 봄), 77~124쪽
안재원, 「고전 오디세이: 모방과 경쟁을 통한 고전의 부활」, 『한겨레』, 2010. 3. 26.
윤선자, 「1939년의 조상제사 허용훈령」, 『종교문화 연구』 창간호, 한신 인문학연구소,

1999, 109~134쪽.

이경구, 「서학의 개념, 사유 체계와 소통 · 대립 양상: 마테오 리치의 저작과 논쟁을 중심으로」, 『한국사상사학』 제34집, 2010, 153~181쪽.

이정배, 「그리스도교 내의 대화원리 모색」, 『한국종교연구』 제4집, 서강대학교 종교연구소, 2002, 51~70쪽.

이호진, 「조선후기 근기남인의 대중국관 연구」, 일반학술자료, 2002, 1~49쪽.

趙珖, 「樊巖 蔡濟恭의 西學觀 硏究」(1972년 고려대학교 대학원 석사논문).

조광, 「일제하 무장 독립 투쟁과 조선 천주교회」, 『교회사 연구』 제11집, 한국교회사연구소, 1996, 149~178쪽.

———, 「조선후기 서학의 수용층과 수용논리」, 『역사비평』 25, 1994(여름), 282~293쪽.

최기복, 「교황청의 선교정책과 동양제례의 영광」, 『가톨릭사상』 제4집, 1991, 139~187쪽.

崔基福, 「儒敎의 喪禮에 관한 硏究: 그 人倫性과 宗敎性을 中心으로」(1979년 성균관대학교 대학원 석사논문).

최기섭, 「유학따라 떠나는 신앙여행: 칠극(七克) 이야기(1~9)」, 『평화신문』(981~983, 985~990호).

황성호, 「일제하 한국천주교회와 신사참배에 관한 현대 교회사적 고찰」(2004년 광주가톨릭대학교 석사학위 논문).

IV. 인터넷

Centro Studi di Martino Martini, http://events.unitn.it

http://100.daum.net/encyclopedia

http://bibliotecadigital.ilce.edu.mx/sites/estados/libros/sinaloa/html

http://it.wikipedia.org

http://www.gesuiti.it/moscati/Italiano/It_SFXavier2.html

http://www.gesuiti.it/moscati/Italiano/It_SFXavier2.html

http://www.imss.fi.it/milleanni/indice.html(Mille anni di storia di scienza in Italia)

http://www.jesuits.or.kr

http://www.vocacionesjesuitas.org/conferencia-jesuitas

http://www.archiviopug.org/2011/05/blog-post_14.html

V. 사진 출처

http://it.wikipedia.org

http://www.google.it/imghp?hl=ko&tab=ii

찾아보기: 인명

ㅁ

ㅂ

ㅇ

ㅌ

ㅍ

찾아보기: 용어